全国马列文论研究会学术年刊

马克思主义与文化研究

"马克思主义与文化研究"学术研讨会论文集
（2014年·北京）

全国马列文论研究会 首都师范大学文学院 文化研究院◎编

党圣元　邱运华　孙士聪◎主编

中国社会科学出版社

图书在版编目（CIP）数据

马克思主义与文化研究："马克思主义与文化研究"学术研讨会论文集：2014·北京／党圣元，邱运华，孙士聪主编．—北京：中国社会科学出版社，2015.9

ISBN 978 - 7 - 5161 - 6903 - 2

Ⅰ.①马…　Ⅱ.①党…②邱…③孙…　Ⅲ.①马克思主义—文集　Ⅳ.①A81 - 53

中国版本图书馆 CIP 数据核字（2015）第 213696 号

出 版 人	赵剑英
责任编辑	张　浠
责任校对	王佳玉
责任印制	李寡寡

出　　版	中国社会科学出版社
社　　址	北京鼓楼西大街甲 158 号
邮　　编	100720
网　　址	http://www.csspw.cn
发 行 部	010 - 84083685
门 市 部	010 - 84029450
经　　销	新华书店及其他书店

印　　刷	北京君升印刷有限公司
装　　订	廊坊市广阳区广增装订厂
版　　次	2015 年 9 月第 1 版
印　　次	2015 年 9 月第 1 次印刷

开　　本	710×1000　1/16
印　　张	25
字　　数	420 千字
定　　价	86.00 元

全国马列文论研究会学术年刊编委会

顾　问

　　　吴元迈　　陆贵山　　李思孝　　应必成

编　　委（按姓氏笔画排列）

　　　丁国旗　　马　驰　　王　杰　　冯宪光
　　　孙文宪　　孙士聪　　张永清　　邱运华
　　　刘方喜　　吴晓都　　季水河　　陈飞龙
　　　陈奇佳　　胡亚敏　　党圣元　　徐放鸣
　　　董学文　　赖大仁　　谭好哲　　熊元义

学术秘书

　　　王　涛　　万　娜

代序:马克思主义文论研究的新机遇、新境界

党圣元

当代中国的马克思主义文论研究,正处在一个新的历史起点之上。党的十八大以来,在习近平总书记系列讲话(包括习近平在北京文艺座谈会上的讲话)精神的引领下,当前中国的思想文化现实正呈现出追求价值整合与意义创新、拓展主流思想的话语空间和影响力度的新态势,已经展现出了一种尊重思想文化通变规律、重视思想文化的化育功能的文化治理、发展的新格局。

当代中国的马克思主义文论研究,承担着探讨、阐述、建构、创新马克思主义文艺思想的学术使命,肩负着活跃、拓展、深化当代中国的文艺理论批评的现实任务,而克服、消除当前文艺创作和文艺理论批评中存在的种种弊端、乱象,使文艺创作和理论批评成为当代中国思想文化的建设者和维护者,成为核心价值理念的承载者和践行者,更是我们的研究工作所应该承担的一种义务和责任。因此,立足中国、面向现实、守正创新、有为而作,紧密联系现实、历史,关注和回应现实社会中思想文化建设以及文艺创作与理论批评面临的任务和问题,推动和深化马克思主义文论研究的学科建设,促进马克思主义文论中国形态化、当代形态化的进程,探索建构马克思主义文论研究、教学的新方法和新体系,积极回应当下的思想文化现实给当代中国的马克思主义文论研究所提供的这一新的历史机遇,努力开辟当代中国马克思主义文论研究的新境界,便成为摆在我们每

一个从事马克思主义文论研究的理论工作者面前的一个需要反复深思的
问题。

一

　　改革开放特别是21世纪以来,中国的马克思主义文论研究经受住了
种种考验。目前,我国的马克思主义文论研究呈现出全面深入的发展态
势,不仅逐步形成了一支稳定的马克思主义文论研究者和高校教师队伍,
而且在理论和实践中也取得了一大批令人振奋的探索成果,表现出了同其
他国家马克思主义文论不同的特点,推动了马克思主义文论的中国化和当
代形态化。同时,我们也看到,我国的马克思主义文论在研究和教学中尚
存在着不少问题,主要表现为:在学术研究方面,马克思主义文论研究尚
缺乏明确的问题意识,相关研究长期侧重于理论话语层面,许多研究者陶
醉于建构"精致"化的学术话语,致使当前的马克思主义文论研究对中
国当代文学和文化现实问题关注不够,马克思主义文论本应具有的"实
践"品格严重缺失;在高校教学方面,当前高校中的马克思主义文论课
程要么缺失,要么在教材编排、教学理念、教学内容以及教学形式方面显
得颇为陈旧和落后,学生不愿学、老师不愿教马列文论课的现象比较普
遍,有的高校将之作为选修课,有的学校甚至取消了这门课程。这些现象
应当引起我们的高度重视。所以说,对于中国当下马克思主义文论研究现
状,我们要从两个方面来看,既要看到我国马克思主义文论研究在改革开
放三十多年来取得的巨大成绩,也要看到在研究过程和高校教学实践中尚
且存在的问题和不足,这样,我们在马克思主义文论研究与教学中才能不
会因有所成绩而沾沾自喜和骄傲自大,也不会因依旧存在问题而畏缩不前
和故步自封。
　　在很长一段时期内,我国的马克思主义文论研究都强调对马克思主义
原典著作的阐释。事实上,对马克思主义经典文本的解读与阐释,直到今
天也并不过时。当前,我们依然强调要"回到马克思",这是我们开展马
克思主义文论研究的基本前提。所谓"回到马克思",一个重要的方面就
是回归马克思主义经典文本,其中首先要做的就是研读马克思、恩格斯等
经典作家的著作,做好扎实的文本研究工作。当然,必须强调的是,"回
到马克思"并不单单是回到书本,也不是简单的回到过去,而应该是古

今融合，是带着今天的问题、以今天的立场同经典对话，在理解历史的马克思主义的基础上认识马克思主义的当代价值。这自然就引出了马克思主义文论与现实之间的关系问题。这个阐释的过程其实也是不断发展的，特别是随着时代和历史的发展，在新的历史现实和时代语境下，马克思以及马克思主义经典作家的理论和思想都面临着一个时代语境变换的问题，也就是马克思主义文艺理论与现实的关系问题。

实践性和批判性是马克思主义的两个基本品格，也正是马克思主义同现实交汇的地方。就批判性而言，对资本主义制度和现实的异化予以批判是马克思主义产生的现实依据；就实践性而言，马克思主义要求哲学不仅要解释世界，更要改变世界。可以说，只要资本主义存在，只要人类社会还有阶级存在，只要还存在着不平等的社会文化现象，马克思主义就始终具有现实性，这是当代西方各种理论，特别是批判理论将马克思主义援引为思想支撑的重要原因，在这方面，西方马克思主义可以为我们提供许多启示与借鉴性质的东西。

反思中国当下的马克思主义文论研究，确实存在着理论与现实之间的距离渐行渐远的现象，学术研究的现实针对性不断弱化，针对文学、文化现实的分析阐释能力和话语建构能力在逐渐下降，本应具有经世致用实践品格的马克思主义文论，却日渐演变成远离当代社会现实的崇尚空谈、故弄玄虚的概念、术语游戏。如何重塑马克思主义文论的实践品格和批判品格，恢复马克思主义文论在文学与文化现实中的引领作用和影响力，成为当前马克思主义文论研究中必须面对和亟待解决的重要问题。其中，一个重要的思考向度就是着力拓展马克思主义文论研究的文化维度，这应成为关联马克思主义文论与现实之间关系并推动马克思主义文论中国化、当代形态化的一个努力方向。这是因为：第一，重视从文化的维度分析、评判文学现象，是马克思主义经典理论的特色之一，自然应当成为我们今天坚持和发展马克思主义文论的题中应有之义。第二，拓展马克思主义文论研究的文化维度，进一步增强文论主流话语在价值阐释和批判层面的现实有效性，是当下社会语境的必然诉求。随着经济全球化、文化一体化的深化，对于人生意义的追求，人的存在状态的人文关怀，以及社会、生态、生活环境的美化将成为文化建设的主要方面。可以说，马克思主义文论的文化转向，正是当下语境的必然要求，它不仅要关注现代人的生存，而且要保持对现实的文化、伦理层面的批判，同时还要对新的文艺、文化现象进行价值引领和批判性审视。

马克思主义文学理论需要不断建构,因为文学与生活关系密切,生活的变化推动着人们对于生活的思考,文学的变化推动着理论话语的创新。当下中国的马克思主义文论研究,需要面对生态环境日趋恶化、电子媒介传播扩张、日常生活审美化、消费主义思潮、艺术生产商品化、民族美学自信下降、经典文学观念被解构等一系列现实语境,如何根据现实语境来调整话语系统,不断拓展其阐释维度,成为时代向我们提出的具有战略性意义的理论命题。对此,我认为,马克思主义文论研究至少应当在以下五个方面有所作为:一是敢于面对现实问题,因为理论只有面对现实才能提出并解决问题;二是善于从传统文化中挖掘可资利用的优秀资源;三是对马克思主义经典文本予以重新阐释;四是大力借鉴和吸收西方马克思主义的理论成果和方法论;五是加强理论创新意识,根据本土经验和文化现实提出新的理论命题,创生新的理论范畴,建构新的阐释学方法。

二

在社会文化语境发生整体性变化、文艺理论批评观念及话语方式新变的当下,传统马克思主义文论研究在观念和方法两个层面受到了严峻挑战。因而,如何参照现实发展所需,通过思想资源和话语资源两方面的重构,促进马克思主义文论的学术创新和话语转型,以便更加有效地因应现实,进而有效增进马克思主义文论对于整个文艺理论批评学科发展的引领作用的问题,便凸显出来。需要说明的是,"问题"是学术研究的真正起点,只有凸显问题意识,以问题为中心开展学术研究,才能推动学术进步。强调马克思主义文论研究的问题意识,与对理论联系实际、现实关怀和当代意识的强调是一致的。马克思主义文论研究的问题意识,不是指马克思主义文论中的疑难问题,而是面对当代中国的文艺发展状况和文化思潮进行提问的意识,是对当代中国的文化、文艺现象和发展经验进行批评实践时应该具有的分析和理论提炼的能力。针对近年来马克思主义文论研究中存在的问题和面临的挑战,我认为,以下问题应该成为我们的问题意识和提问方式。

第一,学科间的问题。如何有效地打破马克思主义文论研究中的学科封闭现象,克服因过于强调学科制度化、专业化所导致的学科闭守弊端,是推进和深化马克思主义文论研究所面临的首要问题。就马克思主义文论而言，要克服学科封闭弊端，走向学科间性，需特别注意以下两点：一是要使其他相关学科所创造的资源、所奠定的基础、所开拓的视域，成为当前中国马克思主义文论研究的学科资源；二是要将其他学科的研究方法、研究思路和研究成果引入马克思主义文论研究中来，使之成为该学科研究的突破口与润滑剂。

第二，系统整合问题。以往的马克思主义文论研究中均不同程度地存在着因过于固守学科或专业樊篱而导致的单向度割裂现象。所谓的单向度割裂，是指仅根据传统文艺学自身的知识和话语需要，对作为整体的马克思主义经典文本进行切割式、过滤性的选取。这不仅表现为马克思主义文论本身的单向度割裂（如内容之间、立场与方法之间、理论功能与政治功能之间），也表现为现代学术史上几大文论成果——古代文论、马列文论、西方文论、中国现代文论——之间的各自为政和分割而治。要克服马列文论研究中的单向度割裂问题，需在强化科学性与完整性意识方面下功夫，需进行具有宏阔的历史眼光和深度学理性的历史反思和分析阐述，以及体系性、谱系化的整合。

第三，问题意识重塑问题。马克思主义本是社会实践和现实斗争的产物，然而，由于过分偏向于学科优先，使得近二十年来的马列经典文论研究几乎完全局限于自己的小天地中，不仅逐渐脱离了中国的文学文化现实，而且其本应具有的批判性精神和实践品格也渐趋消失。对此，一个可取的方式是：从学科划分优先走向问题意识优先。具体来说，就是要使马克思主义文论介入当代文学思想和文学思潮的话语实践之中，介入当代文化产业、文化产品的生产、流通、消费，以及图像阅读、日常生活审美化等文化现象之中，推动马克思主义文论研究从形而上诉求转向现实优先的形而下关切，从思想游戏转向实践精神，从概念拼图转向问题意识，从理论世界转向生活世界，从学科建构走向问题意识重塑。

第四，阐释学对话问题。对于马克思主义文论研究，特别是马克思主义文论的中国化和当代形态化这一具有导向意义的重要论域，学界的讨论迄今仍停留在学术史梳理和原则性构造上，缺乏具体的批评实践和哲学美学方面的开拓。由此，如何从过去一味地框定文本原意的解经式研究方式，走向所谓的文本与研究者之间的解释学对话，成为马克思主义文论研究中一个值得认真思考的问题。我认为，要实现这一解释学对话，一个关键的途径就是使马克思主义经典文本与当下文学文化语境进行对话,以经典的思想和方法去解决文学、文化中的现实问题,进而提出符合时代要求的马克思主义哲学和美学命题。

第五,本土视域与世界视域并重问题。在以往的马克思主义文论研究中,也存在着固守本土内在视域而缺乏共时比较视域的倾向。有鉴于此,我们在强调本土视域不可或缺的同时,也应当认识到世界视域的至关重要。也就是说,既要以历时性的方式探寻马克思主义文论中国化的时代背景、历史进程、理论前提和内在机理,也要以共时性的方式去探究马克思主义文论中国化与马克思主义文论苏俄化、西方化之间的根本差异和共同规律。只有坚持历时聚焦与共时比较并重的研究理路,我们才能更加深刻地认识马克思主义文论中国化的路径、机制和特质,才能在此基础上形成马克思主义文论"中国式提问"的基本原则和问题域。

三

当代中国的马克思主义文学理论要想在体系建设以及理论范式的完善上有所作为,特别是要想在炼制自己的理论范式上取得理论突破,关键之处就在于要参照现实发展所需,通过对思想和话语两种资源的重构,促进马克思主义文论研究的学术创新和话语转型,实现马克思主义文论的中国当代形态化。马克思主义文论的中国当代形态化,应该是以马克思主义为根本指导、体现着充分的创新意识、承载了中华优秀传统文化、与世界先进思想文化相通声气的一种全新的思想文化形态。当前,这一新的思想文化形态已经起步,其最终的成败与否,寄希望于马克思主义文论中国化、马克思主义经典文学观念与传统文论精华,尤其是儒家文学思想精华之会通方面。对此,我们应该着重思考如下几个方面的问题:第一,大胆吸收中国哲学智慧和传统文化精华。中国改革开放和现代化建设的伟大实践除了有马克思主义的指导外,亦有中国哲学和传统文化的大智慧的支持和运用,二者的成功结合构成了中国特色社会主义的实践逻辑,不理解这一点就无法完整准确地理解中国的成功经验。因此,实现马克思主义文论的中国当代形态化,就要大胆吸收中国哲学智慧和传统文化精华,体现出中国作风和中国气派,更为重要的是,要始终突出实践逻辑,运用中国哲学和文化智慧来解决实践提出的中国问题。第二,将当下中国社会思想、文化、文艺实践过程中的"中国经验"进行马克思主义哲学化。"中国经验"的提法，本身即意味着在实际上尚处于探索发展过程中，还没有上升到理论层面和哲学高度，在理论和实践两个方面尚具有不确定性。因此，自觉地将思想、文艺、文化领域的"中国经验"进行哲学层面的提炼和升华，应当成为马克思主义文论中国当代形态化过程中提问方式转型的一项基本原则。第三，中国与世界互为方法。中国与世界互为方法的现实发展趋势为马克思主义哲学、文论研究中提问方式创新奠定了现实基础，一方面，中国经验受到西方世界的普遍关注，这使得以中国为方法看世界成为可能；另一方面，中国作为发展中国家又是以世界为方法的，这就要求我们将中国问题放在世界发展的历史背景下进行思考，以开放、平等的姿态进行学习和借鉴。具体到马克思主义文论研究方面，就是要在反思、批判之前提下，充分理解、尊重、借鉴西方马克思主义、后马克思主义，以及文化马克思主义的思想和方法，实现当代中国文论的综合创新。我们相信，通过合理吸收中国哲学智慧和传统文化精华，融会当下中国社会思想、文化、文艺实践过程中的"中国经验"，充分借鉴西方马克思主义的理论和方法资源，我们完全可以期待一个体现着中国特色、融会了当代中国经验的马克思主义文论范式。

目　　录

第一编　马克思主义经典作家文化、文艺研究

简论马克思恩格斯的文化思想 ……………………………… 陈飞龙(3)

以人民为本位与当代文艺的新使命

　　——学习习近平总书记在文艺工作座谈会上的讲话 …… 徐放鸣(10)

马克思主义技术文化叙事的实践论阐释及其现实意义 ……… 李胜清(19)

艺术生产作为文化的科技化特征 …………………… 罗中起　罗曼(29)

从《家庭、私有制和国家的起源》看马克思主义的文化观 …… 温玉林(37)

马克思对“自由时间”的三重阐释 …………………………… 张玉勤(49)

马克思的宗教批判与文学情感 ……………………………… 李志雄(60)

第二编　中国马克思主义文化、文艺研究

马克思主义的中国传统文化气质略说 ……………………… 马建辉(75)

论马克思主义批评的实践性品格与批判精神

　　——兼论毛泽东“讲话”精神及其当代批评核心价值观

　　构建 ………………………………………………… 张利群(85)

中国马克思主义美学传统的形成及其意义 ………………… 泓俊(96)

如何对话：马克思主义经典理论与当代话语的融合 …………… 张静（102）

毛泽东《在延安文艺座谈会上的讲话》对解放区小说叙事的形塑

　　——以丁玲的"转变"和赵树理的"发现"为例 ………… 刘郁琪（111）

中国化马克思主义文艺理论研究现状之管窥 …………… 李丹（121）

"革命文学"论争与鲁迅的马克思主义文学批评 …… 魏天无　刘庆（130）

延安时期美术批评的演变 …………………………… 阅靖阳（139）

贺敬之文论中的塑造社会主义新人论初探 ………… 杜寒风（150）

第三编　西方马克思主义文化、文艺研究

"异在"对"异化"的拯救

　　——马尔库塞的艺术"异化"观解读 ………………… 丁国旗（165）

文化马克思主义的历史和启示 …………………………… 党圣元（178）

论默多克的历史唯物主义新视阈 ………………………… 马驰（194）

从齐美尔到西方马克思主义

　　——现代文化的诊断与救赎 ………………… 杨向荣　曾莹（204）

雷蒙德·威廉斯文艺思想在中国的传播和影响研究 ………… 柴焰（217）

论托尼·本尼特的非文学的文学理论 ………………… 强东红（232）

卢卡奇论悲剧的形而上学 …………………………… 肖琼（243）

列夫·托洛茨基的悲剧理论初探 ………………… 何信玉（255）

什么是"意识形态素"？

　　——概念史的梳理与学理评估 ………………… 陈然兴（264）

《权威主义人格》与批判理论的接受 ………………… 孙士聪（277）

第四编　其他当代文化、文艺研究

当代文艺批评的困境与出路 ················· 熊元义（293）

马克思问题视域下艺术生产的当代反思 ·········· 王丹（308）

大众文化研究的现代化理论范式再考察 ·········· 肖明华（318）

文本的自在性与阐释的合法性 ················ 王熙恩（329）

从"问题"到"问题意识"：新时期三十年文艺理论的变迁 ··· 赵洪涛（341）

论海德格尔诗化语言观的独特性

　　　——以西方现代诗化语言观传统为视域 ········· 任华东（349）

回顾和反思："美学观点和史学观点"与中国当代文学理论

　　话语体系的建构 ····················· 万娜（358）

二元对峙与共生融合

　　　——数字时代的艺术与技术关系 ············ 何建良（372）

编后记 ······································ （381）

第一编

马克思主义经典作家文化、文艺研究

简论马克思恩格斯的文化思想

陈飞龙

马克思、恩格斯的文化理论是马克思主义学说的一个重要组成部分。他们在研究哲学、政治经济学和科学社会主义的过程中，科学地论证了文化产生的原因，说明了文化对经济发展的反作用，揭示了人类文化在什么阶段就有什么性质的文化，提出了共产主义文化的功能在于造就出自由而全面发展的人。

一 文化上的每一个进步，都是迈向自由的一步

在《马克思恩格斯全集》中文版中，马克思、恩格斯直接使用"文化"一词共有 58 处。他们在广义上使用文化概念时，指的是社会发展的一个阶段。马克思在《资本论》中，多处说到"人类文化初期"。恩格斯也曾多次讲到"史前各文化阶段"和"希腊文化"。值得注意的是，恩格斯提到过的"希腊文化"，主要说的是"希腊的艺术和科学"。"人类文化初期""史前各文化阶段"，指的是人类的蒙昧时代、野蛮时代和文明时代。他们着力分析的是劳动工具的发明和运用、生产方式的进步和提高、生活用品的更新和改善。人类社会所拥有的这一切体现了科学和艺术的进步，同时也说明了科学与艺术的进步对社会的发展起到了积极的推动作用。可以这样说，马克思、恩格斯在广义上使用的"文化"概念，强调的是科学与艺术。他们在狭义上使用文化概念时，同样指的是科学、艺术、社交方式等。恩格斯是这样表述的："在所有的人实行明智分工的条件下，不仅生产的东西可以满足全体社会成员丰裕的消费和造成充实的储备，而且使每一个人都有充分的闲暇时间去获得历史上遗留下来的文

化——科学、艺术、社交方式等等——中一切真正有价值的东西；并且不仅是获得，而且还要把这一切从统治阶级的独占品变成全社会的共同财富并加以进一步发展。"①　正是在社会发展的意义上，恩格斯曾明确指出："文化上的每一个进步，都是迈向自由的一步。"②　我们还可以从恩格斯关于科学、艺术的论述来理解他们关于文化概念的含义。恩格斯在马克思墓前说过一段耳熟能详的话："正像达尔文发现有机界的发展规律一样，马克思发现了人类历史的发展规律，即历来为繁芜丛杂的意识形态所掩盖着的一个简单事实：人们首先必须吃、喝、住、穿。然后才能从事政治、科学、艺术、宗教等等；所以，直接的物质的生活资料的生产，从而一个民族或一个时代的一定的经济发展阶段，便构成基础，人们的国家实施、法的观点、艺术以至宗教观念，都是从这个基础上发展起来的，因而，也必须由这个基础来解释，而不是像过去那样做得相反。"③　恩格斯在这里不仅总结和评价了马克思的伟大贡献，而且还应用唯物主义的历史观用科学、艺术的概念来说明文化产生的原因。再如恩格斯晚年所说的："政治、法、哲学、宗教、文学、艺术等等的发展是以经济发展为基础的。但是，它们又都互相作用并对经济基础发生作用。并非只有经济状况才是原因，才是积极的，其余一切都不过是消极的结果。这是在归根结底总是得到实现的经济基础上的互相作用。"④　恩格斯在这里是用文学、艺术等概念来说明文化对经济基础的反作用。由上所述，要研究马克思、恩格斯的文化思想，除了他们直接应用的文化概念外，还要通过他们关于科学和艺术等问题的论述来进行。从马克思、恩格斯对文化概念的实际应用来看，他们的文化思想是建立在唯物史观的基础之上的。他们对文化的理解，是建立在生产力和生产关系、经济基础和上层建筑的相互关系的基础上的。这就需要从唯物主义的历史观点出发来考察文化，从而揭示出它于所处历史阶段上的什么性质的文化。

---

① 《马克思恩格斯选集》第 3 卷，人民出版社 1995 年版，第 150 页。
② 同上书，第 456 页。
③ 同上书，第 776 页。
④ 《马克思恩格斯选集》第 4 卷，人民出版社 1995 年版，第 732 页。

二 用唯物主义历史观来考察文化

在马克思的文化理论中，曾三次提到"文化史"问题。马克思认为，所谓文化史全部是宗教史和政治史，而且是旧时的宗教史和政治史。这种所谓的文化史是靠文化史家的联想，用历来的观念的历史叙述而成的。所以，这些所谓的文化史都是片面的和不科学的。恩格斯曾明确指出："历史从哪里开始，思想进程也应当从哪里开始"。① 马克思、恩格斯研究过人类社会的全部历史，用唯物主义的历史观点，从人类社会劳动实践活动出发来考察文化发展的轨迹，科学地分析文化产生和发展的历史过程，从而揭示出它所处历史阶段上的什么性质的文化。这是马克思主义文化学说的鲜明特点。马克思、恩格斯肯定过人类学家摩尔根的研究成果，并赞成摩尔根的文化分期法。摩尔根的文化分期法的主要依据是社会生产力的发展程度。恩格斯依据人类生产力发展水平来判断人类古代世界文化发展阶段，得出了与摩尔根相同的结论。文化是整个社会生活进步的标志。恩格斯发现"在英国、法国、瑞士、比利时和德国南部的洞穴里，大多只是在土壤沉积的最下层中，发现有这些已经死绝的人类工具。在这个最底的文化层上面（中间往往隔着一层厚薄不等的钟乳石），发现有第二个有着种种工具的文化层。这些工具属于一个较晚的时代，它们的制作精巧得多，它们的材料也复杂的多"。② 早期的人类在社会实践中学会了制造工具，脱离了动物界，进入了人类社会。马克思在论及人类文化初期时，指出："只有当人类通过劳动摆脱了最初的动物状态，从而他们的劳动本身已经在一定程度上社会化时候，一个人的剩余劳动成为另一个人的生存条件的关系才能出现。在文化初期，已经取得的劳动生产力很底，但是需要也很底，需要是同满足需要的手段一同发展的，并且是依靠这些手段发展的。其次，在这个文化初期，社会上依靠别人劳动来生活的那部分人的数量，同直接生产者的数量相比，是微不足道的。"③ 劳动实践是人类生存和发展的最根本的活动方式。这种活动方式是人类区别于动物的最根本的

---

① 《马克思恩格斯选集》第 2 卷，人民出版社 1995 年版，第 43 页。
② 《马克思恩格斯全集》第 19 卷，人民出版社 1963 年版，第 479 页。
③ 《马克思恩格斯全集》第 23 卷，人民出版社 1972 年版，第 559 页。

文化标志。随着物质生产的剩余劳动的增多和生产力水平的提高，专事精神文化的人或者说从事脑力劳动的人出现了，发明了文字并用于文献记录。随后人们的精神生活及其需求的不断增加，源于剩余劳动的精神劳动逐渐从物质劳动中分离出来，从而使真正意义上的文化活动有了相对的独立性。马克思指出："物质劳动和精神劳动的最大的一次分工，就是城市和乡村的分离。城乡之间的对立是随着野蛮向文明的过渡、部落制度向国家过渡、地方局限性向民族的过渡而开始的，它贯穿着文明的全部历史并一直延续到现在……"① 这里，马克思是从社会分工的角度来考察文明发展过程的。从中我们可以看出，社会分工对文化发展具有重要意义。

在马克思的文化理论中，马克思从来不主张泛泛地谈论"劳动""社会"并明确反对"劳动是一切财富和一切文化的源泉"的观点。马克思指出："孤立的劳动（假定它的物质条件是具备的）即使能创造使用价值，也既不能创造财富，又不能创造文化。"马克思赞成这样一种观点"随着劳动的社会性的发展，以及由此而来的劳动之成为财富和文化的源泉，劳动者方面的贫穷和愚昧、非劳动者方面的财富和文化也发展起来。"并明确表示，"这是直到目前的全部历史的规律。"② 这是因为"一个除自己的劳动力外没有任何其他财产的人，在任何社会的和文化的状态中，都不得不为另一些已经成了劳动的物质条件的所有者的人做奴隶。他只有得到他人的允许才能劳动，因而只有得到他们的允许才能生存"③。在马克思看来，在资本主义社会里，是资本创造了文化。他说："这种剩余劳动一方面是社会的自由时间的基础，从而另一方面是整个社会发展和全部文化的物质基础。正是因为资本强迫社会的相当一部分人从事这种超过他们的直接需要的劳动，所以资本创造文化，执行一定的历史的社会职能。这样就形成了整个社会的普遍勤劳，劳动超过了为满足工人本身身体上的直接需要所必需的时间界限。"④ 这就是说，资本主义文化是由价值和剩余价值及"资本"本身的存在而形成的。因此，资本和利润迫使资本主义文化生产不断提速，并以其强大的科学技术，不断创造和生产新的

---

① 《马克思恩格斯全集》第 23 卷，人民出版社 1972 年版，第 556 页。
② 《马克思恩格斯选集》第 3 卷，人民出版社 1995 年版，第 300 页。
③ 同上书，第 298 页。
④ 《马克思恩格斯全集》第 47 卷，人民出版社 1979 年版，第 257 页。

文化产品，形成了当今资本主义的文化工业。发达资本主义国家的文化工业以其前所未有的文化技术和生产力，诉诸各种手段，对内唤起人们对于"权力""金钱"和"性"的外露的或潜在的欲望；对外以其咄咄逼人的文化侵略性向第三世界国家腐蚀和剥削。这种现象令世界上许多正直和有良知的人们忧心忡忡。

三　共产主义文化的功能在于造就出 自由而全面发展的人

马克思曾把人类社会的历史划分为三大历史形态和三个发展阶段：第一大社会形态作为第一个阶段是自然经济和人的依赖关系。在人类最初的社会形态中，包括原始社会、奴隶社会和封建社会，人的生产能力只是在狭窄的范围内和孤立的地点上发展着的阶段。"在这里，无论个人还是社会，都不能想象会有自由而充分的发展"。① 第二大社会形态作为第二个阶段，人类进入资本主义社会，是商品经济和物的依赖关系的阶段。"在这种形态下，才形成普遍的社会物质变换，全面的关系，多方面的需求以及全面的能力的体系"②。第三大形态作为第三个阶段，人类将进入社会主义和共产主义，那是商品经济和自由人的联合体的阶段。马克思、恩格斯在《共产党宣言》中说，共产主义社会"将是这样一个联合体，在那里，每个人的自由发展是一切人的自由发展的条件"。③ 马克思后来在《资本论》中，再次提到共产主义社会是一个"以每一个人的全面而自由的发展为基本原则的社会形式"。④

在前资本主义社会，在私有制度下，旧式的社会分工片面地发展个人的某种或某些素质，其他许多素质却被扭曲、压抑、扼杀了，所以使人变成了片面、畸形的人。那时，文化的主要价值取向是以权力为本位或以宗法血统为本位，所以文化的功能主要是体现人与人的依赖关系。资本像一把刀，资本家像是持刀人，他们在追逐剩余价值和资本增值时，无意中割

---

① 《马克思恩格斯全集》第 46 卷（上），人民出版社 1979 年版，第 485 页。
② 同上书，第 104 页。
③ 《马克思恩格斯选集》第 1 卷，人民出版社 1995 年版，第 294 页。
④ 《马克思恩格斯全集》第 23 卷，人民出版社 1972 年版，第 649 页。

断了拴住社会之舟的缆绳，使之漂离了封建的锚地。随着资本主义的大工业和社会化大生产的发展，劳动者摆脱了从前时代的一切人身依附关系，不再是生产资料的并列部分，也不再是生产的客观条件，也就是说劳动者从物质地位上升到了有独立人格的地位。但是劳动者在生产资料上是一无所有的人，出售劳动力是他们唯一的手段，于是劳动力成了商品。所以对劳动者来说，他们只有支配自身劳动力的自由。资本家则通过等价交换的形式自由雇用劳动者，并从他们身上榨取剩余价值。资本主义生产方式的核心内容是雇佣劳动制，追求最大化利润是它的意识形态。因此，在资本主义社会，文化的价值取向主要是以金钱为本位或以个人为本位，所以文化的功能主要是体现以物的依赖为基础上的人的独立。社会主义是在由社会全体成员共同占有生产资料基础之上的社会制度，在否定私有制的前提下，形成劳动者与生产资料、个人利益和社会利益、劳动活动与全面自由活动之间的协调关系。社会主义的价值取向主要是人向人自身和社会的人的复归。所以社会主义的文化功能主要体现在培养有理想、有道德、有文化、有纪律的社会主义新人，提高全民族的思想道德素质和科学文化素质。从而为人的全面发展进而为社会的全面发展开辟广阔的前景。造就出素质全面发展的人。按照马克思、恩格斯的设想，共产主义彻底否定了私有制，完全打破了旧式的社会分工，人类社会生产力高度发达，社会物质和精神财富极大丰富，从而实现每一个人全面而自由的发展。到那时，马克思、恩格斯曾描绘出这样一幅社会前景："由于分工，艺术天才完全集中在个别人身上，因而广大群众的艺术天才受到压抑。即使在一定的社会关系里每一个人都能成为出色的画家，但是这决不排斥每一个人也成为独创的画家的可能性，因此，'人的'和'唯一者的'劳动的区别在这里也毫无意义了。在共产主义的社会组织中，完全由分工造成的艺术家屈从于地方局限性和民族局限性的现象无论如何会消失掉，个人局限于某一艺术领域，仅仅当一个画家、雕刻家等等，因而只用他的活动的一种称呼就足以表明他的职业发展的局限性和他对分工的依赖这一现象，也会消失掉。在共产主义社会里，没有单纯的画家，只有把绘画作为自己多种活动中的一项活动的人们。"① 在共产主义社会里，在马克思设想的"自由人联合体"的时代中，文化的价值指向主要是崇尚能力和人的素质。文化的功

---

① 《马克思恩格斯全集》第 3 卷，人民出版社 1960 年版，第 460 页。

能主要是造就出自由个性和素质全面发展的人。

马克思、恩格斯的文化理论是极其深刻的。特别是他们用唯物主义的历史观来考察文化现象，以及对共产主义文化功能的科学设想，驱除了在文化理论领域里散布的各种唯心主义的迷雾，构建起了一种崭新的马克思主义的文化学说。

［作者简介］：陈飞龙，中国艺术研究院研究员、《文艺理论与批评》主编。

以人民为本位与当代文艺的新使命[*]

——学习习近平总书记在文艺工作座谈会上的讲话

徐放鸣

时隔 72 年，跨越两个不同的时代。从 1942 年毛泽东同志发表《在延安文艺座谈会上的讲话》，到 2014 年 10 月 15 日习近平总书记主持召开文艺工作座谈会并发表重要讲话，形成了遥相呼应的两篇体现中国特色的马克思主义文艺理论的光辉文献，具有里程碑意义，也在文艺界产生了十分热烈的反响。我们从事马列文论研究的学者应当积极学习和研究习近平总书记的"讲话"精神，以此作为新的宣传和阐释的重点。进一步说，当代中国的马克思主义文艺理论研究应当以此为新的起点，围绕当下中国蓬勃发展的、生动鲜活的文艺实践，努力探索中国特色社会主义文艺在文化强国建设中的地位和作用，以及自身的价值追求和发展规律。

在我看来，"讲话"一方面继承了毛泽东同志《在延安文艺座谈会上的讲话》的精神主旨，坚持了文艺的二为方针；另一方面又针对当今时代特点和文艺创作实际，立足文化强国建设的新高度，集中阐发了在新的时代环境下如何繁荣发展中国特色社会主义文艺这一根本性、全局性的重大问题，实现了我们党在文艺政策和文艺思想上的又一次理论创新。

---

* ［基金项目］:本文系作者主持的国家社科基金重点课题"中国当代文艺实践中的国家形象构建研究"（批准号 12AZW003）的阶段性成果。

一　坚持和深化以人民为本位的马克思主义文艺观

习近平总书记在讲话中直接触及了如何确定当今中国文艺的本质属性这一最核心的问题。他强调，"社会主义文艺，从本质上讲，就是人民的文艺。文艺要反映好人民心声，就要坚持为人民服务、为社会主义服务这个根本方向。这是党对文艺战线提出的一项基本要求，也是决定我国文艺事业前途命运的关键。"① 这一论断在文艺的本质属性上进一步明确了文艺的人民性，突出了社会主义文艺与人民的文艺的内在一致性。这是我们党在新的历史时期对于文艺方针的新表述，是在长期坚持的文艺"二为"方针基础上的提炼升华。进一步说，这一表述与党的十八大闭幕后习近平总书记会见记者时讲话所提出的"人民群众对于美好生活的向往和追求就是我们党的奋斗目标"紧密衔接，也与党的群众路线教育实践活动的精神紧密衔接，突出了党的宗旨意识在文艺领域的鲜明体现。我们认为，把文艺的人民性确定为中国特色社会主义文艺的本质属性，形成了坚持以人民为本位的马克思主义文艺观，是中国特色马克思主义文艺思想的新发展。

具体来说，坚持以人民为本位的文艺观，突出地强调了文艺应当坚持以人民为中心的创作导向，在为谁而写、表现什么、由谁评判等方面都突出了人民的主体地位，明确了文艺与人民的血肉联系。习近平总书记指出，"要把满足人民精神文化需求作为文艺和文艺工作的出发点和落脚点，把人民作为文艺表现的主体，把人民作为文艺审美的鉴赏家和评判者，把为人民服务作为文艺工作者的天职。"这一论断从文艺创作活动全过程的不同层面具体阐述了如何坚持以人民为中心的创作导向，形成了以人民为本位的文艺观所提炼出的四个支撑观点，我们可以将其概括为以人民为本位的文艺观的四个维度。

第一，在"创作为了谁"的层面，总书记强调把满足人民群众的精神文化需求作为文艺工作的出发点和落脚点，为人民抒写，为人民抒情，为人民抒怀，这形成了"创作为了人民"的鲜明导向。文艺如何满足人

---

① 本文所引习近平讲话内容均见《人民日报》2014 年 10 月 16 日，第 1 版，下同。

民群众的精神文化需求，既要以多样化的审美形态和丰富的艺术作品适应不同人群的艺术趣味和审美选择，更要以润物无声的艺术熏陶方式体现出对人民群众的品位提升和价值引领。当今的中国文艺不应在市场化的生产与消费关系中迷失自我本质属性，而应当真正担负起满足人民文化需求、提升人民精神境界、增强中国文艺影响力的重任。

第二，在"创作表现谁"的层面，总书记强调必须把人民群众作为艺术表现的主体。习近平指出，"要始终把人民的冷暖、人民的幸福放在心中，把人民的喜怒哀乐倾注在自己的笔端，讴歌奋斗人生，刻画最美人物，坚定人们对美好生活的憧憬和信心。"这形成了"创作表现人民"的鲜明导向。更为重要的是，总书记在这里阐述了文艺创作表现人民的具体要求：一是在创作态度上，文艺工作者要始终把人民的冷暖、人民的幸福放在心中，培育和激发出艺术家与人民的深厚感情，确立艺术真正以人民为表现主体的观念。二是在表现内容上，要努力把人民的喜怒哀乐倾注在自己的笔端，这是要求文艺创作真实而富有深度地反映人民群众的生存状况和精神世界。作家艺术家不能只沉湎于个人的情感世界和一己的审美旨趣，而应当以"小我"的独特审美视角真实而生动地表现"大我"的生活体验和审美追求。三是在创作表现人民的价值引领上，要求讴歌奋斗人生，刻画最美人物，从而坚定人们对美好生活的憧憬和信心。这就明确了文艺为了人民，文艺表现人民，应当以普通人的出彩人生，以先进人物的鲜活形象形成积极的价值导向，引领人民追求美好生活。

第三，在创作源泉的层面，总书记强调"人民是文艺创作的源头活水，一旦离开人民，文艺就会变成无根的浮萍、无病的呻吟、无魂的躯壳。""要虚心向人民学习，向生活学习，从人民的伟大实践和丰富多彩的生活中汲取营养，不断进行生活和艺术的积累，不断进行美的发现和美的创造。"这形成了"创作源自人民"的鲜明导向。历来在艺术的创作源泉问题上就有各种不同的理论观点，马克思主义文艺观鲜明地主张文艺创作源于生活，又高于生活，要深入人民生活，获得源头活水。总书记在这里从新的时代要求出发，进一步阐述了文艺工作者如何从人民的伟大实践和丰富多彩的生活中汲取营养，不断进行美的发现和美的创造。就当今中国现实而言，就是要主动融入努力实现国家富强、民族振兴、人民幸福的中国梦的伟大征程和现实语境，融入人民群众新的生活实践，生动书写中国梦的奋斗历程，有温度地表现普通中国人的出彩人生。这是马克思主义文艺观中关于创作源泉论的进一步深化。

第四，在创作评价的层面，总书记强调把人民作为文艺审美的鉴赏家和评判者。"随着人民生活水平不断提高，人民对包括文艺作品在内的文化产品的质量、品位、风格等的要求也更高了。"要跟上时代发展，把握人民要求，以充沛的激情、生动的笔触、优美的旋律、感人的形象创作生产出人民喜闻乐见的优秀作品。这从文艺活动的接受方面强化了人民对文艺作品的评价地位，形成了"创作由人民评判"的鲜明导向。在这一论断中，人民群众不再是过去那种作家眼中"我写什么，你读什么"或者导演眼中"我拍什么，你看什么"的被动的受众，而是积极参与文艺活动的能动的鉴赏者和评判者。事实上，来自文艺活动的接受方面的审美选择和艺术评价，是文艺作品发挥其审美功能的最为重要的构成因素。这就意味着人民群众不仅是文艺作品的消费者，不仅是文艺发挥陶冶作用的教育对象，而且也是文艺价值的评判主体。我们认为，总书记的论断吸纳了当代文论发展的新的学术资源，进一步提升了人民群众在艺术活动中的主体地位，深化了马克思主义文艺观中的艺术主体论。

二　中国文艺如何代表时代风貌

习近平总书记在讲话中特别指出："文艺是时代前进的号角，最能代表一个时代的风貌，最能引领一个时代的风气。实现'两个一百年'奋斗目标，文艺的作用不可替代，文艺工作者大有可为。"这里两个"最能"的论断在新的认识高度上阐述了中国文艺应当具有的本质属性，明确了中国文艺在中国特色社会主义现代化进程中所应当发挥的独特作用。进一步说，要求文艺成为时代前进的号角，既是实现"两个一百年"中国梦的现实需要，也是中国文艺在当今时代的新使命。中国古代历来就有"文章合为时而著，歌诗合为事而作"的创作传统，形成了重视文艺反映现实，发挥社会教化作用的深厚积淀。如今在努力增强中国文化软实力，促进中国特色社会主义文艺大发展大繁荣的时代背景下，在努力培育和践行社会主义核心价值观，弘扬中国精神、凝聚中国力量、提升国民素质的紧迫任务面前，更加需要中国文艺勇于担当，成为时代精神的生动体现。

深入理解这两个"最能"的本质属性，首先要探讨的是，中国文艺怎样才能"代表一个时代的风貌"。我们认为，这是要求文艺工作者真实而又富有深度地反映当代中国波澜壮阔的改革进程，表现处在民族振兴伟业中的国人精神——以爱国主义为核心的民族精神和以改革创新为核心的时代精神，特别是生动地书写中国梦的实践历程，书写普通中国人的出彩人生，这正是最具有时代特点的中国风貌。可以说，如何肩负起"代表一个时代的风貌"的重任，已经成为中国文艺面临的重要现实问题，同时也为文艺的创新发展带来了新的实践领域和新的生机活力。如何深化对于文艺代表时代风貌的认识，需要厘清几个实践中必然要面临的问题。

首先，代表时代风貌与作家艺术家的个性呈现问题。经历了改革开放时代的逐步深化的理论探索，在尊重作家艺术家的创作个性问题上，文艺理论和批评界已有共识。而今强调文艺代表时代风貌，并非要限制作者的创作选择，抹杀艺术家的创作个性，也并非要求文艺回到"千人一面，千部一腔"的大一统局面，而是要求作家艺术家正确把握文艺与时代、小我与大我、创作题材与自身审美特性的关系，自觉担当起文艺的时代使命。其中体现着对于艺术规律的认知，倡导作家艺术家发挥自身优势，突显艺术个性，以独特的审美视角和艺术风格来书写和呈现我们的时代。

其次，代表时代风貌与文艺的娱乐功能的关系。文艺的教化功能与娱乐功能本来就是统一在整体的审美功能之上的，但是在艺术实践中又确实存在过度娱乐化的现实问题。在市场化、商业化取向之下，文艺的娱乐功能被过度放大，猎奇式的、浅表化的、快餐化的、一味媚俗的甚至"重口味"的书写和创作在博人眼球，对经典的"祛魅"和"戏仿"流行，进而形成了传统韵味疏离、意义中心泛化、人文关怀淡薄、作秀恶搞成风等倾向，浮泛的娱乐化以及媚俗之风降低了文艺应有的品位。① 这样的文艺显然不能代表当今的时代风貌。说到底，还是要准确把握弘扬主旋律与提倡多样化的关系，既要发挥文艺的审美娱乐功能，又要体现时代的审美理想和价值追求。最为重要的是积极寻求主旋律与娱乐性的契合点，形成"叫好又叫座"的审美效应。我们不应当把两者对立起来，文艺代表时代风貌也必须主动适应文化产业发展的市场化走向，寻求娱乐性与引领性的审美对接点，近期热映的影片《智取威虎山》就是一个成功的案例。

再次，代表时代风貌与艺术家的批判精神的关系。我们认为，强调文艺代表时代风貌绝不意味着否定和抹杀作家艺术家的独立人格和批判精

---

① 徐放鸣：《审美文化与形象诗学》，江苏人民出版社 2008 年版，第 213 页。

神，也绝不是倡导歌功颂德，粉饰现实。恰恰相反，在艺术家揭露现实、反思现实的批判精神中就蕴含着对于国家发展、民族复兴、社会进步的追求，蕴含着对于革故鼎新的改革精神的呼唤。有论者指出："文艺精品承载着人们的情感和梦想，体现着一个民族的思想深度、文化厚度和精神高度。"① 这其中的思想深度、文化厚度和精神高度无疑包含了作家艺术家的独立人格和批判精神，也足以代表时代风貌。当然，应当看到，艺术家的批判精神有不同的表现形态，或者是深沉的现实主义情怀，或者是先锋主义的创作姿态，抑或是寓庄于谐、针砭时弊的幽默喜剧等，都可能以其思想深度和精神高度来激励和启迪人们去追求更加美好的生活。

　　当今提倡文艺代表时代风貌，还有一个更为鲜明的时代主题，就是面对世界范围内日趋激烈的经济、科技、文化竞争，面对中国文化走出去的紧迫任务，中国文艺如何面向世界生动讲述中国故事，准确阐释中国精神，主动塑造丰富多彩、富有感染力和影响力的中国形象。② 这是中国文艺代表时代风貌的题中应有之义，迫切需要作家艺术家增强主动塑造和传播中国形象的自觉意识和行动能力。近期，大型舞剧《丝海梦寻》在联合国总部大厅精彩上演，赢得好评如潮，这是继《云南映象》《木兰诗篇》之后，又一次中国文化和中国精神的成功展示。当前，在确立文艺应当主动塑造面向世界的崭新中国形象的自觉意识之后，我们要着意探索文艺中国家形象的丰富内容，譬如勤劳、善良、勇敢的中国人民形象；古老、多彩、现代的中华文明形象；发展、开放、和谐的中国社会形象；优美、宜居、独特的中国生态形象等。需要特别强调的是，文艺中的中国形象塑造是具有双重功能的，并非只是对外传播所用，它同时也对自己的国民有着影响、凝聚、启迪、提升的作用。当前现实生活中屡屡发生的国民行为严重损伤中国形象的事件充分说明，中国的国家形象构建，必须建立在国民素质全面提升基础上，必须强化全民族维护国家形象的意识。文艺恰恰可以在直接的国民素质教化之外，发挥其潜移默化的启迪和濡染作用。因此，文艺实践中的中国形象塑造应当同时针对本土国民，强化"形象接受"方面的探索，在国家意识、民族精神、公民素养的提升等方面发挥应有的作用。

---

① 黄坤明：《弘扬中国精神凸显文艺灵魂》，《人民日报》2014 年 11 月 25 日。

② 徐放鸣：《中国形象的艺术呈现研究》，江苏人民出版社 2014 年版，第 2 页。

三 中国文艺如何引领时代风气

深入理解中国文艺两个"最能"的本质属性，需要进一步探讨的是，中国文艺怎样才能"引领一个时代的风气"。我们认为，引领时代风气是对文艺的价值导向要求，是对文艺审美功能的深度阐释，具有十分鲜明的现实针对性。中国文艺要在文化软实力建设中起到中坚作用，要在文化大发展大繁荣的建设格局中发挥支撑性作用，就必须担当起引领一个时代风气的重任。实际上，代表时代风貌与引领时代风气是当代中国文艺在新的历史时期不可偏废的使命与责任，两者之间存在着互补和递进的关系。我们既要重视真实而深刻地反映和表现生活，更要重视文艺作品所发挥的启迪、引领、激励、提升作用，形成正确的价值导向。

中国文艺要发挥引领时代风气的作用，应当紧紧围绕三个基本方面着力。

第一，着眼于历史继承性，把中华优秀传统文化的深厚积淀熔铸在文艺创作中，形成传承和弘扬民族优秀文化精神的创作导向。习近平总书记强调，要把爱国主义作为文艺工作的主旋律，引导人民树立和坚持正确的历史观、民族观、国家观、文化观，增强做中国人的骨气和底气。中华优秀传统文化蕴含着丰富的思想资源和强大的精神力量，这恰恰是中国人引以为豪的骨气和底气。我们需要深度提炼其中的时代内涵和当代价值，构成文艺引领时代风气的深厚根基。

第二，着眼于现实指导性，把践行和传播社会主义核心价值观作为中国文艺发挥引领时代风气作用的中心内容。对此，关键的问题是如何以艺术的、审美的方式来传播和弘扬核心价值观，而不是简单地把文艺活动当作核心价值观宣传的传声筒。应当切实尊重艺术规律，注重发挥各门类艺术的各自优势，形成文艺传播核心价值观的整体格局。要按照习近平总书记要求，把社会主义核心价值观生动活泼、活灵活现地体现在文艺创作之中，用栩栩如生的作品形象告诉人们什么是应该肯定和赞扬的，什么是必须反对和否定的，做到春风化雨，润物无声。

第三，着眼于世界文明交流对话的需求，把真善美作为文艺永恒的价值追求，努力实现真善美的有机统一。文艺的社会作用其实就凝结在真善美所代表的认识（启迪）作用、劝喻（教化）作用和审美（娱乐）作用之中。艺术作品对于真善美的生动呈现，能够在审美的氛围中发挥启迪人生智慧，传递道德正能量的作用。重要的是，如何调动艺术活动中主体与受众的审美自主性，实现寓教于乐的艺术形式与自觉求美的积极心态之间的内在契合。这就需要把艺术活动作为一个由创作者、评论者、欣赏者共同参与的"审美场"，从中把握文艺引领时代风气的各个关键环节。

进一步说，要实现文艺引领时代风气的功能，还需要从创作、批评、接受等多方面入手，来构建文艺"引领一个时代的风气"的实现机制。

首先是创作层面。如何提升作家艺术家自身的精神境界和使命意识，自觉地把文艺当作铸造灵魂的工程，就是十分紧迫的现实问题。反观文艺界的某些乱象，"少数创作者为了金钱名利，不分善恶美丑，混淆是非观念，为了博取眼球，在作品中肆意展示暴力、欲望以及所谓的人性之恶。还有一些创作者，宣称自己的创作只是为了自我宣泄，为自我写作、为快感写作成为时髦的口号。"[1] 存在这类乱象，无疑会降低文艺自身的品位，也难以发挥其应有的审美功能。这里的关键是如何通过行之有效的团结凝聚、教育引导、影响激励，将文艺体制内外、协会内外的各方创作力量聚合到"中国梦"的文艺书写的精神旗帜下，努力促进作家艺术家将个人书写与家国情怀、展现自我与影响大众有机结合起来，发出鲜明的时代强音。

其次是批评层面。发挥文艺引领时代风气的功能，不仅要有作家艺术家的自觉意识和积极实践，而且需要理论批评界通过健康的文艺批评来大力倡导、积极扶持，需要从文艺如何代表时代风貌与引领时代风气的视角来强化对作品的评价和引导，旗帜鲜明地倡导正确的创作导向，批评存在的不良倾向，鼓励涌现出更多有筋骨、有情感、有温度的优秀作品。这就对理论批评界提出了更高的要求，要继承中国古代"知人论世""知言养气"的批评传统，运用历史的、人民的、美学的、艺术的观点来评价和鉴赏作品，切实增强批评的针对性、有效性和公信力，更加强调文艺本身的审美作用和社会效果。从理论批评的作用上说，既要针对作者，发挥对于文艺创作的诊断、评价、导向作用，也要针对读者和观众，发挥对于作品理解的鉴赏、阐释、引领作用。尤其是在当今这个全媒体时代，一些文艺现象可能具有吸引眼球的话题性，其中也存在值得关注的倾向性问题，

---

① 张江：《中国精神是社会主义文艺的灵魂》，《求是》2015 年第 1 期。

迫切需要及时有效的文艺批评来加以匡正和引导。在这方面，《人民日报》近年来连续推出的"文学观象"和"文艺观象"专栏就是富于探索性的、形式新颖的批评实践，在理论阐释与现象分析的不同层面进行了针对性很强的讨论，发挥了积极的批评引领作用。

再次是读者和观众的接受层面。文艺作品审美功能的实现有赖于受众的审美接受水平和审美趣味选择，尤其是在文化产业蓬勃发展、各类作品层出不穷的当下，受众的审美选择权更加重要。因此，实现文艺引领时代风气的价值功能，必须重视读者和观众作为接受方的主体地位，积极探索拿怎样的优秀作品去占据市场，满足人民群众的审美需求。优秀的文艺作品能够对受众发挥潜移默化的启迪和陶冶作用，而受众审美水平的提升也能促使创作者下功夫拿出精品力作。需要进一步探讨的是，具有鲜明价值导向和教育意义的作品如何以当今受众所喜闻乐见的艺术形式呈现出来，如何经受市场机制的考验而表现出艺术生命力和艺术影响力。这就要通过创意和制作机制、评价和推介机制、受众引导和接受机制构成合力，真正实现让高水准的作品有高票房、高收视率、高阅读率。在这方面，我们面临的实践问题依然十分艰巨，切实解决文艺创作有数量缺质量、有高原缺高峰的问题，还需要以改革创新精神去解决文艺创作链中各个环节的培育、引导和建设问题。

［作者简介］：徐放鸣，江苏师范大学文学院教授。

马克思主义技术文化叙事的
实践论阐释及其现实意义

李胜清

历史地看，马克思主义是在批判总结近现代自然科学与社会科学的发展经验的基础上形成的，起源的这种性质表明，它不但内蕴着丰富的社会科学的问题意识，而且也潜藏着深刻的自然科学的问题意识。也正是在这种意义上，除却被视为一种批判性的社会历史叙事之外，马克思主义也可以被解读为是一种关于自然科学批判反思的技术文化叙事。而使问题更其重要的地方还在于马克思主义建构和阐释其技术文化叙事的特殊性质，即实践论的性质。作为马克思主义的一种本体论特征规定，历史唯物主义的实践论视界实际上构成了马克思主义一切叙事理论的绝对视阈，正是在历史唯物主义的实践论框架下，马克思主义的技术文化叙事才超逸出了以往纯自然科学唯物主义的抽象认识论范畴而进入一种历史具体的性状，不但一般性地阐明了科学技术的概念，而且现实地批判了科学技术存在的历史条件、性质目的、价值影响与作用方式。

一　科学技术的历史性存在方式

就一般的存在方式而言，实践论阐释意味着避免对科学技术做一种纯抽象的就事论事的理解，而是注重对其存在的前提条件、意义背景和问题论域进行先在性的历史澄明，以期建构一种阐释科学技术的关系语境。换言之，在马克思主义的现实视野中，以实践论范式来阐释科学技术实际上就是将科学技术历史语境化，以关于科学技术及其意义关联项的指涉关系形式或科学技术问题域的形式来进行一种间性阐释，从而获得对于科学技术的历史性理解。

根据马克思主义的分析，具有较为现代形态的科学技术之所以出现于18世纪绝不是偶然的，而是出于对自然世界进行科学性的认识所使然，这种认识在当时又出于一种紧迫的实践需要，即破除中世纪的神学自然观并确立一种独立的人类理性意识。恩格斯在一种比较的意义上说，"18世纪以前根本没有科学；对自然的认识具有自己的科学形式，只是在18世纪才有，某些部门或者早几年"。① 当时所创立的各种科学一方面是为了克服中世纪的各种荒诞迷信，另一方面还在于要把理论科学转化为物质技术以满足现实生产的需要，具体来说，就是为了确立资本主义的工业生产体系。与此前的社会主要消极地依赖自然的赐予不同，资本主义主要是一个创造主导型的社会，它强调积极干预自然过程、改造自然世界对于人类生活的重要性，为此，就需要大力发展具有实用性的科学技术，当时的科学技术在英国率先获得发展就正是基于这样的目的。英国的科学技术依次发展起来正好揭示了这种需要的发展过程与内容，最初是为了提供棉纺织业的生产效率而发明了蒸汽机，此后又出于改善运输条件、加快原料开采、改进机器设备的需要而相继创造了越来越进步的科学技术与工业机械，"使用机械辅助手段而获益一旦成为先例，一切工业部门也就渐渐仿效起来；文明程度的提高，这是工业中一切改进的无可争议的结果，文明程度一提高，就产生新的需要、新的生产部门，而这样一来又引起新的改进。"② 从技术层面来看，资本主义实际上就是一种以工业生产与技术应用为内容的社会历史形态，正是在资本主义提高生产效率与增值资本价值的利益驱动下，科学技术及其应用才取代自然经济方式而成为了财富的主要获得手段，马克思根据这种情况分析了科学技术目的论的历史本质，"自然因素的应用——在一定程度上自然因素被列入资本的组成部分——是同科学作为生产过程的独立因素的发展相一致的。生产过程成了科学的应用，而科学反过来成为生产过程的因素即所谓职能。每一项发现都成了新的发明或生产方法的新的改进的基础。只有资本主义生产方式才第一次使自然科学为直接的生产过程服务"。③ 火药、指南针、印刷术等从中国

---

① 《马克思恩格斯选集》第1卷，人民出版社1995年版，第18页。
② 同上书，第32页。
③ 《马克思恩格斯全集》第47卷，人民出版社1965年版，第570页。

传入西方，在很大程度上也是出于满足资产阶级革命、建立世界市场与传播新教教义的实践需要。

在马克思主义的视阈里，关于科学技术的实践论含义还意味着科学技术是在一种与特定的生产关系相互制约和相互作用的关系结构中存在的，并且表达了特定历史时期人类的文明程度、生活方式与文化观念。马克思主义关于生产力与生产关系之间互动过程的说明其实也言说着科学技术的存在方式与实践机制，马克思在《德意志意识形态》中以科学技术的具体应用形态即大工业为例说明了这一点，"工业和商业、生活必需品的生产和交换，一方面制约着分配，不同社会阶级的划分，同时它们在自己的运动形式上又受着后者的制约。"从一方面看，作为一种生产力要素，科学技术的发展变化经常表达着特定社会关系的变革诉求，"生产者相互发生的这些社会关系，他们借以互相交换其活动和参与全部生产活动的条件，当然依照生产资料的性质而有所不同。随着新作战工具即射击火器的发明，军队的整个内部组织就必然改变了，各个人借以组成军队并能作为军队行动的那些关系就改变了，各个军队相互间的关系也发生了变化。"[1]但在另一方面，特定的社会生产关系又决定着科学技术的历史性质与存在方式，它说明，"只有在这些社会联系和社会关系的范围内，才会有它们对自然界的影响，才会有生产"[2]。特别是对于物质技术以及工业机器来说，它们在资本主义社会不但是一种物理性的科学技术设备，而且更是一种生产原料，体现着特定的资本关系，"纺纱机是纺棉花的机器。只有在一定的关系下，它才成为资本。……构成资本的生活资料、劳动工具和原料，难道不是在一定的社会条件下，不是在一定的社会关系内生产出来和积累起来的吗？难道这一切不是在一定的社会条件下，在一定的社会关系内被用来进行新生产的吗？并且，难道不正是这种一定的社会性质把那些用来进行新生产的产品变为资本的吗？"[3] 就此而言，科学技术的特定性质与使用方式就成为了特定社会历史生产生活关系的意义镜像，科学技术能否产生、其发展程度与具体性质如何也就相应地成为了界划社会关系性质的某种标志，"工业和商业正在建立另一种包罗万象的王国，根本不同

---

① 《马克思恩格斯选集》第 1 卷，人民出版社 1995 年版，第 344 页。
② 同上。
③ 同上书，第 344—345 页。

于基督教和道德、家庭幸福和小市民福利所建立的包罗万象的王国"①。
马克思关于阿基里斯与火药、《伊利亚特》与活字盘、诗神缪斯与印刷机
等关系的比较说明其实也暗示着这种技术文化叙事的实践论思想。此外,
从实践论角度来阐释科学技术问题还意味着,必须充分估计和尊重它不仅
作为一个物理性的问题,而且作为一个历史价值问题所具有的全部复杂
性,这种复杂性主要就是由于科学技术的特定历史性质所决定的,就像马
克思曾经告诫的,"利用机器的方式和机器本身完全是两回事"。② 对于科
学技术而言问题也是一样的,马克思关于进步不能在通常意义上理解以及
他对于生产力的使用性质问题论述实际上就提供了类似的方法论进路,在
谈到 19 世纪的英国在印度殖民地大力发展生产力与科学技术的情况时认
为,"英国资产阶级将被迫在印度实行的一切,既不会使人民群众得到解
放,也不会根本改善他们的社会状况,因为这两者不仅仅决定于生产力的
发展,而且还决定于生产力是否归人民所有"。③

二　科学技术的意识形态表意

　　作为一种资本主义的批判话语,马克思主义并不浅止于在一般哲学层
面对科学技术进行实践论的阐释,在其现实性上,马克思主义总是将这种
批判归划到具体的资本主义语境,并且直接针对已经资本主义化了的科学
技术实施一种历史具体的批判。在这种语境下,马克思主义所倚重的阐释
对象是一种接受了资本主义价值赋型的科学技术,所以对于科学技术的批
判就意味着对于资本主义意识形态表意方式的批判。美国后现代论者费雷
曾说,"从根本上说,技术是需要和价值的体现。通过我们制造和使用的
器具,我们表达了自己的希望、恐惧、意愿、厌恶和爱好。技术一直是事
实和价值、知识与目的的有效结合的关节点。……通过对技术的解析,我
们会从中发现一个完整的信奉和信仰世界。"④ 这里面所隐伏的方法论就
是,对科学技术的揭示与批判实际上就意味着对其特定语境和意识形态诉

---

　　① 《马克思恩格斯全集》第 2 卷,人民出版社 1957 年版,第 88 页。
　　② 《马克思恩格斯选集》第 4 卷,人民出版社 1995 年版,第 535 页。
　　③ 《马克思恩格斯选集》第 1 卷,人民出版社 1995 年版,第 771 页。
　　④ ［美］弗里德里克·费雷:《走向后现代科学与技术》,王成兵译,载大卫·雷·格里芬
编《后现代精神》,中央编译出版社 1998 年版,第 200 页。

求的解蔽，因此，科学技术批判在某种意义上也就成为了一种意识形态批判。

科学技术的资本主义在世方式首先构成对于以往封建价值观念的解构，其目的旨在促使整个社会关系的资产阶级革命化转向。在中世纪的反动神学语境中，科学技术的现世本身就是一种不能被容忍的渎神之举，它相对于既定秩序的异端性与激进性使得它不自觉地担纲了一种解构神学的革命性的意识形态使命，情况就像恩格斯所分析的，"自然研究当时也在普遍的革命中发展着，而且它本身就是彻底革命的；它还得为争取自己的生存权利而斗争。……自然研究用来宣布其独立并且好像是重演了路德焚烧教谕行为的一个革命行动，便是哥白尼那本不朽著作的出版，他用这本书来向自然事物方面的教会权威挑战。"① 在一种迷狂于伪科学及其非理性精神的中世纪蒙昧状态，自然科学技术本身虽则不是一种实体性的意识形态，但是它那种以张扬启蒙意识为核心旨趣的客观知识论诉求与理性精神却又鲜明地表征了一种反神学的意识形态策略功能，其目的就在于确立资本主义生产方式的一般技术基础与思维模式，"蒸汽和新的工具机把工场手工业变成了现代的大工业，从而把资产阶级社会的整个基础革命化了"。② 一俟现代科学技术获得社会生活的制导权，也就意味着资产阶级在政治层面谋取了相应的统治地位，"凡是大工业代替了工场手工业的地方，工业革命都使资产阶级及其财富和势力最大限度地发展起来，使它成为国内的第一阶级。结果，凡是完成了这种过程的地方，资产阶级都取得了政治权力，并挤掉了以前的统治阶级——贵族、行会师傅和代表他们的专制王朝"。③ 在资本主义生产方式的草创之际，科学技术的主要实践意义就在于确立资产阶级的社会秩序以解构封建神学秩序。

倘若说科学技术在资产阶级反对封建神学的过程中曾经发挥了革命性的意识形态功能作用，那么它在无产阶级反对资产阶级的时候却蜕变成了一种消极保守的意识形态辩护体系。对此，将罪责归咎于科学技术显然是失当的，因为这种情况本身也恰恰违逆了科学技术固有的革命精神，因此，真正应该对此负责的是科学技术的特定使用方式，即从科学技术的发

---

① 《马克思恩格斯选集》第 4 卷，人民出版社 1995 年版，第 262—263 页。

② 《马克思恩格斯选集》第 3 卷，人民出版社 1995 年版，第 611 页。

③ 《马克思恩格斯选集》第 1 卷，人民出版社 1995 年版，第 235 页。

展形式最终退化成为了钳制形式的资本主义生产方式，在此语境中，科学技术的唯资本化向度使得它发生了一种结构性的逆变，其目的已经不再是摧毁既成社会秩序，而是极力保障既成社会秩序不被摧毁。在这样的论域中，马克思主义技术文化叙事的实践论阐释实质上就是对于科学技术的资本主义存在条件、使用方式甚至资本主义本身的批判解构。米切姆就认为，马克思的技术文化叙事"既不是对技术的接受和阐释（工程学的传统），也不是对技术的质疑（人文主义的传统），而是对技术的社会批判和改造。""这种批判并不是指向技术本身，而只是指向它的社会关系，没有任何关于技术的质疑，只有关于技术镶嵌于其中的社会情景的质疑。"① 而马克思自己也声言了马克思主义科学技术批判的方法论原则，"对任何科学的最初的批判必然要拘泥于这个批判所反对的科学本身的种种前提"。② 具体而言，对于科学技术的资本主义性质所作的意识形态批判主要表现为几个理论质点，其一是工业与商业的合谋关系，在资本主义的语境中，科学技术、大工业的发展与资本利益和商业利益的生产仅仅表现为同一个问题的两个方面，作为具有共在关系性质的两种因素，它们共同地表征着资本主义的利益诉求。科学技术的资本主义使用其最切近的目标就是摧毁以往那种自然经济模式以确立资本商业生产模式的统治地位，恩格斯在谈到科学技术与大工业之于资本商业的工具论意义时说，"利益霸占了新创造出来的各种工业力量并利用它们来达到自己的目的；由于私有制的作用，这些按照法理应当属于全人类的力量便成为少数富有的资本家的垄断物，成为他们奴役群众的工具。商业吞并了工业，因而变得无所不能，变成了人类的纽带；个人的或国家的一切交往，都被熔化在商业交往中，这就等于说，财产、物升格为世界的统治者"。③ 正像中世纪一切成为神学的工具与婢女一样，在资本主义社会，科学技术、工业以及其他生产因素也都俯就于资本的逻辑之下，沦为了资本商业关系的副本形态，以狭隘的商业关系来规约科学技术实际上就是确立生产关系与社会发展的物化模式与功利主义的伦理观框架。其二是科学技术以大工业机器的分工

---

① ［美］卡尔·米切姆：《技术哲学概论》，殷登祥等译，天津科学技术出版社 1999 年版，第 43—44 页。

② 《马克思恩格斯全集》第 2 卷，人民出版社 1957 年版，第 38 页。

③ 《马克思恩格斯选集》第 1 卷，人民出版社 1995 年版，第 35 页。

效率论来掩蔽其资本主义生产方式的反人性倾向，在事实上，生产过程中应用大工业机器及其分工原则确实能够极大地提高生产效率，这一点也是现代科学技术的一种优势所在，但是在资本主义条件下，机器分工原则的应用不但意味着某种纯技术性的意义，而且更具一种事关人性存在的深度意义考量。恩格斯就深刻地针砭了这种科学技术的机器分工论的本相，"由于劳动被分割，人也被分割了。为了训练某种单一的活动，其他一切肉体的和精神的能力都成了牺牲品。人的畸形发展和分工齐头并进……大工业的机器使工人从一台机器下降为机器的单纯附属物。"① 科学技术按照一种机械原则、泰罗制和数学化的分工方式来塑造劳动者，不但现实地造成某种原子化与零散化的生存状态，而且将这种机器分工思想予以身体化，使得劳动者在一种无意识状态中自觉认同于技术理性的资本主义价值设置，最终取得一种与资本主义生产方式具有异质同构关系的消极主体形式。其三是用科学技术所尊崇的所谓自然规律与实证精神来销蚀世界过程性存在的辩证特征，从而企图巩固资本主义的现行统治秩序。其具体机制在于，将自然科学技术的发展模式和思维方式强制性地挪移到社会历史领域，造成一种社会发展的似自然状态，终结发展向度，确立静止状态。马克思主义创始人在考察了自然科学技术及其思维方式对于社会的影响时说："这种考察方法被培根和洛克从自然科学中移植到哲学中以后，就造成了最近几个世纪所特有的局限性，即形而上学的思维方式。"② 而形而上学在社会历史中的合法化存在实际上就意味着现行秩序的永恒合理性，在这种被严格规定的意义上，完全可以把科学技术关于自然规律的超时空的有效性观念当作资本主义对于其社会关系模式合法化存在的一种辩护，恩格斯曾经对资本主义秩序借以获得表现的抽象自然观进行了批判，"自然界中的任何变化、任何发展都被否定了。开初那样革命的自然科学，突然面临一个彻头彻尾保守的自然界，在这个自然界中，今天的一切都和一开始的时候一模一样，而且直到世界末日或万古永世，一切都仍将和一开始的时候一模一样。"③ 就此而言，自然科学技术之于资本主义的作用颇有某种历史终结论的意味。

---

① 《马克思恩格斯选集》第 3 卷，人民出版社 1995 年版，第 642 页。
② 同上书，第 630 页。
③ 《马克思恩格斯选集》第 4 卷，人民出版社 1995 年版，第 265 页。

其实，西方马克思主义特别是其中的法兰克福学派的霍克海默、阿多诺、马尔库塞与哈贝马斯等人主要就是从意识形态功能论的角度来批判当时资本主义的科学技术的。霍克海默与阿多诺对于工具理性的批判、马尔库塞对于技术所造就的"单面人与单面社会"的批判、哈贝马斯关于科学技术意识形态化的批判都是秉承了马克思主义创始人的科学技术思想，侧重从意识形态角度对于资本主义科学技术理论与实践的批判。哈贝马斯在《作为"意识形态"的技术与科学》中就说："在我看来，更为重要的是，技术统治论的命题作为隐形意识形态（als Hintergrundideologie），甚至可以渗透到非政治化的广大居民的意识中，并且可以使合法性的力量得到发展。这种意识形态的独特成就就是，它能使社会的自我理解（das Selbstverstandnis der Gesellschaft）同交往活动的坐标系以及同以符号为中介的相互作用的概念相分离，并且能够被科学的模式代替。"① 就此而言，科学技术对于资本主义生产关系的意识形态实践作用主要就在于，它不但为资本主义的现行存在方式提供了合法化的依据，甚至它还直接构成了资本主义生产关系的组织原则与结构模块。科学技术及其方法论思想在整个社会生活中的布展使得它最终成为人们的现实存在与价值观念的深度问题框架，而这种问题框架就会不停地生产和再生产资本主义的生产关系和科学技术的使用方式。但是，科学技术并不能从根本上救赎资本主义，相对于它的本性而言，资本主义的使用方式毕竟只是非常有限的一种，马克思曾经就科学技术发展与资本主义形式之间的深刻悖论给予了精辟的论述，"在我们这个时代，每一种事物好像都包含有自己的反面。我们看到，机器具有减少人类劳动和使劳动更有成效的神奇力量，然而却引起了饥饿和过度的疲劳。财富的新源泉，由于某种奇怪的、不可思议的魔力而变成贫困的源泉。技术的胜利，似乎是以道德的败坏为代价换来的。随着人类愈益控制自然，个人却似乎愈益成为别人的奴隶或自身的卑劣行为的奴隶。甚至科学的纯洁光辉仿佛也只能在愚昧无知的黑暗背景上闪耀"。②

---

① ［德］尤尔根·哈贝马斯：《作为"意识形态"的技术与科学》，李黎、郭官义译，学林出版社1999年版，第63页。

② 《马克思恩格斯选集》第1卷，人民出版社1995年版，第775页。

三　现实意义

马克思主义关于科学技术的实践论批判叙事并不是基于某种纯理论的目的而进行的，在其现实性上，它恰恰反映并表达了当时已经发展成熟的无产阶级对于科学技术的总的历史看法，无产阶级一改资产阶级关于科学技术的直观实证态度与狭隘使用方式，将科学技术从仅仅服务于某种物化的目的中解放出来，而恢复科学技术的人学维度。并且还以一种具体的历史需要和特定实践目的作为科学技术使用的前提中介，从而经常性地对科学技术的发展内容与方式进行及时的反思与调整。同时，由于无产阶级作为最先进的生产力要素不但代表着科学技术的发展方向，而且还代表着最广大人民群众的根本利益，所以到了无产阶级的生产关系语境，科学技术的发展就能克服晚期资本主义对于它的偏颇使用，真正做到科学技术与人们的需要协调发展，从而满足社会绝大多数人的生产生活需要。因此，马克思主义关于科学技术的实践论阐释不但立意于解构科学技术的资本主义使用方式，而且也旨在建构一种科学技术使用的无产阶级生产关系语境与提问方式，展示无产阶级解放条件的技术之维。

就指涉现实经验层面而言，马克思主义关于科学技术的实践论阐释展示了这样几个方面的意义：一是确立了科学技术发展的历史观与辩证思维，在这方面，马克思主义通过实践论的批判，既批驳了形而上学的"技术决定论"，也克服了对于现代科学技术所的"恐惧症"，并且正确地阐明了科学技术发展的社会关系前提、主体条件和目的论承诺。针对科学技术的资本主义使用所造成的技术观困惑，马克思说，"有些党派可能为此痛哭流涕；另一些党派可能为了要摆脱现代冲突而希望抛开现代技术；还有一些党派可能以为工业上如此巨大的进步要以政治上同样巨大的倒退来补充。可是我们不会认错那个经常在这一切矛盾中出现的狡狯的精灵。我们知道，要使社会的新生力量很好地发挥作用，就只能由新生的人来掌握它们，而这些新生的人就是工人。"[①] 如果说资产阶级曾经在历史上部分地代表着科学技术的发展方向，那么工人阶级就更是这样，而且其性质更彻底，程度也更深刻，因为，"科学越是毫无顾忌和大公无私，它就越

---

① 《马克思恩格斯选集》第 1 卷，人民出版社 1995 年版，第 775 页。

符合工人的利益和愿望"①。而关于科学技术发展的正确社会形式和目的，马克思主义创始人也在《共产主义原理》中具体而深刻地予以了阐述，"在现今社会中造成一切贫困和商业危机的大工业的那种特性，在另一种社会组织中正是消灭这种贫困和这些灾难性的波动的因素。"② 只有在社会主义生产方式下并以工人阶级的解放为鹄的，科学技术发展才可能符合其本性，并在克服分工的缺陷基础上展示其促使人的全面自由发展的人性特征，"社会将生产出足够的产品，可以组织分配以满足全体成员的需要。……教育将使他们摆脱现在这种分工给每个人造成的片面性。这样一来，根据共产主义原则组织起来的社会，将使自己的成员能够全面发挥他们的得到全面发展的才能。"③ 只有在共产主义的总体性语境中，科学技术才可能丧失自身奴役人的性质而转变成为一种解放和发展人的力量。通过历史唯物主义实践论的阐释，马克思主义昭示当代人们，单纯科学技术的发展并不必然带来人民的解放甚至在不合理的生产方式下还最终会沦为人的桎梏，关键在于这种科学技术取得适当的历史形式，并且由人民掌握其发展成果。这种用实践论来匡正唯生产力发展或唯技术论的举措尤其对于当下我国经济发展中所提出的消除贫富差距、建构公平正义与和谐社会等命题具有异常重要的现实意义。另外，科学技术发展所带动的生产力提高也能大大缩短社会生产的必要劳动时间而增大剩余时间，而在一种合理的生产关系体制下，剩余时间的增多意味着人们发展其精神才能与自由特性的条件与机会也相应地增多，这对于实现我国社会生活的总体性现代化而言也是具有相当意义的。

[作者简介]：李胜清，湖南科技大学人文学院副教授，硕士生导师。

---

① 《马克思恩格斯选集》第4卷，人民出版社1995年版，第258页。
② 《马克思恩格斯选集》第1卷，人民出版社1995年版，第237页。
③ 同上书，第242—243页。

艺术生产作为文化的科技化特征*

罗中起　罗曼

当代艺术生产的第二个特征是科技化，这是同艺术生产的产业化特征紧密联系在一起的特征，二者几乎是互相包容而结合在一起的。产业科技化，科技产业化，是产业与科技统合发展的一体双翼。这里之所以要将产业化作为第二个特征提出来，是因为"在这一过程中，科学技术与产业经济具有不同要素、结构、功能的两大系统"②，二者并不相同，产业化并不能完全表征科技化。

在历史上，瓦尔特·本雅明（Walter Benjamin）最早以"机械复制"——"technischen"一词来表述他对艺术生产的看法，在其原初意义上强调的就是技术性特征，而非产业化特征。可以说，本雅明是历史上最早意识到艺术生产与科学技术融于一体的当代性特征的思想家。随着历史的发展，当代艺术生产的科技化特征已超出本雅明的理解，几乎是全方位地进入了高科技化生产的时代，在内涵上超越了"机械复制"的单纯含义，在外延上几乎扩展到了整个艺术生产领域。

"高科技"通常指由19世纪末20世纪初以来陆续产生的新科学转化成的现代科学技术。它以电子计算机、原子能、空间技术的出现为标志，大体开始于在20世纪50年代前后。相对于18世纪60年代的以蒸汽机的广泛使用为标志的第一次技术革命和19世纪70年代的以电机的产生、电力的应用为标志的第二次技术革命，这次新科学的技术转化通常被称为第

　　*　［基金项目］:国家社会科学基金重点项目"马克思的艺术生产理论与当代文学研究"（项目编号:11AZW003）的阶段性成果。

　　②　隋映辉:《科技产业论——科学技术的商品化、产业化与国际化研究》，山东人民出版社1994年版，第2页。

三次技术革命。高技术"Hightech"一词，最早出现在 20 世纪 60 年代两个美国女建筑师写的《高格调技术》一书中，用意在于唤起人们对高技术的关注。到 70 年代，使用高技术一词的人多了起来，但那时高技术泛指新型技术产品和由此引发的变革。1981 年，美国出现以"高技术"命名的月刊。1983 年，高技术被收入到美国出版的《韦氏第三版国际辞典补充 9000 个词》中，从此高技术作为一个概念术语有了它的"合法"性。沿习至今，高科技就成了相对于常规技术和传统技术，特指科学含量高或由最新科学转化而来的技术，也许是这样原因，我国有些人还习惯称为高新科技。就其发展的过程看，它是以信息技术为先导，包括生命技术、材料技术、能源技术、航天技术、海洋技术等，并随着科学发展不断更新的庞大科技家族。由于它以信息技术为先导，人们习惯将由此开始的历史称为信息时代，并以信息技术泛指这种当代性的高科技。其表征是高效益、高智力、高投入、高竞争、高风险和高势能。其中的"高势能是指高技术对社会的经济、政治、文化等诸方面都有极为重要的影响，高技术能渗透到社会的每一个领域和每一个角落"①。当代艺术生产的科技化便是指这种高科学含量、高势能效益的技术化生产。当然，艺术生产并非同高科技家族的所有技术直接相关，而是主要同以数字技术、光电技术等为基础的信息技术相关的技术化生产。

　　历史上，艺术生产与科学技术并非绝缘，更非两立。无论是在中国，还是在西方，"艺术"（art）一词，最初都指涉技术、技巧或技艺，而且可以说，这段历史是一个相对漫长的过程。艺术同技术分开，技术转化为艺术技巧，而技术本身为艺术所排斥，是艺术从生产技艺中独立出来的需要，也是人类文明发展的过程性需要。这如黑格尔所说，"艺术在开始阶段总是偏向于牵强和笨重"，"在次要方面不厌其详"，而"精神的东西"却"缺乏真正自由生动的表现"，当摆脱了物质与技术的束缚，才成为真正的美的精神的艺术。② 在这个过程中，艺术曾经鄙视，甚至排斥过技术。比如，在西方，柏拉图崇尚形上理念而鄙视形下物欲，不仅把工匠排在社会等级中的末等，而且认为诗或艺术是"神灵凭附"的结果，而非技术生产，以致当曾将他从被卖为奴的危难中赎出的阿尔基塔把几何学等

　　① 张沁源：《科技革命的魅力》，上海交通大学出版社 2000 年版，第 34 页。
　　② ［德］黑格尔：《美学》第 3 卷（上），商务印书馆 1979 年版，第 5 页。

用于音乐时，大为愤慨，斥责其败坏了几何学和艺术。在中国，道家认为"民多利器，国家滋昏"①，以致对工艺技巧深恶痛绝，儒家虽不尽然反对工艺，但亦鄙视之，不赞成儒者从事工艺，所以也说"君子不器"，于是在中国的艺术观念中也就有了"丝不如竹，竹不如肉"② 之说，贬斥艺术依赖于物质和技术的倾向。即便如此，艺术与技术也不曾真正分家，只不过是不同类型的艺术或不同时期的艺术生产，与科学技术有着亲疏、离合的差异而已。比如，音乐从其产生时起就同人类对声学的理解、对乐器材料的物理性能的把握等联系在一起，相对而言，诗就差些；再如，西方中世纪的艺术带有一定的反技术的倾向，但到了文艺复兴时期艺术同科学技术的亲缘关系得到了极大的重视和强调。在这一时期产生的艺术家，如达·芬奇不仅本人就是建筑学家、解剖学家，而且还把他在科学方面的知识转化成艺术技法，直接运用于艺术创作。事实证明，艺术的生产材料、储存传播、接受鉴赏几乎一直与科学技术，如造纸术、印刷术、色彩学等为伍相伴，而且每一种相关技术的产生都带给艺术发展以重大影响。以中国传统的书画艺术为例，如果没有了所谓的笔墨纸砚及其所依托的材料技术、造纸技术、制墨技艺等，这些艺术都将不复存在。

然而，历史上的艺术与科技的这种关系，同当代艺术生产的高科技化特征不能同日而语。传统科技对艺术的影响基本是局部的，如造纸术、印刷术的发明对书画艺术、语言艺术的影响较大，但对音乐艺术、舞蹈艺术并不构成什么影响，解剖学、色彩学的发展对造型艺术的影响较大，但对语言艺术却没有什么影响。此外，传统科技影响艺术的周期较长、过程较慢，而且对艺术的改造也没能渗透到艺术的本体层面。当代的信息技术则不然，它以数字化、网络化、智能化的巨大势能，在改变着现代人的生活和生产方式的同时，几乎是全方位地改变了当代艺术生产与活动的本体面貌。

从艺术形态方面看，信息技术对新艺术的创生，对传统艺术的改造，使得艺术的形态谱系发生了本体性的变化。在传统艺术中，占有至尊地位

---

① 老子《道德经》第57章。对"民多利器"中的"器"，注家多释为"兵器"；唯著名经济学家胡寄窗释为"工艺技巧"，他说："老子把工艺技巧认定为社会祸乱的原因，他们要求废除工艺技巧，甚至认为盗贼之产生也是由于工艺技巧的关系"（《中国经济思想史》上，第211页）。本文以为胡寄窗之释为宜。

② 《世说新语·识鉴》刘孝标注引《孟嘉别传》。

的是以语言为媒介的文学。黑格尔曾按照艺术表现精神的原则将艺术分为象征型、古典型和浪漫型艺术，同时又按照这一原则将艺术的系统分为：第一是建筑，第二是雕刻，第三是"表现主体内在生活"的几门艺术，包括绘画、音乐和语言艺术。他说"语言艺术，即一般的诗，这是绝对真实的精神的艺术，把精神作为精神来表现的艺术"①，这就是说，在艺术的系统中，最高的是诗。这种艺术观念在各个民族的传统艺术观念中大体上是不差的。然而，信息技术却使音像成了当代艺术的主打角色，人们一方面利用数字技术、光电技术，不断创生着新的艺术表现方式和手段，如激光水幕电影、运用激光技术的全息摄影②等；另一方面又以音像技术整合和改造着传统艺术，如音乐、相声的视觉化形成了音乐电视（MTV）、相声电视，文学的音像化形成了电视散文，传统相机摄影走向高清晰度的数码摄影等。新形态艺术的不断产生和传统艺术的数字化整合，使当代艺术的形态谱系处于不断地发展变化之中。更为明显的是，在数字传播技术和数字传播媒介的压力下，世界上最古老的报纸——创办于1645年的瑞典《国内邮报》于2006年12月29日正式停止印刷发行；我国历史上的大报，1927年3月22日在武汉创刊的《中央日报》于2006年6月1日在中国台湾停刊。③ 与其类似，某些传统艺术也面临着如此境遇，深感到岌岌可危。与此相反，被意大利诗人和电影先驱者里乔托·卡努杜称为"第七艺术"的电影和后起的电视剧艺术，却无可争辩地占据了艺术的大半个江山，甚至可能远远超过了大半个江山。文学则成了这类艺术生产中的组成部分，纯文学的生存越来越仰赖于综合性的影视艺术，换言之，也就是不得不青睐于高科技的力量。苏联著名的文艺理论家、美学家多宾在其1961年出版的理论著作《电影艺术诗学》的绪论中，第一句话就写道："技术是电影之母"，继之又说："发明了透明的胶片；能够用电影摄影机从各个角度进行拍摄，可以拍全景或进行移动拍摄；可以将不同时间内摄录的不同对象的各段胶片粘接在一起——这一切决定了一门

---

① ［德］黑格尔：《美学》第3卷（上），商务印书馆1979年版，第19页。
② 《激光和全息艺术应用》，飞达光学网，http：//www.33tt.com/article/2004 - 12/561.htm，2004 - 12 - 23。
③ 姚志峰：《"中国数字报业实验室计划"进入第二阶段》，中华新闻网，http：//www.cjas.com.cn/n1986c28.aspx，2007 - 6 - 6。

新艺术的神奇的威力。"① 这是一种理论性表述,事实上也是如此。据法国电影史家乔治·萨杜尔掌握的资料:仅在 1896 年,法国拥有 129 种、英国拥有 50 种与卢米埃尔兄弟不同的电影摄影和放映器械。② 如今,多宾所说的胶片已为数字化介质所取代,老式的电影摄影机也正在逐渐为数字摄影机所取代。除此之外,其语不失言简意赅,道明了电影和电视剧艺术的威力之所在。总之,高科技革命迫使一些传统的艺术样式因萎缩而必须做出自己的调整,一些新崛起的艺术样式不容争辩地抢占着艺术的领地,艺术家族的形态谱系正在发生着事实性的变化。

从艺术的生产看,信息技术作为一种生产力要素,极大地提升了艺术生产的能力水平,对依托于数字技术的新介质的使用,彻底改造了艺术的生产、储存、传播和接受的方式,创造了被一些人称为数字"神话"时代的艺术。

"介质"的抽象概括是:"一种物质存在于另一种物质之中,后者就是前者的介质。"介质本身就是人类对物质世界及其功能的科学性认识和技术性把握的水平标志。艺术的介质作为艺术信息存在的物质方式,其变化通常会带来艺术自身的变革。从艺术史来看,舞蹈和唱歌是以身体和人声为介质的,这也可能是人类最早创造的艺术;自然物介质的运用使我们的祖先创造了岩画艺术、雕刻艺术和器乐艺术;语言介质的产生使我们祖先的生活中有了行吟诗人和口耳相传的神话;文字介质的产生使人类开始了书写文学;造纸术的产生使人类的书写文学和书画艺术可以更加汪洋恣肆地拓展自己的天地……在这个意义上,也可以说,一部艺术史也就是一部艺术介质史。然而同当代的数字化介质相比,传统的艺术介质虽然历经了一个不断发展进步的过程,但总体上都带有其不可逾越的局限,并因此使得各门类艺术壁垒分明,以致引发了一些艺术家的偏见。比如,达·芬奇就曾反复做过"画胜诗"的论述,他说:"诗用语言把事物陈列在想象之前,而绘画确实地把物象陈列在眼前,使眼睛把物象当成真实的物体接受下来。诗所提供的东西就缺少这种形似……""绘画与诗的关系正和物体与物体的影子的关系一样。差别甚至还要大些,因为影子能够通过肉眼为人所见,而想象的形象却不能用肉眼见到,只在黑暗的心目中产

---

① 张凤铸主编:《中国电影电视剧理论纵览》,中国传媒大学出版社 2006 年版,第 14 页。
② 同上书,第 3 页。

生。在黑暗的心目中想象一盏灯火，与用眼睛在黑暗之外的的确确看到灯火，两者相差多么悬殊！”“绘画如果没有人讲解它的内容，就是一篇哑诗，那么你没见你的诗比这还要糟吗？因为纵使有人讲解诗，诗中的内容却无一可见，不若讲解图画的人能够谈到可以目击的形象了。”① 达·芬奇的说法虽为偏激，但亦为实情，正道出了艺术介质对艺术的束缚和限制。相对客观些的说法出自当代波兰著名音乐学家索菲亚·丽莎，她说：“每种艺术的客体范围都有自己的局限，并构成该种艺术的特性。正像造型艺术不能为我们直接提供运动的因素一样，音乐不能为我们直接地提供视觉的因素；如果说音乐能为我们直接提供运动——听觉现象，那么，在建筑艺术中这却是不可能的。如果说雕塑能为我们直接地提供三维空间现象，那么，绘画就不能直接地做到这一点，而音乐则完全做不到。因为对任何一种艺术来说，都很难具有所谓‘不受限制的客体范围’。当然，文学所能反映的客体的范围，毫无疑问地比雕塑、建筑、音乐要广得多。”② 索菲亚·丽莎所说的“每种艺术的客体范围”的局限，正来自艺术介质的限制，力求创新的艺术家总在努力地突破这种限制，然而这种突破依然是有限的。

　　现代的数字技术与数字化介质的结合为这种突破带来了可能，并使之开始成为现实。利用数字化摄录机可以摄录任何时空中的任何音像，利用数字化电脑可以对任何数字化信息自由地进行加工复制，利用数字化存储器可以海量地存储转换为数字信息的任何介质的艺术文本，利用卫星通信系统和数字化网络可以高速地传播任何形态的艺术信息……如此高智能、高势能的数字技术带来了一种全新的艺术生产格局。从生产层面看，高科技复制技术不仅使艺术文本的工业化生产成为轻而易举的流水作业，而且一批有着强烈视觉效果的高科技影片，如《泰坦尼克号》《星球大战》《侏罗纪公园》《变形金刚》等的相继比拼，勾勒出一条“数字技术生产—数字特技生产—真人数字特技生产”的高科技化的审美追求。在这种追求中，艺术的内容与思想同时受到了高科技的冲击，也在发生着悄然

---

① 列奥纳多·达·芬奇著：《芬奇论绘画》，戴勉编译，汪流等编《艺术特征论》，文化艺术出版社 1984 年版，第 33—37 页。

② ［波兰］索菲亚·丽莎：《论音乐的艺术特性》，汪流等编《艺术特征论》，文化艺术出版社 1984 年版，第 298—299 页。

变化，当代年轻人走进影剧院已不再是仅仅看故事、听乐曲，而是同时在欣赏和享受故事或乐曲在光、电、声、像中的高科技"狂欢"。从存储层面看，传统艺术文化历来存在着储存和保管的难题，文字和纸介质对解决这一难题曾有过突破性的贡献，实现了对文学之外的其他艺术的文字化或符号化储存，如以乐谱记录的音乐文本，纸介质的书画文本和戏剧文本，文化典籍中对某些艺术的文字性描述等，但依然存在着不能原貌性存储、难以长期保存而不失真的困境，没能根本解决艺术的存储难题，许多艺术在历史上仍然以口传身教的非物质化方式承传着，成为了可能失传、失真的非物质文化遗产。数字技术开始突破了这一难题，实现了诗与思、音与像同步合成的全息性、高压缩的数字化存储。从传播层面看，实现了超时空的异地同步收视，如2001年6月23日——国际奥林匹克日之夜，为支持北京申办奥运会，卢奇亚诺·帕瓦罗蒂联袂多明戈和卡雷拉斯在北京紫禁城举行了"三大男高音"演唱会，与现场3万名来宾同步收视这一艺术盛宴的人竟"数以亿计"①。这种高势能的传播方式早已为艺术传播所普遍使用，不再使人惊叹，使人惊叹并感兴趣的由此带来的巴赫金式"狂欢"。从接受层面看，受者在享受高科技的同时已不知不觉使接受发生了多重变化。第一，改变了受者的接受倾向，数字技术所带来的光、电、声、像奇观越来越为受者所青睐。如有人讲到"人们看电影不再只是为了知道故事情节，也不再只是为了观赏电影明星的风采和演技，音响效果和摄影技巧越来越为电影观众所重视"②。第二，受者身份的迁移变化。人们多用交互结构来描述受者的身份，强调受者与传者的互动，而事实上随着数字技术的发展和普及，任何受者都可以通过网络下载、电脑复制、电视收录，去做本雅明所说的"机械复制"以满足自己的需要，"机械复制"已不再是生产者的专利。受者甚至也可以通过网络上传使自己成为传者，从而使艺术的传播也成为了一种链式传播。敏锐地意识到这一点的是未来学家托夫勒，他在《财富的革命》中，频繁地使用了一个新词"prosumer"（生产消费者），有人统计多达145次。他认为，新技术正在使生产者和消费者融合成"生产消费者"，他说：有了相应的技术手

① 刘春杰：《明晚午门上演盛典——看看人家"三高"怎么玩古典》，《北京青年报》2001年6月22日。

② 张沁源：《科技革命的魅力》，上海交通大学出版社2000年版，第89页。

段，生产消费者就可以自己动手生产所需要的产品。① 近些年，我国频频爆出历史上一直作为边缘化受者的农民，自编自导自演自娱自乐的新闻，如江西的周元强②、河北的郝俊臣③、河南的周红卫④、湖南的许明文⑤等，有的已经领取了国家广电总局颁发的广播电视节目制作经营许可证。这些事件的意义在于他们正在消弭受者与传者、消费者与生产者之间的界限。第三，电脑、电视的普及，改变了艺术接受必须在剧场、影院等公共娱乐场所的单一方式，这如美国的 R. M. 小马斯费尔德在《剧本作家的四种媒介》中所说："电视把全世界的起居室变成了观众厅"。⑥ 这一变化的普遍化、日常化，已不再使人们惊奇，然而，正是在这种不再令人惊奇的变化中，人的知、乐、行等生存行为和社会的文明结构在发生着将影响人类未来的变化。这种变化究竟会有多大，也可能仅未来学家说得清楚，但起码在当下可见的是艺术接受正是在起居室里变成了人的生命或时间的消费和享受，因而成了当代艺术生产第三大特征即消费性的造因之一。

　　[作者简介]：罗中起，辽宁大学文学院教授。罗曼，辽宁大学新闻与传播学院讲师、吉林大学文学院在读博士生。

---

　　① 《托夫勒预言："生产消费者"创造新财富》，《参考消息》2006 年 8 月 22 日；［英］内森·加德尔斯：《他看到了未来》，《金融时报》2006 年 8 月 19 日。

　　② 周伟：《江西农民自拍电视剧获准公开发行》，新华网 2007 年 4 月 22 日，http：// news. xinhuanet. com/newmedia/2007－04/22/content_ 6009486. htm。

　　③ 闫志国：《石家庄市农民自导自演 43 天拍出"手枪队"首部戏》，《燕赵晚报》2006 年 6 月 30 日。

　　④ 《洛阳农民全家拍电视剧谁吻谁难坏"土导演"》，深圳新闻网，http：// www. sznews. com/news/content/2007－02/07/content_ 858029. htm，2007 年 2 月 7 日。

　　⑤ 卿永锋：《〈爸爸，我不该骗你〉感动观众乡亲动情洒下热泪》，《长沙晚报》2006 年 7 月 27 日。

　　⑥ 张凤铸主编：《中国电影电视剧理论纵览》，中国传媒大学出版社 2006 年版，第 6 页。

从《家庭、私有制和国家的起源》看马克思主义的文化观

温玉林

从 20 世纪 80 年代开始，关于文化的研究一直是文艺理论界的热点。因为文化和人的精神直接相关。对文化进行研究可以深化对人的精神、民族、人类等各个方面的认识。而研究文艺、美学等学科，没有对人的精神做一个深入的认识那就找不到学科的逻辑起点。这也就是几十年来关于文化的研究一直非常热的原因。

但是由于文化研究涉及的范围太广，文化研究的流派非常之多。"从文化研究的形态来看有官方文化、精英文化、大众文化；主流文化与亚文化；中心文化与边缘文化；民族文化与世界文化等。从研究的范式来看有文化哲学、文化人类学、文化学、人类学、民俗学、民族学、历史哲学、古代文化史学等不同学科。"①

从文艺理论、美学这几十年的情况来看，李泽厚的"人类学"可以看作是文化人类学把着力探讨的是"超生物余类的社会存在，所谓'主体性'"② 这在 20 世纪 80 年代成了文艺学研究的主要问题，掀起了研究热潮。

叶秀山先生不同意李泽厚美学文艺学的这个出发点。他认为，"广义的'文化'就是使'自然''文''化'。我们不一定说'文''化'就是'人''化'。因为并没有一个抽象的'人'的本质来使'自然'体现

---

① 温玉林：《从人类再生产的角度看文艺理论界的文化研究》，《社科纵横》（理论版）2012 年第 3 期。

② 李泽厚：《李泽厚十年集》第一卷，安徽文艺出版社 1994 年版，第 448 页。

这个'本质'。但'人'的'活动'却使'人'作为一种特殊的'自然'存在物与自然的关系发生了变化。'人'活动却使'人'作为一种特殊的自然存在物与自然的关系发生了变化。'人'的活动在'自然界'留下了'痕迹'。这'痕迹'就是'文','文化'即'痕迹化'。'人'使自然成为'经验的世界','经验的世界'就是'痕迹的世界'。"① 他这里与李泽厚的美学最大的区别就在于不把某个抽象的概念作为人的本质。这就避免了人和自然之间的对立，相应地也就避免了把"人"绝对化而陷入唯心主义的危险。在这里，叶先生把人的活动——"实践"作为界定"文化"这个概念的基础。实践使自然发生了变化，留下的"痕迹"就是"文"，这就使美学，文艺学的研究视角从主体转向了客体。这在 20 世纪90 年代也成了关注的重点。

应该说，马克思虽然谈"自然人化"，但他没有抽象地谈人，他谈人的本质时，往往用"类本质"这个词，类是从生物学角度来谈的，人作为类，在生理结构上有其相似性，这是人类的前提，在这基础上，人类通过自身的实践能力逐渐超越了其他生物。但是人类绝对不是超生物。所以，叶先生对文化的研究是唯物主义的。但叶先生借助海德格尔和胡塞尔的现象学方法，有一个地方是不同于马克思的，那就是海德格尔反对科学，也残存在叶先生的美学当中。所以，美学研究的主体性和客体性还要进行正反合。这也就是董学文等学者所追求的文艺研究的科学性：跳出美学思维，直接关注文学本体。

但文学的作为个体的精神产品怎么成为群体、民族的，怎么影响别人最终成为人类的精神财富这依然是文学研究必须关注的问题。这也是一个文化问题。在我国比较受关注的是伯明翰学派的"文化研究"。此外，法兰克福学派的文化批判也很受关注。陶东风的《文化研究：西方与中国》从文化批判的角度对文化研究与大众文化批评、后殖民批评、知识分子问题之间的关系进行了深入的分析；马驰的《"新马克思主义"文论》则从意识形态批判的角度对卢森堡、葛兰西、布洛赫、本雅明、伊格尔顿等西方马克思主义进行了分析。

一般说来，"文化"含义非常广泛，在各个民族有自己独特的含义。根据威廉斯的看法，文化理论的根本问题："是指'社会'相关的'艺术

---

① 叶秀山：《美的哲学》，东方出版社 1991 年版，第 73 页。

和精神生活的总和'的理论，还是指创造特定的或与众不同的'生活方式'的社会过程的理论?"① 这个问题是狭义文化与广义文化之间的关系问题。无论狭义文化和广义文化，我们都可以从"文"和"化"两个维度来看，"文"是一种实在性的东西，"化"是一种群体性的影响。因此，"文化"就是用物质或精神等实在性事物去对社会产生影响。为了更深入地探讨文化问题，我们对恩格斯的《家庭、私有制和国家的起源》进行探究，从而对马克思主义文化观进行思考。

———

恩格斯的《家庭、私有制和国家的起源》对"文化""文明"这些词语的使用很严谨，对于原始社会，他用的是"文化"一词。而对于奴隶社会以后的成文社会，他使用了"文明"一词。而对于文明中的精神性产品，他则这样认为："如果说在文明时代的怀抱中科学曾经日益发展，艺术高度繁荣的时期一再出现，那也不过是因为现代的一切积聚财富的成就不这样就不可能获得罢了。"② 在这里，他谈到了科学和艺术，也就是说科学和艺术是文明中的重要成果。这样，我们可以通过恩格斯对词语的考证来探讨他的文化观。

恩格斯对于史前各文化阶段同意摩尔根的观点，他把这个阶段分为蒙昧时代和野蛮时代。蒙昧时代有低级阶段、中级阶段、高级阶段。在初级阶段，人生活在树上，这一阶段最大的成果是语言的产生。根据恩格斯此前的《劳动在从猿到人的转变中的作用》，"语言是从劳动中并和劳动一起产生出来的"③；在中级阶段是"从采用鱼类（我们把虾类、贝壳类以及其他的水栖动物都算在内）作为食物和使用火开始"。④ 这个阶段是旧石器时代，人们经常处于迁徙当中，学会了摩擦取火和使用标枪。但生活很不稳定。高级阶段是新石器时期。这个阶段的人学会了使用弓箭。已经有定居村落的萌芽。对生活资料有了一定程度的掌握，能编篮子、制作木

---

① ［英］雷蒙德·威廉斯：《马克思主义与文学》，王尔勃译，河南大学出版社2008年版，第16页。

② 《马克思恩格斯文集》第4卷，人民出版社2009年版，第196页。

③ 《马克思恩格斯文集》第9卷，人民出版社2009年版，第553页。

④ 《马克思恩格斯文集》第4卷，人民出版社2009年版，第33页。

制的容器、能制作独木舟。

　　与蒙昧时代对应的婚制是群婚制。世系由母方来确定。这一阶段的社会组织是氏族，恩格斯认为"氏族在蒙昧的中级阶段中发生，在高级阶段中继续发展起来，就我们现有的资料来判断，到了野蛮时代的低级阶段，它便达到了全盛时代。"①

　　从蒙昧时代向野蛮时代的进步主要表现为产品的变化，"蒙昧时代是以现成的天然产物为主的时期；人工产品主要是用做获取天然产物的主要工具。野蛮时代是学会了畜牧和农耕的时期，是学会靠人的活动来增加天然产物生产的方法的时期。"② 这个过程是人进一步被"文化"的过程。也分为低级阶段、中级阶段、高级阶段。这几个阶段在物质文化上各有自己的特点：

　　低级阶段的人学会了制作陶器。这时因为自然条件的差异，产生了不同的生存方式。东大陆学着驯养家畜，西大陆学着种植植物。当东大陆的人学会种植时，他们就进入了中级阶段，而西大陆的人已经开始种植玉米了。而各种土坯的城堡也已经开始建立起来。应该说，这时候人已经开始从自然中走出来，"食人之风正在逐渐消失，仅仅作为宗教活动或巫术（在这里差不多是以回事）而保存着"③。

　　高级阶段开始学会了冶炼，发明了文字。"英雄时代的希腊人、罗马建城前的各意大利部落、塔西佗时代的德意志人、海盗时代的诺曼人都属于这个阶段。"④ 恩格斯认为："我们在《荷马史诗》中，特别是在《伊利亚特》中可以看到。发达的制铁工具、风箱、手磨、陶工的辘轳、榨油和酿酒，成为手工艺发达的金属加工、火车和战车，用方木和木板造船、作为艺术的建筑术的萌芽……野蛮时代高级阶段在生产的发展取得了多么丰富的成就，那时日尔曼人尚处在这个阶段的初期，而荷马时代的希腊人已经准备由这个文化阶段过渡到更高阶段了。"⑤ 由此可知，当时的生产力已经非常了得。

　　野蛮阶段在制度上最大的特点是氏族的进一步发展，母权制开始倾

---

① 《马克思恩格斯文集》第 4 卷，人民出版社 2009 年版，第 177 页。

② 同上书，第 38 页。

③ 同上书，第 37 页。

④ 同上。

⑤ 同上书，第 37—38 页。

覆，父权制开始实行。所以其婚制基本和对偶婚制相适应。根据恩格斯对易洛魁人的氏族、希腊人的氏族、罗马氏族、凯尔特人和德意志人的氏族的考察，这个时代还有一些共同的制度文化产生。如选举酋长、共同的地产、按父权制计算世系等。制度文化伴随着物质文化进步而发展，其依次的顺序是——氏族、胞族、部落、部落联盟。而且开始有了财产意识，有了继承权。

经过以上的分析，我们可以发现，为什么恩格斯把史前的各阶段称为"文化"，其原因是指人类的进化。这个过程是被各种"文"所"化"的过程，这也符合英语中的 culture 本来的意思。在这个过程中，物质文化是决定性的，物质文化的进步带来了制度文化的转变，而随着制度文化的发展，精神文化也开始发展，信仰开始产生。如拥有共同的墓地、祭司为祀奉一定的神拥有一定的特权，都表明这个阶段氏族产生了信仰。

二

文化的过程其实是人类一点一点地摆脱自然的过程，在这个过程中人也从群体状态中独立出来，由于有了文字而进入到文明时代。所以在恩格斯这里，"文化"和"文明"的区别首先在于是否有文字的记载——是否有意识的自觉记录。其次，在于生产力，恩格斯认为："文明时代是学会了对天然产物进一步加工的时期，是真正的工业和艺术的时期。"[①] 这是一个很复杂的时期，恩格斯在这里主要参考的是西方各民族的情况。这些地方有一个特点，尤其是古希腊，属于城市经济，农业相对薄弱。所以，其经济形态中，工业占比很大。从恩格斯对个体婚制的论述来看，他认为："个体婚制是文明社会的细胞形态，根据这种形态，我们可以研究文明社会内部充分发展着的对立和矛盾的本质。"[②] 我国夏朝就开始有了个体婚制，女性成为了男性的奴役。经历春秋、战国逐渐形成了自己的文明形态，但农业的影响力始终比较大，工业在我国古代社会的影响力还是很小的。

文明时代最大的特点是国家的产生。其根本原因是社会分工造成了阶

---

① 《马克思恩格斯文集》第 4 卷，人民出版社 2009 年版，第 38 页。
② 同上书，第 78 页。

级的分化。阶级分化造成阶级对立。在"一个这样的社会，只能或者存在于这些阶级相互间的连续不断的公开斗争中，或者存在于第三种力量的统治下，在这第三种力量似乎站在相互斗争的各阶级之上，压制它们的公开冲突，顶多容许阶级斗争在经济领域内以所谓的合法的形式决出结果来。氏族制度已经过时了，它被分工及其后果即社会分裂所炸毁。它被国家所代替了。"① 国家不同于氏族的地方在于两个方面：第一个方面是按照地区来划分国民；第二个方面是公共权力的设立。

国家的起源有多种方式，按恩格斯的研究，有雅典形式、罗马形式、德意志形式。其中语言在民族国家的形成中也很重要。他告诉我们现代民族："关于怎样在一个地方发生了融合，而在另一个地方发生了分离，我们从门克编制的中洛林各区地图上可以看到一个明确的图景。只要看一下这个地图上的罗曼语和德语地名的分界线就会确信，这条分界线在比利时和下洛林一段上，和一百年前法语和德语的分界线基本一致的。"② 语言的使用形成了语族，语族是建立国家的基础。

根据以上的分析，在恩格斯的理论视野中，文化是人类创造自己的历史的过程。可以分成四个层面：物质文化、制度文化、精神文化和语言文化。国内一些文化学者在语言文化这一层面上的困惑主要在于语言和精神之间的无法说清楚的区别。其实语言虽是精神的外显，但其功能与精神文化之间区别还是很明显的。例如语言作为社会共同的交往符号具有交往功能，在此基础上的社会整合功能。正是有这些功能，语言文化在民族国家的形成方面具有重要的作用。而精神文化主要是指信仰、价值追求等方面。综合这些区别，我还是认同费孝通先生的老师马林诺夫斯基的《文化论》的观点。

由于有了语言文字，在文明社会，人的精神产品得以保存和流传，这就是狭义的文化。在这些精神产品中，有些是服务于统治阶级的，被称为意识形态；恩格斯主要阐释的是法、哲学、宗教。法是由经济关系决定的。哲学和宗教离经济基础稍微远一些，"在这里，观念同自己的物质存在的条件的联系，越来越错综复杂，越来越被一系列的中间环节弄模糊

---

① 《马克思恩格斯文集》第4卷，人民出版社2009年版，第188页。
② 同上书，第218页。

了"①。但是联系是存在的。文艺复兴本质上是市民阶级的产物，新教也是市民兴起的产物。

有些是对人类发展有很大帮助的，其中有科学和艺术。

关于文明中的科学和艺术的发展，恩格斯认为在文明时代中，其发展也是因为财富积累不得不用这种手段。对于科学的发展对积累财富的作用，大家比较容易理解。因为科学的发展带来生产力的提高，而生产水平的提高对财富的积累是很重要的。而艺术发展与财富的积累似乎关系不大。但其实我们只要看看建筑艺术的发展就清楚了。建筑艺术固然是少数人享乐的需要，但是也带来建筑艺术的发展。从马克思的角度看，艺术的发展和人的本质力量的发展是相关的。这有两个方面要进行考虑：一是技术的发展所带来的视听享受；一是社会发展所提供的艺术可能。这种可能在某种条件下会成为某个时代的精神丰碑。也就是我们很熟悉的艺术经典。

科学从古代到现代经历了一个较长的过程。"现代自然科学——它同希腊人的天才直觉和阿拉伯人零散的无联系的研究比较起来，是唯一可以称得上科学的自然科学。"② 从古代西方的情况来看，恩格斯认为其本来意义的科学只限于天文学、数学、力学。科学的发展归功于生产，在十字军东征后得到了很大的发展。在力学上出现了纺织、钟表制造、磨坊；在化学上出现了染色、冶金、酿酒；在物理学上有了眼镜。这提供了大量的观察材料，真正系统的实验科学有了可能。

当然，科学和艺术的发展对人类自身又有更为重要的意义。这在恩格斯的《自然辩证法》中多次谈到。科学的发展在西方具有革命意义；它解构了宗教，抛弃了旧的目的论，使西方从宗教的笼罩之下解放出来。它确立了新的信念："物质在其永恒的循环中是按照规律运动的，这些规律在一定阶段上——时而在这里，时而在那里——必然在有机体中产生出思维着的精神。"③ 据此，恩格斯根据当时的三大科学确证了辩证唯物主义。而科学飞速发展的今天，我们更加清楚，智能——思维着的精神不是人类特有，其他生物也可能有智能。因此，人类不是李泽厚所说的超生物。

---

① 《马克思恩格斯文集》第 4 卷，人民出版社 2009 年版，第 308 页。
② 《马克思恩格斯文集》第 9 卷，人民出版社 2009 年版，第 405 页。
③ 同上书，第 407 页。

　　在《自然辩证法》中，恩格斯也谈到了艺术，尤其是文艺复兴。"罗马废墟中发掘出来的古代雕像，在惊讶的西方面前展现了一个新世界——希腊古代；在它的光辉形象面前，中世纪的幽灵消逝了，意大利出现了出人意料的艺术繁荣，这种艺术繁荣好像是古典古代的反照，以后再也不曾达到过。法国、德国都产生了新的文学，即最初的现代文学；英国和西班牙跟着很快进入了自己的古典文学时代。"① 科学的繁荣伴随的是人文的繁荣，人在创造历史的过程中，使得人类各个方面都得到了发展，但艺术的繁荣往往是以新的范式产生为标志，而一旦新的范式产生，在很长时间里都很难突破。所以恩格斯觉得意大利的艺术繁荣是古典艺术的回光返照。而且，艺术范式的突破不仅仅是因为艺术自身的发展，而且往往伴随着社会变革的大背景。

　　对于文明的各种成果是有其统一性的，恩格斯认为："物质在其一切变化中永远是物质，它的任何一个属性任何时候都不会丧失，因此，物质虽将以铁的必然性在地球上再次毁灭物质的精华——思维着的精神，但在另外的地方和另外的时候又一定会以同样的铁的必然性把它重新生产出来。"② 也就是说，思维甚至人文精神其实也是物质运动的结果。这种统一性体现在社会生活中就构成了时代特色。

　　科学和艺术统一于人自身。表现为人的全面性和丰富性。恩格斯指出莱奥纳多·达·芬奇、阿尔布雷希特·丢勒、马基雅维利、陆德等文艺复兴时期的人物都是在思维、性格、学识、才艺上很卓越的人。科学和艺术的发展会使社会走出文明时代以财富为唯一目的的阶段。进入到一个更高的阶段，所以，恩格斯同意摩尔根的话，"管理上的民主，社会中的博爱，权力的平等，教育的普及，将揭开社会的下一个更高的阶段，经验、理智和科学正在不断向这个阶段努力。这将是古代氏族的自由、平等和博爱的复活，但却是更高级形式的复活"③。也就是科学的发展必将带来共产主义。所以，恩格斯在《路德维希·费尔巴哈和德国古典哲学的终结》中谈道："科学越是毫无顾忌和大公无私，它就越符合工人的利益和愿

①《马克思恩格斯文集》第 9 卷，人民出版社 2009 年版，第 408—409 页。

② 同上书，第 426 页。

③《马克思恩格斯选集》第 4 卷，人民出版社 2012 年版，第 195 页。

望。"① 因此，可以得出结论，文化是人类进步的力量。

三

那么，如何来看马克思主义的文化观呢？这就得回到辩证唯物主义和历史唯物主义的发展过程。

首先，从人和自然的空间关系来看，简单地说文化就是"自然人化"。

这个发现和马克思切入哲学的学术视角有一定的关系。我们知道马克思先后在波恩大学、柏林大学学过法学，无法考证当时所开设的课程有没有文化人类学，但是法学视角对马克思的学术影响是很大的。马克思较早较有影响的著作是从对黑格尔的法哲学批判开始的。马克思的《资本论》其实也可以从法权角度来看：是工人养活资本家还是资本家养活工人？这本来就是一个权利问题。从这个角度看问题，我们会发现马克思文化人类学的思想脉络：黑格尔法哲学中的"人"是宗教伦理出发的人，所以在《〈黑格尔法哲学批判〉序言》中马克思首先就提出是"人创造了宗教，而不是宗教创造了人"。② 因为不把这个出发点搞清楚，法权就永远在宗教的前提下维持着旧社会的秩序。而从法权出发寻求社会的公平，马上就进入到实践领域。所以，马克思认为"对思辨的法哲学的批判既然是对德国迄今为止政治意识形式的坚决反抗，它就不会专注于自身，而只会专注于课题，这种课题只有一个办法：实践"③。从实践出发，马克思主义哲学与以前的哲学相比就发生了本质变化。这是辩证唯物主义，它科学地看待了以前的思想遗产。从唯物和唯心角度看，黑格尔的精神现象学当然是唯心的，但我们可以从另一个视角来看，从人文世界的角度来理解。那么，其合理性的一面就可以得到解释。所以，马克思和恩格斯经常说其哲学内容有客观的一面。按恩格斯的说法是："黑格尔的伦理学或关于伦理的学说就是法哲学，其中包括：（1）抽象的法，（2）道德，（3）伦理，

---

① 《马克思恩格斯文集》第 4 卷，人民出版社 2009 年版，第 313 页。
② 《马克思恩格斯文集》第 1 卷，人民出版社 2009 年版，第 3 页。
③ 同上书，第 11 页。

其中又包括家庭、市民社会、国家。在这里形式是唯心的，内容是实在的。"① 恩格斯这样说是因为黑格尔从历史生成的角度对社会的发展进行了考察。对市民社会的认识有比较有益的思考。

在《1844 年经济哲学手稿》马克思第一次把黑格尔的唯心辩证法颠倒过来，发现了世界的普遍联系，理出了自为的人文世界和自在的自然世界之间的联系。

在《德意志意识形态》一文中马克思和恩格斯第一次把人文世界的物质性与实践性两者有机地结合在一起，他们认为："德国哲学从天国降到人间；和它完全相反，这里我们是从人间上升到天国。这就是说，我们不是从口头说的、思考出来的、设想出来的、想象出来的人出发，去理解有血有肉的人。我们的出发点是从事实际活动的人，而且从他们的现实生活过程还可以描绘出在意识形态上的反射和反向的发展。"② 马克思这话有几个方面我们要注意：第一，这是针对黑格尔的自我意识而言的。黑格尔哲学把一切都变成了自我意识的链条。而马克思却要把这个词颠倒过来，人是意识的自我。这种颠倒使唯心辩证法变成了唯物辩证法。第二，这里的认识论很重要，不是唯心主义的想象，而是唯物主义的实证。

这样，透过实践来看我们的世界，我们就会发现唯物主义谈到的"物质"是"事物"的本质，而人们面对的，人们能直观到的就是"事物"。"事物"是实践的产物，体现了人的主观能动性，因而也是"文化"的。被"文化"的方式有两种：一种是自然直接被改造，另一种是暂时无法改造，而被命名。所以，从空间角度来看，文化就是"自然人化"。因而，人类产生以后，世界可以从两种形态来进行思考：一种是自在的世界，另一种是自为的人文世界。而且这两个世界不是分立的，即使在我们自在的人文世界中，自为的世界依然存在。例如，人是自由的，但是人依然受到很多自然因素影响，体温超过 37 摄氏度会不舒服，体温超过 40 摄氏度就无法承受。我们的人文世界其实是根据人的特点，对自然进行改造使其符合人的规律而成的一个世界。

注意到了其物质性，因而是科学的；注意到了其实践性，因而是人文的。所以马克思的文化观是在辩证唯物的思想下的一种文化观。

---

① 《马克思恩格斯文集》第 4 卷，人民出版社 2009 年版，第 290 页。
② 《马克思恩格斯文集》第 1 卷，人民出版社 2009 年版，第 525 页。

其次，从时间的角度来看恩格斯的文化观。那么我们会发现恩格斯的文化观是历史唯物主义的文化观。

根据费孝通先生的观点，文化研究有两派，一派是英美经验主义；一派是黑格尔流派。黑格尔对马克思、恩格斯的影响大家是知道的，英美经验主义向前走，由人类的实践经验出发，经过辩证的思考，也走向了历史唯物主义，所以，恩格斯对美国的人类学家摩尔根是很赞许的，他告诉我们："原来，摩尔根在美国，以他自己的方式，重新发现了 40 年前马克思所发现的唯物主义历史观，并且以此为指导，把野蛮时代和文明时代加以对比的时候，在主要点上得出了与马克思相同的结果。"① 摩尔根和其他经验主义不同的地方就在于他通过大量的证据发现了原始的母权制氏族，而且还对人类社会发展的规律对未来做了和马克思相同的预测。

人类实践不仅生产出维持生存的物质，相应地还会产生其他文化层次的事物。在《家庭、私有制和国家的起源》中，恩格斯进一步修正了 40 年前的观点，例如，谈到婚姻问题时，在《德意志意识形态》一文中，他是这样认识的："最初的分工是男女之间为了生育而发生的分工。"② 在《家庭、私有制和国家的起源》中，他进一步补充为："在历史上最初出现的阶级对立，是同个体婚制下的夫妻对抗的发展的同时发生的，而最初的阶级压迫同男性对女性的压迫同时发生的。"③ 此外，私有制的产生，国家的产生都是在社会实践前提下产生的。因此，通过文化的研究，文明进程的研究，恩格斯在一个比生产力更宽的视野下，看到了人类社会的进程。这和西方马克思主义的"文化研究"有点区别，西方马克思主义往往只看到了实践以及实践基础上的历史存在，而没有看到历史发展的规律。甚至攻击马克思主义的辩证唯物主义"见物不见人"，但其实有些学者说这话是悬设了一个抽象人的观念，而不是从历史进展，从文化发展的角度来谈人，例如萨特是站在西方抽象的人道主义来谈人的，而马克思的确不曾抽象空泛地谈论这个问题。其实这是历史的规律与"人"的丰富性的问题。的确，"相同的经济基础条件下，各民族文化特点……不会因

---

① 《马克思恩格斯文集》第 4 卷，人民出版社 2009 年版，第 15 页。
② 同上书，第 78 页。
③ 同上。

为社会性质相同而消除文化的多样性。"① 在历史唯物主义大的规律之下，社会发展中遇到的复杂问题需要更为细致的理论来解释。从文化角度看，生产实践对生产的个体和群体产生了巨大的影响，形成了意识，这些意识会通过某种方式凝聚下来，形成精神性的文化，但是由于社会的复杂性：各个阶层，各个地域在生存方式会有不同，各个年代、各种年龄阶段的人在社会分工上的不同，在从事劳动上的能力差异，这也就形成千差万别的文化观念。这些观念有的因为对人类进步有作用而存留，成为了具有公共影响力的精神产品——文化经典。有的则湮没在岁月的长河中，成为了匆匆过客。因此，从历史唯物主义角度看文化有更强的阐释力，而不是"见物不见人"。

[作者简介]：温玉林，广东省罗定职业技术学院教育系文艺学副教授，文学硕士，主要从事文艺理论和美学教学与研究工作。

---

① 陈先达：《史论拾零》，北京师范大学出版社 2013 年版，第 422 页。

马克思对"自由时间"的三重阐释

张玉勤

马克思不仅是一位伟大的思想家、理论家，同时堪称休闲学大师。考量马克思美学思想的当代价值，不能忽视马克思对"休闲"的体认与贡献。马克思论"休闲"是从"自由时间"切入的，并把其与人的存在紧密联系到了一起。在马克思那里，自由时间直指人的存在。这种存在既指人的自然存在，也指人的社会存在，既包括物质和肉体存在，又包括精神和文化存在。而关于休闲与存在的内在关联，又蕴含在马克思对"自由时间"的价值性阐释、本体性阐释和功能性阐释之中的。

一

"休闲"与"空闲时间"（spare time）并非同一概念，前者始于后者，又不止于后者。托马斯·古德尔便认为，尽管存在着例外，但休闲一般被定义为空闲时间，即除了工作和其他责任之外的时间，"在一般意义上，当我们提到休闲时，通常指的是空闲时间。"① 布赖特比尔（Charles Brightbill）从空闲时间的观念开始，把休闲定义为自由决定的时间，"这种定义不仅使时间成为隐含因素，而且增加了一个重要的思想和限制条件：时间是被自由决定的。这样，休闲就变成了我们能够选择干什么的时间。"② 不过，仅仅从"空闲时间"角度界定"休闲"并不准确和严密。在亚里士多德看来，休闲绝不是"远离工作或任何必需性事务的短暂间

---

① ［美］托马斯·古德尔、杰弗瑞·戈比：《人类思想史中的休闲》，成素梅、马惠娣等译，云南人民出版社 2000 年版，第 6 页。
② 同上书，第 8 页。

歇"，它"自有其内有的愉悦与快乐和人生的幸福源泉；这些内在的快乐只有闲暇的人才能体会"①。可见，休闲所体现的时间不仅具有一定的长度，而且还有一定的深度和厚度。正因为如此，马克思在其理论著作中巧妙地使用了"自由时间"这一概念，其中既囊括了休闲所必需的可以用来自由支配的时间长度，又指向了"自由"（自由支配、主体自由等）的意指内涵。马克思关于时间的价值、自由时间对于人的作用等的相关论述，构成了他对"自由时间"的价值性阐释的主要内涵，也体现了在时间的向度上休闲与存在的有机关联。

马克思认为，对于人和社会的发展而言，时间无疑具有十分重要的作用。人的自由首先是时间的自由，人的存在首先是时间的存在。他曾赋予时间以很高的地位："时间实际上是人的积极存在，它不仅是人的生命的尺度，而且是人的发展的空间。"② 他还指出："社会发展、社会享用和社会活动的全面性，都取决于时间的节省。一切节约归根到底都是时间的节约。"③ 这也就意味着，在马克思的心目中，休闲无法离开时间这一存在，人的"自由"首先是时间上的自由，"自由时间"才是自由的真正先决条件。在马克思看来，"余暇时间"是"不被生产劳动吸收的，而用于娱乐和休息从而为劳动者的自由活动和发展开辟广阔天地"的时间，"是为全体社会成员本身发展所需要的时间"，是人生的一笔财富，"财富就是可以自由支配的时间，如此而已"④，"整个人类的发展，就其超出对人的自然存在的直接需要的发展来说，无非是对这种自由时间的运用，并且整个人类发展的前提就是把这种自由时间的运用作为必要的基础"⑤。

在马克思看来，人的自由只能出现在"必需"和"规定"之外。在工作时间里，人"只是生产自己劳动力的价值，就是说，只是生产他的必要生活资料的价值……只是生产资本家已经支付的劳动力价值的等价物，就是说，只是用新创造的价值来补偿预付的可变资本的价值，所以，这种价值的生产只是表现为再生产。因此，我把进行这种再生产的工作日

---

① ［古希腊］亚里士多德：《政治学》，吴寿彭译，商务印书馆 1965 年版，第 410—411 页。
② 《马克思恩格斯全集》第 47 卷，人民出版社 1979 年版，第 532 页。
③ 《马克思恩格斯全集》第 46 卷（上），人民出版社 1979 年版，第 120 页。
④ 《马克思恩格斯全集》第 26 卷第 3 分册，人民出版社 1974 年版，第 280 页。
⑤ 《马克思恩格斯全集》第 47 卷，人民出版社 1979 年版，第 216 页。

部分称为必要劳动时间，把在这部分时间内耗费的劳动称为必要劳动。"①马克思认为，真正的自由不是在这段时间里，而是存在于这个"必然王国"之外："自由王国只是在由必需和外在目的规定要做的劳动终止的地方才开始；因而按照事物的本性来说，它存在于真正物质生产的彼岸……在这个必然王国的彼岸，作为目的本身的人的能力的发展，真正的自由王国，就开始了。"②

不过，马克思所理解的时间更是一种存在时间。在马克思那里，"自由时间"或"余暇时间"多是与人的自然存在和社会存在、个体发展与社会发展紧密相连的，因而体现出了存在向度的价值意义。他指出，"时间是人类发展的空间，一个人如果没有自己处置的自由时间，一生中除睡眠饮食等纯生理上必需的间断以外，都是替资本家服务，那么他就还不如一头载重的牲畜。他不过是一架为别人生产财富的机器，身体垮了，心智也狷野了。"③他还进一步指出，人所拥有的"自由时间"不仅指常规意义上的"闲暇时间"，更重要的是指"从事较高活动的时间"，它包括"个人受教育的时间、发展智力的时间、履行社会职能的时间、进行社交活动的时间、自由地运用体力和智力的时间"④。这里，自由时间的深层价值和功用得到了深刻揭示。

值得注意的是，马克思对于"自由时间"所做的层次划分给了后世的休闲研究者们以很大的启发。在休闲研究界，许多学者常常依据人们对闲暇时间的利用情况，把休闲划分为不同的层次类型。法国社会学家J. 杜马泽迪耶曾把休闲划为放松、娱乐和个性发展三个层次。纳什（Jay. B. Nash）曾在《娱乐和休闲的哲学》一书中试图构建其"休闲参与等级序列"，把人们对闲暇时间的利用形式分成"投入感情地参与""积极地参与""创造性地参与"等层次。⑤可见，马克思对于"自由时间"的价值理解与层次划分的确有先见之明，对后代的休闲研究带来的深刻影响是不言而喻的。

① 《马克思恩格斯选集》第 2 卷，人民出版社 1995 年版，第 193 页。

② 《马克思恩格斯全集》第 25 卷，人民出版社 1974 年版，第 926—927 页。

③ 《马克思恩格斯选集》第 2 卷，人民出版社 1995 年版，第 90 页。

④ 《马克思恩格斯全集》第 23 卷，人民出版社 1972 年版，第 294 页。

⑤ 张广瑞、宋瑞：《关于休闲的研究》，《社会科学家》2001 年第 5 期。

二

在马克思那里，"自由时间"绝不仅仅是个时间概念，也绝不仅仅指代人们所拥有的"余暇时间"，而是一个更具本体性的意义范畴，它直指人与社会的自由全面发展。

休闲是一片自由世界。对此，许多休闲理论家都不谋而合。在亚里士多德看来，休闲是一种不需要考虑生存问题的"心无羁绊"状态；心理学家纽林格认为，"休闲感有，且只有一个判据，那便是心之自由感"。① 杰弗瑞·戈比同样提出，"休闲是从文化环境和物质环境的外在压力中解脱出来的一种相对自由的生活，它使个体能够以自己所喜爱的、本能地感到有价值的方式，在内心之爱的驱动下行动，并为信仰提供一个基础。"② 马克思的"自由时间"更是鲜明而直接地把"自由"作为其特质和本性。

这种"自由"首先是指人们在物质生存世界之外建立起了巴赫金式的"第二个世界"和"第二种生活"。在这个世界里，人们真正回归到了自身，并在人们之中感觉到自己是人。在马克思看来，自由王国存在于真正物质生产领域的彼岸，它远离了必需和外在目的的种种规定，因而最符合事物的本性。他指出，"自由时间"就是"发展智力，在精神上掌握自由的时间"，它属于"非劳动时间"，"不被生产劳动所吸收的时间"。俨然，马克思所理解的自由是精神自由，是远离物质功利的自由，是非劳动的自由。这正是休闲的本质所在。

休闲自由既然是精神的、远离物质功利的，它必然体现为主体的内在性、主体选择的随意性，必然意味着主体外在身份和角色的游离。美国当代著名休闲理论家约翰·凯利在论及休闲时曾强调指出："要使人们的行为成其为休闲，就永远不会完全缺少存在主义的层面。我们永远都不会只是个身负角色的人。"③ 也就是说，真正的休闲不是外力强加的结果，而是出于主体的主动选择、随意选择，没有患得患失和角色压力。对此，马

---

① ［美］杰弗瑞·戈比：《你生命中的休闲》，康筝译，云南人民出版社2000年版，第6页。

② 同上书，第14页。

③ ［美］约翰·凯利：《走向自由——休闲社会学新论》，赵冉译，云南人民出版社2000年版，第197页。

克思曾有过一段堪称经典的论述："在共产主义社会里，任何人都没有特定的活动范围，每个人都可以在任何部门内发展，社会调节着整个生产，因而使我有可能随自己的心愿，今天干这事，明天干那事，上午打猎，下午捕鱼，傍晚从事畜牧，晚饭后从事批判，但并不因此就使我成为一个猎人、渔夫、牧人或批判者。"①

休闲展示给人们的无疑是一片自由的世界，同时也是超越的世界、创造的世界。在休闲时空中，人们"享有了充分发挥自己一切爱好、兴趣、才能、力量的广阔空间，有了为'思想'提供自由驰骋的天地"②。休闲能够在认知、情感、意志等诸多领域重塑着休闲主体的内在性灵，从而丰富了休闲主体的既定品格，引领着休闲主体在思维的碰撞、灵感的突发、生活的思考中不断走向自由创造。正因为如此，人类的许多激情灵感产生于闲暇之时，人类的许多发明创造正是在休闲中得到启迪："没有自由时间，就没有一切科学、艺术、诗歌等富于创造性、融智慧与浪漫于一体的社会文明。"③ 马克思便认为，"个性得到自由发展，因此，并不是为了获得剩余劳动而缩减必要劳动时间，而是直接把社会必要劳动缩减到最低限度，那时，与此相适应，由于给所有的人腾出了时间和创造了手段，个人会在艺术、科学等等方面得到发展"④，"从整个社会来说，创造可以自由支配的时间，也就是创造产生科学、艺术等等的时间"⑤，"我们的目的是要建立社会主义制度，这种制度将给所有的人提供健康而有益的工作，给所有的人提供充裕的物质生活和闲暇时间，给所有的人提供真正的充分的自由"⑥。

马克思甚至把自由时间提到"生产力"的高度加以认识。他认为，增加自由时间"即增加使个人得到充分发展的时间，而个人的充分发展又作为最大的生产力反作用于劳动生产力"；"从直接生产过程的角度来看，节约劳动时间可以看作生产固定资本，这种固定资本就是人本身"⑦。

① 《马克思恩格斯选集》第1卷，人民出版社1995年版，第85页。
② 陆彦明、马惠娣：《马克思休闲思想初探》，《自然辩证法研究》2002年第1期。
③ 马惠娣、成素梅：《关于自由时间的理性思考》，《自然辩证法研究》1999年第1期。
④ 《马克思恩格斯全集》第46卷（下），人民出版社1980年版，第218—219页。
⑤ 《马克思恩格斯全集》第46卷（上），人民出版社1979年版，第381页。
⑥ 《马克思恩格斯全集》第21卷，人民出版社1965年版，第570页。
⑦ 《马克思恩格斯全集》第46卷（下），人民出版社1980年版，第225页。

马克思的这一论述非常值得关注。在他看来，处于自由中的人本身即是一种生产力，对自由时间的占有就意味着对人本身的一般生产力的占有。他反复强调，"真正的财富就是所有个人的发达的生产力"[①]；"自由时间——不论是闲暇时间还是从事较高级活动的时间——自然要把占有它的人变为另一主体，于是他作为这另一主体又加入直接生产过程"[②]；当自由时间成为财富增长的决定性因素的时候，"表现为生产和财富的宏大基石的，既不是人本身完成的直接劳动，也不是人从事劳动的时间，而是对人本身的一般生产力的占有"[③]；创造大量可以自由支配的时间，即可以"为个人发展充分的生产力，因而也为社会发展充分的生产力创造广阔余地"[④]；"发展人类的生产力，也就是发展人类天性的财富这种目的本身"[⑤]。

人何以成为"一般生产力"？仔细探究，不难发现其中的深意。第一，马克思是着眼于主体反作用于生产力而提出这一命题的。一方面生产力的发展能够满足人的各种需要，并使人能够拥有越来越多的可以支配的自由时间；另一方面也只有拥有自由时间，人才能够有足够的体力和精力从事物质生产，在劳动生产过程中释放出更多的能量，创造更多的社会财富，从而促进生产力的发展。所以马克思认为，从直接生产过程的角度来看，节约劳动时间可以看作生产固定资本，这种固定资本就是人本身。当然，这时候个人的充分发展必将作为最大的生产力"反作用于劳动生产力"，促进生产力的发展。第二，马克思是着眼于主体的自由创造而提出这一命题的。如前所述，只有物质生产达到一定程度后，人们才有可能拥有一定量的自由时间。有了自由时间，人们才能够不为物所役，自觉地走向精神自由和文化建构、文化创造，从而在精神和文化领域内促进生产力的发展。马克思认为，没有自由时间就没有社会文明，说的正是这层意思。第三，马克思是着眼于人的自由全面发展而提出这一命题的。人是生产力中最为活跃的因素，人和社会的全面自由发展是马克思为我们描绘的人类的最高境界。拥有了自由时间，人才能处于精神自由状态，社会才能

---

① 《马克思恩格斯全集》第 46 卷（下），人民出版社 1980 年版，第 222 页。
② 同上书，第 225—226 页。
③ 同上书，第 218 页。
④ 同上书，第 221 页。
⑤ 《马克思恩格斯全集》第 26 卷第 2 册，人民出版社 1973 年版，第 124 页。

实现物质生产与精神生产同步发展。此时，衡量社会财富的标尺，将"既不是人本身完成的直接劳动，也不是人从事劳动的时间，而是对人本身的一般生产力的占有"。其实，这里的"一般生产力"指的就是人的自由全面发展。第四，马克思是着眼于"消费—生产"理论而提出这一命题的。马克思认为，"生产为消费创造作为外在对象的材料；消费为生产创造作为内在对象、作为目的的需要。没有生产就没有消费；没有消费就没有生产"①，而"消费的能力是消费的条件，因而是消费的首要手段，而这种能力是一种个人才能的发展，一种生产力的发展"②。也就是说，消费能力已不仅仅是"劳动力的再生产过程"，而且还是"生产力迅速发展的重要前提之一"，因为"从消费经济的角度看，有闲阶层的非物质消费，必定促进各种服务业的发展，许多新兴产业会应运而生，为社会提供大量的就业机会，财富在二次分配中，可以使更多的人受益，同时，缓解了社会矛盾。"③ 没有这种消费需要，生产力的发展多少会受到影响。从这个意义说，人的确构成了"一般生产力"。

三

休闲的功能阐释是与休闲的社会建制理论④相一致的。将休闲看作一种社会建制，是为了强调它具备必要的功能，证明自身"对于社会存在的意义来说绝不是边缘性的"。休闲的功能阐释，其核心旨归是要明确：

---

① 《马克思恩格斯全集》第46卷（上），人民出版社1979年版，第30页。

② 《马克思恩格斯全集》第46卷（下），人民出版社1980年版，第225页。

③ 参见于光远、马惠娣《关于消费在社会生活、经济运动中的地位和作用的对话》，《自然辩证法研究》2002年第1期。该文指出："消费本来是人类自身的自我实现过程，而生产则仅为此目的而进行。把二者作为一对对等概念，只不过是在人类社会发展的特定阶段才成立的。但在我国目前人们对消费的认识还很片面，人们往往把本来作为人的自我实现过程的消费，仅仅看成是劳动力的再生产过程。"

④ 美国著名休闲研究学者约翰·凯利在其《走向自由——休闲社会学新论》（云南人民出版社2000年版）一书中专门列出一章"建制理论"，对处于功能系统中的休闲进行研究。该书提出，认为休闲有其自身功能的社会建制理论，首先是由尼尔·奇克和威廉·伯奇于1976年提出的。将休闲看作一种社会建制，是为了强调它具备必要的功能，而不是要将其与经济、政府及家庭等同起来。如果休闲被定义为在相对自由的情况下所选择的活动，那么休闲的功能就依赖于社会对这种休闲行为的需要。该书还专门考察了休闲与工作（经济建制结构）、休闲与家庭这两大基本建制关系，并考察了休闲的宗教与文化环境。

处于功能系统和社会建制中的休闲究竟承担着什么样的角色功能？其所指向的人的存在在多大程度上对于社会是不可或缺的？它与社会建制中的其他角色（环境）是一种什么样的关系？休闲的功能阐释还意味着，休闲作为一种存在很难是纯粹自律性的，必然受到各种各样非自律性的因素制约，必然要放到整个社会功能系统中加以诠注。

如前所述，在马克思看来，自由时间具有物质生产劳动所无法比拟的特质，因而也是无可替代、不能缺少的。它是人获得持续发展的空间，是实现人的自由全面发展的先决条件，是衡量社会进步的标尺。甚至可以说，没有自由时间就没有人类的文明。因此，自由时间直接指向"成为人"——"他开始抛弃那用来对付生活的伪装、面具或扮演的角色。他力图想发现某种更本质、更接近于他真实自身的东西"①，直接指向人的自由全面发展，直接指向自由创造与社会文明。这就是自由时间的本然性存在。

然而，正如马克思的一切理论分析均源自对现实图景的准确把握和深入分析一样，他没有把自由时间提高到无以复加的地位，没有把自由时间置入纯粹的"乌托邦王国"，而始终认为人的存在始终是一种现实存在，从而为从功能论角度研究"自由时间"留出了空间。

马克思认为，自由时间存在于真正物质生产领域的彼岸。但是他并不认为真正的自由就可以离开物质生产、物质生活和物质享受。他在描述社会主义制度时指出："这种制度将给所有的人提供健康而有益的工作，给所有的人提供充裕的物质生活和闲暇时间，给所有的人提供真正的充分的自由。"② 恩格斯就此做出预言："正是由于这种工业革命，人的劳动生产力才达到了这样高的水平，以致在人类历史上破天荒第一次创造了这样的可能性……使每个人都有充分的闲暇时间从历史上遗留下来的文化——科学、艺术、交际方式等等——中间承受一切真正有价值的东西；并且不仅是承受，而且还要把这一切从统治阶级的独占品变成全社会的共同财富和促使它进一步发展。"③ 看来，也只有在人的劳动生产力达到一定的水平、

---

① ［美］卡尔·罗杰斯：《成为一个人意味着什么？》，［美］马斯洛等《人的潜能和价值》，林方主编，华夏出版社 1987 年版，第 299 页。
② 《马克思恩格斯全集》第 21 卷，人民出版社 1965 年版，第 570 页。
③ 《马克思恩格斯全集》第 18 卷，人民出版社 1964 年版，第 246 页。

人的物质生活相对丰裕的情况下，才能赢得充分的自由时间。尽管在马克思看来，工作日的缩短、自由时间的增加，是建立自由王国的根本条件，但他同时又承认"这个自由王国只有建立在必然王国的基础上，才能繁荣起来"①，这里的"必然王国"当然包括物质层面的人类活动。

马克思对自由时间与物质劳动关系的考察，对我们研究休闲与工作的关系大有益处。我们不妨把休闲与工作比喻成人类生活方式的"两翼"，它们将形成"推动社会全面发展的双轮动力"。如果说工作和劳动（指狭义的物质劳动，而非哲学意义上的人类实践活动）为人类的文明和文化发展提供了物质保障，那么休闲则为人类的文明和文化发展提供了精神动力；如果说劳动和工作创造出更多的物质文化产品，那么休闲则创造出更多的精神文化产品。尽管在未来社会，极少部分人口从事的"生产"即可满足绝大多数人的物质需求，但劳动始终"是一切人类生活的第一个基本条件"（马克思语），没有了劳动我们便失去了获取生存资料的资本。难怪有的学者说："没有工作的休闲，休闲只会成为一种'乌托邦'或沦为无所事事与游手好闲，反之，没有休闲的工作，工作则可能变成对人的一种奴役，两者都失去其存在的本来意义"②。国外学者指出，如今的年轻一代所崇尚的人生信条"拼命地干，拼命地玩"也正反映了这一趋势。

我们还注意到，在论及自由时间时，马克思给了"消费""消费能力"以很大的余地和空间，认为"消费生产出了劳动者的能力素质"，消费的能力"是一种个人才能的发展，一种生产力的发展"。如此看来，马克思很是看重主体的消费，并在自由时间—消费能力—生产力的发展之间建立起了有机的联系。但是马克思却同时认为，人们在自由时间内的消费并不等同于"消费主义"。他对这种畸形的消费形式给予了强烈批判。他指出："仅仅供享乐的、不活动的和挥霍的财富的规定在于：享受这种财富的人，一方面，仅仅作为短暂的、恣意放纵的个人而行动，并且把别人的奴隶劳动、人的血汗看作自己的贪欲的虏获物，因而把人本身——因而也把他本身——看作毫无价值的牺牲品。他把人的本质力量的实现，仅仅看作自己放纵的欲望、古怪的癖好和离奇的念头的实现。"③ 看来，马克

---

① 《马克思恩格斯全集》第 25 卷，人民出版社 1974 年版，第 927 页。
② 庄穆：《休闲：理想与现实》，《自然辩证法研究》2002 年第 8 期。
③ 《马克思恩格斯全集》第 42 卷，人民出版社 1979 年版，第 141—142 页。

思并不是不赞成消费，而是认为消费应有度，过度的消费、畸形的消费不应被提倡。

　　毋庸讳言，休闲的确离不开消费。休闲，特别是现代意义上的休闲，并不是要求人们过一种清教徒式、苦行僧般的生活。另外，休闲固然需要消费，但休闲未必总要花很多钱，有钱的人也未必真正能享受休闲。真正的休闲属于那些心灵丰富者。相反，如果把休闲仅仅视为消费的变体，或完全迷失于功利化的社会消费系统之中，却因此舍弃休闲的文化、精神和意义的向度，那么主体的休闲活动难免会成为一种"异化休闲"或"伪休闲"，休闲主体则会成为新的意义上的"单面人"。恰如马克思所指出的那样："在任何社会中，如果人们是以所有物而不是以实现生命价值的行为来定义生活的话，这就是彻底的异化社会——无论在工作中，还是在休闲领域。"①

　　总之，马克思从价值论层面、本体论层面和功能论层面对自由时间进行了深刻的探讨，他把自由时间直接指向了人的存在、人的自由全面发展和社会生产力的发展。马克思围绕"自由时间"所进行的博大精深的深刻思想，为我们探讨休闲与文化、休闲与存在、休闲与创造、休闲与工作、休闲与消费等问题提供了非常有价值的学术参考。难怪美国出版的《国际社会科学百科全书》中"闲暇社会学"条目，一开头便承认，预见到闲暇在文明发展中的重要性的思想家是马克思。② 也正因为如此，我们说"马克思不仅是一位伟大的思想家，而且是一位伟大的休闲理论家"该不会是一句溢美之语。

　　美国文论家赫什在《客观阐释》一文中曾对文学作品的意义做出"阐释"与"批评"的区分，认为"阐释"是"对作品意义本身的判定"，"它只分析那些作品所明确或者隐含地表达出来的意义，也只分析这样一些意义"；而"批评"则是"建立在阐释的结果上，它不把作品孤立地来看待，而是作为上下文中的一个组成部分"。在他看来，阐释的对象是作品意义本身，因而也可以说是作品意义；而批评的对象则是依附于某种其他东西（价值尺度、目前所涉及的问题，等等），因而可称为作品

---

　　① ［美］约翰·凯利：《走向自由——休闲社会学新论》，赵冉译，云南人民出版社2000年版，第205页。

　　② 舒展：《休闲——一门科学》，《解放日报》1999年6月25日。

的所指。他还把在阐释和批评之间所划的界限看作是"目前还一息尚存的释经学的中心原则之一"。① 赫什此举显然是在极力地维护作者对文学作品的权威,对此我们姑且存而不论,但他对"阐释"和"批评"之间所做出的区分无疑为我们今天的马克思主义美学研究提供了借鉴和启迪:一方面,我们既要坚守马克思主义,在理论原典的研读上狠下功夫,准确理解和"阐释"马克思主义美学的精髓,用以指导我们今天的理论与实践;另一方面,要以发展的眼光、全新的视野、现实的问题来丰富和深化马克思主义美学的理论体系,不断扩大马克思主义美学的辐射力和再生力。马克思对于"自由时间"的探讨以及对于当下休闲研究的意义,或许正体现出"阐释"和"批评"之间所特有的一种张力。

[作者简介]:张玉勤,现为江苏师范大学文学院教授、文学博士、硕士生导师。

---

① 胡经之、张首映主编:《西方二十世纪文论选》第 3 卷,中国社会科学出版社 1989 年版,第 411—412 页。

马克思的宗教批判与文学情感[*]

李志雄

在对马克思的宗教观研究当中，研究者们常常关注马克思的宗教批判。确实，在马克思成熟的宗教观中，借宗教来批判社会现实，以宗教来批判政治制度，用宗教来批判哲学谬误等，是马克思所常用的一种反思性武器。然则，研究者们所没有给予足够重视的是，马克思的宗教批判常是与其文学情感融合在一起的，以文学的爱恨情感来痛斥教会等组织的黑暗；以文学的审美情感来贬斥宗教意识形态的虚假性，以文学的激情来冲破宗教历史唯心主义的樊篱，由此构成了马克思宗教批判的比较文学跨学科研究的新内涵，对研究马克思的宗教观也构成了一种新的视角和新方法，笔者具体论述如下。

一

马克思所生活的欧洲，基督教在帮助贫苦民众、关爱弱势群体、解救社会灾难乃至普及教育等诸多方面起到了重要的作用。没有基督教的历史，欧洲文明的发展是不可想象的。然则，基督教作为宗教与其宗教组织并不是一回事，教会等宗教机构的社会职责并不一定是代表最需要帮助的普通民众的，信徒的具体实践与基督教的教义并不是永远统一的。由此，基督教教会及其机构常存在着腐败甚至是反动的情况，这在一些政治黑暗、经济落后和法制腐败的国家尤为严重。马克思所生活的 19 世纪的德

* ［基金项目］:湖南省哲学社会科学基金基地项目"马克思的文学情感与批判意识研究"（项目编号:13JD52）的阶段性成果。

国就是如此，德国自 16 世纪宗教改革以来便染上了基督教病症，这正如马克思在《〈黑格尔法哲学批判〉导言》中所尖锐批判的："德国的革命的过去就是理论性的，这就是宗教改革。……的确，路德战胜了虔信的奴役制，是因为他用信念造成的奴役制代替了它。……他把人从外在的宗教笃诚解放出来，是因为他把宗教笃诚变成了人的内在世界。他把肉体从锁链中解放出来，是因为他给人的心灵套上了锁链。……宗教改革之前，官方德国是罗马最忠顺的奴仆。革命之前，德国则是小于罗马的普鲁士和奥地利、土容克和庸人的忠顺奴仆。……因此，有朝一日，德国会在还没有处于欧洲解放的水平以前就处于欧洲瓦解的水平。德国可以比作染上了基督教病症而且日渐衰弱的偶像崇拜者。"① 可以看出，当时德国的教会组织实际上已经成为了官方的思想统治之武器，成为了奴役民众的精神枷锁。宗教改革之前的德国受制于罗马天主教的神权统治，改革之后路德新教蜕变为削减人民革命行动的精神鸦片，农民战争因遭遇神学而失败，如此等等，马克思对德国的宗教势力和教会组织等充满了无比的痛恨，奋不顾身地要对它们进行狠狠的批判。

马克思是如何来批判这些落后乃至反动的宗教势力和机会组织呢？按理说，马克思可能会采用政论性文体的讨伐方式，以彰显其革命斗志。然则新颖的是，马克思并不一定采用这样的常规模式，而是以文学抒情的方式，甚至以艺术表演的方式来推进其宗教批判。如他说论，"对宗教的批判最后归结为人是人的最高本质这样一个学说，从而也归结为这样的绝对命令：必须推翻那些使人成为被侮辱、被奴役、被遗弃和被蔑视的东西的一切关系，一个法国人对草拟中的养犬税所发出的呼声，再恰当不过地刻画了这种关系，他说：'可怜的狗啊！人家要把你们当人看哪！'"② 这样的鲜活语言在一般人的政论文中是少见的，马克思的政论语言简直就是文学语言，"被侮辱、被奴役、被遗弃和被蔑视"的四个排比，语气连贯，层层推进，情感起伏，抒情气氛浓烈。而那个冒用法国人口吻的一句话，就是滑稽的喜剧台词，令人忍俊不禁。人们可能想象不到，一位哲学家竟用这样俏皮的话来讽刺和挖苦，太像是一位文学家的手法了。即使像《共产党宣言》这样的旷世名篇，在其开篇就将批判的矛头对准了教皇，

① 《马克思恩格斯全集》第 3 卷，人民出版社 1995 年第 2 版，第 209 页。
② 同上书，第 208 页。

但其批判的语境竟是优美的文学意境，充满了艺术的审美趣味。"一个幽灵，共产主义的幽灵，在欧洲游荡。为了对这个幽灵进行神圣的围剿，旧欧洲的一切势力，教皇和沙皇、梅特涅和基佐、法国的激进派和德国的警察，都联合起来了。"① 这里以幽灵来象征共产主义，以幽灵的游荡来象征共产主义运动的蓬勃发展，以对幽灵的神圣围剿来象征教皇等旧欧洲的反动势力对革命运动的扼杀，他们把自己扮演成神圣的角色，而把无产阶级和共产党人污蔑为邪恶的鬼怪或妖魔。马克思用这样的文学抒情来启动政论檄文和学术探索，实则他是用文学想象来催发文笔，以文学意象来渲染批判的力度。所以，"幽灵"的确切理解应是"被污蔑为鬼怪或妖魔的革命精神"，而不能想象为欧洲文学中常被描绘为"鬼怪或妖魔"的邪恶力量。尽管中文版中只能用"幽灵"来翻译它，但我们要悟到此文学抒情和审美意境之中的深刻含义。

文学的语言总是形象而生动的，以形象而生动的语言来批判教会的反动本质和歌颂人民群众的革命精神，这也是马克思运用文学情感来进行宗教批判的常有方式。例如，在《反宗教运动——海德公园的示威》一文中，他详细地记录了 1855 年 6 月 25 日爆发于伦敦海德公园的示威游行，事因是为了抵制《啤酒法案》和《禁止星期天贸易法案》，体现了下层民众的勇敢不屈，反映了英国教会的腐朽邪恶，马克思这样写道："十八世纪的法国贵族说过，伏尔泰，给我们；弥撒和什一税，给人民。十九世纪的英国贵族说过，信奉上帝的话，由我们来说；执行上帝意志的事，由人民去做。基督教的古圣先贤为了拯救世人的灵魂而羞辱了自己的肉体，而当今有教养的圣者为了拯救自己的灵魂而羞辱（mortifies）民众的肉体。"② 法国贵族和英国贵族的话，尽管只是转引，但可归纳出他们共同的信教本质，即口是心非、沽名钓誉、奸诈狡猾、奴役人民。而对基督教的古圣先贤与当今的圣者的比较中，可以发现当今的圣者的虚伪狡诈和鱼肉人民的反动本质。转引、对照和比较，尽管不仅是为文学的修辞说法而用，但这样的手法加上鲜活的用词，描述得形象而生动，马克思的宗教批判具有刻骨铭心的效果。那么，下层民众的反抗行动和革命精神又是如何

---

① 《马克思恩格斯选集》第 1 卷，人民出版社 1995 年第 2 版，第 271 页。

② Karl Marx, Anti‑Church Movement — Demonstration in Hyde Park, In K. Marx and F. Engels, *On Religion*, Moscow: Progress Publishers, 1957, p. 114.

呢？马克思接着描述，他的用词达到了一种文学细致描述的极致，文学家恐怕都难以超越他的文学词汇量。"咕哝声、发嘘声、呼哨声、嘶叫声、咆哮声、怒吼声、低哑声、尖叫声、呻吟声、咔嗒声、呼啸声、咬牙切齿声，所有刺耳嘈杂的声音（cacophony）汇成了一个什么样的恶魔般的音乐会！这是一种足以使人发狂、使顽石点头（move a stone）的音乐。真正古英国式的幽默和压抑已久的狂怒奇妙地混合在一起爆发了。唯一可听清楚的喊声是：'到教堂去！'有一位女士为使气氛缓和一下，从马车里递出一本精装的祈祷书。千百个人的声音像霹雳（thundering）一样回答：'叫你们的马去读吧！'"① 马克思的文学才华从他所描述的十二个关于人的叫喊声显露出来，这些词的细微区别，若没有细致的观察，没有对劳苦群众的深切同情，没有对他们的由衷爱戴，应该是写不出来的。而且，马克思很擅长以幽默的口吻和戏谑性的对话来调侃或讽刺教会及其组织的虚伪和腐败等恶行，他所转述的民众的机智回答，"叫你们的马去读吧！"，让人大笑不止，戏剧性的台词，堪称文学讽刺的典范。所以，马克思对宗教的批判，一方面是对教会或宗教组织的反动和腐朽等的无情痛斥，另一方面是对劳动人民或下层民众的勇敢和正直等的尽情讴歌，它们相互补充，有机统一，宗教批判中隐含了道德赞美，但马克思却采用包含文学情感的艺术审美方式，而不是干巴巴的枯燥的理论阐述。

二

　　马克思宗教批判的第二个维度是对宗教意识形态的虚假性和掩盖性的批判，这体现了他宗教批判的一个提升，即由第一维度的对宗教的物质实体的批判上升到对其精神意识的批判，因而更具有思想的深刻性。在马克思和恩格斯所合写的《神圣家族》中，他们以玛丽这位深受磨难的妓女为例，说明她被宗教感化、悔悟自己的"罪孽"、皈依上帝、进入修道院并在当修道院院长时死的光辉历程，实质上见证了她是基督教虚假意识形态的牺牲品。"修道院的生活不适应于玛丽的个性，结果她死了。基督教的信仰只能在想像中给她慰藉，或者说，她的基督教慰藉正是她的现实生

---

① Karl Marx, Anti – Church Movement — Demonstration in Hyde Park, In K. Marx and F. Engels, *On Religion*, Moscow: Progress Publishers, 1957, p. 117.

活和现实本质的消灭，即她的死。鲁道夫就这样把玛丽花变成悔悟的罪女，再把她由悔悟的罪女变成修女，最后把她由修女变为死尸。"① 玛丽的死亡，见证了她是基督教信仰的牺牲品，悲哀的是玛丽至死还不明白她自己就是被劝导去信奉并准备劝导别人再去信奉基督教的牺牲品。马克思和恩格斯为了生动地说明玛丽被欺骗的实质，他们归纳出玛丽形象的"罪女—修女—死尸"的三阶段，足以道出像鲁道夫之类的教徒，尽管他还是玛丽的亲生父亲，但也最终还是将自己的女儿欺骗致死。这样的欺骗尽管看起来很温和也很文明，但终究是欺骗，它最终是对家庭关系、亲情和眷爱等人类的基本人伦法则的无情践踏，这与冷酷的资本家以金钱至上而践踏了家庭成员或亲友生命没有区别，而基督教教徒在资本主义社会中所形成的这种伪善的本质，本身就是受资本主义制度所决定的。"资产阶级抹去了一切向来受人尊崇和令人敬畏的职业的神圣光环。它把医生、律师、教士、诗人和学者变成了它出钱招雇的雇佣劳动者。资产阶级撕下了罩在家庭关系上的温情脉脉的面纱，把这种关系变成了纯粹的金钱关系。"②"神圣光环"与"温情脉脉的面纱"，这些都是很生动且很美丽的文学比喻，马克思对基督教徒伪善的批判以及对宗教虚假意识形态的批判，都让人留下了深刻的印象，也就是说，马克思的宗教批判，不但是借助于文学性的意象，而且是文学的审美意象。

宗教作为反映一定社会的意识形态的社会意识形式，它并不是永远中立的，它总是有一定的社会倾向性，在阶级社会就有阶级属性，集中反映了统治阶级的思想观念并占据统治地位。"统治阶级的思想在每一时代都是占统治地位的思想。这就是说，一个阶级是社会上占统治地位的物质力量，同时也是社会上占统治地位的精神力量。"③ 资产阶级是资本主义社会中的统治者，顺应资产阶级利益的基督教就自然成为资本主义社会中占统治地位的宗教意识形态。宗教的意识仿佛是来自"神""上帝"等超人间力量的意识，其实这样的超人间力量的意识是虚幻的，实际上是来自人间的，是对人间意识的折射性或间接性的反映。正如马克思所说，"一定的工业关系和交往关系如何必然地和一定的社会形式，从而和一定的国家

①《马克思恩格斯全集》第 2 卷，人民出版社 1957 年第 1 版，第 224—225 页。

②《马克思恩格斯选集》第 1 卷，人民出版社 1995 年第 2 版，第 275 页。

③ 同上书，第 98 页。

形式以及一定的宗教意识形式相联系。"① 根据马克思的理论阐释，任何意识形态包括宗教意识形态在阶级社会中都具有阶级性，它反映一定社会中不同阶级的地位和作用。统治阶级总是力图将自己的意识形态阐释为被统治阶级乃至整个社会所有阶级的意识形态以此来加固自己的统治地位，因而此意识形态就带有虚假性和掩盖性。宗教意识形态之所以能反映阶级利益特别是统治阶级的利益，归根结底在于它是一定社会的生产关系的表现。要让人懂得这样的道理，实际上是不容易的。马克思的高明之处，在于他能结合生动的文学形式来阐释这样深奥的理论问题，这样读者便能轻易地理解这些问题。

　　马克思喜欢用生动的文学审美来对宗教的虚假意识形态进行批判，在《路易·波拿巴的雾月十八日》中，马克思尖锐地批判了法国天主教如何成为了以波拿巴为代表的金融贵族和工业巨头对人民进行精神奴役的工具，他是这样来形象论述的。"另一个'拿破仑观念'是作为政府工具的教士的统治。……苍天是刚才获得的一小块土地的相当不错的附加物，何况它还创造着天气；可是一到有人硬要把苍天当作小块土地的代替品的时候，它就成为一种嘲弄了。那时，教士就成为了地上警察的涂了圣油的警犬——这也是一种'拿破仑观念'。"② 马克思在这里对第二拿破仑时代的法国天主教会的讽刺是空前的，对小块土地的耕种者农民充满了深切的同情。当苍天这样的自然力对农业有利而农业丰收时，教士们不会干涉农民；当苍天不利而农业歉收时，一旦农民将抱怨推向苍天，教士们便开始干涉农民，马克思形容他们是"地上警察的涂了圣油的警犬"，这一比喻太形象了，它把教士充当波拿巴政权奴役人民群众的走狗的丑恶嘴脸揭示出来，胜过千言万语。因而一个反动的波拿巴政权，连同它反动的教士阶层，他们是多么冠冕堂皇，实则是男盗女娼；他们是多么仁义道德，实则是虚情假意。于是，马克思撕破他们的脸皮，让劳苦民众看到他们的真相。"只有盗贼还能拯救财产；只有假誓还能拯救宗教；只有私生子还能拯救家庭；只有无秩序还能拯救秩序！"③ 从文学修辞来说这既是一个排比又是一个反语，它语气连贯，情感强烈，讽刺入骨，批判有力，体现了

---

① 《马克思恩格斯全集》第 3 卷，人民出版社 1956 年第 1 版，第 162 页。
② 《马克思恩格斯选集》第 1 卷，人民出版社 1995 年第 2 版，第 682—683 页。
③ 同上书，第 685 页。

马克思宗教批判的文学特色，以文学强烈的审美情感来批判宗教的虚假意识形态。

此外，马克思也喜欢用生动的文学审美来对人民群众反宗教的虚假意识形态进行赞美。为了赞美人民群众反对宗教的虚假意识形态，马克思常常以哲学家的身份来启迪人民群众的觉悟。当他还是青年黑格尔派时，所撰写的《〈科隆日报〉第179号的社论》以论战形式抵制了《科隆日报》政治编辑海尔梅斯关于禁止青年黑格尔派批判普鲁士国家和基督教的反动立场，维护了哲学干预现实生活和探讨宗教问题的权利。如他所论，"哲学就其性质来说，从未打算过把禁欲主义的教士长袍换成报纸的轻便服装。然而，哲学家并不像蘑菇从地里冒出来的，他们是自己的时代、自己的人民的产物，人民的最美好、最珍贵和最隐蔽的精髓都汇集在哲学思想里。"① 马克思在这里用的"借代"修辞手法是何其的醒目，他用"教士长袍"来借代禁欲主义，用"报纸的轻便服装"来借代《科隆日报》对青年黑格尔派的反动性禁止；马克思所用的比喻是何其生动，说明哲学家不是像蘑菇一样轻易冒出来，而时代斗争和人民支持的产物；他的三个"最"的排比，展现了他激昂的文学情感所触发的宗教批判意识，因而，说马克思是高明的文学能手和睿智的宗教批评家一点都不为过。

马克思很善于将揭露反动教士的丑恶嘴脸与赞美人民群众的觉醒意识结合起来，从而形成其宗教批判双重力度，但这样的力度总是浸染在文学的审美之中。例如，在《莱茵观察家的共产主义》一文中，马克思针对马格德堡的国教顾问海·瓦盖纳的反动宣传，批判了普鲁士政府通过宣传封建的社会主义和基督教的社会主义使人民群众脱离反对专制制度的革命运动的险恶用心。要把这样深藏的险恶用心揭示出来，马克思用了这样形象的描述。"请注意，在国教顾问梳得溜光的头顶上开始露出狐狸耳朵来了。'议会认为极端重要的问题是有关原则的问题。'这条博爱的毒蛇多么圣洁啊！"② 溜光的头顶说明国教顾问被普鲁士政府喂养得很肥厚，他要充当人民的代表，但其狐狸的狡猾本性还是露了出来，他内心是毒蛇一般恶毒，但其外表是博爱的教士一般的仁慈。而人民群众是会要识破他们的伎俩，无产阶级是会要觉醒的。"基督教的社会原则颂扬怯懦、自卑、

---

① 《马克思恩格斯全集》第1卷，人民出版社2002年第2版，第219—220页。
② 《马克思恩格斯全集》第4卷，人民出版社1958年第1版，第213页。

自甘屈辱、顺从顺服，总之，颂扬愚民的各种特点，但对不希望把自己当愚民看待的无产阶级说来，勇敢、自尊、自豪感和独立感比面包还要重要。基督教的社会原则带有狡猾和假仁假义的烙印，而无产阶级却是革命的。"① 马克思对基督教的批判与对无产阶级的赞美是同时进行的，两者的思想性格是强烈对比的，基督教的狡猾和假仁假义的烙印是抹不去的，在对基督教批判的清醒认识中，无产阶级不但获得了食物的面包，更重要的是获得了精神的面包。这样的审美境界，为马克思所构建，这样的宗教批判，为马克思所坚守。

三

马克思宗教批判的第三个维度是对宗教历史唯心主义世界观的着力纠正与以文学激情作为人的本质力量的表现来确证历史唯物主义世界观从而到达互助统一。这个维度的宗教批判是马克思深刻的哲学批判，从世界观的高度来审视宗教。马克思是哲学家，他对宗教批判的最终落脚点就是哲学的批判。"……人创造了宗教，而不是宗教创造人。……宗教是人的本质在幻想中的实现，因为人的本质不具有真正的现实性。……宗教是人民的鸦片。……对宗教的批判就是对苦难尘世——宗教是它的神圣光环——的批判的胚芽。这种批判撕碎锁链上那些虚构的花朵，不是要人依旧戴上没有幻想没有慰藉的锁链，而是要人扔掉它，采摘新鲜的花朵。……宗教只是虚幻的太阳，当人没有围绕自身转动的时候，它总是围绕着人转动。"② 这里包含了马克思对宗教本质认识的三个层面：其一是宗教与人的关系，宗教是人的本质在幻想中的实现，但并没有真正实现，因为宗教没有把人的本质落实到其现实性上。其二是宗教与世界的关系，宗教是对世界特别是苦难尘世的曲折反映，看起来很神圣光荣，但并不能彻底解决苦难。其三是宗教与真理的关系，宗教从根本上阻碍着人对真理的认识，是一种颠倒的世界观，因为它认为宗教决定了世界、人、真理等一切客观存在，实质上是客观存在决定了宗教。对此，要将这样深奥的宗教哲学问题让民众懂得，马克思并没有采用枯燥烦琐的理论论证，而是采用形象生

---

① 《马克思恩格斯全集》第 4 卷，人民出版社 1958 年第 1 版，第 218 页。
② 《马克思恩格斯选集》第 1 卷，人民出版社 1995 年第 2 版，第 1—2 页。

动的文学方式来进行宗教批判。所以马克思把宗教比喻成人民的鸦片，说明它能一时镇痛而不能永久解痛；把它又比喻成苦难尘世的神圣光环，说明它能给人希望和寄托，但终究是落不到现实中来；还把它比喻成虚构的花朵，说明它没有实在的内涵；再把它比喻成虚幻的太阳，说明它曾竭力支持的"地心说"是何等荒谬。以此，马克思所要进行的宗教批判，是在构建了丰富文学形象的基础上，以文学审美的情趣来展示的，可以归纳为：戒除鸦片、深入胚胎、抛弃光环、打破锁链，由此，马克思所深入到的宗教哲学批判，其目的是要矫正其历史唯心主义哲学观，让人们懂得历史唯物主义哲学观。

　　人们并不会马上就懂得历史唯物主义哲学观，由于宗教的历史唯心主义世界观的长期影响和文化浸染，人们对人的本质还可能弄不清，误解人的本质就如同宗教所宣扬的"博爱""公正"或"信奉"等。马克思对人的本质理解也不是从抽象的概念开始的，而是从具体而丰富的文学创作活动来开始的，文学创作激情是他体验什么是人的本质的实效渠道。马克思对创作激情的重视，正如他所在《1844 年经济学哲学手稿》中所分析和总结的，他洞察到了人的感性并进而由此形成的情感等都是人类历史发展的结果，最终成就人的本质力量（含创作的激情）。"只是由于人的本质的客观地展开的丰富性，主体的、人的感觉的丰富性，如有音乐感的耳朵，能感受形式美的眼睛，总之，那些能成为人享受的感觉，即确证自己是人的本质力量的感觉，才一部分发展起来，才一部分产生出来。因为，不仅五官感觉，而且所谓精神感觉、实践感觉（意志、爱等等），一句话，人的感觉、感觉的人性，都是由于它的对象的存在，由于人化的自然界，才产生出来。五官感觉的形成是以往全部世界历史的产物。"① 显然，在马克思看来，人的感性并最终发展成为人的本质力量，是人类历史的产物，是一个厚重的历史创造过程，体现了人的创造性和能动性，人的感情是社会历史的，人的本质是在改造自然和社会生产活动中铸就并予以确证，这对人的情感构成肯定，使人产生愉悦，于是有激情的体验。"人作为对象性的、感性的存在物，是一个受动的存在物；因为它感到自己是受动的，因而是一个有激情的存在物。情感、激情是人强烈追求自己的对象

---

① 《马克思恩格斯全集》第 42 卷，人民出版社 1979 年第 1 版，第 126 页。

的本质力量。"① 在这里，马克思强调了人的受动特性，这是人成为感性的人的前提，正是由于人的受动特性，使人才有感受的功能和水平，才能被感动并提升为激情这种最强烈的情感，而激情是人强烈追求自己的对象的本质力量，人把自己视为一种对象性的存在，这是动物所不具有的能力，人强烈追求自己的本质力量，这个本质，并不是所谓人作为感性的人的特性，动物也是感性的；也不是所谓的爱、恨等情感构成，任何一个阶层或社会的人都会有这样情感，这些都不构成为人的本质特性。

到底什么是马克思所理解的人的本质特性呢？这就要联系他对费尔巴哈形而上学唯物主义的批判，而对费尔巴哈形而上学唯物主义的批判能深入加固对基督教历史唯心主义的批判。也即马克思认为基督教的"宗教创造了人（人是由上帝创造的）"的唯心主义是错误的，但仅以一切旧的唯物主义（例如费尔巴哈形而上学唯物主义）去批判是不够的，而必须用新的历史唯物主义去批判才彻底，因为它关于人的本质才是科学的。"人的本质不是单个人所固有的抽象物，在其现实性上，它是一切社会关系的总和。费尔巴哈没有对这种现实的本质进行批判，因此他不得不：（1）撇开历史的进程，把宗教感情固定为独立的东西，并假定有一种抽象——孤立的——人的个体；……因此，费尔巴哈没有看到，'宗教情感'本身是社会的产物，而他所分析的抽象的个人，实际上是属于一定的社会形式的。"② 由此，我们可以说，马克思所理解的人的本质是一个社会人的本质，是人类历史的产物，而不是宗教所谓神或是上帝的产物。所以，马克思一方面彻底地批判了宗教的唯心主义世界观；另一方面，他又具体地回答了什么是体现人的本质的历史唯物主义世界观，这个具体性就是人的本质是一切社会关系的总和，从血缘关系到情感关系、从家庭关系到社区关系、从政治关系到经济关系等一切纷繁复杂的关系，最根本的是体现生产力与生产关系、经济基础与上层建筑之间的人类的社会存在性的关系。宗教是属于上层建筑中的一员，马克思对它的批判，不仅是就它本身而批判，而是深入到它的根基，经济基础、生产关系和生产力中去批判，因而马克思对宗教的批判是最深刻的。

确实，马克思对宗教最深刻的批判，是批判到了宗教存在基础的骨髓

① 《马克思恩格斯全集》第 42 卷，人民出版社 1979 年第 1 版，第 169 页。

② 《马克思恩格斯选集》第 1 卷，人民出版社 1995 年第 2 版，第 60 页。

之中去了，批判到其社会生产关系的内在机制中去了，而这样的内在机制又要结合人类社会不同的历史发展阶段，如同一个人的吸收和消化的功能会因人不同的年龄阶段而有不同的能量和特征，不能一概而论。同样是基督教，马克思对其批判是深入结合其具体的历史发展阶段的社会生产状况来进行的，他由此对资本主义时期的基督教和对古亚细亚和古希腊罗马时代的基督教批判分析而不同，在《资本论》中马克思得出如此精彩的结论："在商品生产者的社会里，一般的社会生产关系是这样的：生产者把他们的产品当作商品，从而当作价值来对待，而且通过这种物的形式，把他们的私有劳动当作等同的人类劳动来互相发生关系。对于这种社会来说，崇拜抽象人的基督教，特别是资产阶级发展阶段的基督教，如新教、自然神教等等，是最适当的宗教形式。"① 新教、自然神教之所以是最适合资本主义发展阶段的宗教形式，因为它满足了无所不在的商品交易和彻头彻尾的私有制的需要，抽象的人就成为了可任意做商品交易的一个符号，而这在古亚细亚和古希腊罗马时代是行不通的，其落后的生产力不能支持这样的发展。马克思批判了资本主义时期的基督教，它将人的本质抽干，浓缩为路德所宣称的"因信称义"，实质上是迎合资本主义发展的宗教世界观；或是之后韦伯所洞见的"劳动天职"——"忠实的劳动最能使上帝愉悦，哪怕工资低廉且生活中没有其他谋生机会。……认为劳动是一种天职，是获得恩宠确定性的最佳手段，归根结底往往也是惟一的手段。……把劳动视为一种天职成为了现代工人的特征，一如对获利的相应态度成为了商人的特征。"② 劳动使上帝愉悦而不使劳动者本人愉悦、劳动是主动的行为却要获得恩宠的被动性批准、工人被驯化去创造使用价值和商人放纵去谋取交换价值，这些都被基督教的宗教世界观所容纳并被其宗教意识形态所合理化和合法化，是对人的本质力量的扼杀，是对人的本质观的颠覆，成为了马克思对资本主义宗教批判的对象。

马克思的宗教批判，从批判对象来说主要是基督教；从批判内涵来说主要是资本主义宗教的腐朽性、欺骗性和反动性等。但马克思宗教批判的特色是具有强烈的文学情感，文学情感成为了他宗教批判的力量。马克思

---

① 《马克思恩格斯选集》第 2 卷，人民出版社 1995 年第 2 版，第 142 页。

② ［德］马克斯·韦伯：《新教伦理与资本主义精神》，阎克文译，上海世纪出版集团、上海人民出版社 2010 年第 1 版，第 272 页。

对宗教批判的三个维度是层层深入的，从批判教会和宗教组织到批判宗教意识形态，再到批判宗教世界观，其批判的理论话语越来越抽象，但其批判的文学话语却是一如既往的具体，表现为鲜活、生动和形象的语言风格，感性、丰富和启发式的修辞手法，而一以贯之的是文学情感，提升为一种形象突出、想象丰富和审美绚丽的文学情感，而之所以要这样，马克思是为了使其宗教批判更容易被人理解、更具有强大的威力和持续更长的时间。

［作者简介］：李志雄，湘潭大学文学与新闻学院副教授，硕士生导师。

第二编

中国马克思主义文化、文艺研究

马克思主义的中国传统文化气质略说

马建辉

马克思主义之所以可以成功中国化，在中国现当代思想文化界枝繁叶茂，其与中国传统文化基因相通、相融，并因而具有浓郁的中国传统文化气质，是一个基本的前提，也是一种不可或缺的催化剂。这种文化基因的相通、相融当然不是完全一致，而是在精神的和观念的维度上具有一定的同向性和同构性。总体来看，马克思主义的中国传统文化气质主要表现为二者在革命精神、社会理想和价值观念等方面的相通与相融。

第一，革命精神相通、相融。一部中国历史，如果从革命的意义维度上讲，就是一部正义反抗和推翻不义，从而为自己前进不断开辟道路的历史，也是被奴役者不断反抗和推翻奴役者，从而获取自身解放的历史。这样的民族文化基因是可以与马克思主义的革命思想遥相呼应的。

中国传统文化，特别是儒家文化主张"民贵君轻""道统高于政统"。《孟子》中有言："民为贵，社稷次之，君为轻。是故得乎丘民而为天子，得乎天子为诸侯，得乎诸侯为大夫。诸侯危社稷，则变置。牺牲既成，粢盛既洁，祭祀以时，然而旱干水溢，则变置社稷。"① 这里的"变置"诸侯、"变置"社稷实际上也就意味着革命。在儒家文化这里，当政统背离了道统，君主背离了民心，革命也就因之而具有了合法性和正当性。

马克思在《〈政治经济学批判〉序言》中从政治经济学的视角分析了社会革命的发生，他说："社会的物质生产力发展到一定阶段，便同它们

---

① 焦循：《孟子正义·尽心章句下》，《诸子集成（1）》，上海书店出版社1986年影印本，第573页。

一直在其中运动的现存生产关系或财产关系（这只是生产关系的法律用语）发生矛盾。于是这些关系便由生产力的发展形式变成生产力的桎梏。那时社会革命的时代就到来了。"① 如果我们把"现存的生产关系或财产关系"看作"政统"的话，那么，"社会的物质生产力发展"就是"道统"，政统阻碍或背离了道统，革命就会发生。在对革命发生的逻辑的理解与阐释上，马克思主义的方式和中国传统文化的方式在实质上是有些类似的。

汤、武革命是我国较早的革命。商汤、周武王是革命者，也是我国传统文化中的"圣王"。儒家经典对汤、武革命的正义性是充分肯定的，《周易》认为，"汤、武革命，顺乎天而应乎人。"② 《孟子》则说"汤放桀，武王伐纣"是"诛一夫"，是"诛其君而吊其民，若时雨降"，而非"弑君"；"贼仁者谓之贼，贼义者谓之残。残贼之人，谓之一夫。闻诛一夫纣矣，未闻弑君也。"③ 《荀子》也强调了汤武革命的正义性："天下归之之谓王，天下去之之谓亡。故桀、纣无天下，而汤、武不弑君，由此效之也。汤、武者，民之父母也；桀、纣者，民之怨贼也。"④ 这些都表明了儒家思想文化中的革命一维。

封建社会自秦汉以降所发生的革命，其模式大体为"儒者革命与农民起义相结合"。最早响应陈涉起义的革命儒者是孔子第八世孙孔甲。孔甲，名鲋，《史记》言其"年五十七，为陈王涉博士。死于陈下"⑤。他带着礼器去投奔、辅佐陈涉，"并非走投无路时的机会主义的选择，而是受着儒家自孔子创宗以来便已形成的民本主义的感召"，开了儒者革命与农民起义相结合的先河。他堪称孔家为革命牺牲的第一人，真正践行了

---

① 《马克思恩格斯文集》第 2 卷，人民出版社 2009 年版，第 591—592 页。

② 《周易正义·卷第五·革》，阮元校刻《十三经注疏》上册，中华书局 1980 年影印版，第 60 页。

③ 焦循：《孟子正义·梁惠王章句下》，《诸子集成（1）》，上海书店出版社 1986 年影印本，第 87、90 页。

④ 王先谦：《荀子集解·正论篇第十八》，《诸子集成（2）》，上海书店出版社 1986 年影印本，第 216 页。

⑤ 司马迁：《史记（六）·世家［二］·孔子世家第十七》（点校本《二十四史》修订本），中华书局 2013 年版，第 2344 页。

"有杀身以成仁"的革命精神。① 在这样的儒者革命精神的感召和鼓舞下，我国历史上无数志士仁人义无反顾投身抗争不义和暴政的洪流之中。毛泽东同志指出，从秦朝的陈胜、吴广到清朝的太平天国，中国封建社会的农民起义大小有数百次之多，"中国历史上的农民起义和农民战争（农民革命的表现形式——引者注）的规模之大，是世界历史上所仅见的。"② 而这些农民起义中，都不乏儒者的身影。这些都表明革命是中国传统文化中的一种根深蒂固的要素和基因，离开革命就不能真正理解和全面把握中国传统文化的生机与活力之所在。

在中国传统文化中，革命是推翻暴政，实现仁政，使"民本""民贵"思想得以复归的路径和方法，是道德的、向善的行动。在马克思主义那里，这样的革命意义倾向同样存在。可以说，"革命"是马克思主义思想的关键词、核心词之一。马克思在《关于费尔巴哈的提纲》中说："哲学家们只是用不同的方式解释世界，问题在于改变世界。"③ 而革命正是改变世界的最为有效和必要的手段。马克思在《资本论》中说："暴力是每一个孕育着新社会的旧社会的助产婆"④ 他还深刻阐明了革命的客观必然性，他指出，随着"贫困、压迫、奴役、退化和剥削的程度不断加深"，被奴役和被剥夺者的反抗也不断增长；当奴役和剥夺达到被奴役和被剥夺者所能够容忍的极限，奴役和剥夺的外壳就要炸毁，奴役者的丧钟就会敲响，"剥夺者就要被剥夺了"。⑤ 革命就必然会发生。革命精神，可以说是马克思主义的基本精神之一，也是其核心观念之一。

就革命观念的实质而言，马克思主义的革命与中国传统文化中的革命是有着很大差异的，但这并不妨碍它们作为一种"改变世界"的精神的相通性和一致性。也正因此，我们或许可以说，马克思主义的革命精神与中国传统文化中的革命精神的结合就是中国革命精神的现代化或科学化形态。毛泽东的革命精神与革命观就是这种现代化或科学化的中国革命精神与观念的代表，他阐明了中国革命发生的必然性，明确指出，"有压迫，

---

① 李冬君：《儒家革命与汉初统一》，载《中国社会历史评论》（南开大学年刊）2005 年（第 6 卷）。

② 《毛泽东选集》第 4 卷，人民出版社 1991 年版，第 625 页。

③ 《马克思恩格斯文集》第 1 卷，人民出版社 2009 年版，第 502 页。

④ 《马克思恩格斯文集》第 5 卷，人民出版社 2009 年版，第 861 页。

⑤ 同上书，第 874 页。

就有反抗；有剥削，就有反抗"①。"'压迫—反抗'模式构成了毛泽东对革命起源的基本解释框架。他认为社会上广泛存在的剥削、压迫、奴役是导致革命的直接原因。人们不甘于受压迫，于是就反抗，就斗争，就革命，期望通过革命求得自身的解放，过上自由幸福的生活。"② 毛泽东的革命思想包括武装革命、人民革命、土地革命、民主革命、思想革命、文化革命等诸多方面，形成了一个严整的革命思想体系，是中国革命精神的集大成者，把中国革命理念推向了一个崭新的发展阶段。应该说，毛泽东的革命精神和革命观既有马克思主义革命思想要素的汲取与发展，也有中国传统文化中革命观念的传承与创新。

第二，社会理想相通、相融。马克思主义的社会理想是共产主义。中国传统文化，特别是儒家文化中的社会理想是"大同"。我国哲学史家冯友兰先生曾指出："《礼记》所描写的大同那一段，在中国近代史中经常为当时的先进人物所引用，认为是社会进步的理想。康有为引用它，孙中山也引用它，其实，他们所理想的和《礼运》所描写的并不是一回事。他们所理想的是经过社会主义革命才能实现的共产主义。《礼运》所描写的是原始共产主义社会。——一个是对未来的向往，一个是对于过去的回忆，真正的共产主义社会和原始共产主义社会表面上有类似之处，但本质上是不同的。"③ 应该说，这样的见解在对"大同"和共产主义社会差异方面的理解上是有道理的。但我们也必须看到，实际上，在二者到底是"形似神异"还是"形异神似"之间做这样的区分是有些简单化了的。因为对于观念而言，形、神是不可分的，神似之处，必有形随；形似之处，亦必有神会。"大同"和共产主义社会作为理想倾向或观念形态，浅表层面上的类似，也必有其基因发动之根源，即人们所共有的追求未来美好生活和美好社会的真实愿望与天性向往。

《礼记》以孔子答子游问的形式提出了"大同"社会的理想："大道之行也，天下为公，选贤与能，讲信修睦。故人不独亲其亲，不独子其子，使老有所终，壮有所用，幼有所长，矜寡孤独废疾者皆有所养，男有分，女有归。货，恶其弃于地也，不必藏于己；力，恶其不出于身也，不

---

① 《毛泽东文集》第 8 卷，人民出版社 1999 年版，第 384 页。
② 何云峰：《试论晚年毛泽东的革命观》，载《河南大学学报》2014 年第 4 期。
③ 冯友兰：《中国哲学史新编》（中册），人民出版社 1998 年版，第 119 页。

必为己。是故谋闭而不兴，盗窃乱贼而不作，故外户而不闭。是谓大同。"① "大同"社会是合于大道，也即合于正道、合于自然发展规律的社会，孔子在这里主要从人与社会、人与人和谐关系的视角为我们描述了"大同"社会的美好的、理想的道德化场景。这或许可以视为中国的理想的共产主义社会的远端。

东晋诗人陶渊明在其《桃花源记并诗》中以文学语言对"大同"进行了描绘。"土地平旷，屋舍俨然，有良田、美池、桑竹之属。阡陌交通，鸡犬相闻。其中往来种作，男女衣著，悉如外人。黄发垂髫，并怡然自乐。""相命肆农耕，日入从所憩。桑竹垂馀荫，菽稷随时艺。春蚕收长丝，秋熟靡王税。荒路暧交通，鸡犬互鸣吠。俎豆犹古法，衣裳无新制。童孺纵行歌，斑白欢游诣。草荣识节和，木衰知风厉。虽无纪历志，四时自成岁。怡然有馀乐，于何劳智慧？"② 其诗其文给我们展现出一幅农耕时代的优美素描，把"大同"社会理想诗意化了。如果说孔子所讲述的"大同"强调了人与人之间、人与社会之间的和谐关系的话；那么，在陶渊明这里，除了上述二者之外，还体现出人与自然、人与自身的和谐关系。这显然是对孔子"大同"社会理想的有益丰富和补充。

马克思、恩格斯在《共产党宣言》中断言：在共产主义社会，阶级差别在发展进程中已经消失，全部生产集中在联合起来的个人的手里，公共权力失去了其政治性质，"在那里，每个人的自由发展是一切人的自由发展的条件"。③ 在《哥达纲领批判》中，马克思进一步指出，共产主义社会高级阶段是以"各尽所能，按需分配"为特征的。在这个阶段，迫使个人奴隶般地服从分工的情形已经消失，脑力劳动和体力劳动的对立也随之消失；劳动已经不只是谋生的手段，还是生活的第一需要；随着个人的全面发展，他们的生产力也增长起来，集体财富的一切源泉都充分涌流。④ 另外，在其早期著作《1844年经济学哲学手稿》中，马克思还宣称："无神论的博爱最初还只是哲学的、抽象的博爱，而共产主义的博爱

---

① 《礼记正义·卷二十一（礼运第九）》，阮元校刻《十三经注疏》下册，中华书局1980年影印版，第1414页。

② 陶潜：《桃花源记并诗》，《陶渊明集全译》，贵州人民出版社1992年版，第291—292页。

③ 《马克思恩格斯文集》第2卷，人民出版社2009年版，第53页。

④ 《马克思恩格斯文集》第3卷，人民出版社2009年版，第435—436页。

则径直是现实的和直接追求实效的。"① 在马克思主义创始人所设计的这样的共产主义社会图景中，我们无疑可以看到"大同"社会的隐约影像。

马克思说，共产主义"是人和自然界之间、人和人之间的矛盾的真正解决，是存在和本质、对象化和自我确证、自由和必然、个体和类之间的斗争的真正解决"②。这句话似可理解为对陶渊明《桃花源诗》的理论深化或哲理升华，而《桃花源诗》也可以理解为对马克思这句名言的诗意象征。在中国传统文化的"大同"观念与共产主义社会理想之间，存在着一条可以彼此沟通的路径。

毛泽东同志在《论人民民主专政》中，几次提到"大同"，并将其作为和共产主义同等的概念来使用。他说："资产阶级的民主主义让位给工作阶级领导的人民民主主义，资产阶级共和国让位给人民共和国。这样就造成了一种可能性：经过人民共和国到达社会主义和共产主义，到达阶级的消灭和世界的大同。康有为写了《大同书》，他没有也不可能找到一条到达大同的路。资产阶级的共和国，外国有过的，中国不能有，因为中国是受帝国主义压迫的国家。唯一的路是经过工人阶级领导的人民共和国。"③ "在工人阶级和共产党的领导之下稳步地由农业国进到工业国，由新民主主义社会进到社会主义社会和共产主义社会，消灭阶级和实现大同。"④

可以说，"天下为公"观念与"大同"社会理想形成了中国现代知识分子对于马克思主义共产主义（或社会主义）社会的前理解。因此，当马克思主义开始在中国传播，共产主义理想社会的前景无疑与国人内心潜在的"大同"愿望相契合，马克思主义被国人所接受，特别是被中国现代知识分子所接受，与他们文化基因中的"大同"思想是分不开的。这无疑也应是马克思主义比起其他"主义"来更容易在中国工农劳动大众心中扎下根的原因所在。

第三，价值观念相通、相融。马克思主义是为大多数人民群众谋幸福的理论体系，是为被剥削、被奴役、被压迫者谋解放的思想武器，其价值

---

① 《马克思恩格斯全集》第 3 卷，人民出版社 1995 年版，第 298 页。

② 同上书，第 297 页。

③ 《毛泽东选集》第 4 卷，人民出版社 1991 年版，第 1471 页。

④ 同上书，第 1476 页。

观立场，与中国传统文化中的"民本"思想、"民贵君轻"观念相通、相融；马克思主义对资本、对盘剥的批判，与"重义轻利"这一中华文化价值伦理相通。这些都为我国现代知识分子和人民群众从价值观念层面、从道德伦理层面接受马克思主义提供了前提、奠定了基础。

我们知道，作为中国传统文化之代表的儒学是"仁义之学"，"仁"与"义"是儒家价值理念的核心与基础。《论语》记载："樊迟问仁，子曰：'爱人。'"① 这是孔子自己对其所主张的"仁"的含义的明确规定。"爱人"，就是关爱他人，这是孔子仁学思想内涵的实质所在。孔子宣扬的"爱人""安人""安百姓""泛爱众""博施济众"等观念，都内在地包含了"仁"的思想。从"爱人""安人""济众"的视角看，儒家所主张的"仁"主要是对人民、对民众的"仁"，对受奴役者的"仁"，对被侮辱与被损害者的"仁"。这一点在毛泽东思想中也有体现，比如，他曾明确指出："我们对于反动派和反动阶级的反动行为，决不施仁政。我们仅仅施仁政于人民内部，而不施于人民外部的反动派和反动阶级的反动行为。"② 这样的"仁"就是具体的"仁"，是现实的"仁"，是实践着的"仁"，它与作为被奴役者的解放思想的马克思主义显然是有相通、相融之处的。

青年马克思在《青年在选择职业时的考虑》一文中就曾说："在选择职业时，我们应该遵循的主要指针是人类的幸福和我们自身的完美。""人们只有为同时代人的完美、为他们的幸福而工作，才能使自己也达到完美。""历史承认那些为共同目标劳动因而自己变得高尚的人是伟大人物；经验赞美那些为大多数人带来幸福的人是最幸福的人；宗教本身也教诲我们，人人敬仰的理想人物，就曾为人类牺牲了自己"。"如果我们选择了最能为人类福利而劳动的职业，那么，重担就不能把我们压倒，因为这是为大家而献身；那时我们所感到的就不是可怜的、有限的、自私的乐趣，我们的幸福将属于千百万人，我们的事业将默默地、但是永恒发挥作用地存在下去，而面对我们的骨灰，高尚的人们将洒下热泪。"③ 马克思

---

① 刘宝楠：《论语正义·颜渊第十二》，《诸子集成（1）》，上海书店出版社 1986 年影印版，第 278 页。

② 《毛泽东选集》第 4 卷，人民出版社 1991 年版，第 1476 页。

③ 《马克思恩格斯全集》第 40 卷，人民出版社 1982 年版，第 7 页。

坚定地把为人类幸福和人类福利而劳动作为自己的职业抱负，这不能不说是把"仁"推向了极致。

中国传统文化，特别是儒家文化非常重视"义"。孔子在《论语》中说："质直而好义"①，"闻义不能徙，不善不能改，是吾忧也"，"不义而富且贵，于我如浮云"，②"见利思义"③，"君子义以为上"④，"君子义以为质，礼以行之，孙以出之，信以成之"⑤。这里的"义"都蕴含了善的意思，是指以善为基础的道义或道德。我国典籍中讨论"义"比较集中的是《孟子》，其中"义"字出现了 108 次之多。孟子说："羞恶之心，义也"⑥。朱熹认为："羞，耻己之不善也。恶，憎人之不善也。"⑦ 可见，孟子的"义"的思想也是以尚善为其基本精神的。墨家创始人墨子也称："万事莫贵于义。"⑧ 又说："义，利也。"⑨ 这里的"利"不是私利，而是指天下人之"利"，是公共利益。墨家的义思想认为，只有维护他人的权利，为天下人谋利，才能称为"义"，而只强调个人的权利，甚至"亏人自利"，则是违背"义"的。

"义"的古体字或繁体字一般写作"義"。东汉学者许慎在《说文解字》中解释说："義，己之威仪也。从我羊。"⑩ 这是对"义"的较古老的用法的解释。人们对"义"更多地解释为"宜"，《中庸》就有"義

---

①　刘宝楠：《论语正义·颜渊第十二》，《诸子集成（1）》，上海书店出版社 1986 年影印版，第 276 页。

②　刘宝楠：《论语正义·述而第七》，《诸子集成（1）》，上海书店出版社 1986 年影印版，第 136、143 页。

③　刘宝楠：《论语正义·宪问第十四》，《诸子集成（1）》，上海书店出版社 1986 年影印版，第 308 页。

④　刘宝楠：《论语正义·阳货第十七》，《诸子集成（1）》，上海书店出版社 1986 年影印版，第 384 页。

⑤　刘宝楠：《论语正义·卫灵公第十五》，《诸子集成（1）》，上海书店出版社 1986 年影印版，第 342 页。

⑥　焦循：《孟子正义·告子章句上》，《诸子集成（1）》，上海书店出版社 1986 年影印版，第 446 页。

⑦　朱熹：《四书章句集注（下）·孟子集注》，上海古籍出版社 2006 年版，第 305 页。

⑧　孙诒让：《墨子闲诂·贵义第四十七》，《诸子集成（4）》，上海书店出版社 1986 年影印版，第 265 页。

⑨　孙诒让：《墨子闲诂·经说下第四十三》，《诸子集成（4）》，上海书店出版社 1986 年影印版，第 233 页。

⑩　许慎：《说文解字》，天津古籍出版社 1991 年影印版，第 267 页。

者，宜也"① 的说法，意思是做事举止合理、妥当就是"义"。清人段玉裁《说文解字注》指出："義之本训，为礼容各得其宜。礼容得宜则善矣。故文王、我将毛传皆曰：'義，善也。'引申之训也。""从羊者，与善、美同意。"② 如果从字形上去辨析的话，上"羊"下"我"的"義"字可以有三种解释（这三种解释来自古人对"我"字的三种认识）：其一，古代"我"字就是"殺"（杀的繁体字），"義"就是杀羊以分配给众人，分配要合理、妥当，要"得宜"，这就是"義"；其二，"我"字是手持武器"戈"的意思，"羊"是善、美之义，持"戈"以保护、卫护善、美，就是"義"；其三，"我"就是自己，就是"己"，"義"就是善由己出的意思，把善推己及人就是"義"。

这三层意思在马克思主义那里都可以找到相应的思想因子：其一，马克思主义主张初级共产主义基础上的"按劳分配"原则和高级共产主义阶段的"按需分配"原则，这对应了实施合理或公平分配的观点。其二，马克思、恩格斯认为，作为至善的共产主义"只有用暴力推翻全部现存的社会制度才能达到"，"革命"将使被奴役者和被剥夺者"失去"锁链，而获得解放，获得"整个世界"。③ 这样的具有先进性质的革命对应了以武器去保卫正义、实现善与美的观点。其三，马克思在《1844 年经济学哲学手稿》中说："只能用爱来交换爱，只能用信任来交换信任"；"如果你想得到艺术的享受，那你就必须是一个有艺术修养的人。如果你想感化别人，那你就必须是一个实际上能鼓舞和推动别人前进的人。"④ 这对应了善由己出、推己及人的观点。这样来看，马克思主义在价值观念上也是与中国传统文化息息相通的。

毫无疑问，尽管我们上面谈了那么多马克思主义和中国传统文化中的相通、相融之处，尽管在一定意义上说，马克思主义具有某些中国传统文化气质；但是马克思主义与中国传统文化无论在革命精神、社会理想和价值观念上也都有着不少本质上的差异。因此，在马克思主义和中国传统文化之间我们既可以选择"筑墙"，也可以选择"架桥"。我想，在 20 世纪

---

① 《礼记正义·卷五十二（中庸第三十一）》，阮元校刻《十三经注疏》下册，中华书局1980 年影印版，第 1629 页。

② 段玉裁：《说文解字注》（许惟贤整理），凤凰出版社 2007 年版，第 1100 页。

③ 《马克思恩格斯文集》第 2 卷，人民出版社 2009 年版，第 66 页。

④ 《马克思恩格斯全集》第 3 卷，人民出版社 1995 年版，第 364 页。

特定历史时期，在以马克思主义批判传统文化支持下的旧中国的现实时，对二者之间的差异的强调显然应该是主导的方面，人们所做的大多是"筑墙"的工作也就是可以理解的；而现在，在调动一切积极文化因素构建中国社会主义文化以实现文化强国梦的当下，强调二者的共通性就应该成为主导的方面了，我们更应该做的就是"架桥"的工作了。因为毕竟文化的发展不是按时间次序以一种文化推倒另一种文化，而是推陈出新、批判继承、有机融汇、综合发展。

实际上，正如我曾在自己的一篇文章中提到的，马克思主义在中国被接受，乃至融入中华民族文化，成为中国文化发展的指导思想。除了它适应了改造中国社会的现实需要之外，还有一个重要原因在于马克思主义价值观念的一些主要方面与中国传统文化价值观系统具有基因兼容性，二者是顺向发展的。应该说，如果没有这样的基因共通性或兼容性，马克思主义思想不可能在中国发挥这样深广的影响。可以说，马克思主义融入中国文化，使中国文化的面目焕然一新。如果从这个意义上去理解的话，马克思主义指导下的革命文化和社会主义文化，应当正是中国传统文化的现代化形态。①

当我们谈到中国文化的时候，常常把传统文化与现代的马克思主义指导下革命文化和社会主义文化分别开来，把传统文化与先进文化分割开来，这既不利于先进文化在华夏大地上扎根，也不利于传统文化的现代化。把先进文化理解为优秀传统文化的当代形态或现代化形态，一方面可以更好地衔接文化发展的血脉，一方面也能够弥合古典与现代的裂纹，确立起一个内在统一的、有机的、总体性的中国文化，从而为文化强国建设确立"主脑"。事实上，中国文化的生命力也正表现在其强大的涵容力上，在精神气质上与中国传统文化相顺应，具有相当程度的同构关系，是外来思想文化深层次融入中国文化，甚至最终成为中国文化的有机组成部分的必要条件。

［作者简介］：马建辉，教育部社科中心研究员。

---

① 参看马建辉《建设文化强国应着力构建中华性》，载《人民论坛》（旬刊）2011 年第 32 期。

论马克思主义批评的
实践性品格与批判精神*

——兼论毛泽东"讲话"精神及其当代
批评核心价值观构建

张利群

文学批评必须奠定哲学理论基础，也必须在世界观及方法论上夯实思想理论基础，构建批评核心价值观及其文学评价核心价值取向，这就需要建立马克思主义的科学理论体系及其先进的世界观和方法论。毛泽东不仅率先提出将马克思主义与中国实际相结合的理念，指导中国革命与社会主义建设实践创新，而且也落实于中国文艺发展及其批评评价机制建设的实践探索与理论创新上，以其"讲话"精神构建和培育中国文艺及其批评的核心价值观，直至今天仍然具有理论价值与实践意义，也具有历史价值与现实意义。

早在抗日战争及其中国革命进入关键时期的 1942 年召开的延安文艺座谈会上，毛泽东针对当时文艺发展实际及其存在问题提出："文艺工作者应该学习文艺创作，这是对的，但是马克思列宁主义是一切革命者都应该学习的科学，文艺工作者不能是例外。""我们说的马克思主义，是要在群众斗争里实际发生作用的活马克思主义，不是口头上的马克思主义"；"学习马克思主义，是要我们用辩证唯物论和历史唯物论观点去观

* ［基金项目］:2013 年度教育部人文社科项目"文学批评机制研究"（批准号:13YJA751063）；2013 年广西"自治区'特聘专家'专项经费资助"项目（批准号:2013B022）;2013 年度广西哲学社会科学规划研究课题"广西当代文艺理论发展研究"（批准号:13BZW003）。

察世界，观察社会，观察文学艺术，并不是要我们在文学艺术作品中写哲学讲义。马克思主义只能包括而不能代替文艺创作中的现实主义，正如它只能包括而不能代替物理科学中的原子论、电子论一样。空洞干躁的教条公式是要破坏创作情绪的，但是它不但破坏创作情绪，而且首先破坏了马克思主义。"①毛泽东在强调以马克思主义指导中国革命实践的同时更为强调将马克思主义与中国实际相结合的思想理念，旨在构建具有中国特色的马克思主义指导思想与理论体系。因此，"讲话"首先是从中国文艺发展现状及其实际问题出发，以解决问题及其推动中国文艺发展为旨归，充分体现其"讲话"的实践性品格与批判精神。毛泽东还在"讲话"中旗帜鲜明地针对文艺存在的教条主义、本本主义、口头主义以及不尊重中国社会现实实践、不遵循文艺规律以及各种各样错误倾向，给予了严厉而又公正的批评，并予以理论与实践结合的实事求是的科学分析。从这一角度而论，"讲话"不仅是中国马克思主义文艺理论经典文献，而且也是文艺批评的经典文本，不仅表现出毛泽东的文艺观及其批评观，而且体现中国文艺的核心价值观及其批评评价的核心价值取向，以批评的实践性品格与批判精神奠定文学批评的基石。

马克思主义文论批评对于中国文论批评的指导思想和理论基础的重要意义在于：一是马克思主义文论批评从世界观和方法论角度对于中国文论批评观的构建具有指导和引领意义，特别对构建文学核心价值体系及其核心价值取向具有重要意义；二是马克思主义文论批评作为人类先进优秀的文化遗产，是中国文论批评建设发展可供利用开发的宝贵理论资源，形成以马克思主义为核心的古今中外文论批评资源多渠道开发与资源整合优势，为中国当代文论批评建设发展提供更为广阔和深化的空间；三是马克思主义文论批评中国化进程其实也是中国文论批评的现代化与当代性建设发展进程，马克思主义文论批评不仅是中国当代文论批评体系不可分割的重要组成部分，而且是其体系构成中的核心内容，是其灵魂和精神所在，集中体现为马克思主义批评的实践性品格与批判精神。

---

① 《在延安文艺座谈会上的讲话》，《毛泽东选集》，人民出版社 1966 年版，第 849—880 页，以下所引该书引文出处均见于此，不再注明出处。

一　马克思主义批评的实践性品格
与批判精神确立

从文艺理论体系构建角度而言，尽管马克思、恩格斯并非著有完整系统的文艺理论与美学著作，其文艺思想观点主要通过他们的各种著述以及文艺批评方式以体现，但并不妨碍将这些散珠碎玉视为具有内在逻辑与结构关系的整体系统，构成马克思主义文论批评体系。因此，从整体性、系统性和结构性研究视角将其作为完整的理论体系进行研究是非常必要和重要的。事实上，马克思主义文论批评体系应马克思主义最重要的成果之一，也是马克思主义传播和发展的最重要的成果之一。更为重要的是，马克思主义文论批评体系不仅是自成体系的一家之说，而且作为科学体系不断影响西方文论和中国文论的当代发展，影响文艺学及其文艺理论、批评理论的体系建设，成为文艺理论体系的重要内容和核心构成。在文艺理论体系中，马克思主义的文学"意识形态"理论、"精神生产"与"艺术生产"理论、"异化"理论、"人的本质力量对象化"理论、人性"全面复旧"和"人的解放"理论、"美的规律"理论、"美的文学"理论、"劳动创造美"与"文艺起源于劳动"理论、"典型人物"与"典型环境"理论、文学"倾向性"及其"倾向性愈隐蔽愈好"理论、"现实主义最伟大的胜利"理论、艺术生产与物质生产发展"不平衡"理论、"历史观点与美学观点"理论、"真善美"统一理论等，构成文艺理论体系中涉及本体论、源流论、创作论、作者论、作品论、艺术形象论、创作方法论、鉴赏论与批评论最重要的范畴、命题和观念的理论版块。更为重要的是，马克思主义的辩证唯物主义与历史唯物主义世界观与方法论，奠定文艺思想、文艺核心价值观、批评评价核心价值取向的思想基础与理论基础，确立起人民文学、社会主义文学、世界文学发展方向，确立起马克思主义文艺理论的实践性品格与批判精神。马克思、恩格斯将其思想理论应用于批评实践，对西方历代文艺经典的古希腊神话、雕塑、悲剧喜剧，莎士比亚戏剧，歌德、席勒、海涅诗歌，巴尔扎克、左拉小说等作家作品的评论，甚至对民间文学、民族文学、巴黎公社文学也满腔热情地进行评论。如评价古希腊戏剧家埃斯库罗斯、阿里斯托芬"都是有强烈倾向性的诗人"；评价莎士比亚"剧作的情节的生动性和丰富性"；评价海涅诗歌的倾向性

"是我所知道的最有力的诗歌之一";评价维尔特为"德国无产阶级第一个和最重要的诗人",评价巴尔扎克"是现实主义的最伟大的胜利之一";评论德国的民间故事书"这难道不是对它的极大赞扬吗";评论布纳尔的画作"要比一百本小册子大得多"的社会宣传效果,等等。同时,马克思、恩格斯还针对作家作品中存在的不足和问题进行批评,体现出批评的批判精神,体现其坚持"为了有一个完全公正、完全'批判的'态度"的精神。如对"席勒式地把个人变成单纯时代精神的传声筒"的批评;对哈克奈斯《城市姑娘》缺乏"典型环境中的典型人物"的批评,对斐·拉萨尔《济金根》缺乏"悲剧性"和真实性、形象性、审美性的批评;对当时文坛"到处缺乏美的文学"的批评,等等,表现出马克思主义批评的鲜明立场、观点和倾向性,也表现出马克思主义批评的大无畏的批判精神。

马克思主义批评在坚持辩证唯物主义和历史唯物主义世界观和方法论基础上,提出批评的方法、原则和标准。恩格斯在评论斐·拉萨尔《济金根》时指出:"我是从美学观点和历史观点,以非常高的,即最高的标准来衡量您的作品的。"① 这一"美学观点和历史观点"既表现出马克思主义批评的立场、观点、方法以及价值取向和评价取向,又表现出这一"最高的标准"所坚持的批评原则、态度以及公平、公正、科学合理的批评准则。马克思、恩格斯对斐·拉萨尔《济金根》的批评就建立在这一准则的基础上,从而充分显示出马克思主义批评的原则性、科学性和批判性。

马克思在《致斐·拉萨尔》信中指出其作品的缺点:一是"既然你用韵文写,你就应该把你的韵律安排得更为艺术一些";二是"你所构想的冲突不仅是悲剧性的,而且是使 1848—1849 年的革命政党必然灭亡的悲剧性冲突。因此我只能完全赞成把这个冲突当作一部现代悲剧的中心点";三是"这样,你就得更加莎士比亚化,而我认为,你的最大缺点就是席勒式地把个人变成时代精神的传声筒";四是"我感到遗憾的是,在性格描写方面看不出什么特出的东西";五是"在细节方面,有些地方我必须责备你让人物过多地回忆自己,这是由于你对席勒

---

① 恩格斯:《致斐·拉萨尔》,载《马克思恩格斯选集》第 4 卷,人民出版社 1972 年版,第 347 页。

的偏爱造成的。"① 显然，马克思不仅从作品内容与形式的不同角度分别对其缺点进行了批评，而且更多地从写什么、怎么写、为什么写的角度以艺术标准和审美标准衡量作品，指出其艺术性与审美性的欠缺。

恩格斯也在《致斐·拉萨尔》信中提出了对其作品的批评："我这样久没有写信给您，特别是我还没有把我对您的《济金根》的评价告诉您，您一定觉得有些奇怪吧。但是这正是我延迟了这样久才写信的原因。由于现在到处都缺乏美的文学，我难得读到这类的作品，而且我几年来都没有读这类作品；在读了之后提出详细的评价、明确的意见。"这对当时文坛"到处都缺乏美的文学"的批评中也表明恩格斯对阅读和评论的严谨慎重的态度；"为了有一个完全公正、完全'批判的'态度，所以我把《济金根》往后放了一放，……并且深知您的《济金根》经得住批评，所以我现在就把我的意见告诉您"。归纳而言，恩格斯的批评观点主要有三点：一是指出其观念化、概念化、抽象化的表现，"在我看来，即使就您对戏剧的观点（您大概已经知道，您的观点在我看来是非常抽象而又不够现实的）而言，农民运动也是值得进一步研究的"；"我认为，我们不应该为了观念的东西而忘掉现实主义的东西，为了席勒而忘掉莎士比亚"。二是指出其对现实进行了不正确的表现，"我觉得，由于您把农民运动放到了次要的地位，所以您在一个方面对贵族的国民运动作了不正确的描写，同时也忽略了在济金根命运中的真正悲剧的因素"；"在我看来，这就构成了历史的必然要求和这个要求的实际上不可能实现之间的悲剧性的冲突。您忽略了这一因素，而把这个悲剧性的冲突缩小到极其有限的范围之内"。三是指出其缺乏美学的观点和历史的观点，"我是从美学的观点和历史的观点，以非常高的，即最高标准来衡量您的作品的，而且我必须这样做才能提出一些反对意见，这对您来说正是我推荐这篇作品的最好证明。是的，几年来，在我们中间，为了党本身的利益，批评必然是坦率的。"② 恩格斯的批评不仅表达出与马克思极其相近和相同的观点，指出作家在美学观和历史观上不足而影响到作品的欠缺，而且也表明对文学及批评的价值取向和思想倾向性的鲜明立场、态度和观点，从中表露出马克

---

① 马克思：《致斐·拉萨尔》，载《马克思恩格斯选集》第 4 卷，人民出版社 1972 年版，第 339—341 页。

② 同上书，第 342—347 页。

思主义对文学阶级性、倾向性的最高要求，充分显示出马克思主义批评的批判性特征。

二　毛泽东《讲话》对中国化马克思主义批评发展

毛泽东将马克思主义批评与中国文学实际相结合，继承发扬和创造性地发展了马克思主义批评的批判精神。他在《讲话》中明确提出："文艺界的主要的斗争方法之一，是文艺批评……文艺批评是一个复杂的问题，需要许多专门的研究。"这一方面强调了马克思主义批评的批判性，并使之成为文艺界的主要斗争方法之一，从而凸显了文艺批评的价值取向性和倾向性，说明立场、态度、观点的重要性和必要性；另一方面，毛泽东也认识到文艺批评的复杂性，这既说明文艺批评有其特殊性和独立性，又说明批评的理论性、专业性、科学性性质和特征应充分保障评价的公正公平性和客观准确性，不能简单以政治思想批评、社会道德批评替代文艺批评。故而，毛泽东明确指出召开延安文艺座谈会的目的是解决文艺为什么人服务和如何服务的问题，由此文艺家必须首先解决"立场问题""态度问题""工作对象问题""学习问题"，才能解决延安文艺界存在的问题与不足。显然，毛泽东是从中国社会现实的大背景下，立足中国社会现实需求和人民群众对文艺的需要出发进行文艺批评的，他并不着眼于对具体作家作品的评论，而是以革命家、政治家、思想家以及文艺界的领导者的身份针对文艺存在的现实问题和不足而展开批评。

其一，对抽象"人性论"的批评。毛泽东指出："有没有人性东西，当然有的。但是只有具体的人性，没有抽象的人性。在阶级社会里就是只带有阶级性的人性，而没有什么超阶级的人性……现在延安有些人们所主张的作为所谓文艺理论基础的'人性论'，就是这样讲，这是完全错误的。"显然，毛泽东是以阶级论批判人性论，在当时特定语境中是有其针对性、合理性和必要性的。关键在于正是基于以人性论排斥阶级论的偏颇必然也会形成"文学是人学"的局限性，这对于当时延安文艺发展而言是不利的，因而纠偏甚至说矫枉过正在当时也是具有一定积极作用和意义的。

其二，对"文艺的基本出发点是爱，是人类之爱"的批评。毛泽东认为："爱是观念的东西，是客观实践的产物。我们根本上不是从观念出发，而是从客观实践出发……世上决没有无缘无故的爱，也没有无缘无故的恨。"这是从深层次探讨为什么爱、为什么恨的原因和缘由，从而以存在决定意识、客观实践决定主观观念的马克思主义唯物论与认识论的立场、态度、观点、方法来看待现象背后的本质和原因，这无疑是马克思主义批评的深刻之处，无疑也是对抽象的"爱""无缘无故的爱"对当时文坛产生负面影响的批判，对正在成长中的延安文艺发展而言是具有积极意义的。

其三，对"从来的文艺作品都是写光明和黑暗并重，一半对一半"的批评。毛泽东指出："这里包含着许多糊涂观念。文艺作品并不是从来都这样。……只有真正革命的文艺家才能正确地解决了歌颂和暴露的问题。一切危害人民群众的黑暗势力必须暴露之，一切人民群众革命斗争必须歌颂之，这就是革命文艺家的根本任务。"历代文学确实存在"美"与"刺"两种取向，同时也存在"美刺"及其美刺相间现象。毛泽东既强调"美"什么、"刺"什么的对象问题和为何"美"、为何"刺"的缘由问题，又强调立足于人民群众立场才能明辨真假、善恶、美丑的价值取向问题，从而解决文艺为什么人服务的根本问题。

其四，对"从来文艺的任务就在于暴露"的批评。毛泽东认为："这种讲法和前一种一样，都是缺乏历史科学知识的见解。从来的文艺并不单在暴露，……人民群众也是有缺点的，这些缺点应当用人民内部的批评和自我批评来克服。"显然，当时文坛主张"歌颂"与"暴露"一半对一半的实质在于"暴露"而不在于"歌颂"，这种观点无疑是片面和偏颇的，也不符合文学史发展事实和文学规律。针对延安文艺而言，担负中国文艺转型及建立新文艺的重任，仅仅局限于"暴露文学"显然是不够的，尤其是针对革命队伍和人民群众的缺点的"暴露文学"显然也是有失科学公正的。

其五，对"我是不歌功颂德的，歌颂光明者其作品未必伟大，刻画黑暗者其作品未必渺小"的批评。毛泽东反驳道："对于人民，这个人类世界历史的创造者，为什么不应该歌颂呢？"固然，一味歌颂并非都是好作品，那么一味暴露也并非好作品。关键在于歌颂什么，为什么歌颂和如何歌颂。"歌"与"颂"本身就是文艺的一种形式或形态，"功"与"德"也历来是歌颂对象和内容，无论"歌颂"还是"暴露"并非判断评价作品优劣好坏的标准，而是取决于"美学观点和历史观点"指导下的真、善、美标准。

其六，对"提倡学习马克思主义就是重复辩证唯物论的创作方法的错误，就要妨害创作情绪"的批评。毛泽东指出："学习马克思主义，是要我们用辩证唯物论和历史唯物论的观点去观察世界，观察生活，观察文学艺术，并不是要我们在文学艺术作品中写哲学讲义。"这一方面对否定学习马克思主义的错误观点进行了批判；另一方面也对教条主义、本本主义进行了批评，尤其是对文艺创作中以马克思主义方法论来代替创作方法的错误进行了批评。这既明确了马克思主义世界观和方法论对文学的指导意义，又明确了文艺创作有其自身运动和发展规律，文学批评不能照搬、硬套马克思主义，更不能以教条主义、本本主义的态度来对待马克思主义。

由此可见，毛泽东对延安文艺界存在的各种错误思潮及问题的批评，充分表明出毛泽东鲜明的马克思主义的批评观和价值立场，使批评的批判精神得以充分体现，表现出马克思主义批评的批判性特征；同时，也表明毛泽东的文艺批评将马克思主义理论与中国现实实践相结合，表现出文艺批评的中国特色和提出问题、分析问题、解决问题的实践性品格。尽管由于当时特定的背景和语境，毛泽东《讲话》中某些观点也会存在一定的局限性，但《讲话》精神仍具有历史意义与现实意义。《讲话》无疑应是马克思主义文论批评中国化的标志性成果，也是马克思主义文论批评当代发展的结果。

三　习近平"讲话"推动中国当代文学发展及其批评精神重构

改革开放三十多年来，中国社会发生了翻天覆地的变化与突飞猛进的发展，文艺发展经过思想解放、观念更新、体制转型、理论创新也进入文化自觉与文化自信时代。对于毛泽东文艺思想及其"讲话"是否时过境迁，是否仍然具有现实价值意义，学界虽有争议，但更有共识，"讲话"精神应该弘扬和发展。童庆炳认为："对于毛泽东文艺思想的研究，也应语境化，即把它放回到产生它的抗日战争的社会历史文化背景中去把握。"① 也就是说毛泽东以马克思主义的普遍真理与中国革命斗争实践相结合，从而将马克思主义中国化和当代化，符合当时中国国情的特定的时代语境，也符合中国历史与现实的特定的文化语境。故而童庆炳归纳毛泽东文艺观为："以人民为本位——毛泽东文艺思想的核心"；"鲜明的读者意识——毛泽东文艺思想的艺术特征"；"实践——毛泽东文艺思想的行动品格"。毛泽东文艺观的价值取向为"'远大的理想'、'革命功利主义'：第一位的文学价值"；"'丰富的生活经验'——第二位的文学价值"；"'良好的技巧'——第三位的文学价值"②，这可归结为真、善、美价值取向。李夫生从"历史"与"情境"的双重视域来阐释毛泽东文艺思想，认为《讲话》"从延安文艺的具体问题出发，进而讨论论证了延安文艺的进一步发展方向，这就是以人民为本位，以唯物主义的反映论为最基本的认知方法。毛泽东的《讲话》，在中国第一次确立了马克思主义文艺理论的科学体系。"③ 毛泽东文艺思想既是在马克思主义指导下的创造性发展的产物，也是马克思主义文艺理论批评体系化和系统化的结晶，更是马克思主义与中国实际相结合的结果，是马克思主义文论批评中国化的标志性成果，因此，无论是毛泽东文艺思想的价值取向，还是中国现当代文学价值取向，都充分体现出马克思主义指导思想及其核心价值取向的作用，这对于中国当代文论批评的发展及核心价值体系构建具有深远意义。因此，对毛泽东文艺思想的研究，一是要科学化，本着实事求是的态度和原则还原毛泽东思想的原貌和客观形态；二是要"历史化"或"语境化"，既要科学准确评价毛泽东文艺思想的历史价值和现实意义；又要将其放在当时的社会历史语境中加以分析研究；三是要整体化，完整把握毛泽东文艺理论体系和知识结构，得其精髓才能得其精神实质；四是要科学化，以学术研究的科学性、学理性、学缘性和"科学共同体"规则来体现学术精神，排斥实用主义的将其"神化"式的提高和"矮化"式的贬低，甚至"俗化""妖化"的偏向，确立毛泽东文艺思想研究的正确方向和准确、公正、辩证评价毛泽东文艺思想；五是在马克思主义中国化和

---

① 童庆炳：《毛泽东文艺思想及其价值取向》，载《中国现代文学理论价值观的演变》，北京大学出版社 2005 年版，第 123 页。

② 同上书，第 122—146 页。

③ 李夫生：《现代中国文论中的马克思主义话语（1919—1949）》，湖南人民出版社 2010 年版，第 273 页。

当代化的进程中，也需要对毛泽东文艺思想的继承、创新、传播和发展，需要以此指导和推动中国当代文论批评的建设和发展。

在当前文艺大发展大繁荣的时代语境下，2014 年 10 月习近平主持召开文艺座谈会，针对当前文艺发展实际、现状以及存在问题，从实现中华民族伟大复兴的"中国梦"高度对中国文艺发展作出高瞻远瞩的战略规划，对文艺工作者提出新的要求。习近平在文艺座谈会上讲话既体现党和国家对文艺工作的重视和关怀，又对中国特色的文艺理论批评的深入阐发，可谓是对毛泽东文艺座谈会讲话精神的弘扬与发展。习近平讲话首先对文艺工作者提出要求与期望，"推动文艺繁荣发展，最根本的是要创作生产出无愧于我们这个伟大民族、伟大时代的优秀作品。文艺工作者应该牢记，创作是自己的中心任务，作品是自己的立身之本，要静下心来、精益求精搞创作，把最好的精神食粮奉献给人民。必须把创作生产优秀作品作为文艺工作的中心环节，努力创作生产更多传播当代中国价值观念、体现中华文化精神、反映中国人审美追求，思想性、艺术性、观赏性有机统一的优秀作品"，着重从创作更多无愧于时代的优秀作品角度强调文艺发展必须基于创作实践创新的重要性。其次，深刻阐释社会主义文艺性质与方向，提出"社会主义文艺，从本质上讲，就是人民的文艺。文艺要反映好人民心声，就要坚持为人民服务、为社会主义服务这个根本方向"，着眼于强调文艺发展必须坚持文艺发展方向的重要性。再次，从文艺功能作用与价值意义角度，提出"广大文艺工作者要高扬社会主义核心价值观的旗帜，把社会主义核心价值观生动活泼、活灵活现地体现在文艺创作之中，用栩栩如生的作品形象告诉人们什么是应该肯定和赞扬的，什么是必须反对和否定的，做到春风化雨、润物无声。要把爱国主义作为文艺创作的主旋律，引导人民树立和坚持正确的历史观、民族观、国家观、文化观，增强做中国人的骨气和底气"，以强调文艺核心价值观培育及其推动核心价值体系构建作用的重要性。最后，从对文学批评要求角度，提出"要高度重视和切实加强文艺评论工作，运用历史的、人民的、艺术的、美学的观点评判和鉴赏作品，倡导说真话、讲道理，营造开展文艺批评的良好氛围"，以强化批评评价机制功能作用及其批评原则、方法、标准建设的重要性。习近平在充分肯定文艺工作所取得成绩同时，也针对文艺界存在不足以及出现的一些不良风气进行严肃批评，"在文艺创作方面，也存在着有数量缺质量、有'高原'缺'高峰'的现象，存在着抄袭模仿、千篇一律的问题，存在着机械化生产、快餐式消费的问题。文艺不能在市场经济大潮中迷失方向，不能在为什么人的问题上发生偏差，否则文艺就没有生命力。低俗不是通俗，欲望不代表希望，单纯感官娱乐不等于精神快乐"，这些一针见血的批评充分表明了坚持文艺核心价值观的思想立场、价值取向与评价原则，体现出文学批评的实践性品格与批判精神。习近平文艺座谈会讲话，正是坚持马克思主义文论批评思想、弘扬发展毛泽东文艺座谈会讲话精神、创新中国特色文艺理论批评体系的标志性成果，从文艺批评角度而言，也正是批评实践性品格与批判精神的充分体现。

[作者简介]：张利群，广西师范大学文学院教授、博士生导师。

中国马克思主义美学传统的形成及其意义

泓　峻

一

读青年学者周维山的《美学传统的形成与突破——〈1844 年经济学哲学手稿〉与中国当代马克思主义美学》（以下简称《突破》）一书，有一种强烈的感觉，那就是，就马克思《1844 年经济学哲学手稿》（以下简称《手稿》）与中国当代美学的关系而言，与其说从 20 世纪 50 年代的美学大讨论开始至今近 60 年的时间里，中国当代美学经历了一个不断返回《手稿》这一经典，对它进行研究、细读、解释的过程；不如说是《手稿》这部经典，以极其独特的方式，在被处在不同现实背景与理论语境之中，持不同观点的美学家们不断研究、细读、解释的过程中，滋生出多种美学命题、范畴与含义，进而有效地介入中国当代美学的论争与理论建构的过程。正如《突破》一书所介绍的那样，具有中国特色的"实践论美学"是在《手稿》的直接影响下建立起自己的理论框架的，20 世纪 50 年代、20 世纪 80 年代与实践论美学观点发生过争论的朱光潜、蔡仪等人，也不断通过对《手稿》的解读修正与完善自己的美学观点。进入 20 世纪 90 年代以后，中国的文化诗学研究通过法兰克福等西方马克思主义学派与《手稿》接通；试图超越实践论美学的"后实践论美学"也"并不是在否定或抛弃《手稿》，而是转换了解读《手稿》的哲学语境"①；

---

① 周维山：《美学传统的形成与突破——〈1844 年经济学哲学手稿〉与中国当代马克思主义美学》，中国社会科学出版社 2011 年版，第 152 页。

就是 21 世纪兴起的生态美学，也在从《手稿》中寻找"生态意识"与"生态审美观"。因此，我们完全可以认同《突破》一书的这样一个判断：在中国当代美学发展的过程当中，"《手稿》的理论价值并没有因美学研究热潮的涨落而涨落，而是始终在中国当代马克思主义美学的建构中起着十分重要的作用"。①

《突破》一书在回溯中国当代美学走过的 60 年历史时，特别是描述"实践论美学"在与其他美学学派争论中，从萌生、发展，到形成权威，又进而在来自西方的后现代美学思想冲击下，被质疑、挑战，成为当下中国许多美学家与美学流派试图超越的对象的过程时，以《手稿》在中国的接受史为线索，可谓提纲挈领。其切入历史的角度，其以问题为核心而不是多数学者习用的以流派为核心的梳理思路，其聚焦于几个中国当代美学史上关键的时间节点以点带面的历史考察方式，加上其在论述过程中所提供的大量具体丰富的历史资料，这一切，对于关注中国当代美学发展史的学者而言，都有显而易见的可资借鉴之处。而《突破》一书自身最重要的一个理论突破，则是阐明了《手稿》与中国当代马克思主义美学建构过程之间复杂而又密切的关系。作者指出，"中国当代马克思主义美学之所以选择《手稿》，是与中国当代马克思主义美学的历史语境密切相关的"，二者之间的关系"不是单向的，而是互动的"。② 谭好哲教授在为《突破》作序时，也重点提到了作者所论述的这一关系，并把它更明确地表述为"塑造"与"选择"的关系："一方面是《手稿》塑造了中国当代马克思主义美学，另一方面也是中国当代马克思主义美学选择了《手稿》"，并认为这一理论发现"显示出著者独到的理论识见"。

二

马克思认为："理论在一个国家实现的程度总是决定于理论在这个国家的需要的程度。"③ 周维山在《突破》一书中，也反复强调了这样的观

---

① 周维山：《美学传统的形成与突破——〈1844 年经济学哲学手稿〉与中国当代马克思主义美学》，中国社会科学出版社 2011 年版，第 164 页。

② 同上书，第 1—3 页。

③ 《马克思恩格斯选集》第 1 卷，人民出版社 1995 年第 2 版，第 11 页。

点：一种理论观点的产生，总是源于现实的需要，现实为理论提出问题，理论是对现实问题的回应。《手稿》之能够介入中国当代美学的理论建构，就是因应了中国现实对它的呼唤。正是从这一观点出发，他很有见地地指出，蔡仪的坚持客观性与典型性的美学观点，在20世纪40年代的左翼理论阵营中受到高度评价，不仅因为它与苏联的主流观点一致，还因为它适应了当时以现实主义为主导的文艺创作氛围及文艺政策。而到了20世纪五六十年代，这种强调美是对象固有的自然属性，美感仅仅是客观对象在主体意识中的反映的带有"机械唯物论"色彩的美学观点，则与中共建政之初积极乐观的社会氛围，与文艺家们歌颂英雄、歌颂新社会的政治热情，以及在主流文艺观念中开始抬头的浪漫主义创作原则之间，有着明显的不协调。然而，马克思主义哲学唯物论的基本立场，加上当时以反对"唯心主义"为号召展开的对胡适、胡风等人哲学思想、文艺思想的批判，使得以朱光潜为代表的具有较明显主观唯心主义倾向的美学观点也不可能真正在美学界立足。因此，既强调美是人类的创造，又强调美的创造是一个物质性的实践过程；既强调美是与人密切相关的社会现象，是"自然人化"的结果，又强调美的社会性即美的客观性的"实践论美学"，得到多数人的认可，也就几乎成了顺理成章的事情。

　　而到了20世纪80年代，"由于时代的变化，政治、艺术、美学等语境与五六十年代相比都发生了明显的变化。'唯物'与'唯心'的区分已逐渐失去了表层的政治内涵，人们在抚平'伤痕'的同时，开始了对自我和人性的反思"①。因此，新时期的美学研究便从美与人的关系、美与主体的关系的角度，展开了新的思考。在这种"语境"之中，不但朱光潜可以重提人性、人道主义、人情味、共同美这些曾经成为禁区的话题，并因此得到广泛的呼应；就是李泽厚在对实践论美学观点进行重新解释时，与50年代相比，也更加突出了实践的主体性的一面，而不是其客观物质性的一面。这一理论角度的调整，应当被看作实践论美学在20世纪80年代的语境中引起极大关注的根本原因。具体到对《手稿》的研究，这时候理论家们最为关注的，则是它所涉及的"异化"批判思想，以及"人的本质力量""感觉的社会化"这样一些具有丰富的"人本主义"内

---

① 周维山：《美学传统的形成与突破——〈1844年经济学哲学手稿〉与中国当代马克思主义美学》，中国社会科学出版社2011年版，第30页。

涵的命题。而 20 世纪 90 年代以文化诗学为代表的美学思潮对"实践论美学"的挑战，则被作者认为与大众文化的兴起有直接关系，因而它"不单是超越经典话语的必然选择，还是时代的必然要求，它是承担着新的历史使命的"。①

三

在读《突破》一书时，还给人这样一种强烈的印象：李泽厚也好，朱光潜也好，蔡仪也好，中国当代美学的几位代表性人物的美学立场，实际上在 20 世纪 50 年代的美学论争中就已经奠定。在以后的美学研究中，他们对自己美学观点的修正大多是技术性的甚至是策略性的，其基本的美学立场并没有实质性的变化。因此，当他们进入《手稿》，对《手稿》的相关命题与范畴进行阐释时，实际上有明显的先入为主的倾向，各自都在通过《手稿》的阐释，为自己既定的美学立场寻找证据，进行辩护，或者以《手稿》为依据对对手的观点与批评意见进行反驳。即使 20 世纪 90 年代以后其他学者通过语言分析的方法对《手稿》有些关键性段落文字的细读，大多也有明显的为自己既定的观点与立场寻找证据的倾向，因而在多种可能的解释中，总是强调对自己有利的、有用的解释是《手稿》的"本义"。

借用《突破》一书在谈及李泽厚的相关章节时十分恰当地使用的一个说法，这是典型的"六经注我"的方式。《突破》一书并没有对中国当代美学这种"六经注我"的现象给予特别的讨论，但这一现象却引起了笔者的许多思考。回顾几十年来中国美学界围绕《手稿》中诸如"美的规律""内在尺度""自然的人化""劳动创造了美"等命题与范畴的论争，以及关于《手稿》与成熟的马克思主义思想体系之间到底是怎样一种关系这一问题的争论，尽管到最后在大多数问题上都没有达成真正的共识，但是中国当代美学中的许多问题，确实在这些争论的过程中深化了，中国当代美学，确实在这些争论的过程中发展了，中国当代美学传统，确定在这些争论的过程中逐渐地形成了。中国美学界对《手稿》的认识与

①　周维山：《美学传统的形成与突破——〈1844 年经济学哲学手稿〉与中国当代马克思主义美学》，中国社会科学出版社 2011 年版，第 154 页。

理解的水平，也在这些争论的过程中有了质的飞跃。

　　不带偏见地进入经典之中，以经典的"原义"为依托讨论问题，固然是经典研究时一种令人十分向往的境界。但是，当代解释学已经证明，要做到这一点是十分困难的，甚至根本就是不可能的。实际上，带有自己的立场观点进入经典、解读经典并不可怕，因为不同的观点之间会相互补充与制约，最终的结果是，一方面经典意义的多种可能性会在这一过程中被"发掘"出来；另一方面，比较接近经典"本义"的观点，也往往会在不同观点的比较中，被更多的人认同。只是，各自坚持自己立场的经典解读与讨论，必须真正是学术性的，必须建立在研究者平等与相互尊重的基础之上。而中国当代的几次美学论争，从20世纪50年代到20世纪80年代，再到20世纪90年代，在"学术自由"这一点上，在学者坚持与维护自己学术立场的勇气这一点上，在尊重论争对手这一点上，与其他人文社会科学领域的学术论争相比，应该说做得是比较好的。非学术性的东西不是完全没有，而是相对较少。在大多数时候，持不同理论观点的理论家们都有表达自己学术立场的空间。在回顾中国当代美学传统的时候，对这一学术传统的发现与总结，恐怕也应该是研究者一项重要的任务。

四

　　其实，说《手稿》"塑造"了中国当代美学的理论品格也好，说中国当代美学为了自身的理论突破"选择"了《手稿》这个文本也好，都是立足于中国当代美学的建构与发展而立论的。如果我们把《手稿》与中国当代美学的互动关系这一问题进一步展开，似乎还可以这样讲：一方面，《手稿》作为一个经典文本，以其丰富的内涵为中国当代美学许多命题的展开与关键性的理论突破提供了巨大的启示；另一方面，当中国两、三代美学家们不断带着自己的问题进入《手稿》时，也以其特有的理论视界，丰富、发展了《手稿》的理论内涵。如果与世界上其他马克思主义美学研究阵营做一个比较的话，正如《突破》一书作者所言，苏联的学者于1932年最早出版了《手稿》的德文版全文，但在出版之后，《手稿》却一直被作为马克思早期的不成熟的著作束之高阁。直到苏共二十大之后的1956年，苏联学者才把《手稿》和马克思、恩格斯的其他早期著作一起汇编成一卷《马克思恩格斯早期著作》，以俄文出版。与苏联学术界相比，中国美学界对《手稿》关注的程度更高，持续的时间更长。在长达几十年持续的、高强度的关注下，中国学者对《手稿》文本细读的程度、对《手稿》有关命题与范畴理解的程度，最终已经超出了苏联美学界能够达到的水平。而与西方马克思主义中一些同样对《手稿》极为关注的美学学派相比，中国学者对《手稿》的关注与解读，则形成了不少自己的"问题域"，因此，它们之间是不可相互取代的。

刘纲纪曾在《马克思主义美学研究与阐释的三种形态》中提出：从19世纪末到20世纪，对马克思主义美学研究与阐释形成了三种基本形态：苏联马克思主义美学、西方马克思主义美学和中国马克思主义美学。①《突破》一书的作者认为，中国当代马克思主义美学，在《手稿》相关理论命题与思想的启发下，已经形成了自己独特的学术传统，这种传统的直接结晶就是"实践论美学"与"审美论"的文艺学。从《手稿》研究的角度讲，中国学者对《手稿》理论内涵的丰富与发展，中国学者围绕《手稿》展开的美学论争与理论建构，以及在此过程中形成的理论传统，已经成为世界范围内《手稿》接受史的一个重要组成部分，为《手稿》在20世纪的"经典化"过程做出了属于中国学者的十分独特的贡献。对于每一个从事当代马克思主义美学史研究的学者而言，无论是中国学者还是外国学者，这一传统都是无法回避的。它是世界范围内马克思主义美学发展的一个组成部分，也是世界范围内对马克思《手稿》接受历史的一个重要组成部分。如果要谈论中国当代美学传统对于21世纪美学发展的意义的话，我们完全可以作如是观。

[作者简介]：泓峻，山东大学文化传播学院教授，文艺学博士，博士生导师。

---

① 刘纲纪：《马克思主义美学研究与阐释的三种形态》，《文艺研究》2001年第1期。

如何对话:马克思主义经典理论
与当代话语的融合

张　静

新时期以来，马克思主义文艺理论做出了很多颇有价值的理论建树，但同时，充满变革的时代也给马克思主义文艺理论带来了困惑：比如传统马克思主义文艺理论阐释当代文化现象的困难，比如经典马克思主义文艺理论如何融入当代性等，都是马克思主义文艺理论者亟须思考的问题。笔者就此提出一点浅见。

问题一　马克思主义经典文艺理论
与阐释现代社会文化脱节

20世纪以来，西方理论界呈现出新的理论形态：在18、19世纪占据主流的德国古典主义美学逐渐让位于风头强劲的法国结构主义思潮，符号话语的分析模式在理论界悄然盛行。同时，一批西方后现代主义者对马克思主义传统理论也进行着革命性创新，比如鲍德里亚，用符号学中的"能指/所指"框架全面代替了"上层建筑/经济基础"这类马克思政治经济学经典表述；比如德勒兹的欲望辩证法借尼采来质疑和批判黑格尔的辩证法；再如"意识形态"这个马克思理论中的核心概念，被阿尔都塞、伊格尔顿、齐泽克、詹姆逊、弗洛姆等一大批西方学者进行了全方位的重新描绘。

这些学者的意识形态观既是对马克思经典理论的继承，又是对马克思主义传统概念的修正，他们依然运用马克思主义的词汇，却赋予了不同的含义，做出了不同于传统马克思主义的分析。比如阿尔都塞提出的重要术语："意识形态国家机器"，就是沿用了马克思"国家机器"的概念，同时又发掘了"意识形态"在 20 世纪以后的特殊内涵。阿尔都塞认为，除了政府机构、军队、警察、法庭、监狱等暴力国家机器，还有隐藏在它们后面的意识形态国家机器，包括宗教、教育、媒体、文化等因素，它们隐蔽地保证了统治阶级生产关系的再生产。阿尔都塞的重大突破在于他确立了彻底唯物主义和反人道主义的意识形态理论。阿尔都塞之后的理论家充分肯定了其理论上的认识论突破，并开始把阿尔都塞的理论应用于不同领域，比如电影理论家就引用阿尔都塞的理论分析现实主义电影话语中观众和文本之间的关系。①

而至今活跃在国际学术界的齐泽克运用拉康的精神分析理论对马克思意识形态概念进行了全新的批判。齐泽克在《马克思怎样发明了症候?》中指出：马克思式意识形态批判的基本程序是"症候性"的："它存在于对一个崩溃点的察觉，这种崩溃相异于一种特定的意识形态的领域，同时又是该领域关闭和达到其完成的形式所必需的。"② 换句话说，马克思的意识形态是一种神秘化的、掩盖阶级利益的虚假意识，民众处于被蒙蔽之中。齐泽克进一步指出，这种马克思的虚假意识不再能满足后现代社会的需要，现代社会接受的是"被启蒙了的虚假意识"，即明知虚假也甘愿接受，比如对当今广告的泛滥即是这种心态，这是一种"犬儒主义的理性"。"人们非常了解谬误，非常清楚隐藏在意识形态普遍性后面的特殊利益，但是仍然不抛弃它。"③ 正如布莱希特的戏剧一样，现代民众不再通过暴力，而是通过反讽等手段来表达对官方文化的拒绝。从这个意义上说，现代的意识形态已经是对社会环境的犬儒式适应，任何形式的批判都对它无能为力，这是一种陷入绝境的意识形态批判，也可视为意识形态的终结。齐泽克由此重新谱写了马克思意识形态的现代公式。

无疑，20 世纪西方文论的多角度分析思路在阐释当代社会文化现象中功不可没，而传统马克思主义文论在此方面就有些力不从心。当现代人被无处不在的体系制度包裹而疲惫不堪时；当官方意识形态通过媒介宣传

---

① 季广茂：《意识形态》，广西师范大学出版社 2005 年版，第 76—87 页。

② ［斯洛文尼亚］斯拉沃热·齐泽克：《图绘意识形态》，方杰译，南京大学出版社 2006 年版，第 291 页。

③ 同上书，第 297 页。

愈加隐蔽和大众化时；当面对"798"艺术工厂病童与天安门交相辉映、鸡毛信与美女酒瓶并置等前卫艺术时；或是力图阐释先锋派艺术电影而绞尽脑汁时，再来用辩证法和二元对立思维已无法获得满意的文化释义。而运用拉康的欲望理论、福柯的权力话语等做深入透视和剖析，似乎能更好地帮助我们理解和阐释上述文化艺术现象。

可以说，以马克思和黑格尔为代表的辩证法思想颇具乌托邦和形而上学的意义，与当今现实的联系性并不紧密。而法国的结构主义却以更强的现实介入性将主体间性理论继续发展，以适用于当代社会的种种文化批判。结构主义者认为，主体间关系不再是主体与另一个主体互为对象的关系，而是主体受到他在性结构（比如语言结构、欲望结构、社会秩序等）的调节和支配，所有话语都有他者结构的在场，结构在主体形成之前就先行存在。结构主义者雅克·拉康、米歇尔·福柯等为代表提出了主体和结构的关系问题。如果说黑格尔1807年《精神现象学》中他者是一个与主体自我意识并存的小他者（object），那么结构主义的拉康、福柯等建构的他者则是先于自我的大他者（Object），所形成的主体也呈分裂不再完整。大他者作为一个类似于语法的功能要素，是超越于主体之上的结构力量，所有的自由选择都由大他者这种外在的力量迫使完成。福柯"权力—知识"的话语结构和拉康"无意识就是他者的语言"等理论概念，是主体与结构关系的主流观点，也是影响后继学者文本创作的理论渊源。

欲望辩证法是构成拉康理论的重要概念。关于欲望的实质，拉康认为，欲望的真正对象是一种缺乏，因为主体追求的欲望对象是无具体存在物的原初失落，比如俄狄浦斯情结等，因此最终的欲望对象是不可能的。"所有人类对于现实的把握都要受制于这种原初条件，即主体寻找其欲望对象，却没有获得。"① 主体寻找不到欲望对象，原因不在于主体的认知能力有什么缺陷，而在于欲望的真正对象是一种缺乏，因为欲望的实质是一种匮乏，主体永远无法得到满足，所以受创伤的主体因其欲望不可满足而寻找一个一个替代对象，在自己的幻想中把替代对象想象为完整的失落的主体。自我主体的形成是自我把他人（欲望）误认为自我（欲望）的过程。拉康用想象界中和象征界来说明这个问题。在想象界中的镜像阶段，当主体统一感的镜像面目出现时，他不知道这镜中之像在根本上是一

---

① 转引自黄作《不思之说——拉康主体理论研究》，人民出版社2005年版，第218页。

个他人，也不知道主体的欲望是一种无意识欲望，是一种他者的欲望。于是将镜像这个他者误认为是自我。欲望依附于镜像，借助于像的统一性浮现。这种平稳称为"像的调停"①。到了象征界，语言能指进入主体，主体开始学习说话，主体的欲望依附于语言的言辞，欲望就接受了语言的调停，也就是说，主体进入了语言能指的游戏。主体要想获得满足，就要得到他者也就是语言能指的承认。拉康通过引入主体无意识、欲望和他者、语言理论，根本性地摧毁了传统主体理论，主体成了语言说话的场所，而不是一个实体，主体（无意识）是语言能指作用的结果，主体就是他者——异在性语言结构的产物。

福柯的知识谱系学关注主体/话语/权力—知识三者之间的关系配置，关注权力如何通过他在性的结构机制——知识话语的运作来确立主体位置。福柯眼中，"权力知识关系"是构建主体的主要方式，"权力—知识"关系组合成话语机制，形成一种外在于主体的、他在性的结构去决定主体的意义。《规训与惩罚》中，福柯阐述 18 世纪末以来，社会发生了权力的变化，这种权力将个人对象化，它在对个人进行监视、规范化裁决和检查时，生产了关于个人的知识。因此，权力具有生产性，知识也不再是中性词，而是权力的产品。"权力生产现实，生产对象的领域和真理的仪式，个人及从它身上所获得的知识都属于这种生产。"②"权力生产知识"不是说权力直接生产话语并赋予其"真理"的身份，是说权力为知识生产提供了一种必要的环境。福柯说，现代权力是这样"一种权力，它不是与无知相联系的，而是相反，与保证知识之构成、投资、积累和增长的整个一系列机制联系在一起。"③ 反过来，权力环境又必然导致知识的生产。劳斯这样评价道，"福柯的总体观点是，把某事物置于权力关系领域所导致的结果之一，它可能被迫以新的方式揭示自身，被迫生产关于自身在场和行为的新符号。"④ 权力对于主体的驯服不再是动用粗暴强制方式，而是以各种知识为支撑，用更为隐蔽和间接的方式来规范人们的行为，知

① 黄作：《不思之说——拉康主体理论研究》，人民出版社 2005 版，第 241 页。
② ［法］米歇尔·福柯：《规训与惩罚：监狱的诞生》，刘北成、杨远婴译，生活·读书·新知三联书店 1999 年版，第 218 页。
③ ［法］米歇尔·福柯：《不正常的人》，钱翰译，上海人民出版社 2003 年版，第 49 页。
④ ［英］约瑟夫·劳斯：《知识与权力》，盛晓明等译，北京大学出版社 2004 年版，第 233—234 页。

识和权力相互依存，用理性逻辑来控制主体。主体不再是具有决定性的功能，而是成为权力的产物，成为话语的产物，主体在话语实践中不再居于支配地位，不再是意义的生产者，而是被话语建构的对象。

哈贝马斯曾说，在我这一代对我们的时代进行诊断的哲学家圈子里，福柯是对时代精神影响最持久的。福柯主义的权力和表征机制已经成为现代批评模式的主流话语，后继影响社会学、历史学、后殖民、女性主义、身体问题、空间性以及对现代艺术的评判等各个领域。

因此，在解决现实问题和艺术问题时，我们或许可以借助这样一些现代西方文艺理论的话语模式，以对当代社会进行更深入的意识形态批判和文化批判，这种批判意识与马克思主义文艺理论秉承的现实主义批判精神是一脉相承的。

问题二　视符号化、碎片化观念为大敌，将马克思文论与西方现代学说对立

当前，国内有些学者将西方后现代文论中的碎片化、符号化思想视为与马克思相对立的思想模式，认为其反传统，与马克思倡导的历史唯物主义背道而驰。这些学者在提及结构、解构、符号等理论及代表人物时，也将其作为马克思主义的对立面进行批判。其实，这些所谓后现代的理论资源并未离开马克思经典著作的问题域，其与经典马克思主义总体性模式并非对立，只是一种修正和补充。

比如号称"后现代大祭司"的鲍德里亚是与马克思主义联系相当紧密，从一开始就趋向对马克思著作进行继承和分析，比如《资本论》《剩余价值理论》等，但同时社会的变革又促使他对马克思主义保持质疑和警醒，这种矛盾的态度使得鲍德里亚在继承性批判马克思理论时充分运用了微观政治学思路，即对马克思的理论进行修正，而不是取代，用能指、所指融汇于马克思商品二因素，从而对马克思的政治经济学进行符号学改造，从马克思未曾注意到的视角解释政治经济学的新内涵。鲍德里亚在谈到马克思对他的影响时说："至于说到思想和分析，在我的著作中存在着马克思主义的分析，但是通过许多其他东西作为中介……从一开始，符号学和精神分析还有其他的东西，它们很好地结合在了一起……我们已经处于后马克思主义时代了，所以，我发现说我是否是一个马克思主义者是困

难的,但马克思的分析确实影响了我的著作。从一开始,对生产的分析就伴随着对礼品和耗费的消费的人类学的分析,所以,那时对生产的分析是落后的。至于政治经济学,我接它是为了解构它。事实上,从一开始我趋向马克思主义,但几乎是马上,我就开始对它提出质疑,态度是矛盾的,当时我走下去的时候,就越来越与它拉开了距离。"①

　　受到法国微观政治学氛围的影响,20 世纪 50—70 年代,鲍德里亚的理论兴趣主要集中于社会学研究和对经典马克思主义的批判,其贡献是,在马克思的生产逻辑之外提出"消费逻辑",用"符号政治经济学"修正马克思政治经济学。其间,鲍德里亚主要出版了四部著作:《物体系》(1968)、《消费社会》(1970)、《符号政治经济学批判》(1972)、《生产之镜》(1973)。从 1976 年《象征性交换与死亡》开始,尽管鲍德里亚与马克思保持着千丝万缕的联系,但从根本上说,他的理论兴趣和视野已经从马克思游离开去,转入后现代主义的文化政治空间。② 鲍德里亚的研究专家道格拉斯·凯尔纳指出,《符号政治经济学批判》(Pour une critique de l' economie du signe, 1972; For a Critique of the Political Economy of the Sign, 1981)一书中,鲍德里亚的重点是修正马克思,而不是取代马克思,尽管如此,还是可以找到即将同马克思脱离的暗示。"波德里亚努力将他的批判符号学同马克思对于政治经济学的批判系统联系,以符号学对符号的分析原则检验了马克思对商品的分析原则:马克思将商品分解成交换价值和使用价值,符号学将符号解释为能指和所指,能指与交换价值之间的关系相当于所指同使用价值之间的关系,这种形式层次上的平行关系掩盖了某种意识形态,这是结构主义符号观和马克思主义的商品观共同的结果。"③

　　这种微观政治学分析思路是 20 世纪中后期以来西方新左翼知识分子(福柯、罗兰·巴尔特、德里达、德勒兹、鲍德里亚等)、女性主义、后现代、后殖民等后现代理论家所采取的中庸立场。相对于马克思和韦伯的普遍性、总体性的宏观政治学,微观政治学放弃了原先的全盘否定或全盘

①　戴阿宝:《终结的力量——鲍德里亚前期思想研究》,中国社会科学出版社 2006 年版,第 16 页。

②　同上书,第 14—15 页。

③　[美]道格拉斯·凯尔纳:《波德里亚——一个批判性读本》,江苏人民出版社 2008 年版,第 100—102 页。

肯定的斗争方式，在不改变整体布局的情况下，对局部进行瓦解。

　　其中，福柯对权力关系的微观政治学考察，成为现代社会批评的理论工具。福柯权力分析的核心观点是：权力是关系的策略，分析权力的关键不再是"谁行使权力"，而是权力如何通过策略性的关系（战略和战术，比如层级监视、体制规定、检查技术等）进行运作，从而使权力无处不在？福柯指出，"'微观权力'的颠覆并不是遵循着'要么全部，要么全不'的法则；这种颠覆不是由于国家机器被新的势力控制或原有的制度机构行使新的功能或遭到毁灭而一下子造成的……"① "权力不应被归因于'占有'，而应归因于调度、计谋、策略、技术、运作；人们应该从中破译出一个永远处于紧张状态和活动之中的关系网络。"② 所谓的策略，即相当于德勒兹说的游击战，可根据具体情境的不同来变换身份和战术。比如能指和所指的关系就是一个策略性关系：LV——对于商家来说是赋予一定意义的所指，对于消费者来说就是一个商标形式的能指。这一时期福柯的微观政治学研究也成为后现代的直接理论资源。戴维·哈维指出，福柯"对不同地点、语境和社会情景中的权力关系的微观政治学的仔细考察，使他得出结论说：在特定地域化的语境之内为了实施社会控制和支配而整理技巧和实践的各种知识（话语）体系之间，存在着一种密切的关系。监狱、避难所、医院、大学、学校、精神病诊所，全部都是那种场所的样板，在其中，分散的和零碎的权力机构独立于阶级支配的任何体系化的战略而被建立起来"。③ 福柯的微观政治学与罗兰·巴尔特的文化分析以及列斐伏尔的日常生活研究一起，构造了后现代的批判图景。福柯在其中所揭示的权力和文化的关系、权力与日常生活的关系乃至权力与知识的关系，为各种人群提供了观察视角。④

　　尽管20世纪以来诸多西方后现代思潮者一般并不承认自己是马克思主义者，且他们的批评思路与马克思的总体性观念有着一定的距离，但并不妨碍他们从马克思那里汲取了理论源头，并且在某种层面上与马克思进行对话。其中，鲍德里亚对拜物教和使用价值的质疑、罗兰·巴尔特

---

① ［法］米歇尔·福柯：《规训与惩罚》，生活·读书·新知三联书店2007年版，第29页。
② 同上书，第28页。
③ ［美］戴维·哈维：《后现代的状况》，阎嘉译，商务印书馆2003年版，第64—65页。
④ 戴阿宝：《终结的力量——鲍德里亚前期思想研究》，中国社会科学出版社2006版，导论11—12页。

《神话学》中对大众文化的批判、德里达在《文字学》说的"文本之外空无一物",归根结底都是反对主流意识形态的控制,实现人类全面和自由的解放。而意识形态理论正是马克思历史唯物主义的重要组成部分,马克思在《德意志意识形态》和《〈政治经济学〉批判序言》中都做了详细的阐述。另外,当今文艺批评领域运用甚广的福柯的权力话语模式,其实与马克思在《1844年经济学哲学手稿》《德意志意识心态》中的异化理论异曲同工。至于连续出版三本与马克思相关著作的德里达,始终致力于拯救马克思,认为只要现代社会的不公正没有消除,马克思主义就始终会发出批评的声音,他比喻马克思主义如同幽灵,尽管不可见,但永远不会消失。

诚然,这些后现代学者理论观点的合理性值得商榷,但他们所提出的符号化、碎片化思路也是结合消费社会文化语境而展开的理论思索和变革,揭示了上层意识形态如何通过权力话语进行背后的社会控制。这与马克思对资本主义社会全面批判的精神并不矛盾,只是他们将自己的批判锋芒更好地隐蔽在抽象的写作风格中。

问题三　出路新型话语模式与马克思主义经典理论的融合

如果说多样性是20世纪马克思主义文艺理论新的理论形态,那么有别于传统和当代性便是20世纪马克思主义文艺理论新的理论特征。与时俱进是马克思主义基本的理论品格,马克思主义是人类社会实践的理论总结,也总是随着社会实践的发展而不断发展,在实践中不断开创新的理论视野和理论境界。20世纪随着社会实践和文艺实践的重大变化,马克思主义文艺理论也在实践中不断发展,不断开创新的理论境界,呈现出有别于传统的时代色彩和当代特征,文艺理论研究者也应该对经典马克思主义文艺理论进行新历史条件下的现代阐释。[①] 就文学理论和文学批评的情形来说,一方面,马克思主义已经成为这一领域不可或缺的理论维度,至少在大学和人文社会科学的学术圈子里,马克思主义似乎成为20世纪下半

---

① 吴琼:《20世纪美国马克思主义文艺理论研究》,北京大学出版社2012年版,总序第8—9页。

叶以来许多具有激进倾向的学术潮流的理论底色；另一方面，马克思主义的这一学术渗透同时也伴随着它被"理论化"的进程，它的存在不再意味着一个实际的社会主义运动，而是意味着一种理论框架，一种激进的学术取向，一种与各种微观政治联系在一起的文化想象。只有在这样一个学术背景下，谈论当代马克思主义批评的理论化方有可能。①

就当今我国学界而言，对经典马克思主义理论、中国化马克思主义研究比较系统和全面，但对西方后现代马克思主义理论是译介和批判多于吸收融合。要想使马克思主义文艺理论放弃僵化、保持活力，不妨和新的话语模式进行某种融合，主动去吸收一些理论资源来发展马克思主义文艺理论思想。

德里达在《马克思的幽灵：债务国家、哀悼活动和新国际》里说："不去阅读和反复阅读讨论马克思，将永远是个错误。"② 但如果仅仅将马克思的理论当作不可违背的教义，而不是寻求一种广阔的思维方式，那或许是另一种程度上的错误。马克思所带给我们的恰恰是一种全面的和发展的眼光，而不是孤立和形而上学的教义。可以说，后现代的符号化与马克思的经典化并非悖论，符号化是经典化的一个必经阶段和必要补充。

在马克思主义文艺理论研究方面，应更好地掌握各种理论形态的差异性和对话性，共同促进新时期马克思主义文艺理论的发展，构成多元互补的新局面。美国学者詹姆逊在《晚期资本主义的文化逻辑》中指出："我们不应该忘记如今马克思主义并不是只此一家，别无分店。事实上存在有形形色色的马克思主义理论话语。"③ 马克思主义文艺理论呈现出多样性和复杂性，这是正常的，也是有益的，如果能从西方其他学术思潮中吸收有益养分，或许会使当今中国的马克思主义文艺理论变得更蓬勃而有生气。

[作者简介]：张静，《中国人民大学学报》编辑部编辑。

---

① 吴琼：《20世纪美国马克思主义文艺理论研究》，北京大学出版社2012年版，第183页。

② [法] 雅克·德里达：《马克思的幽灵：债务国家、哀悼活动和新国际》，何一译，中国人民大学出版社2008年版，第14页。

③ [美] 詹明信：《晚期资本主义的文化逻辑》，张旭东编，陈清桥等译，生活·读书·新知三联书店1997年版，第19页。

毛泽东《在延安文艺座谈会上的讲话》对解放区小说叙事的形塑

——以丁玲的"转变"和赵树理的"发现"为例

刘郁琪

　　毛泽东的《在延安文艺座谈会上的讲话》（以下简称《讲话》）包蕴着丰富的叙事学思想，它的许多准则，其实是对叙事文学的规范和要求。《讲话》发表后，它对解放区文学尤其是小说叙事产生了极为深远的影响。某种程度上甚至可以说，1942 年以后的解放区小说叙事，就是毛泽东《讲话》直接形塑的结果。但这种形塑究竟是如何完成的？或者说，作为一种宏观、抽象的理论论述，《讲话》如何介入并重新塑造了解放区小说叙事的版图？它在小说的故事结构、叙述话语、意义调度等层面，究竟留下了哪些具体的影响？它是否受到过作家们有意无意地抵制？若有，这些抵制在实际的小说叙事中又是如何体现的？这些显然都是值得深入探究，却尚未得到很好回答的问题。

一　丁玲等亭子间作家小说叙事模式的转变

　　1942 年毛泽东发表《讲话》之前，延安已涌动着一股紧守批判立场，倡言人性、主张平等的"文艺新潮"。这股新潮的推动者，大都来自上海等大都市，故被称为"亭子间"作家。丁玲是这批作家中最早到达延安，也最为活跃的一位。她 1936 年来到延安，《讲话》前夕不仅写下了杂文《三八节有感》《我们需要杂文》，而且还写下了《夜》《我在霞村的时候》《在医院中》等小说——这也是这股新潮中仅有的几篇小说。无论从哪个角度来看，这些小说与《讲话》所规定的叙事要求，都存在着相当落差甚至是冲突。《夜》具有明显的弗洛伊德主义色彩，革命工作者身上隐隐体现的力比多冲动，尽管最后都在革命的规范下被控制住了，但其将人性和阶级性予以二元对立的运思模式，显然与《讲话》完全阶级化的要求不尽相同。《我在霞村的时候》采用第一人称叙事视角，其所隐含的知识分子式的居高临下的启蒙主义态度，也不符合《讲话》对歌颂农民的要求，因为在此视野中，农民都是愚昧的，而且延安似乎成为一个可以接纳妓女的地方。至于《在医院中》，知识分子"陆萍"就像一个摄像头，将医院中的所有病况进行了细致扫描，甚至会让人产生解放区是座医院、延安有病的隐喻式联想①，这与《讲话》对内要歌颂、对外才暴露的要求更是存在明显龃龉。

不难想象，《讲话》之后，丁玲的这几篇小说，会连同她的杂文一并受到批判。虽因自我的积极主动和毛泽东的特殊保护，丁玲很快就安然过关。但作为以小说名世的作家，如何才能写出符合《讲话》要求的小说，却让她陷入了长久的焦虑。相当长一段时间里，她没再涉足小说，而仅仅写了一些非小说的东西，如秧歌剧《万队长》，报告文学《田保霖》《袁广发》，传记作品《民间艺人李卜》等。1948年，她终于如愿推出长篇《太阳照在桑干河上》，并大获成功。这部根据作者亲身经历写成的土改小说，严格按照《讲话》倡导的叙事规则来写作，已迥然相异于《夜》《我在霞村的时候》《在医院中》等作品的叙事风格。

小说完全按照《讲话》所提示的"阶级斗争"的基本逻辑来组织结构故事。在横向的人物及其关系结构上，它采取严格的二元对立模式：一方是代表被压迫阶级的农民，如张裕民、程仁等；一方是代表压迫阶级的地主，如钱文贵、侯殿魁、李子俊、江世荣等。他们围绕土地和剥削，构成小说中两组基本的对立力量。在此大框架下，人物形象不仅按革命性和先进性程度，被分成脸谱化的反动人物、未觉醒的落后分子、在觉醒的积极分子，以及最觉醒的党员农民等几大序列，而且按革命性与财产多少成反比例的阶级分析法推衍塑造，呈现出明显的模式化色彩，如"地主的

---

① 黄子平：《病的隐喻与文学生产——丁玲的〈在医院中〉及其他》，王晓明主编《二十世纪中国文学史论》下卷，东方出版中心2003年第2版，第65—77页。

贪婪、凶残、狡猾，不甘心退出历史舞台；富农既有地主的一些特点，但又有所不同；中农是动摇的，贫下中农、雇农是最革命的；在工作队成员中，知识分子容易犯错误，但能够在斗争中得到改造，有经验的革命干部体现了党的领导，是党的化身。"① 纵向的情节结构，则以两个对立阶级之间的"斗争"为主线，穿插叙述正面内部先进和落后之间、新我和旧我之间的"小冲突"，以一波未平、一波又起的波浪式态势逐步推进，直至最终农民战胜地主，先进战胜落后，新我战胜旧我。这种"大团圆"式的结局，不一定全是现实生活的真实写照，却非常符合《讲话》"更集中、更强烈、更典型"的要求。

叙述话语上，小说也积极响应《讲话》民族化和民间化的号召。这集中表现在叙事视角和叙事人称的改变上。与中国传统小说的第三人称全知叙事不同，以鲁迅为开端的中国现代白话小说，往往采用第一人称和第三人称限知叙事的方式。这类视角，因叙述者自身主体心灵世界的直接宣示和对人物灵魂的俯察式解剖，具有强烈的个性色彩和启蒙意味，是现代知识分子精英立场的形象体现。丁玲是从这个小说阵营中走过来的，深受此种叙事模式的影响。《夜》中的故事外叙述者，《我在霞村的时候》中的"我"，以及《在医院中》的陆萍，都是这类具有独立思考能力且居高临下悲天悯人的知识分子形象。《讲话》之后，丁玲逐渐体会到，这类视角既不符合知识分子要虚心向农民学习的要求，也不符合"普及"的标准，因此转而采取了传统式的第三人称全知叙事方式。她最大限度地淡化叙述者的个人形象和主观情绪，使得叙述者就像个说书人似的，可以对暖水屯中的每一个人物进行聚焦，而又不完全停留在其视角范围之内。这不仅成功降低了知识分子的精英气息，而且更符合中国农民的审美习惯。

小说的主题设计和意义调度，同样可以看出《讲话》原则的强力介入。一个最明显有力的例证是丁玲对黑妮和程仁爱情故事的修改。原稿中，黑妮是地主钱文贵的女儿，而且是掌上明珠，却爱上了长工程仁。在此叙述中，黑妮就像莎菲一样，是敢于冲破传统礼教、大胆追求爱情的新式女性，这种具有明显女性主义意味的设计，显然不符合《讲话》有关人性/阶级性的要求。倘若发表，会让读者误以为爱情可以凌驾于阶级性

---

① 黄曼君主编：《毛泽东文艺思想与中国文艺实践》，华中师范大学出版社 2002 年版，第 186 页。

之上，普遍人性完全可以填满阶级差异的鸿沟。考虑到可能会引起的这种社会效果，丁玲将黑妮改成了钱文贵的侄女，且因父死母嫁，寄居在钱文贵家里当女仆，经常遭到主人的打骂。这种处理，虽还保留了女主人公与地主血缘上的关系，却为她与长工程仁的爱情，提供了阶级合法性。因为女仆的地位，使她和长工站到了同一阶级起跑线上，他们的相爱，与其说是普遍的人性要求，不如说是阶级友谊的结果，或者说，正是因为相同的阶级地位和阶级感情，他们才相互爱上了。① 这种改动表明，以效果规范动机、以阶级性规约人性的《讲话》原则，已介入到作家的创作过程之中，并最终形塑了小说的样貌。

很难想象，若不是《讲话》思想的强力介入，丁玲的小说叙事会发生如此巨大的转变。当然，也因为这种转变，丁玲获得了主流意识形态的接纳和肯定。但丁玲的转变显然并非个案，而是众多亭子间作家的一个缩影。其他作家，在《讲话》之后，也面临着与丁玲一样的问题：转变叙事风格以符合《讲话》要求。他们甚至也像丁玲一样，亦经历了被批判，然后沉寂并洗心革面的曲折历程。最终，他们也都如丁玲般写出了获得主流意识形态认同的作品。如周立波的《暴风骤雨》、欧阳山的《高干大》、柳青的《种谷记》、草明的《原动力》和《火车头》、思基的《我的师傅》、韦君宜《三个朋友》、刘白羽的《无敌三勇士》、邵子南的《地雷阵》等。这些横跨土地改革、农业合作化、工业、军事、知识分子各领域题材的作品，都是自觉按照《讲话》要求写出来的成功之作，呈现出鲜明的《讲话》色彩——如故事组织的斗争化和阶级化，叙述风格的民族化和民间化，意义主题的颂歌化和大我化。此类小说的集中出现，标志着亭子间作家小说叙事模式的普遍转变，也标志着《讲话》对解放区小说叙事的版图进行了新的改造。

二　赵树理等本土作家小说叙事模式的发现

毛泽东《讲话》对解放区小说叙事版图的再造，还表现为对以赵树理为代表的一批根据地作家小说叙事模式的发现与肯定。赵树理很早就在

---

① 程文超：《醒来以后的梦——二十世纪中国文学中的现代性问题》，中国社会科学出版社2009年版，第85—88页。

根据地从事文化活动，虽然青年时期也曾像"丁玲们"一样，深受"五四"启蒙文学的影响，但一场类似鲁迅"幻灯片事件"一样的创伤性体验，让他很快改变了立场，并从启蒙主义者"改塑"成了革命通俗作家①。因长期生活在农民中间，他对农民的思想、审美习惯，有着非常透彻的了解："他们每个人的环境、思想和那思想所支配的生活方式、前途打算，我无所不晓。当他们一个人刚要开口说话，我大体上能推测出他要说什么——有时候和他开玩笑，能预先替他说出或接他的后半句话。"②这恰如周扬所说："赵树理，他是一个新人，但是一个在创作、思想、生活各方面都有准备的作者，一位在成名之前已经相当成熟了的作家，一位具有新颖独创的大众风格的人民艺术家。"③但既然早有准备而且相当成熟，那为何要到1943年发表《小二黑结婚》才骤然被人发现呢？很大程度上是因为，此时文坛上似乎只有他的小说能较完美地契合《讲话》的叙事规则。

不难看出，《小二黑结婚》中的人物，不仅可以在总体上按阶级性分成两大阵营——如以金旺、兴旺兄弟为首的地主恶霸和以小二黑等人为代表的农民，而且农民内部也可按先进性程度区分成落后、觉醒、最觉醒三个层次，落后分子如二诸葛、三仙姑，小二黑、小芹代表觉醒者，最觉醒的则是代表政权力量的公职人员。整个故事的框架，则建立在三个二元对立的斗争序列之上：一是农民和地主恶霸之间的斗争，这集中体现在以金旺、兴旺兄弟为代表的地主恶霸阶级和小二黑、小芹为代表的农民阶级之间，前者老奸巨猾，无法无天，后者善良正气；二是农民内部先进和落后之间的斗争，这体现在小二黑、小芹和其父辈三仙姑、二诸葛之间，前者要自由，后者却封建传统；三是同一人物内部新我和旧我的斗争，这表现在小二黑、小芹的性格发展中，从一开始的忍气吞声，秘密恋爱，到后来的公开反抗。这种人物及其关系、情节及其序列结构，无疑与《讲话》阶级化和斗争化的故事原则十分合拍。此外，小说的结局也是按《讲话》文艺要比生活"更典型、更强烈、更集中"的要求设置的。因为与现实

---

① 刘郁琪：《赵树理：一个启蒙主义者的角色改塑》，《赣南师范学院学报》2003年第6期。

② 《赵树理文集》第4卷，中国工人出版社2000年版，第1669页。

③ 周扬：《论赵树理的创作》，《周扬文集》第1卷，人民文学出版社1984年版，第486—487页。

生活中的故事原型——民兵队长与一漂亮村姑恋爱却被村长打死的悲剧性相比，它充满大团圆式的喜剧意味。

在故事的叙述方式上，小说也非常符合《讲话》的规定。它化静为动的景物和心理描写，以及三仙姑搽了粉的脸"有如驴粪蛋上下了霜"之类幽默而朴素的农民化语言，与《讲话》之民族化和民间化的要求是高度契合的。流程形态的编排上，则采取了传统评书体式的全知性、连贯性、完整性的叙事方式。如小说开头的"刘家峧有两个神仙，邻近各村无人不晓：一个是前庄上的二诸葛，一个是后庄上的三仙姑……"就与传统评书体小说中的"话说……"的叙述方式类似。再如第十二节《怎么到底》，在整个中心故事结束之后，还要对每个人物的结局做个交代，以做到小说叙事的完整性。对这类叙述方式的采用，赵树理是非常自觉的，"中国过去就有两套文艺，一套为知识分子所享受，另一套为人民大众所享受"，并认为"五四"以来的新文学"欧化"太重，"门户之见"很深，"厌其做作太大"，"我写的东西，大部分是想写给农村中的识字人读，并且想通过他们介绍给不识字人听的，所以在写法上对传统的那一套照顾得多一些"。① 这就不仅与民族化和民间化的要求一致，而且与普及基础上的提高的观念也很相通了。

赵树理曾说，"我的作品，我常常叫它'问题小说'。……因为我写的小说，都是我下乡工作时在工作中碰到的问题，感到那个问题不解决会妨碍我们工作的进展，应该把它提出来。"② 这种"问题小说"观，与"文艺为政治服务，为工农兵服务"的功利主义意义调度原则，显然并无二致。赵树理之所以写《小二黑结婚》，主要就是为了解决现实工作中碰到的青年男女自由恋爱的问题。在此问题意识下，赵树理对爱情本身的人性内涵几乎没有着墨，而是将其放在阶级斗争和新旧观念冲突的双重矛盾中展开，并通过新政权的介入让其取得圆满成功的方式，以彰显自由恋爱的合法性和革命政权的伟大性。因此，小说虽以恋爱为主线，所展示的却不是爱情的缠绵悱恻，而是革命的跌宕曲折，不是爱情的甜蜜美好，而是新政权的可歌可泣。歌颂之外，小说对暴露和讽刺尺度的把握，也相当精准。如对金旺兴旺兄弟等阶级敌人进行了无情的暴露，而对我们内部落后

---

① 《赵树理文集》第 4 卷，中国工人出版社 2000 年版，第 1669、1704、1882、2208 页。

② 同上。

人物如三仙姑、二诸葛虽然讽刺，却是善意的，并没有进行敌我矛盾式的激烈批判，最后还交代了他们转变的前景。这种人性与阶级性的处理，歌颂与暴露的策略，自然非常符合《讲话》的相关要求。

若联系到《讲话》后亭子间作家因转型而造成的小说界的空白局面，就不难理解赵树理这种几乎完美体现了《讲话》要求的小说作品，会是多么地引人注目。如彭德怀就在看了手稿之后，做了"像这种从群众调查研究中写出来的通俗故事还不多见"的题词。① ——这也是赵树理得以骤然成名的最直接原因。此后，他相继写出了《李有才板话》《地板》《李家庄的变迁》等作品，并获得评论家和主流意识形态的高度好评。郭沫若满怀激情地说："我是完全被陶醉了。被那新颖、健康、朴素的内容与手法。这儿有新的天地，新的人物，新的感情，新的文化，谁读了，我相信都会感着兴趣的。"② 周扬则专门撰文《论赵树理的创作》，对其予以高度评价。1948 年，陈荒煤更是将其概括为"赵树理方向"并得到中央认可。至此，一种新的符合《讲话》要求的小说叙事美学的样板被正式确立。

赵树理之后，一大批土生土长的根据地作家陆续"涌现"。如孙犁以及人称"西李马胡孙"的山药蛋派作家西戎、李束为、马烽、胡正、孙谦等。他们是真正从群众中走出来的作家，文化水平也许并不高，但群众生活经验极为丰富。他们本来并没有打算要做职业作家，只是在《讲话》精神的感召下，在赵树理方向的启发下，才拿起笔搞起了小说创作，并写下了一系列脍炙人口的名作。如马烽、西戎的《吕梁英雄传》，柯蓝的《抗日英雄洋铁桶的故事》，孔厥、袁静的《新儿女英雄传》，孙犁的《荷花淀》《芦花荡》《铁木前传》《风云初记》等。这批小说自觉按照《讲话》的要求展开叙事，广泛吸收和借鉴民族民间艺术，具有明显的中国作风中国气派，是老百姓真正喜闻乐见的作品。它们的出现，标志着《讲话》重塑解放区小说叙事版图的全面完成。

---

① 《赵树理文集》第 4 卷，中国工人出版社 2000 年版，第 1704 页。
② 郭沫若：《读了〈李家庄的变迁〉》，《沫若文集》第 13 卷，人民文学出版社 1961 年版，第 369 页。

三　形塑的反抗与叙事裂缝的存在

毛泽东《讲话》所确立的叙事规则，既在宏观上改变了解放区小说叙事的总体版图，也在微观上规约了解放区小说叙事的具体风格。但作为一种自上而下、由外而内的意识形态性话语，它在形塑作家叙事的同时，也必然会遭遇作家个体意识的反抗。当然，不同类型的作家，因为出身、经验、阅历、知识结构等差异，个体意识不尽相同，因而在反形塑的具体内容和表现方式上也会互有差异。就亭子间作家而言，它主要表现为知识分子精英立场的挥之不去和不愿屈从。这些作家大都受过"五四"新文化运动和启蒙思想的深刻影响，具有浓厚的精英情结和个性意识，在《讲话》提出的宏大的集体目标的感召下，他们在意识层面确实放弃了自己的主体性，但在无意识深处，知识分子的主体性却始终存在，且以各种潜隐的方式，无声地抵抗甚至是分解着《讲话》的叙事规则。丁玲的《太阳照在桑干河上》，便留有许多这类抵抗和分解的痕迹。

这首先表现在对人物形象的非典型描绘上。受毛泽东及其《讲话》阶级化叙事思想的影响，解放区小说中的人物形象，往往呈现出这样的"典型"特征：一个人的革命性乃至其人性和道德水平，与其财产的多少即阶级地位的高低恰成反比。作为自觉贯彻《讲话》精神的小说，《太阳照在桑干河上》在总体上自然也具有这些特征。但在具体细节中，却程度不同地表现出对这一模式的偏离。如作为最大敌人的地主钱文贵，就并非典型的地主形象，因为他地并不多。若完全按财产多少来划分，他顶多就是富农。但小说还是依据现实原则将其处理成了暖水屯上最大的地主。富农顾涌，虽然地多，但并不反动，因为他的地，并非靠剥削得来，而是凭他的"血汗"和"命换来的"。而小说中两位最先进的农民，村支书张裕民和农会主席程仁，就财产而言当然都是最靠得住的阶级——农民中的贫雇农，但在思想道德上却并非向来先进，而是也有过"瑕疵"：张裕民"在过去曾有一个短时期染有流氓习气"，程仁则因对黑妮的爱情而在斗争钱文贵问题上有过个人的小算盘。这众多的非典型人物形象的出现，显然是作家主体意识的产物，它透露出的是作家主体作为知识分子对问题复杂性的思考，是某种精英立场和启蒙思维的无意识显现。

为与《讲话》民族化和民间化的要求靠拢，丁玲在叙述话语上做着去知识分子化的不懈努力。但不管她如何改变，其叙述话语的知识分子气质，却始终挥之不去。如侯殿魁主动送回红契后，对侯忠全心理状态的描写："他走后，这老两口子，互相望着，他们还怕是做梦，他们把地契翻过来翻过去，又追到门口去看，结果他们两个都笑了，笑到两个人都伤心了。侯忠全坐在院子的台阶上，一面揩着眼泪，一面回忆起他一生的艰苦的生活。他在沙漠地拉骆驼，风雪践踏着他，他踏着荒原，沙丘是无尽的，希望像黄昏的天际线一样，越走越模糊。他想着他的生病，他几乎死去，他以为死了还好些，可是又活了，活着是比死更难呵！慢慢他相信了因果，他把真理放在看不见的下世，他拿这个幻想安定了自己。可是，现在，下世已经成了现实，果报来得这样快呵！"拿到红契后的高兴，当然是农民式的，但"希望像黄昏的天际线一样，越走越模糊"，"他把真理放在看不见的下世，他拿这个幻想安定了自己"等，显然不是农民的口吻，而只能视为知识分子丁玲的声音。这种知识分子化的不彻底性，在"果树园闹腾起来了"关于晨曦的描写，以及其他更多的人物心理和叙述者的议论中，都有体现。这些不协调，表明丁玲对知识分子视角的放弃，虽然主动却是非常不情愿的。

　　作为知识分子的作家主体意识的存在，还表现在小说主题设置上对知识分子问题的潜在辩护和女性意识的不自觉流露上。《讲话》之后，小说中的知识分子形象，大幅减少至几近绝迹的地步。即便偶有出现，也是命运多舛：不是完全反动，就是有缺点，甚至颇为幼稚的。《太阳照在桑干河上》中的国文教员任国忠、工作组组长文采，就分别代表了这两类形象。但与通行的一味嘲讽或者漫画化的处理方式不同，小说对这两类知识分子都给予了一定的同情。对任国忠这个土改工作的"破坏者"，"作者也没有把他划为敌人。而是由章品把他带去改造"。"对'一身透黑'的人，章品还是要教育、改造，可见章品对知识分子有着极大的宽容"。对文采，丁玲在写他"需要改造的同时，又下意识地为文采做些自己未必意识到的辩护"，"这就使作品在一个人物身上出现了两个声音，既批评，又辩护。尽管辩护是小心翼翼的，声音细小的，但在内心的分量并不轻"。对知识分子的这类同情、宽容和辩护，显然是作家主体知识分子意识的倔强显现。这种知识分子意识，在黑妮及其与程仁的爱情问题上也同样有所流露。在丁玲的笔下，黑妮俨然就是另外一个莎菲，她"是一位敢于自己给自己当家、自己给自己做主，敢于也有力量承担自己的选择，深明大义、坚韧不屈的女性。她的寻求个性解放之路并不比莎菲轻松，更不比莎菲逊色"。① 这一切表明，作家主体的个人意识，并未随着《讲话》的自觉贯彻而彻底消失。

与亭子间作家倔强的知识分子意识相反，根据地作家习惯于从纯粹的民间立场，从真正的底层眼光出发。在某种意义上，民间世界的原生态和丰富性，是革命话语所难以完全覆盖的。与民间世界的根性关系，往往使他们与来自革命的政策话语相互龃龉。如赵树理的小说对底层农民复杂性的描绘，对基层政权组织瑕疵的刻画，就与《讲话》对内应以歌颂为主的要求不完全合拍，与政治革命话语的要求存在裂缝。此外，对民间传统的过于依赖，甚至某种民粹主义式的对西方艺术资源的抵制，也使他们的小说艺术形式只愿停在"普及"的层面上自给自足，而忽略对"提高"的要求。有些作品的传统色彩过于浓厚，甚至显得封建。它们常常将人民革命的领导者神化成不食人间烟火的侠义英雄，从而在根本上与马克思主义的人民史观构成了微妙的反讽。

[作者简介]：刘郁琪，湖南科技大学人文学院副教授，硕士生导师。

---

① 程文超：《醒来以后的梦——二十世纪中国文学中的现代性问题》，中国社会科学出版社2009 年版，第 85—88 页。

中国化马克思主义文艺理论研究现状之管窥

李 丹

中国化马克思主义文论伴随实践、探索及指导创作的特征，成为中国现当代文艺理论领域研究的重要对象，尽管一度受到冷落，但从近期的研究动向看，中国化马克思主义文论研究的热度有所回升，研究成果的学理性不断增强。整体地看，该领域的研究呈现出多元化的倾向，笔者不揣简陋，拟从六个层面略加陈述，请专家们批评指正。

一 马克思主义文论·无产阶级文论·左翼文论：关于概念界定

这三个概念既相区分，又有交叉。马克思主义文论主要指涵盖马克思、恩格斯的文艺思想以及列宁、普列汉诺夫等马克思主义理论家的文艺观。无产阶级文学理论及批评的概念，多指自 20 世纪 20 年代中后期兴起，至无产阶级"文化大革命"时期一直沿用的阶级论的文艺理论，这是中国文艺界运用马克思主义文艺思想解决自己所面临问题的指导理论。左翼文论则指 20 世纪 30 年代"左联"成立后产生并持续发挥作用的一系列文学观点。在相当程度上，后两者有重合之处，研究者的界定也不完全一致，比如有学者认为左翼文学潮流是新文学发展的必然产物，但它在 20 世纪 40 年代的延安时期就开始被解构，20 世纪 50 年代伴随胡风集团事件便彻底消解，取而代之的是毛泽东的文艺观[①]；也有学者认为 1928—

[①]　王富仁：《关于左翼文学的几个问题》，《中国现代文学研究丛刊》2002 年第 1 期。

1936 年的左翼文学运动产生的文论皆属左翼文论[①]；还有学者认为从 20 世纪 20 年代的无产阶级文学倡导、革命文学论争直至 20 世纪 70 年代结束的"文革文学"，都可划归在左翼文学思想麾下[②]。

无产阶级文论、左翼文论都是中国化的马克思主义文艺理论，但中国化马克思主义文论"并不是从天上掉下来的神兵"[③]，而是在移植经典马克思主义与苏联、日本的马克思主义文论之后，才诞生的力图适应本土状况的文艺理论，故本文讨论的中国化马克思主义文论的研究问题，囊括了上述三者的研究状况。比较而言，当代西方马克思主义文论和经典马克思主义的译介、研究相对独立，不列入本文范围。

二　报刊·文集·研究资料：关于文献基础

在近一个世纪的时间里，经过鼓吹马克思主义、革命文学论争、左联成立与解散、延安及解放区文艺、十七年乃至"文革"主潮文论等不同地域、不同历史阶段，大量关于中国化马克思主义文论的资料散见于各种报章杂志上，搜集起来并非易事；尤其是新中国成立前的《新青年》《民国日报·觉悟》《创造月刊》《太阳月刊》《萌芽月刊》《文艺月报》《前哨·文学导报》等，经过数次兵燹，已很难找到一个将 20 世纪 20 年代至今的报纸、期刊收藏完备的处所。尽管影印了一些左翼刊物，但就现代报刊所存留的当时文坛、思想界的原生态而言，仍是不齐全的。

在一定程度上，理论家、批评家的文集及相应的资料汇编弥补了期刊不全的缺憾。如《瞿秋白文集》《周扬文集》《胡风评论集》以及《创造社资料》《"革命文学"论争资料汇编》《三十年代左翼文艺资料选编》《文艺大众化问题讨论资料》《新时期文艺学论争资料》《中国左翼文学编年史》等，提供了相关研究的基础材料。然而选集、文集不能满足全面考察的需要，有必要出版理论家的全集；即使已出版的理论家全集，往往未能将其著述搜集齐全，故存在进一步发现、归整未收篇什的问题。

相关的研究资料，如《中国现代文学思潮流派讨论集》《毛泽东文艺

①　王铁仙：《中国左翼文论的当代反思》，《中国社会科学》2005 年第 5 期。

②　刘思谦：《丁玲与左翼文学》，《西南民族大学学报》2006 年第 11 期。

③　鲁迅：《论"第三种人"》，《现代》第 2 卷第 1 期，1932 年 11 月 1 日。

思想研究概览》《新中国 40 年文艺理论研究资料目录大全》，以及辑刊
《马克思主义文艺理论研究》和《马列文论研究》等，均曾嘉惠学林良
多。但时隔多年，中国化马克思主义文论研究取得了崭新的成果，亟待补
入；更为重要的是，除鲁迅、郭沫若、茅盾等人之外，其他马克思主义理
论家、批评家如周扬、冯雪峰等，也有编辑其研究资料的必要；甚至若干
重要的社团、典型历史时期文论的研究成果，也能编辑相应的汇编资料，
如《左翼文论研究资料》《延安文艺理论研究资料》《无产阶级文论研究
资料》等。

就资料而言，这就涉及建立现代文学学科文献的问题，编辑文献资料
的工作当然十分庞杂以致令人生畏，但其成果将功盖全学科。

三　左联·解放区·十七年：关于区间范围

仔细检视中国化马克思主义文论研究的成果，不难发现，其中绝大部
分探讨的乃是左联、延安及解放区、十七年时期的文学理论及批评。当
然，该三个区间作为中国化马克思主义文论本土化、合法化、体系化的关
键时期，必定成为研究者关注的焦点，这是由其现实合理性决定的。然
而，假如研究的视点过于集中，则会导致中国化马克思主义文论研究失去
其应有的学术完整性与丰富性，故笔者认为有增强如下几个时段研究的可
能性。

1. 前左联时期。所谓前左联，包含三层意思：其一，是指"五四"
之后对马克思主义文论的引介阶段。这是马克思主义及其文艺观在中国影
响日益深远的最初时期，包括瞿秋白、蒋光慈、郭沫若等人的译著。尽管
不乏相应的研究，但这一时期译介之诸种特性还可深入挖掘，如译介对象
的来源，被挑选的主客观原因，处于马克思主义文论的何种位置，在中国
的适宜程度及产生的影响、副作用等。其二，是指革命文学论争时期。对
该时期的研究未曾停滞，前期集中于评述论争本身，后期倾向于将其置于
纵向的文论发展史、横向的移植及与国际思潮的互动关系之中普遍联系的
分析，新近趋向将历史文本置于更实际的语境中进行观照，探讨其现实针
对性及实践方式[①]。无产阶级文论自进入中国文界，即表现出指向现实目

---

① 程凯：《"革命文学"历史谱系的构造与争夺》，《中国现代文学研究丛刊》2005 年第 1 期。

标的可操作特征，关于文艺理论干预社会的问题，还可从不同侧面探讨。其三，革命文学论争收束与左联成立之间的过渡期。关于两者的内在关联，最常见的说法是党组织的出面干预和安排，不过其间还存在多角度解释的因素①。此外，在分段讨论的基础上，有必要对这一时期进行贯通研究②。

2. "文化大革命"时期。起初提及该时期的文论时，或以"极左"名之，或以"荒谬"带过，近期出现将其纳入学术视野的动向，研究逐渐切入问题的内部。如指出"文革文学"思潮一直被统合在意识形态的运作之中，体现了唯心色彩和唯意志论的倾向；如分析"黑八论""两结合""根本任务论"等"文革文论"的诞生、实施及构成的影响等；如揭示"文革文学"批评在思维方式上是"破字当头"，在研究方法上是庸俗社会学泛滥，皆为体现政治意图，成为"裁决"文学活动和主张的手段等特质③。也有学者总结"文革文学"研究出现的某种模式和弊端④。"文化大革命"主流文论作为无产阶级思潮发展到当代的集中形态，与这一时期及其后作为一种反拨或补充的非主流观点，都值得研究。

3. 新的社会转型时期。新时期以来，中国化马克思主义文论研究告别固有的思维模式，逐渐在观念和方法探索方面进入自主、多样的状态和格局，取得了一系列的成果；21 世纪以来，在前期研究积累的基础上，立足于新的时代语境，其任务在于实现新的适应经济社会现状的历史转型，即从马克思主义文论中国化转型为中国化马克思主义文论，以凸显中国特色和主体性。

无疑地，作为微观研究，不同区间不妨各自为政，但对于整个中国化马克思主义文论学科和中国化马克思主义文论史来说，各时期、各历史阶段之间的承续及推演发展关系研究显得更为重要⑤。

---

① 曹清华：《"左联"成立与左翼身份建构——一个历史事件的解剖》，《文艺理论研究》2005 年第 3 期。

② 杜吉刚：《革命文学论争时期"文艺暴动"语境中的马克思主义文论译介》，《马克思主义美学研究》2014 年第 1 期。

③ 王尧：《"文化大革命"主流文艺思想的构成与运作》，《华侨大学学报》1999 年第 2 期。

④ 代迅：《从浩然现象看"文化大革命"文学研究模式》，《文艺评论》2000 年第 1 期。

⑤ 周平远：《从苏维埃文化到新民主主义文化》，《文艺理论与批评》2012 年第 3 期。

四　译介·批评·理论：关于具体对象

　　就具体对象而言，出现了大量的文学批评研究，译介、理论研究侧重以个案为中心，而较少整合中国化马克思主义文论在译介、批评和理论形成之间的逻辑关系。此现象的产生，是由于中国化马克思主义文艺理论的形成本身是一个引入—应用—提炼的螺旋式上升过程，它必须经过一系列的马克思主义文学批评阶段。

　　译介研究的对象包括马克思主义经典文本和对马克思主义经典阐释的文本，这两者构成马克思主义文论在中国的传播[①]，研究前者是指对马克思、恩格斯文艺思想遗产的发掘、钩沉整理和钻研，研究后者是对马克思主义经典的阐释文本的译介、探讨，几十年的研究历史证实，前者的研究固然重要[②]，而后者的传承性、创新性是发展 19 世纪经典马克思主义文论和解决当下文艺问题的必由之路[③]。经典作为研究不断回归的原点，不仅存在翻译文本的选择问题，而且存在对其宏观把握的问题，随着经典文献收集的不断完善，有必要在借鉴前期成果的同时，审视其中各个环节，重新认识并自觉调整马克思主义文论的框架。传承、创新研究还包括与世界马克思主义文论研究时时沟通以及保持同步进展的含义[④]。

　　对中国化马克思主义文学批评及其历史的研究显示，马克思主义文学批评是以意识形态分析为内核的社会历史批评，也可以说是意识形态—政治批评，同时，它还与社会主义革命紧密地联系在一起；此外，该批评方法只有在不断与其他批评方法的对话、交流中，才能获得更新。以左翼批评家茅盾研究为例，对其阶级论的批评方法成为中国现当代文学批评主流方法的研究，以及对阶级论在新时期遭到反拨现象的研究[⑤]，大致显示这方面研究的轨迹。目前中国化马克思主义文学批评研究，已然超越了评判其在新的历史条件下的局限性阶段，出现融合社会历史批评与文化批评的

---

　　①　马驰：《马克思主义文艺思想在中国的传播与发展》，《文艺研究》2000 年第 4 期。

　　②　代迅：《马克思主义文艺理论中国化的内在逻辑》，《文学评论》1997 年第 4 期。

　　③　许明：《回应当下性：关于当代中国的马克思主义文论》，《文艺研究》2000 年第 4 期。

　　④　张永清：《从"西马"文论看当代马克思主义文论话语形态的建构》，《文学评论》2010 年第 5 期。

　　⑤　温儒敏：《中国现代文学批评史》，北京大学出版社 2000 年版，第 113—122 页。

趋势①。

在理论研究方面，以诠释毛泽东《在延安文艺座谈会上的讲话》为主体，在阐发文艺为工农兵服务以及文艺从属于政治的理论并肯定其现实指导价值之后，近年的研究已不再停留于"照着讲"②的层面，而开始"接着讲"，即沿着毛泽东文艺思想路线，讨论当前的文艺理论问题，如分析当代文论的"人民本位"论③，探讨经济全球化时代的大众文化问题④，诸如底层叙事、人民美学和新左翼文学等当下命题⑤。

五　个案·思潮·主流：关于切入层面

个案研究主要考察不同的理论家、批评家在建构中国化马克思主义文论过程中的作为，如对鲁迅、瞿秋白、毛泽东、周扬、邓小平等文艺观的研究⑥。如果说前期注重诠释研究对象的文艺思想，评述其对中国化马克思主义文论的贡献，那么后期的研究多讨论个案在中国化马克思主义文论史中的位置，考察其作为"中间物"的历史作用。个案研究作为整体研究的基础，历来是推动学科进展的支点，不存在已经终结的个案研究。

在思潮研究方面，对其源头的探究较为充实⑦，而对其流变历程关注不足。马克思主义构成中国现当代社会的一种文艺思潮，可分为两个阶段：一是在新中国成立以前，它是诸种文学思潮之一，尽管其影响是最大的；二是新时期以来，众多文学理论、思潮纷纷进入当代视野，致使马克思主义文艺思想恢复其一种潮流的位置。宏观地看，对前一时期的研究并没有中止过，而对后一时期的研究则越来越受到重视，目前更需要对于中国化马克思主义作为一种文艺思潮的整体研究，如对"文艺大众化"与"中国经验"相结合所产生的马克思主义文论范式在中国的创构、转换及

---

① 王彬彬：《关于今日批评的答问》，《南方文坛》1999 年第 4 期。

② 袁盛勇：《"党的文学"：后期延安文学观念的核心》，《中国现代文学研究丛刊》2005 年第 3 期。

③ 《纪念讲话——开创人民文艺新时代》，《文学评论》2002 年第 4 期。

④ 冯宪光：《"西马"文论与中国当代文论建设》，《文学评论》1999 年第 1 期。

⑤ 金永兵：《发现马克思主义文论的当代命题》，《文艺理论与批评》2014 年第 4 期。

⑥ 黄曼君：《中国共产党文艺指导思想的逻辑发展与现代观照》，《华中师范大学学报》2001 年第 4 期。

⑦ 艾晓明：《中国左翼文学思潮探源》，北京大学出版社 2007 年版。

其意义、学术定位和历史责任的研究①。

就目前的研究状况看，中国化马克思主义文艺理论构成主流或者主潮的研究，主要集中于分析其早期主流地位确立的文化氛围、现实基础和文学需要，如认为以马克思主义为核心的左翼文论成为 20 世纪 40 年代文艺理论的主潮，有社会历史、政治以及理论自身的原因等②。对于作为新中国成立至新时期开始之间主流文艺思潮的研究，学界则比较慎重，有从文学批评史角度探讨中国现代文学批评"一体化"的形成过程的③，有从当代文学史角度阐述主流文学现象、特质的④。这一方面研究的意义已引起学者们的关注。

六　革命·政治·文化：关于实践性质

中国化马克思主义文论的兴盛，是 20 世纪国际国内的社会革命浪潮、政治氛围和文化运动共同作用的结果，这三者决定了中国化马克思主义文论与现实社会密切结合的特征。数十年的研究史表明，中国化马克思主义文论具有极强的指导性、实践性，它是理论家与革命家、政治家、作家、评论家以及民众互渗互动的、在现实中不断推衍的理论。迄今而言，各层面又出现了相应值得关注的新动向。

在革命因素层面，就研究无产阶级革命文学论战现象而言，认为发起者带有社会革命实践的倾向，是对早期中国化马克思主义文学批评者革命性的再审视。就研究左翼文论而言，对现实主义理论尤其对典型论反映社会真实之倡导价值的考察，即肯定其暴露社会基本矛盾以促使革命实际行动与时代需求相一致的功绩；而对文艺理论之社会功用的再认识，也就是在揭示以经济状况划分阶级和人的阶级性存在的前提下，确认"用文艺

---

① 王杰：《六十年来马克思主义文论在中国的范式转换及其基本问题》，《社会科学家》2011 年第 3 期。

② 支克坚：《从鲁迅到毛泽东——关于二十世纪三十到四十年代革命文艺思潮的变化，兼论周扬和胡风在变化中的地位》，《鲁迅研究月刊》2004 年第 8 期。

③ 许道明：《中国现代文学批评史》，复旦大学出版社 2002 年版。

④ 陆文彬：《国家的文学：对于 1949—1976 年中国文学的一种理解》，《文艺争鸣》1999 年第 4 期。

来帮助革命"的观点之历史合理性①。就研究无产阶级"文化大革命"运动而言，分析极端化的批判现实精神，即勘破其在社会主义建设时期的革命意识。

　　在政治因素层面，不再停留于对无产阶级文论的政治性观点的阐释，而把中国化马克思主义文论置于现代化的进程中，将其作为历史转型期中国社会政治文化的现实载体予以剖析。譬如从政治观念的"现代性"角度，探讨中国化马克思主义文论蕴含的思想史意义；譬如从有关马克思主义文艺理论家的政治身份角度，考察中国化马克思主义文论的工具论色彩；譬如从政治意识形态泛化角度，分析其借助政党组织力量渗透到文艺的各个领域所产生的影响乃至干涉的结果等②。

　　目前从文化因素层面研究中国化马克思主义文论已成为热点。随着对社会结构多元化的认识，越来越多的研究能理性地从文化史的角度观照中国化马克思主义文论，比如分析中国共产党组织的工农政治运动乃至革命，秉承了"五四"尤其国民革命培养的民族主义、民主主义的革命理想，肯定其对中国文化话语构成的方向性影响。比如就考察无产阶级文论家、批评家会聚于左联这一史实问题而言，从个体角度看，是由其共同的生存状态与对社会现实矛盾的感受方式促成的；从地域角度看，上海租界文化具备左翼文学思潮所必需的社会阶级构成模式和政治语境；从社团属性看，这个组织具有融贯意识形态的文化特征，表现出政治革命信仰体系依附于文学精神主体幻象的特殊形态的倾向③。比如研究"文艺大众化"问题，自对底层文化的引导、认同，至确立文艺"为工农兵服务"的观念，包含从语言形式、思维惯性提升到阶级立场、感情的指导思想的转化，即大众话语的形成问题④，等等；"大众化"问题是中国现当代文艺理论在文化层面探讨得最长久、最突出的问题之一，也是当下文化研究的课题之一。整体地看，在 21 世纪的时代背景下，马克思主义文论研究的

---

　　①　王铁仙：《中国左翼文论的当代反思》，《中国社会科学》2005 年第 5 期。

　　②　陈红旗：《"文学是宣传"：左翼文学的本质界定与意识形态泛化》，《海南师范学院学报》2006 年第 1 期。

　　③　李永东：《左翼文学思潮的兴起与租界文化的关系》，《山东师范大学学报》2006 年第 2 期。

　　④　文贵良：《大众话语：对 20 世纪 30、40 年代文艺大众化的论述》，《文艺研究》2003 年第 2 期。

文化维度势必成为一个受关注的领域①。

　　所谓"革命""政治""文化"三个研究角度，目前似存在某种程度的疏离，显现出中国化马克思主义文论处于转化之中的状态，即某些历史因素在消解，同时某些新的内容在注入。作为整合多元的统一体，中国化马克思主义文论是关于意识形态、社会人生、文学艺术诸方面互动关系的理论，它们既相对独立，又相互依存，其内涵需随时代进步而更新；现实状况不断为各个视角提供共同话语和聚合点的可能性，每个角度贴近实际的过程，也就是寻求共同话语和聚合点的过程，也是实现沟通和综合的过程，故相关研究有可能兼蓄并包，互为学术支撑。

　　［作者简介］：李丹，上海师范大学人文与传播学院教授，硕士生导师，文学博士。

---

　①　党圣元：《拓展马克思主义文论研究的文化维度》，《文学评论》2010 年第 5 期。

"革命文学"论争与鲁迅的
马克思主义文学批评

魏天无　刘庆

长期以来，不少学者认为鲁迅思想在 1927 年前后发生质的飞跃，鲁迅从民主主义者转变为马克思主义者，从信奉"进化论"者转变为相信"阶级论"者，由此成为一名马克思主义文学批评家。其中，尤以瞿秋白在《〈鲁迅杂感选集〉序言》中的观点最具代表性和影响力，以致后来者在论述鲁迅思想时，难以摆脱"从进化论到阶级论"这样一个"转变"说的思维框架和模式。鲁迅自己也曾谈及"思想已经有些改变"①，并在《三闲集·序言》中说："我有一件事要感谢创造社的，是他们'挤'我看了几种科学底文艺论，明白了先前的文学史家们说了一大堆，还是纠缠不清的疑问。并且因此译了一本蒲力汗诺夫的《艺术论》，以救正我——还因我而及于别人——的只信进化论的偏颇。"② 他的确是因为迫于论争的需要，在这一时期把更多的时间和精力放在对新兴文艺理论的研究和翻译介绍上，但这是否意味着我们可以将鲁迅思想截然划分为前后两段呢？同样是在《三闲集·序言》中，鲁迅说："我一向是相信进化论的，总以为将来必胜于过去，青年必胜于老人，对于青年，我敬重之不暇，往往给我十刀，我只还他一箭。然而后来我明白我倒是错了。这并非唯物史观的理论或革命文艺的作品蛊惑我的，我在广东，就目睹了同是青年，而分成两大阵营，或则投书告密，或则助官捕人的事实！我的思路因

---

① 鲁迅：《鲁迅全集》第三卷，人民文学出版社 2005 年版，第 473 页。
② 鲁迅：《鲁迅全集》第四卷，人民文学出版社 2005 年版，第 6 页。

此轰毁，后来便时常用了怀疑的眼光去看青年，不再无条件的敬畏了。"①
这里我们看到更多的是鲁迅对自己内心观念的扬弃，而不是简单的前后思
想观念的分裂，并且，他对于个人思想观念的反省，也并非单纯来自
"唯物史观理论或革命文艺的作品蛊惑"。易言之，鲁迅之所以为鲁迅，
不光有其思路"轰毁"的一面，还有其"不变"的一面。只看到前者，
很容易把当时论争中鲁迅思想的复杂矛盾和内在紧张遮蔽掉，也在很大程
度上制约了我们对鲁迅马克思主义文学批评独特性的认识。因此，重新回
到"革命文学"论争的历史场域之中来审视鲁迅的"变"与"不变"，
特别是挖掘他在论争中坚守的、承续的思想观念，不仅对鲁迅的马克思主
义文学批评研究，也对马克思主义文学批评中国形态的形成过程研究，意
义重大。

　　早在 1939 年，李何林在他所编著的《近二十年中国文艺思潮论：
1917—1937》中，对"转变说"就提出了异议。他认为鲁迅思想的进步，
不能称为"转变"，而应该是"扬弃"。"他扬弃了他的'只信进化论的
偏颇'，奠定了'史的唯物论'的根基；是他的思想的进步，并不是什么
'转变'。这也因为他根本没有反对过革命文学。"② 鲁迅曾自称："我在
'革命文学'战场上，是'落伍者'。"③ 他的确不是"革命文学"口号的
最早提出者和倡导者。但李何林认为，鲁迅接受马克思列宁主义及其文艺
思想的影响，对苏联文艺情况，特别是对苏俄文艺论战的关注与了解，
"不但并不比同时代的创造社诸人迟，而且当别人刚刚开始一般地强调文
学与革命的关系，一般地提倡文学应该为革命服务时（1926 年），他已强
调文艺家应该参加实际的革命斗争，并且要经得起革命的考验了"④。从
1925 年鲁迅为任国桢译《苏俄文艺论战》所写《前记》，我们便可知晓
他对苏俄文艺的历史发展与当时情况的把握，而 1928 年创造社与太阳社
还在为"革命文学"的发明权或领导权相互争夺。由此不难理解，"革命
文学"论战初始，鲁迅为何会遭到各方笔尖的围剿。其中来自所谓马克
思主义文艺者内部的攻击与诘难，对他构成的挑战最大，也将他置于两面

---

① 鲁迅：《鲁迅全集》第四卷，人民文学出版社 2005 年版，第 5 页。
② 李何林：《近二十年中国文艺思潮论：1917—1937》，陕西人民出版社 1982 年版，第 175 页。
③ 鲁迅：《鲁迅全集》第四卷，人民文学出版社 2005 年版，第 123 页。
④ 李何林：《李何林全集》第一卷，河北教育出版社 2003 年版，第 7 页。

受敌的境地之中。鲁迅一生背负的骂名很多，如"封建余孽""没落者"
"资产阶级的代言人"，冯雪峰的持论则较为公允："（创造社）对于鲁迅
的攻击，在革命的现阶段的态度上既是可以不必，而创造社诸人及其他等
的攻击方法，还含有别的危险性。……但我们在鲁迅的言行里完全找不出
诋毁整个革命的痕迹来，他至多嘲笑了革命文学的运动，（他也并没有嘲
笑革命文学的本身），嘲笑了追随者中的个人的言行；而一定要说他这就
是诋毁革命，'中伤'革命，这对于革命是有利的吗？"① 李何林之所以否
定"转变说"而提出"扬弃说"，正是基于鲁迅思想观念的未变或不变，
即在论战前后都没有反对过"革命文学"。不过，李何林并没有对其观点
进行详细阐发。在《中国新文学史编纂史》中，黄修己将李著视为"抗
战以后的收获"，并着重指出李何林上述见解之独特："如对 1927 年至
1928 年鲁迅的思想，不同立场的研究者都认为有个'转变'。然而《思潮
论》独不认为是'转变'……用'扬弃'代替'转变'，确有其合理性
与优越性，不知为何李何林这一见解，几十年来似乎没有特别引人注
意。"② 不过，黄著也未对此展开探讨。

在鲁迅研究领域中，并非李何林一人发现鲁迅的"不变"，日本的竹
内好也高扬着鲁迅"不变"的大旗，与之遥相呼应。可以说，竹内好是
抓住鲁迅的"不变"这个立足点来统摄《鲁迅》全书的。"我所关心的不
是鲁迅怎样变，而是怎样地不变。他变了，然而他没变。可以说，我是在
不动中来看鲁迅的。"③ 其实竹内好也看到了鲁迅在"革命文学"论争前
后的变，然而，他还是有意绕开了这样一种历史线性发展的视点和方法，
最终选择"不变"和"没变"来观照鲁迅。竹内好认为鲁迅在论争时既
不追从，也不退让，呈现出的完全是一个强韧的生活者的形象。"鲁迅或
许是变了。不过在我看来，通过他的变化所表现出来的东西，比他的变化
本身更重要，这就是通过二次性转换所能被窥见到的具有本质意义的回心
方式。"④ 竹内好以局外人、旁观者的身份和立场，看到的是鲁迅的"二
次性转换"。与其说鲁迅变了，不如说鲁迅没变；与其说鲁迅在与对手论

---

① 冯雪峰：《雪峰文集》第二卷，人民文学出版社 1983 年版，第 292 页。
② 黄修己：《中国新文学史编纂史》，北京大学出版社 1995 年版，第 87—88 页。
③ ［日］竹内好：《近代的超克》，李冬木、赵京华、孙歌译，生活·读书·新知三联书店
2005 年版，第 39—40 页。
④ 同上书，第 110 页。

战，不如说鲁迅在与自我论战；与其认为鲁迅矫正着中国文坛的偏向，还不如认为鲁迅和中国文坛在共同摇摆，更接近真实。"他所抗争的，其实却并非对手，而是冲着他自身当中无论如何都无可排遣的痛苦而来的。他把那痛苦从自己身上取出，放在对手身上，从而再对这被对象化了的痛苦施加打击。他的论争就是这样展开的。可以说，他是在和自己孕育的'阿Q'搏斗。因此，论争在本质上是文学的。"① 从某种意义上讲，竹内好很好地理解了鲁迅所说的"我的确时时解剖别人，然而更多的是更无情面地解剖我自己"②，他以"二次性转换"的说法，努力尝试回到本源性的鲁迅。与之相应，竹内好还别出心裁地使用"回心"一词来阐发鲁迅思想内质和精神内核，即一种自我否定与自我批判的精神，并通过内在的自我否定而达到自觉或觉醒。这种"回心"的力量来自鲁迅思想的根底，是从他内心所生发出来和爆发出来的。即使是在时代的不安与动荡中，或者在论战的激流与旋涡中，只要把握住这样一种"回心"，那么，鲁迅此后的思想趋向都是有迹可循的。竹内好反对简单地把鲁迅的思想抽离出来的做法，因为鲁迅不是用几个简单的术语和词汇就可以概括的，而且那样很容易将鲁迅偶像化。"中国文学，不应是通过偶像化鲁迅，而应是通过破弃被偶像化了的鲁迅，通过自我否定鲁迅这一象征来从鲁迅身上无限地生发新的自我。这是中国文学的命运，是鲁迅赋予中国文学的教益。"③ 鲁迅通过自我否定而重新进行自我选择，获得了自我更新，也就是某种自觉——"文学的自觉"。正是因为"文学的自觉"才使鲁迅得以成为真正的文学者，"文学者"的鲁迅才孕育出"革命者"的鲁迅。而且这个"自觉"贯穿鲁迅的一生不曾"改变"，特别是在"革命文学"论争中涉及文学与革命（政治）的关系时，这一点显得尤为突出。

　　如何看待文学与革命（政治）的关系，这是"革命文学"首先必须回答和厘清的问题。但太阳社与创造社机械地照搬马克思主义文艺理论中有关文学对现实的介入这一观点，一味地强调文学应该为革命服务，为政治服务。1928 年蒋光慈在《太阳月刊》上发表《关于革命文学》，专门

---

　　① ［日］竹内好：《近代的超克》，李冬木、赵京华、孙歌译，生活·读书·新知三联书店2005 年版，第108—109 页。

　　② 鲁迅：《鲁迅全集》第一卷，人民文学出版社 2005 年版，第300 页。

　　③ ［日］竹内好：《近代的超克》，李冬木、赵京华、孙歌译，生活·读书·新知三联书店2005 年版，第39 页。

讨论革命文学的定义及其内容。他认为，革命的作家不但要表现时代，并且能够在忙乱的斗争生活中，寻出创造新生活的元素。"倘若仅仅只反对旧的，而不能认识出新的出路，不能追随着革命的前进，或消极地抱着悲观态度，那么这个作家只是虚无主义的作家，他的作品只是虚无主义的，而不是革命的文学。这种作家只是社会斗争中的落伍者，他所表现只是不稳定的中间阶级的悲哀。"① 在此文中，蒋光慈把批判的矛头直接指向鲁迅："有很多的作家，他们虽然也攻击社会的不良，虽然有时也发几声反抗呼喊，但是始终在彷徨，彷徨……寻不出什么出路，这对于作者本身的确是很悲哀的事情。"② 创造社则提出"一切文艺都是宣传"的观点，认为文学是政治的传声筒。李初梨作《怎样地建设革命文学》，明确提出文学的任务就是"反映阶级的实践和意欲"，并把文学当作组织的革命的工具去使用，认为"五四"以来那些重在描写与揭示生活现实的作品已经落伍过时，要彻底抛弃，新文学队伍也要按阶级属性重新画线站队。郭沫若则作《留声机器的回音》，提出"文艺是政治的留声机"一说，表示完全赞同李初梨的观点，认为"语丝派"作家不是革命的作家。

针对太阳社、创造社不顾中国的实际状况，"左"倾教条主义套用马克思主义文艺理论的错误，鲁迅从"革命文学"论争之初，就一直坚持在文学的政治主义偏向中恪守文学的纯粹，不断强调文学的自律性。在写于 1927 年的《革命时代的文学》中，鲁迅将革命对文学的影响分为大革命之前、大革命时代和大革命成功后三个阶段来说明，认为当时的中国是没有革命文学的，也没有所谓的平民文学。同年 10 月，鲁迅又写《革命文学》一文，指出当时对革命文学的误解："世间往往误以两种文学为革命文学：一是在一方的指挥刀的掩护之下，斥骂他的敌手的；一是纸面上写着许多'打，打'，'杀，杀'，或'血，血'的。"③ 鲁迅列举唐朝的穷措大想做富贵诗，而多用些"金""玉""锦""绮"字面，自以为这就是富贵诗，而殊不知适见其寒蠢。那些一天到晚叫嚷着"打打杀杀"就是革命文学者也同样如此："'打，打'，'杀，杀'，听去诚然是英勇的，但不过是一面故。即使是鼙鼓，倘若前面无敌军，后面无我军，终于

---

① 蒋光慈：《蒋光慈文集》第四卷，上海文艺出版社 1988 年版，第 170 页。
② 同上书，第 171 页。
③ 鲁迅：《鲁迅全集》第三卷，人民文学出版社 2005 年版，第 567 页。

不过是一面鼓而已。"① "我以为根本问题是在作者可是一个'革命人'，倘是的，则无论写的是什么事件，用的是什么材料，即都是'革命文学'。从喷泉里出来的都是水，从血管里出来的都是血。"② 他认为在革命时代有大叫"活不下去了"的勇气，才可以做革命文学；倘若只有破坏而不顾建设，则很容易落入对革命文学的失望："革命尤其是现实的事，需要各种卑贱的，麻烦的工作，决不如诗人所想象的那般浪漫；革命当然有破坏，然而更需要建设，破坏是痛快的，但建设却是麻烦的事。所以对于革命抱着浪漫谛克的幻想的人，一和革命接近，一到革命进行，便容易失望。"③ 不管是太阳社还是创造社，在鲁迅看来，都太过于激进和浪漫，或者说天真，因为他们都没有结合中国自身的国情，却对马克思主义文艺理论加以主观上的发挥，对"革命文学"的倡导也就容易沦为标语与口号。至于说到"一切文艺皆宣传"，鲁迅主张辩证地看待，"我是不相信文艺的旋乾转坤的力量的，但倘有人要在别方面应用他，我以为也可以。譬如'宣传'就是"④。他并没有完全否定文艺的宣传功能，"一切文艺，是宣传，只要你一给人看。即使个人主义的作品，一写出，就有宣传的可能，除非你不作文，不开口。那么，用于革命，作为工具的一种，自然也可以的"⑤。他认为革命时代的文学是脆弱的、无力的，原因在于把文学等同于宣传："但我以为一切文艺固是宣传，而一切宣传却并非全是文艺，这正如一切花皆有色（我将白也算作色），而凡颜色未必都是花一样。革命之所以于口号，标语，布告，电报，教科书……之外，要用文艺者，就因为它是文艺。"⑥ 在文学与革命（政治）的关系上，鲁迅更多的是强调回到文学本身，或者从文学本身的特质去思考，认为好的文艺作品，向来多是不受别人命令，不顾利害，自然而然地从心中流露的东西；如果先挂起一个题目，做起文章来，那无异于八股，毫无价值可言，更不用说感动人了。太阳社与创造社的观点过于僵化、刻板，损害了文学本身的特质，与马克思主义文艺理论观点是相悖的。

---

① 鲁迅：《鲁迅全集》第三卷，人民文学出版社 2005 年版，第 568 页。

② 同上。

③ 鲁迅：《鲁迅全集》第四卷，人民文学出版社 2005 年版，第 238—239 页。

④ 同上书，第 84 页。

⑤ 同上。

⑥ 同上书，第 85 页。

因此，鲁迅指出，为革命起见，要有"革命人"，"革命文学"倒无须操之过急，"我以为当先求内容的充实和技巧的上达，不必忙于挂招牌"①。革命人做出东西来，才是革命文学。中国现在的社会情状，只有实地的革命战争。"自然也有人以为文学于革命是伟力的，但我个人总觉得怀疑，文学总是一种余裕的产物，可以表示一民族的文学，倒是真的。"② 文学是"余裕的产物"，是鲁迅始终坚守的一个观点，而且他坚信，这样的文学反而能自觉地存在，并按其自律性存在、发展。同时，鲁迅深受日本厨川白村和夏目漱石的影响，他对厨川的《文学的苦闷》运用得很到位。鲁迅在借鉴和吸收外来的思想理论与文艺理论时，既看到自己与别人共同的东西，也投射了自身的东西。而这些自身的东西，才是鲁迅内化了的东西，也是从鲁迅内心爆发出来的东西，也是鲁迅不变的东西。借用竹内好的话来说，就是看到鲁迅自身的影子。山田敬三认为："鲁迅对外国文化的接受，常常是把构造上的差异抽象化了以后才进行取舍。这一点，不仅是鲁迅的敌人，就连他的朋友也常常会忽略的。而且这种忽略，在以革命文学论战为开端的而后的思想意识斗争中，常常投下复杂的影子。"③ 然而，要抓住鲁迅身上影子一样的东西却是不易的。鲁迅是带着批判的维度来讲文学是无力的，对此，竹内好有过独到的分析。他指出，所谓无力，是对政治的无力；如果反过来说，对政治有力的东西不是文学。"文学对政治的无力，是由于文学自身异化了政治，并通过与政治的交锋才如此的。游离政治的，不是文学。文学在政治中找见自己的影子，又把这影子破却在政治里，换句话说，就是自觉到无力——文学走完这一程，才成为文学。"④ 政治会变换文学的色彩，但文学也从政治中选择出了自己。竹内好认为文学与政治的关系不是从属关系，也不是相克关系。迎合政治或白眼看政治的，都不是文学。"所谓真的文学，是把自己的影子破却在政治里的。可以说，政治与文学的关系，是矛盾的自我同

① 鲁迅：《鲁迅全集》第四卷，人民文学出版社 2005 年版，第 84—85 页。

② 鲁迅：《鲁迅全集》第三卷，人民文学出版社 2005 年版，第 442 页。

③ ［日］山田敬三：《鲁迅世界》，韩贞全、武殿勋译，山东人民出版社 1983 年版，第 210 页。

④ ［日］竹内好：《近代的超克》，李冬木、赵京华、孙歌译，生活·读书·新知三联书店 2005 年版，第 134 页。

一关系。"① 应该说，竹内好洞察出鲁迅的内在思维结构，理解鲁迅的思想需要进行转换，但是这里所说的转换并不是单纯地理解为思想的"转变"；用黑格尔的思想观点来解释，是"否定之否定"。这样的转换就是所谓"二次性转换"，文学需要经过这样一种否定和转换才能实现自觉。

在看待文学与革命（政治）的关系时，鲁迅自始至终恪守了文学的纯粹，这是他的"不变"，也是他一生挣扎的所在。在汪晖看来，鲁迅就是一种思想性的存在，"这个存在充满了各种复杂的矛盾与悖论，但矛盾与悖论的相互作用又推动着鲁迅对真理、对民族、对人类、对人生的不懈的寻找。任何一种真理性观念的达致都不意味着鲁迅完全解除了矛盾，彻底告别了过去，恰恰相反，他的全部痛苦和惶惑并没有简单地消逝，而是由于新的因素的进入而改变了旧有的文化心理结构"②。伴随鲁迅一生的矛盾和悖论，就是鲁迅精神的独特所在；反映与投射到其马克思主义文学批评之中，就成为中国马克思主义文学批评自身的特色。鲁迅的文学批评中交织着新与旧、爱与恨、进与退、传统与现代、幻灭与重生等矛盾与冲突，它们此消彼长，相互渗透，很难说达到一个思想精神的内在统一。但鲁迅内在思想与精神的出发点与落脚点，却是为了探求中国现实社会的出路与民族自身解放的道路。"革命文学"论争作为一个适时的契机，将鲁迅推向一个新的高度。他不仅在激烈的论战交锋中冶炼了自己的思想和理论，而且，他以马克思主义文艺理论作为批判点和审视点，结合自身对文学的认识与理解，并以文学的自觉作为切入点和落脚点，找到了一条克服"革命文学"片面性的途径。丸山升认为："鲁迅的文学观之所以新，最主要在于他对于马克思主义，不是将自己整个投入其中，也不是相反地全部拒绝，而且他的接受方式也没有陷入浅薄的折中主义，而是成功地接受了马克思主义的本质内容。"③ 艾晓明则认为："在马克思主义文学批评对

---

① ［日］竹内好：《近代的超克》，李冬木、赵京华、孙歌译，生活·读书·新知三联书店2005年版，第134页。

② 汪晖：《反抗绝望：鲁迅及其文学世界》（增订版），生活·读书·新知三联书店2008年版，第178页。

③ ［日］丸山升：《鲁迅·革命·历史——丸山升现代中国文学论集》，王俊文译，北京大学出版社2005年版，第44页。

文学运动的推动方面，也许没有什么比鲁迅研究的进展更能说明问题了。"① 鲁迅不仅是从"文学革命"到"革命文学"运动中关键的连接点，也是从"革命文学"到左翼联盟成立的过渡点。特别是在"革命文学"论争中，鲁迅结合了自身的文学与革命的心路历程以及中国的实际状况，恪守了"文学的自觉"来审视文学与革命（政治）的关系，为正确理解这两者的关系发挥了建设性的作用。这在中国早期马克思主义文学批评中，是难能可贵的。

［作者简介］：魏天无，华中师范大学文学院教授。

---

① 艾晓明：《寻找与确立——二三十年代马克思主义文学批评概观》，《中国现代文学研究丛刊》1987 年第 2 期，第 71 页。

延安时期美术批评的演变[*]

闵靖阳

延安时期的美术思想与美术作品风貌是在中共中央指导、美术家自觉改造、工农兵现实需要融合中形成的。延安美术批评的发展以 1942 年 4 月全面开始的文艺知识分子整风为分水岭，经历了之前和之后两个时期。整风前的美术批评存在着文艺"民族形式"的讨论、工农兵自发的美术批评和知识分子内部的美术批评三种形式。整风后的美术批评经历了毛泽东对暴露黑暗思潮的批判、毛泽东讲话、马蒂斯之争、知识分子的自我改造和整风后的美术意识形态批评五个逻辑、历史进程。

一 1942 年 4 月前的美术批评

（一）文艺"民族形式"的讨论

抗日民族统一战线形成后，延安解放区相对安定，中共开始关注文艺问题，并思考制定文艺政策。毛泽东在 1938 年六届六中全会上的《中国共产党在民族战争中的地位》报告中强调："洋八股必须废止，空洞抽象的调头必须少唱，教条主义必须休息，而代之以新鲜活泼的、为中国老百姓所喜闻乐见的中国作风和中国气派。"毛泽东将民族形式确定为中共文化政策，在文艺领域产生重大影响。1939 年初周扬、艾思奇、萧三等文艺工作者纷纷论述文艺要运用、发扬民族形式，掀起了关于文艺"民族形式"的讨论。周扬发表《对旧形式利用在文学上的一个看法》，胡蛮发

＊［基金项目］：国家社会科学基金艺术学项目"延安鲁艺美术史研究"（编号 12CF086）、辽宁省教育厅科学研究一般项目"延安美术传统接受史研究"（编号 W2014261）阶段性成果。

表《论美术上的民族形式与抗日内容》、江丰发表《绘画上利用旧形式问题》，对如何利用旧形式表现新内容等问题积极展开讨论。1940 年初毛泽东在《新民主主义论》中提出："中国文化应有自己的形式，这就是民族形式。民族的形式，新民主主义的内容——这就是我们今天的新文化"，要求"发展民族新文化提高民族自信心"。① 对民族文化遗产的态度，毛泽东指出："排泄其糟粕，吸收其精华。"经过毛泽东的指示和"民族形式"讨论之后，运用民族形式就成了延安文艺界文艺创作的普遍准则，是否正确继承了民族文化遗产、运用了民族形式成为文艺批评的重要尺度。周扬认为存在着提高与普及两条道路，并且可以并行。"一方面尽可能利用旧形式，使之与大众化的新形式平行，在多少迁就大众的欣赏水平中逐渐提高作品之艺术的质量，把他们的欣赏能力也跟着逐渐提高，一直到能鉴赏高级的艺术；另一方面所谓高级的现在的新文艺应切实大众化，一直到能为一般大众所接受。由于社会基础的不同，读者对象的各异，目前新文艺创作可以有一方面是专为一般大众写的，即通俗化的，以旧形式为主；一方面是仍以知识分子、学生为主要对象，但同时并不放弃争取广大群众的从来的新文艺。这两个方面不但不互相排斥，正互相补充，互相渗透，互相发展，一直到艺术与大众之最后的完全的结合。"② 周扬同当时中共中央主管文艺工作的张闻天的观念一致，必须做好文艺普及工作，利用旧文艺形式，宣传中共政策，对工农兵文化启蒙，又要在普及的基础上着眼于文艺提高，培养文艺精英人才，创作文艺精品。1941 年 8 月力群在鲁艺举办木刻展。文艺俱乐部《俱乐部之旗》编辑室发表了评论《长足的进步》，肯定了力群忠实地对待对象的创作态度、现实主义的表现方法和多样化的尝试，同时赞扬了鲁艺木刻工厂通俗化民间化之路与力群追求更精致含蓄之路，"共同的地方是这两类创作俱是为大众，为反映前进生活的作品。这共同的基础是连接我们各种性质不同的美术创作，而成为坚固的强大的阵势了"③。该评论代表着当时知识分子主流的文艺观念。

---

① 毛泽东：《毛泽东选集》第二卷，人民出版社 1991 年版，第 534、707 页。
② 周扬：《周扬文集》第一卷，人民出版社 1984 年版，第 303—304 页。
③ 力群：《鲁艺六年》，《延安岁月》，陕西人民出版社 1985 年版，第 11 页。

（二）工农兵自发的美术批评

中国现代木刻版画是以西方木版画的形式表现左翼的抗日救亡思想和艺术大众化思想。左翼美术家到延安之后，木刻版画的接受对象除知识分子外是更广大的工农兵。西方版画对透视法则的严守、对光影明暗对比的强调大大超出了工农兵的理解范围。工农兵尤其不能理解人物为什么要画成"阴阳脸"，画面为什么总是黑乎乎的。所以鲁艺初期的木版画，固然内容广受工农兵喜爱，但形式却往往令工农兵困惑和不满。很快鲁艺美术家就发现了这个问题。罗工柳发现农民的意见集中起来主要有两点：没啥名堂（指表现的内容没有生活）；不大好看（指形式欧化），[①] 老百姓喜欢有头有尾有颜色的图画。胡一川发现老百姓喜欢他们熟悉的单纯和明朗的画面。[②] 蔡若虹晚年仔细回忆了当年的情景："'你看看我的脸上，这半边不是比那半边亮一些吗？那半边不是比这半边黑一些吗？''我知道，我看得见。''我这鼻子下面，我这下巴下面，不是黑糊糊的一片吗？''我看得见。''那为啥我画出来你还说是阴阳脸呢？''看得见的，不一定都要画出来嘛！''为啥不画出来？''不好看，不美。'"[③] 工农兵自发的美术批评给了鲁艺美术家重大启示。他们根据工农兵的审美品位，"吸收了传统年画和连环画的形式，放弃了透视画法，弱化光线明暗差别，使画面明亮，并且给部分木刻上了颜色，同时更多描绘工农兵生活，突出人物正面形象，强化了正反面人物对比，用连环图画表现一个完整故事，并且制作了一批用中西结合画法表现工农兵生产和斗争的新年画和新连环画，"[④] 始广受工农兵欢迎。

（三）知识分子内部的美术批评

整风之前，延安针对知识分子的美术展览较多、知识分子内部的美术批评相当活跃。1941 年 8 月，力群、刘岘、古元、焦心河的作品在边区美协 1941 年展览会上参展。艾青在 8 月 18 日的《解放日报》上发表

---

① 罗工柳：《生活源泉与民族形式》，《美术研究》1980 年第 3 期。
② 周爱民：《延安木刻艺术研究》，河北教育出版社 2009 年版，第 63 页。
③ 蔡若虹：《一个崭新时代的开拓》，《延安鲁艺回忆录》，光明日报出版社 1992 年版，第 397—398 页。
④ 闫靖阳：《延安鲁艺美术生产机制研究》，《中华文化论坛》2014 年第 3 期，第 52 页。

《第一日》，从创作方法与表现方法两方面展开评论。艾青肯定了力群探求新道路的努力，赞美其作品"给人以一种富于装饰的印象"；批评了刘岘因理想过于高远，"不习惯于在我们这生身之地上去发现一些美的东西，"导致作品"令人引起不真切之感"；批评了焦心河作品里的神秘的空气；赞美了古元"如此融洽地沉浸在生活里，从生活里去汲取无尽的美"，"具有高度的获取物体真实形象的能力，又已完成了为表现这能力所必需的技巧"。① 胡蛮在 8 月 28 日、29 日两日的《解放日报》上发表批评文章《目前美术上的创作问题》，责问美术工作者的选题为什么不表现与政治相关的事件，为什么不揭示现实生活的政治意义，不满延安美术家"轻视政治命题，偏重自由创作"，并得出结论："错误的来源，是由于错认为艺术和政治是两回事，是不相干的是分离的。"力群在 9 月 22 日的《解放日报》上发表反驳文章《美术批评家与美术创作者》，批判胡蛮的美术批评超出了对创作方法、内容技巧进行批评的范围，批评了其不管美术家的生活和技巧，片面要求表现政治的观念，并且认为"胡蛮同志机械地强调'政治'，把'政治'看成唯一的东西，将会阻碍了边区美术的更加蓬勃的向前发展与多样化的。"② 由上述美术批评可见延安知识分子的艺术理念多样，既有对于政治维度的强调，又有艺术大众化的要求，也有对艺术规律理解与对美的追求。这些观念并行，活跃于美术界，促进了延安美术的繁荣与发展。这些美术争论都是自发的、自由的，没有官方组织和政治势力参与，论争主体都是平等的个体的人，反映的都是知识分子的艺术观念，探讨的都是艺术发展中必然存在的带有根本性的问题，意识形态的分歧固然存在，但并不严重，更没有出现意识形态批判。这与此后三十多年的美术批评都存在着很大的不同。

二　1942 年 4 月后的美术批评

（一）毛泽东对暴露黑暗思潮的批判

1941 年之前，中共为了争夺人才，奉行大量吸收知识分子的政策，

---

① 艾青：《第一日》，《中国现当代美术史文献》，中国青年出版社 2013 年版，第 273—275 页。

② 力群：《美术批评家与美术创作者》，《中国现当代美术史文献》，中国青年出版社 2013 年版，第 275 页。

对知识分子相当优待，干预和管制较少，知识分子能够自由思考和表达，文艺活动活跃。而此时延安社会存在着诸多不符合知识分子理想社会状况的现象。来自国统区的文艺家大多受鲁迅影响，认同鲁迅"揭出病苦，引起疗救的注意"的观念，主张文艺暴露黑暗，以敦促中共认清问题改造现实。故这时期文艺的主题除了歌颂光明，还要暴露黑暗，于是产生了一批批判现实的作品，影响较大的有丁玲的《三八节有感》、艾青的《了解作家、尊重作家》、萧军的《论同志之"爱"与"耐"》、罗烽的《还是杂文的时代》、王实味的《野百合花》等。1942年2月延安举办蔡若虹、华君武、张谔讽刺画展。画展《作者自白》指出延安社会生活中存在着大量不符合知识分子理想和标准的思想和现象，"我们的讽刺画展的任务就在于揭露他们的原形，要大家警惕，使他们不至于在新的社会，新的生活，新的革命事业中存在和滋长。"① 暴露黑暗思潮的盛行说明中共并未对知识分子意识形态进行有效的整合。"整风之前，中国共产党没有对文艺批评进行监管，文艺批评属自发行为，依然是不同文艺思想的交锋，很少升级为根本的意识形态的冲突，更没有发生过大规模的政治批判。"② 大规模的意识形态批判出现于整风全面开展、《讲话》发布之后。

"漫画还要发展"是毛泽东看完三人讽刺漫画展后交代的唯一的话。6月毛泽东邀请三位漫画家会谈。毛泽东围绕着漫画讽刺问题提出了看法：漫画的讽刺主要针对敌人，将讽刺运用于人民内部矛盾时不能以冷嘲热讽的态度，且适可而止，必须注意讽刺的是局部，不能让人误以为是整体，最好将批评的和褒扬的对比着来画，并以华君武的《1939年所植的树林》为例提出了改正方法。毛泽东同三位漫画家的谈话虽然围绕着漫画如何运用讽刺展开，目的却是对漫画作者进行思想教育意识形态改造，要求漫画家转变为并坚守无产阶级立场，利用漫画讽刺敌人配合工农兵革命斗争。临别，毛泽东再一次嘱咐"要想到人民"。之后，延安解放区内部讽刺漫画消失，延安漫画家全部转向创作抨击法西斯的反人类统治和揭露国民党消极抗日的对敌斗争漫画。毛泽东对三位漫画家的教育固然完全是意识形态的，但并未组织政治批判，延安时期文艺批评转向政治批判的

---

① 毕克官、黄远林：《中国漫画史》，文化艺术出版社2006年版，第208页。

② 闫靖阳：《延安鲁艺美术生产机制研究》，《中华文化论坛》2014年第3期，第53—54页。

唯一事件是整风运动初期的"王实味事件"。

1942 年 3 月延安中央研究院研究员王实味在《解放日报》上分两期发表《野百合花》。毛泽东认为王实味要求绝对平均，没有站在无产阶级立场，对人民内部矛盾冷嘲热讽，伤害了人民团结。毛泽东推进意识形态整合与统一，需要一个契机，有了王实味这个目标，知识分子改造运动就能够名正言顺地开展了。毛泽东对王实味展开批判是知识分子改造进程的一个环节，王实味事件的出现是必然的，而王实味出现是偶然的。毛泽东的意见发布后，对王实味的批判便铺天盖地涌现，中央研究院连续召开整风及王实味批判大会，《解放日报》连续发表文章进行政治批判。毛泽东将批判升级，称王实味为托派分子，延安存在托派分子集团，于是很快又引发了针对干部和知识分子的"审干运动"和"抢救失足者运动"。根据时事需要，经过全面部署，文艺问题便水到渠成地成为政治问题，知识分子整风运动便如火如荼地展开了。

（二）毛泽东在延安文艺座谈会上讲话

"毛泽东召开延安文艺座谈会、进行文艺界整风的目的是改造旧知识分子和培养具有无产阶级意识形态的新知识分子，再由他们对工农兵开展无产阶级教育，最终提升人民的文化素质。"① 毛泽东《在延安文艺座谈会上的讲话》（以下简称《讲话》）是文艺知识分子改造的纲领与依据。《讲话》的宗旨在于对文艺知识分子的立场问题、态度问题、工作对象问题、工作问题和学习问题进行改造，从而实现文艺整风的根本目的——文艺为无产阶级政治服务、文艺为工农兵服务。毛泽东将文艺批评视作意识形态改造的工具。《讲话》宣布："文艺批评有两个标准，一个是政治标准，一个是艺术标准。按照政治标准来说，一切利于抗日和团结的，鼓励群众同心同德的，反对倒退、促成进步的东西，便都是好的；而一切不利于抗日和团结的，鼓动群众离心离德的，反对进步、拉着人们倒退的东西，便都是坏的。……任何阶级社会中的任何阶级，总是以政治标准放在第一位，以艺术标准放在第二位的。……我们的要求则是政治和艺术的统

---

① 闵靖阳：《论延安鲁艺美术系对毛泽东文艺"二为"方向的实践》，《文艺理论与批评》2013 年第 6 期，第 105 页。

一，内容和形式的统一，革命的政治内容和尽可能完美的艺术形式的统一。"①《讲话》限定文艺批评的政治标准为是否有利于抗日、团结和进步。从事文艺批评，首先审查作品有无政治问题，如果政治上是有利于抗日、团结和进步的，再探讨艺术问题。即使艺术上很不完善，也能因政治正确得到鼓励。但如果政治上不合要求，那么则开展政治教育或政治批判，不再讨论文艺问题了。"政治标准第一、艺术标准第二"自《讲话》发布日起成为解放区文艺批评的指导原则，新中国成立前三十年文艺"文化大革命"批评一直以"政治标准第一"为原则开展，不但没有实现既考察政治内容又关注艺术形式，而且几乎以政治标准作为唯一尺度。在延安文艺座谈会召开期间，美术界爆发了"马蒂斯之争"。

（三）马蒂斯之争

　　1942 年初鲁艺教师庄言、焦心河利用从国统区带回的颜料创作了多幅描绘陕北乡村生活和景色的油画和水彩画。庄言的油画传世五幅：《延安军马房》展现了几匹军马在山脚下马房外悠闲地歇息、吃草的场景。《陕北庄稼汉》刻画了一个陕北青年男农民形象。《陕北农家》描绘了一个老农妇在窑洞门前做鞋子，身边一个小孩在玩耍的场面。《陕北好地方》画了一群农民在黄土坡上种地。《青涧美丽石窑山村》表现了宁静村落的秀美景致。5 月庄言与马达、焦心河在延安展出了这些油画水彩画。因延安长期以来缺乏颜料，这几幅油画和水彩画的突然出现引起了大规模争议。鲁艺的墙报《同人》用一整期发表批评文章。江丰后来回忆道："在延安公开提倡这种脱离生活、脱离人民、歪曲现象，并专在艺术形式上做功夫的所谓现代派绘画是错误的。它完全不符合革命实际的需要，它与广大人民的欣赏习惯格格不入。……他们的兴趣，主要是放在少数小资产阶级知识分子上面。"②庄言在下一期《同人》上反驳："战争生活并不排斥色彩和形式，要是能达到完美的效果，什么形式都可以采用。"③庄言的反驳被江丰认定为公然主张"革命的新美术也应该学习和仿效西

---

① 毛泽东：《毛泽东选集》第二卷，人民出版社 1991 年版，第 868 页。

② 江丰：《温故拾零》，《延安岁月》，陕西人民出版社 1985 年版，第 124 页。

③ 沈默：《时代、年表、历程——庄言画集》，北京国际艺苑股份有限公司 1989 年版，第 3 页。

欧现代派绘画"，说这已经超越了个人爱好的范围，造成了某种不良的社会影响，性质是严重的。① 江丰、胡蛮、罗工柳等人围绕阶级立场、题材和形式展开对庄言、焦心河的批判：一是庄言、焦心河认为存在脱离阶级的纯艺术，并热心追求，固守小资产阶级思想，不能用美术为工农兵服务。二是庄言、焦心河热衷于描绘乡村景致，无视残酷的抗战现实，没有用美术表现革命斗争。三是庄言、焦心河崇拜马蒂斯、毕加索等资产阶级画家，沉溺于擅长玩弄色彩、不表达革命主题的现代主义绘画，对中国革命迅速取得胜利大为不利。1982 年张望依然以只追求形式主义，不在乎思想内容；只注重关门提高，不顾抗战需要为由抨击四十年前的庄言等人。西方现代派美术因其资产阶级的阶级属性，表现极端个人主义，带有浓重悲观、虚无色彩的思想意识，超现实的艺术形式，不符合民族形式与抗日内容结合的要求，必然受到批判。"马蒂斯之争"爆发在整风初期，知识分子改造运动正在进行，油画水彩画的出现确实不合时宜，江丰等人的批评也是时势使然，对美术题材和形式的不同理解和争论在那个时代环境下自然成为意识形态事件，演变为意识形态批判。由文艺批评引发意识形态批判，最终升级为政治批判，这个批评模式由延安时期初步形成，十七年持续强化，至"文革"最终泛滥。

（四）知识分子的自我改造

毛泽东 1942 年 5 月 23 日在延安座谈会上发表总结讲话后，延安文艺界人士立即发表文章，阐释毛泽东《讲话》思想。文艺知识分子思想意识迅速转变，一个月前还盛行的暴露黑暗思潮消失殆尽。6 月 15 日《谷雨》发表了艾思奇、丁玲、刘白羽的三篇文章作为对毛泽东《讲话》的呼应，都强调了知识分子意识形态改造的必要性和改造的方法。艾思奇的《谈延安文艺工作的立场、态度和任务》将"坚定的立场和正确的思想意识"看作是文艺工作者正确地看清现实的第一个重要条件，因此文艺知识分子在延安生存、用文艺支援抗战支持革命首要的条件是自觉地接受整风与意识形态改造。两个多月前还因写作《三八节有感》而被批判的丁玲思想意识突变，《关于立场问题我见》陈述了对《讲话》的完全接受和自我改造的决心。"文艺应该服从于政治。文艺是政治的一个环节。……

① 王培元：《延安鲁艺风云录》，广西师范大学出版社 2004 年版，第 129 页。

这问题必定首先为我们的作家明确而肯定地承认。"与暴露黑暗思潮盛行时文艺知识分子普遍要求文艺保持自身一定的独立性的思想已完全不同。丁玲表态深入学习马列主义,长期与群众一起生活。刘白羽《对当前文艺上诸问题的意见》也认为,文艺应该服从政治,"以文艺的手段达到政治的目的",① 知识分子必须站在无产阶级的立场、党的立场,知识分子的出路即是与工农的现实生活结合。蔡若虹后来说,在聆听毛泽东"讲话"时,"我很痛恨自己,觉得这(创作内部讽刺漫画)是我生活中的污点,发誓一定要改正错误"②。此时大规模的知识分子整风学习刚刚开始,审干运动还没有开展,知识分子就已经几乎全盘接受了整风与改造。因此,延安时期的知识分子的阶级属性与意识形态的成功改造并不是完全由中共中央一元维度决定的,而是与国家民族危在旦夕的社会境况要求知识分子直接为抗战服务,与天生具有革命与救亡思想传统、服务下层民众的组织传统的左翼知识分子群体自觉接受中共领导和改造等多元维度合作合力的成果。

(五)整风后的美术意识形态批评

整风后,延安美术知识分子普遍下乡,用木刻版画、漫画、年画、连环画等民族形式与革命内容结合的美术创作完成了整风的要求,实践了"二为方向"。意识形态批评成为美术批评的主导。张仃在1942年9月10日的《解放日报》上发表《街头美术》,依然认为,"用现代绘画技术描写工农,同时在民间艺术中吸取养分,经过创作实践,欧化美术和民间形式定会变质。创作出为'老百姓所喜闻乐见'的民族形式"③。张仃整风运动初期的文章还没有强烈的意识形态意味,而半年之后《解放日报》社总编辑陆定一评古元的《向吴满有看齐》的文章《文化下乡》则完全是集中于意识形态的评论。"在这张木刻里,古元同志把艺术与宣传及其技巧地统一起来了。……它给了我们一个很好的范例,很好的榜样。这是整风运动在艺术领域的一个大收获。"接着陆定一便转向论述文化下乡的

---

① 金紫光、何洛:《延安文艺丛书·文艺理论卷》,湖南人民出版社1984年版,第232、237、296页。

② 蔡若虹:《在党的领导下认真工作》,《蔡若虹文集》,人民美术出版社1995年版,第677页。

③ 张仃:《街头美术》,《中国现当代美术史文献》,中国青年出版社2013年版,第289页。

必要性与困难。最后号召向古元学习，给农民"思想上政治上和技巧上很好的新食粮"。① 陆定一的文章借美术批评宣讲文化下乡，可视为完全的意识形态批评。由评论文艺作品引出对中共文艺思想的宣讲，之后再号召学习先进人物，成为文艺意识形态批评的重要模式。整风后延安美术家普遍把美术作为政治宣传的工具，对美术的探索主要是意识形态维度的。陈书亮等人 1944 年 7 月作的调查报告《几种美术宣传方式的试验》完全把美术作为宣传工具，试验不同艺术形式组合的宣传效果，得出结论，拉洋片与大鼓结合、宣传画与口头演讲结合、漫画与地图结合三种形式宣传效果更显著。《解放日报》社副总编辑艾思奇在 7 月 28 日的《解放日报》上发表了《美术工作与群众的进一步结合》，对陈书亮等人的报告进行评论，要求美术界积极探索如何更密切地与群众结合，除了要开拓发展为老百姓喜欢的美术形式，还要重视多种艺术形式的综合。辛可、施展等人的《"新洋片"在农村》介绍了该工作组如何发展"新洋片"开展宣传和教育工作，研究并提出了五条促使文艺与工农兵进一步结合的实用性意见。力群等人的《关于新的年画利用神像格式的问题》一文提出利用旧年画形式的目的是"提高老百姓的文化，提高老百姓战斗生产热情"，研究了哪些旧年画的形式可以利用。江丰在 1946 年 2 月 6 日在《晋察冀日报》上发表的《介绍延安木刻展》赞扬了延安木刻的民族形式和木刻家深入体验如实反映生活，引导观众从作品中了解解放区新民主主义社会的面貌。胡蛮 1946 年 2 月回顾抗战时期解放区的美术运动时高度肯定《讲话》对美术界的决定性影响，"美术家们听了毛主席的讲话以后，在艺术思想上起了一个划时代的转变，从此开始了解决美术如何为群众服务的问题。美术家们带着新的认识和新的感觉自觉地和工农兵人民逐渐打成一片，走进工厂，下乡担任乡政府文书，走入部队"②。立论完全基于延安美术的政治意义。1946 年联合书店出版的《木刻选集》的序言完全认可文艺的"二为方向"，认为"对于文艺工作者来说，这一文艺新方向的实践过程是等于社会改造和思想改造的总和"，从"丰富多彩的现实内容和

---

① 陆定一：《文化下乡》，《中国现当代美术史文献》，中国青年出版社 2013 年版，第292—293 页。

② 胡蛮：《抗战八年来解放区的美术运动》，《中国现当代美术史文献》，中国青年出版社2013 年版，第 307 页。

生动朴实的民族风格"两方面概括鲁艺木刻的伟大成就。① 沃渣、王曼硕、张望 1946 年写作的《谈解放区的新美术——木刻，年画》介绍了解放区木刻和年画的伟大成就，认为"是由于美术工作者实践了毛主席英明的指示所得到的"，向齐齐哈尔美术工作者发出倡议，"只要大家能有为人民大众服务的决心，深入群众，反映现实，我们相信今后优秀作品会不断的产生。"② 张望晚年这样评论整风后的文艺创作："通过文艺座谈会和整风学习后，文艺者工作者的阶级觉悟和政治热情空前地高涨，十分鲜明地展示了：延安的艺术创作必须为保卫边区服务，为人民群众的切身利益和生产斗争而发挥积极作用。"③ 如上所述，整风运动之后的美术批评都是站在马列主义、毛泽东思想立场上，以实践文艺"二为方向"为目标和旨归，以意识形态作为美术批评的核心，较为肯定文艺的民族形式，较少关注其他的美术问题。延安时期的美术批评是中国当代美术批评的开端，持续三十多年的美术意识形态批评模式便是在延安时期逐渐形成的。

[作者简介]：闵靖阳，北京师范大学文学院博士，鲁迅美术学院讲师。

---

① 《木刻选集·序言》，《中国现当代美术史文献》，中国青年出版社 2013 年版，第 309 页。

② 张望等：《谈解放区的新美术——木刻，年画》，《中国现当代美术史文献》，中国青年出版社 2013 年版，第 320 页。

③ 张望：《从桥儿沟、杨家岭到深入生活》，《延安岁月》，陕西人民出版社 1985 年版，第 335 页。

贺敬之文论中的塑造社会主义新人论初探

杜寒风

社会主义新人是邓小平在 1979 年《在中国文学艺术工作者第四次代表大会上的祝辞》中提出的重要概念。在马克思主义文艺理论的发展史上具有开创性的意义，其内涵有其特定的所指。这一提法，已经不同于并超越了马克思主义经典作家论述新人的有关表述，是直接来自中国建设现代化的社会主义实践及其文艺实践的需要，反映了人民群众的心声。邓小平讲："在这个崇高的事业中，文艺发展的天地十分广阔。不论是对于满足人民精神生活多方面的需要，对于培养社会主义新人，对于提高整个社会的思想、文化、道德水平，文艺工作都负有其他部门所不能代替的重要责任。"[1] 马克思、恩格斯"并没有将社会主义文艺对新人的描写同为社会主义培养新人明确联系起来。邓小平根据我国新时期的实践，将描写新人和培养新人联系起来……这丰富了马克思主义的社会主义新人理论"。[2] 周扬在《继往开来繁荣社会主义新时期的文艺——在中国文学艺术工作者第四次代表大会上的报告》里说："我们的文学艺术将怎样担负起时代所赋予的光荣使命，求得更大的繁荣和提高，怎样为实现四个现代化服务，为培养社会主义新人，提高人民的精神境界，促进社会的进步和发展，不断满足人民群众日益增长的文化需要做出自己应有的努力，这就是

---

[1] 邓小平：《在中国文学艺术工作者第四次代表大会上的祝辞》，《邓小平文选》第 2 卷，人民出版社 1994 年版，第 209 页。

[2] 陆贵山、周忠厚编著：《马克思主义文艺论著选讲》（第 3 版），中国人民大学出版社 2003 年版，第 473 页。

我们这次会议要认真商讨的主题。"对于小平同志的祝词和周扬同志的报告中同时提出了培养社会主义新人和其他一系列的发展社会主义文艺的方针和措施，贺敬之积极响应之，发挥之，身体力行地进行了研究，不乏从理论上的思考和回答，极大丰富了中国塑造社会主义新人理论。贺敬之在《对当前文艺工作的几点看法》中讲："在新的历史条件下，如何看待社会主义新人形象，如何看待典型，如何看待文艺反映生活本质的问题，这些都由生活实践（首先是改革的实践）和文艺创作实践尖锐地提出来了，理论研究应该联系这个实际，应该跟上去。"文艺理论研究应该关注社会主义新人形象的问题。理论要联系实际，理论才不脱离实际。贺敬之的社会主义新人论的探索，做到了理论联系实际，我们应该给其以客观的研究与评价，确实重视其理论成果，这是研讨贺敬之文论中需要认真对待与思考的问题。

　　各行各业能涌现一大批社会主义新人，是建设社会主义中国中的新生事物，文艺反映社会生活，在文艺作品中塑造社会主义新人则是时代的要求，人民的要求。贺敬之说："既然我们的社会生活中有英雄人物，有社会主义新人，文艺创作在一定的时候和一定的范围内还是要讲塑造英雄形象。不能一听见讲写英雄人物就说是'左'，就说是'假大空'。赵春娥、蒋筑英，华山抢险、引滦入津，这些英雄人物和英雄事迹难道不是真实的吗？难道不值得我们的文艺创作去积极加以反映吗？"① 既然社会主义新人不但在现实生活中确实存在，那么社会主义文艺反映社会主义新人、塑造社会主义新人形象就是社会主义文艺反映生活的写照。"社会主义文艺一定要表现社会主义新人，塑造无产阶级的典型形象，这是我们的导师马克思、恩格斯早就讲过并且被社会主义文艺实践反复证明了的，我们怎么能动摇呢？怎么能因为反对狭隘化，反对思想僵化，而把我们最本质、最核心的东西丢掉呢？那是不行的"。②

　　丢掉是得不偿失的，表现社会主义新人，塑造无产阶级的典型形象必须坚持之，这是无产阶级文艺所肩负的历史使命所要求的。不能以反对狭

---

　　① 贺敬之：《关于当前文艺评论工作的几个问题——在中宣部文艺评论工作碰头会扩大会上的讲话》，《贺敬之文集》四·文论卷（下），作家出版社 2006 年版，第 40 页。

　　② 贺敬之：《搞好社会主义文艺创作的"重点建设"——在观看〈中国革命之歌〉试排后的讲话》，《贺敬之文集》三·文论卷（上），作家出版社 2006 年版，第 470—471 页。

隘化，反对思想僵化为借口，而把最本质、最核心的东西丢掉。"我们的文艺要培养社会主义的新人，提高人民的精神境界，促进社会主义社会进一步完善和发展，满足人民日益增长的文化生活的需要，这就是社会主义文艺的目的，也就是它的政治任务。"① 中国实行了改革开放政策，全国各族人民在新时期踏上了现代化建设的历史征程，中国文艺工作者要更好地反映时代，更好地塑造社会主义新人形象，才能不负这一伟大的社会实践。"塑造社会主义新人，是社会主义文艺中的一个至关重要的问题。我们必须为此付出更大的努力。……时代和人民同时也要求我们，必须把塑造社会主义新人和有助于培养这种新人的任务放在一个十分重要的地位。"② 文艺创作要反映出波澜壮阔的社会主义事业，就需要创作出社会主义的新人形象，这既是文艺工作者反映新的时代精神和热火朝天生活的需要，也是人民群众欣赏文学艺术满足自己文化生活的需要。

从中国社会主义文艺的创作实践看，作家艺术家在以往就有表现先进人物、英雄人物、正面人物、典型人物的探索，已积累了宝贵的艺术经验。贺敬之注意到了塑造新人吸收我国以往在此方面成功的经验，这对于新时期的新人描写，是大为有益的。贺敬之说："如何写社会主义新人，建国以来的文艺创作还是积累了不少经验的。这些经验，是成千上万的文艺工作者通过反复的实践、付出巨大的劳动逐渐摸索出来的。它已经得到了人民的承认，得到了历史的承认。当然也有教训，比如不少作品还不善于多方面地揭示人物个性的丰富内容，以至造成公式化、概念化。我们今天应当根据新时期的特点，借鉴和发展我们自己在塑造社会主义新人方面的正面经验，避免重犯过去的毛病。"③ 少走弯路，就可以起到事半功倍的效果，不至于再犯同样的错误，没有在思想上艺术上崭新的探求。贺敬之所讲，不仅限于创作，也包括理论和批评。他本人在新中国成立后，除了有自己的创作历程外，也有相关理论的探讨、对相关作品的评论，他在此的论述可说是来自自己的创作、理论和批评的实际体会，认真总结了以往的经验教训，这是基础性的工作，是表现社会主义新人所应当充分重

---

① 周扬：《继往开来繁荣社会主义新时期的文艺——在中国文学艺术工作者第四次代表大会上的报告》，顾骧选编《周扬近作》，作家出版社 1985 年版，第 82 页。

② 贺敬之：《总结经验，塑造新人》，《贺敬之文集》三·文论卷（上），作家出版社 2006 年版，第 299 页。

③ 同上书，第 303 页。

视的。

在邓小平没有明确提出社会主义新人概念之前，创作上是有对先进人物、英雄人物、正面人物、典型人物品质精神的表现，他们身上的闪光之处，大公无私，先人后己等思想品德，感动了无数的观众读者。《关于发展话剧创作的几个问题——在中宣部召开的话剧创作座谈会上的讲话》中指出："我们不能否定一心为公、关心集体、为人民利益而勇于作自我牺牲的先进人物（例如黄继光、雷锋等等），如果简单地否定他们，我们就不能理解现在的社会主义新人和社会主义的创业者，就不能正确反映我们社会主义新时期的时代精神。"不能轻易否定以往文艺作品中塑造的先进人物、英雄人物、正面人物、典型人物，而是要做具体的分析、研究、臧否人物形象塑造的得失，正如生活中革命精神与革命传统有延续性一样，文艺作品中的革命精神与革命传统也有其延续性。

正确表现新时代和塑造社会主义新人形象，是我们文艺工作中的新情况、新问题，在这方面我们存在不足，贺敬之注意到了存在不足的原因，提醒理论家、批评家要尽到自己的社会职责。"这里有文艺工作领导方面的问题，有部分作家缺乏对于新时期人民生活的深切了解甚至缺乏对于社会主义新人的充沛热情方面的问题，也有理论、批评上的某些片面性的问题。我这里主要是指自觉地对努力塑造社会主义新人的作家、作品给以及时的、负责的鼓励和扶植不够，深入地、系统地、理论联系实际地研究这一问题不够。……不去引导作家深入人民的生活，挖掘人民群众心灵上的美，努力探索和塑造社会主义新人的形象，那就不能认为这是尽到了理论家、批评家的社会责任。"[①] 贺敬之不光是看到作家艺术家要参与塑造社会主义新人的创作中，对于文艺理论家、批评家应起到的积极作用也给予相当的重视，要求理论家、批评家关心社会主义新人的讨论，尽到他们的社会责任。理论家、批评家要有社会责任感，牢记自己的职责，参与到塑造社会主义新人的研究、批评当中。贺敬之道："党和人民希望我们作家同志们写出更多更好塑造社会主义新人和有助于培养这种新人的作品，也希望从事文艺理论批评工作的同志们切实总结文艺实践中的经验教训，对

---

① 贺敬之：《总结经验，塑造新人》，《贺敬之文集》三·文论卷（上），作家出版社 2006 年版，第 301 页。

这个问题进行深入的、系统的研究和探讨。"① 就是说，社会主义新人形象的塑造，关乎作家艺术家、理论家、批评家，是从创作与研究、批评当中宏观看待问题，把塑造社会主义新人作为一个完整的整体工作来考量，形成创作、批评、研究的互动。

贺敬之探讨了历史上文艺作品中新人的价值，对社会主义新人和历史上文艺作品中的新人的不同做了明确的区分，不是把两者等同，抹杀社会主义文艺的特殊性，否定社会主义文艺应有的性质与理想，使人不至于认识模糊，思想混乱。他在《总结经验，塑造新人》中说："塑造社会主义新人，是我们的时代，是广大人民群众、是我们正在从事的社会主义现代化建设事业向文艺工作者提出的要求。这种要求是合乎社会发展和文艺发展的客观规律的。我们知道，每一个时代都有反映自身的本质特征并代表当时历史前进方向的一批人物出现。这类人物如果真正能够被塑造成血肉饱满的典型形象，在文艺作品中站立起来，往往会对于当时的读者和观众产生非常强烈的影响。巴尔扎克描写过被他自己称为'能够改变社会面貌的伟大的政治家'的资产阶级革命的参加者。这些人物，就是恩格斯在《致玛·哈克奈斯的信》中说起的'圣玛丽修道院的共和党英雄们'。屠格涅夫塑造过英沙罗夫、巴扎罗夫这样的人物。曹雪芹塑造过贾宝玉、林黛玉这样的人物。我觉得，这些人物都多少有着他们时代的新人的特征。不同社会条件、不同阶级的进步作家，常常把塑造新人的形象，同探索和把握历史的前进方向、跟上时代发展的步伐看做是同一的过程。"② 我们要了解作家所写法国、俄国、中国的特定历史时期的状况，通过对多少带有时代特征的新人形象的认识，新人在旧人面前新思想新意识的潮动，就可以了解和把握其社会本质特征与历史前进方向，新的社会力量对社会发展变化的推动。这些新人，是以往文艺作品中所没有出现过的，时代精神在新人身上得到了集中的彰显。古今中外不少作家艺术家能够创作出享誉文学艺术史的新人形象，这些人物就能够成为文艺史上的经典人物而彪炳史册，被人们所称道。这些新人在文艺作品中的结局也并不都是让

---

① 贺敬之：《总结经验，塑造新人》，《贺敬之文集》三·文论卷（上），作家出版社 2006 年版，第 304 页。

② 贺敬之所引巴尔扎克此话在人民出版社 2012 年出版的《马克思恩格斯选集》第 4 卷第 770 页注 463 为"能够改变世界面貌的伟大政治家"。

人无懈可击，不乏作家艺术家对于新人未来的命运、行动迷茫困惑之处，就以不同的理由让新人死去，告别这个发生冲突、交锋的世界，似乎要让新人死去才能摆脱作家艺术家陷入的矛盾之中，终难实际解决代表不同社会力量的冲突，而较成功的社会主义新人形象的塑造，则须努力按照新人性格的逻辑发展来创作，较能够把握人物的命运，知晓人物的行动目的之所归，这就超越了历史上作家艺术家表现新人难免遇到的盲目感，走出了新人在作品结局中难摆脱的窘困之境，使读者观众在接受新人形象时不感到突兀，不感到有过于人为安排不合情理的痕迹。

贺敬之说："我们所说的社会主义新人，是在最后埋葬私有制度并清除它对人们精神上的影响这一人类历史上最伟大的变革时期产生的。当然，他们不会是完人，可能有各自的缺点，更会有千差万别的不同个性，但是他们来自人民，站在人民的前列，代表社会主义新时代的前进方向。他们爱祖国、爱人民、爱我们的党。他们在不同的岗位上献身于祖国的社会主义现代化建设事业，既努力地改造客观世界，也在改造客观世界的过程中不断改造主观世界和发展社会主义的精神文明。……当然，在以私有制为基础的社会发展过程中产生的新人，和在社会主义革命和建设环境中产生的新人有着根本的不同，前者总是以这种或那种方式和私有制的思想有某种联系，后者则是力求摆脱这种思想的影响。因此，从客观内容上来说，其性格的历史深度、社会容量和丰富程度，都要超出前者。在这个意义上，过去文艺的经验尽管很可宝贵，足供我们借鉴，但是需要有分析地加以甄别和消化，需要从事大量非常艰巨的创造性劳动才行。"① 社会主义新人的形象，离不开广阔的社会主义的环境与情势、新人涉及的领域也是前所未有的，这就给新人理论的提炼深入提供了充实、延展的可能。社会主义新人的描写，自然也不能脱离作家艺术家所生活的时代，他们塑造的社会主义新人也必须带有时代的特征，新人来自人民群众，是人民群众的代表。贺敬之不满足于停滞在以往文艺中的新人的高度，不思进取，不思创造，毕竟生活在继续，时代在发展，但社会主义新人应同旧时代的新人塑造有根本不同，必须在创作中探索出社会主义文艺的规律、特征，这是一个全新的可以开拓之地。公有制为基础上的社会主义新人在思想内容

---

① 贺敬之：《总结经验，塑造新人》，《贺敬之文集》三·文论卷（上），作家出版社2006年版，第302页。

上就和私有制为基础上的历史上新人当有根本的区别，虽然他们都应体现社会发展的客观规律，代表历史前进的方向，但社会主义新人身上应具有社会主义、共产主义的思想意识、道德伦理，在社会理想、审美理想上超出了历史上的社会理想、审美理想，这是有着坚定的、明确的追求的，有着本质不同的地方。虽然现在中国经济中，已有多种经济成分，以公有制为主体，作为社会主义经济的支柱，这一点是不能根本动摇的。文艺中的社会主义新人具有以往新人所没有的特征，体现了新的客观本质和规律。它是中国新时代产生的新人形象，它不是作家艺术家唾手可得的，不劳而获的。只有作家艺术家通过艰苦的劳动与创造，在思想内容与艺术表现上都能不断创新，才能不断出现令人折服的新人形象。

特别值得指出的是，贺敬之在讲述社会主义改革者时，也是突出了社会主义新人与历史上的文艺作品中新人的不同，这一点也是十分重要的。贺敬之注意到了历史时期的不同特点，坚持了四项基本原则，牢牢确定社会主义新人是改革者也同时是建设者的观念，新人是我们社会前进中光明的、正面的、积极的形象。在《反映社会主义时代，同人民群众结合——在煤矿文学优秀作品授奖大会上的讲话》一文中，他看到："我们的文艺创作出现了一批值得重视的写改革题材的作品，这些作品……塑造了社会主义改革者的形象，其中有不少在观众和读者中引起了强烈的反响。文艺评论界也在注意研究和讨论这方面的问题。我认为这是三中全会以来我们文艺创作的新进展，特别是中央提出塑造社会主义新人问题以来文艺创作的新进展。当然，这首先是现实生活本身的发展对文艺创作的要求和推动。文艺创作要真实地反映社会主义新时期的生活，不能不写生活是怎样在改革中继续前进的。因为社会主义事业只能是革命的事业、改革的事业、发展的事业，而不是停滞不前的，更不能是倒退的。文艺创作要充分现实主义地表现社会主义新人形象，就不能不写出是在这样的现实关系和历史潮流中生长出来的新人形象。这些新人既然是有社会主义新思想的社会主义建设者，也必定是社会主义的改革者。社会主义建设事业不是一劳永逸的事业，从来只能是不断进行破旧立新的事业。……我们的文艺创作，表现在这样的历史条件下，勇敢地进行改革的实践，并且同这种种困难和阻力进行斗争，是完全应当的，是具有典型意义的。"社会主义社会需要改革，适应生产力发展的要求，改革者是要同落后面和阴暗面进行斗争的，当是文艺所义不容辞需要表现的，这样写出的作品可谓是为中国走改革、开放之路鸣锣开道，能增长实际中改革者奋斗的志气、勇气，以克服前进道路上困难和阻力，勇往直前。贺敬之指出："我们所说的社会主义的改革者，也必定是、或者说首先应当是四项基本原则的坚持者和保卫者。……作为社会主义的建设者，就必定既是物质文明的建设者，同时也应当是社会主义精神文明的建设者。这样的人不能是空头政治家而必须是实干家，是各项建设、特别是经济建设的实干家；但同时也必须是有社会主义或共产主义觉悟、有高尚而丰富的精神境界的人，而不会只是个'实惠主义'者或庸俗经济唯物论者。这样的人必定是思想解放、坚决反对一切僵化或半僵化，坚决要破除一切旧事物、旧框框的束缚的人，但同时他也决非是搞资产阶级自由化，要破掉一切，连四项基本原则、我们党的革命传统和社会主义实践的正面经验也要否定的人。……我们要识别现实生活中真正的社会主义改革者，要在文艺作品中正确地塑造社会主义改革者，就不能不注意他们必须是社会主义道路、是四项基本原则的坚持者和保卫者这一重要方面，必须是社会主义精神文明的建设者这一重要方面。……我们的文艺创作要为思想解放呼号，为具有思想解放的锐利锋芒的改革者塑造典型形象。"[1] 按照贺敬之在《反映社会主义时代，同人民群众结合——在煤矿文学优秀作品授奖大会上的讲话》中的理解，解放思想，是指沿着马列主义轨道的思想解放，我们的改革者不是负有一个阶级推翻另一个阶级统治的历史使命的那些革命者或改革者。就是说，不同的历史特点就决定了文艺中的社会主义新人与历史上文艺的新人的不同。我们的改革不是完全否定，是在肯定的前提下的否定。贺敬之在这一点上立场坚定，旗帜鲜明，时刻为党和人民的利益着想，为社会主义文艺的发展方向和道路着想，可见其对信仰与理想的坚守与践行。

贺敬之建议同志们在讨论社会主义新人问题的时候，研究一下我国社会主义文艺的创作方法问题。这里的创作方法不是一般艺术表现方法或手法，是不能脱离世界观的思想基础的，关乎社会主义文艺的创作导向。贺敬之在创作上就不止于现实主义的运用，而在浪漫主义的运用上，也达到了运用自如、出神入化之程度。革命现实主义和革命浪漫主义应予倡导与支持，对塑造社会主义新人形象来说，是大力需要的。"我们一定要继续

---

[1] 贺敬之：《反映社会主义时代，同人民群众结合——在煤矿文学优秀作品授奖大会上的讲话》，《贺敬之文集》四·文论卷（下），作家出版社 2006 年版，第 48—50 页。

坚持和发展革命现实主义传统。与此同时，我觉得革命浪漫主义也应当存在和发展。我们的现实本身既充满实事求是精神，也具有在此基础上产生的革命理想和英雄气概。我们的文艺既需要革命现实主义，也需要与此密切相连的革命浪漫主义。两者决不是互不相容的。不能把运用革命浪漫主义方法表现理想和激情的作品，一概说成是'假大空'，正像不能认为'假大空'的作品就是革命浪漫主义一样。我们的人民中，有脚踏实地的实干家，也有富于远大理想的闯将。而且这两种性格内容，在真正的社会主义新人的身上，总是以这种或那种形式有机地融合在一起的。因此，在总的精神上，如果与革命浪漫主义根本对立、毫不相容，也就不可能有革命现实主义。同样，如果与革命现实主义根本对立、毫不相容，也就不可能有革命浪漫主义。用哲学的语言来说，它们各自都内在地包含着对方或对方的某些成分。"① 一般人，往往看到革命现实主义的重要性，而对革命浪漫主义有所忽略，而没有很好地运用革命浪漫主义进行创作，两者性格内容，可以有机地融合，只讲一面，是不全面的，没有尊重社会主义新人性格塑造的实际。

共产主义是人类伟大的美好的思想、理想，是伟大的美好的制度、运动，它虽然还远没有到来，但它是人类社会发展到最高阶段的产物。社会主义社会不是共产主义社会，那么它能不能提倡共产主义道德呢？贺敬之的回答是肯定的。无论是新民主主义革命的胜利，还是社会主义事业的胜利，都要有共产主义世界观的指导，共产主义远大理想的吸引。社会主义是实现共产主义的一个必经之路，我们日常的生活和工作中就有共产主义的思想、观念乃至实践，共产主义的因素就没有远离过我们，我们天天不断地努力，就是天天不断地向共产主义社会的迈进。"我们把今天的工作，看做是为着实现共产主义而从事的完整事业的一个必不可少的阶段或步骤。因此，不论在现实生活中还是在文艺作品中，如果根本没有共产主义理想，是不可能成为社会主义新人的。"② 贺敬之强调，社会主义新人必须具有共产主义理想。没有共产主义理想，文艺中的人物就不能成为社会主义的新人，先进的理想是新人必须具有的。社会主义文艺表现好新人

---

① 贺敬之：《总结经验，塑造新人》，《贺敬之文集》三·文论卷（上），作家出版社2006年版，第302—303页。

② 同上书，第303页。

的形象，必须体现出社会主义、共产主义的思想品德和伦理情操，这必会在建设社会主义现代化国家精神文明中，产生更大的作用。

贺敬之从文艺应当是以共产主义思想为核心的社会主义精神文明建设的一个组成部分的高度来看待问题，以提高大家的认识，尤其是对共产党员文艺工作者、要求进步的分子，要以身作则，这样才有利于在文艺中塑造社会主义新人的创作。他在《联系文艺工作实际学习十二大精神——在全国戏剧创作题材规划座谈会暨中国戏曲现代戏研究会 1982 年年会上的讲话》中指出："我们的文艺是社会主义精神文明建设的一部分，首先必须要求每一个建设者自己要有高尚的社会主义精神文明，更何况共产党员。党要求培养有理想、有道德、有文化、守纪律的社会主义新人，我们党员的情况如何呢？在文艺作品中提倡用共产主义思想教育人民，在文艺队伍中就要提倡用共产主义思想教育、武装我们的文艺工作者，特别是共产党员要像个党员的样子，要像共产主义先锋战士的样子，这是非常重要的。"在文艺领域，让社会主义新人形象大放光彩，是建设社会主义精神文明的必然选择。文艺工作者责无旁贷地要传承社会主义的精神文明，如果自己在思想品德上做不好，就无法对社会尤其是青少年起到好的影响。贺敬之对于文艺界党员应该做出的表现做了很高的期待，这是党员作家艺术家党性的体现。从党的文艺事业的发展出发，抓住创作中的创作者，尤其是党员创作者要用共产主义思想道德教育自己武装自己，从世界观人生观上入手，可说是抓到了根本之所在。能够使文艺工作者尤其是党员作家艺术家要树立正确的世界观人生观，世界观人生观上不正确，有缺陷，就难以塑造好有社会主义思想共产主义思想的社会主义新人形象。贺敬之说："对我们社会主义文艺工作者的精神面貌和素质，我们也应该有所要求。这些同志应该像他们的作品中所表现的那样，他们应该是社会主义的新人。"① 他着力主张要从思想上、组织上努力提高文艺战线党的战斗力，加强和改善党的领导上。没有党的领导，中国社会主义的文艺性质就无从落实和体现，文艺战线党的先进分子和各方面的积极分子的政治和业务的素质如何，精神面貌如何，对于社会主义文艺的方向和整个面貌就不是可有可无的了，对于社会主义新人形象的塑造则是至关重要的。

---

① 贺敬之：《社会主义文艺的主旋律》，《贺敬之文集》四·文论卷（下），作家出版社 2006 年版，第 205 页。

对于什么叫社会主义新人的认识，在当时的理论界和创作界，并不都是一种看法，即使在当下，都还可以做深入的探讨。贺敬之想，"社会主义新人总得一是有社会主义思想，二是从事社会主义事业、干社会主义。这是起码的。这决不是说社会主义新人就是完人，就是一种性格的人，一种模式的人。不是这样的。社会主义新人的性格是丰富多彩、千差万别的。有的同志说，提出写社会主义新人是不是狭窄了呢？不，不是这样。写十亿人民的气息万千的新生活和他们当中千姿百态的新人形象，怎能说狭窄呢！"① 社会主义新人形象需要有社会主义、有共产主义的思想内容，艺术表现上经得起人民群众的检验，这样的作品才有价值。

"社会主义文艺要以共产主义思想为核心，也要表现社会主义、共产主义的思想内容，没有这个怎么叫社会主义呢？……我们社会主义文艺就是要体现社会主义性质，要使得我们的旗帜非常鲜明。"② "我们的文艺应该表现社会主义的思想内容，应该表现社会主义的时代精神，应该表现社会主义新时代的先进人物、英雄人物，以鼓舞我们的人民建设我们的社会主义国家"。③ 在《社会主义文艺的主旋律》一文中，贺敬之道："什么东西才有价值？有社会主义、有共产主义的思想内容，为人民群众所欢迎同时艺术上也是精巧的作品，才是真正有价值的。就是说，思想和艺术都要好，内容和形式要统一。这样一个马克思主义者历来公认的艺术评价标准，这样一种价值观，在今天并没有过时。"在此，贺敬之并不只是从思想内容上来衡量、评判作品的价值，要求作品有社会主义有共产主义思想内容是必须的，而且还强调作品艺术上也要精巧，这同样不可缺少。就是说思想性艺术性都要讲，两者不能偏废。艺术表现上做得好，但没有社会主义共产主义的思想内容，或者是有社会主义共产主义的思想内容，但艺术表现上没有做好，都不能叫有价值的东西。《搞好社会主义文艺创作的"重点建设"——在观看〈中国革命之歌〉试排后的讲话》中，贺敬之道："我们应当更好地表现社会主义现代化建设，塑造社会主义新人形

---

① 贺敬之：《反映社会主义时代，同人民群众结合——在煤矿文学优秀作品授奖大会上的讲话》，《贺敬之文集》四·文论卷（下），作家出版社 2006 年版，第 47 页。

② 贺敬之：《搞好社会主义文艺创作的"重点建设"——在观看〈中国革命之歌〉试排后的讲话》，《贺敬之文集》三·文论卷（上），作家出版社 2006 年版，第 470 页。

③ 贺敬之：《社会主义文艺的主旋律》，《贺敬之文集》四·文论卷（下），作家出版社 2006 年版，第 204 页。

象，表现社会主义革命斗争历史，表现社会主义祖国的辉煌历史。这个责任责无旁贷地落在我们身上，这就是更高地举起社会主义文艺旗帜的这个'更'字嘛！"在该文中，贺敬之对《中国革命之歌》这个作品做了充分的肯定。有人说，这样的东西现在的青年爱看吗？贺敬之是有信心的，他认为是可以征服他们的。我们有这样崇高的思想内容，而且我们不仅注重思想内容的正确，也注重艺术表现的提高，努力做到思想内容和艺术形式的高度统一。这样的作品，他相信人们是会喜欢的。他感到灵魂被震动了，同志们给了他这个观众第一阵感情的暴风雨。文艺表现新时期出现的社会主义新人也是要做到思想内容的正确，艺术表现的提高，做到两者的高度统一，人们就不会排斥之，就会真心地喜爱之。

　　贺敬之在《观看话剧〈金子〉后的谈话》中指出，这个题材"这里边体现着和党的正确路线、和四化建设密不可分的东西，有社会变革的深刻意义，有新人物、新思想的闪光，有社会主义新人的心灵美。我非常喜欢那句台词，苏秋华说：'不管在任何时候，忘我的献身精神总是需要的！'但这个人物的精神境界还可以比现在更开阔一些，形象更丰满一些。反对标语口号、说教的戏，但是，对四化这个大目标应当明确地、响亮地予以展示"。社会主义新人之所以是新的，具有以往文艺作品中新人所没有的时代特征，人物的精神境界要开阔，形象要丰满，要有远大的目标，奋斗的事业，确实能体现出社会主义、共产主义的思想觉悟，从而给读者观众听众以思想境界的提高。

　　[作者简介]：杜寒风，中国传媒大学文学院教授、博士，文艺学汉语国际教育硕士生导师，《语言文学前沿》主编。

第三编

西方马克思主义文化、文艺研究

"异在"对"异化"的拯救

——马尔库塞的艺术"异化"观解读

丁国旗

探讨发达资本主义社会存在的种种"异化"（alienation）现象，对于西方马克思主义理论家而言，这是再普遍不过的事情了。这不仅因为卢卡奇在他 1923 年所撰写的《历史与阶级意识》这部被称为"西马圣经"的作品中，探讨了资本主义社会生产过程中普遍存在的"物化"现象以及与无产阶级意识的分析，给后来的"西马"学者留下了宝贵的理论资源；而且还因为 1932 年马克思《1844 年经济学哲学手稿》（以下简称《手稿》）的问世，使他们从马克思本人这里直接看到了以"异化"为切入点展开对资本主义社会批判所带来的理论震撼，马克思对"异化劳动"以及"人的本质"实现的分析直接成为他们学术研究的理论起点。因此，对于"西马"学者而言，他们各自的学术主张、理论贡献或许因为兴趣点不同而各自相异，但有一点却必然是相同的，这就是他们一定会抽丝剥茧，发现发达工业社会或后期工业社会的共同特点——"异化"。既有社会的"异化"，成为所有西方马克思主义者进行社会批判的最大理由。

然而，对于马尔库塞而言，"异化"的意义远不只是他通过辛勤的理论耕耘，找出了发达工业社会所呈现出的以"单向度"为总体特征的病态状况，而且还在于"异化"也是他拯救这个"异化"社会的理论武器。

马尔库塞后期提出的"艺术即'异在'"① 这一主张，揭开了其通过审美之维拯救"异化"的发达工业社会的救赎之路，而"异在"（estrangement）的意思即指"异化"②。不仅如此，马尔库塞后期对艺术"异在"理论的探讨，与其青年时期所进行的对"德国艺术家小说"的研究又有着某种直接的关联。然而令人遗憾的是，过去学者们大都注意到了马尔库塞社会批判理论中的"异化"思想，而对其后期艺术观念中的"异化"思考以及早期的艺术家的"异化"研究却少有关注。"异化"对于马尔库塞一生的学术创建而言，有非同寻常的价值和意义。本文将就此展开论述。

一　"异化"——发达工业社会的病症

马尔库塞一生中最为人所知的理论贡献就是他独特的社会批判理论，通过对发达工业社会中人的本质状态的深入探讨，他发现，人的"单向度"甚至人的生存环境的单向度，已经把人的自由与解放禁锢在"一体化"社会独有的"操作理性"的牢笼之中，哲学、文化以及社会各个层面所存在的迎合既有社会的理性倾向，彻底断送了人们走向自由的全部可能。"单向度"的社会与"单向度"的人，是马尔库塞对发达工业社会"异化"现象的独有界定，比较准确地概括出了发达工业社会存在的病症。当然，对"单向度"的具体分析，马尔库塞涉及的内容很多，如他对"技术理性"的控制、官僚体制的管理、本体语言的滥用、教育手段的介入、实证主义思想的流行，以及控制的非暴力和幸福意识的产生等都进行了比较详细的论述与分析，这里不再赘述，而只想就"异化"病症的三个突出特征，即"技术控制""人沦为物""幸福意识"，给予粗线条的说明。

发达工业社会之所以发达，是由于它有着出类拔萃的技术，因此，探讨发达工业社会人的异化状况，也就必然要从技术入手。马尔库塞认为，

---

① ［美］赫伯特·马尔库塞：《审美之维》，李小兵译，广西师范大学出版社2001年版，第181页。

② 词源的考察表明，"异化"的德文词"entfremdung"是英文词"alienation"的翻译，而德文"entfremdung"的字面意思又是"estrangement"，也就是说，这三个词实际都是"异化"的意思。

"在一种新的意义上来说，正盛行的社会控制形式是技术的。"① 他将由技术秩序所建立起来的对社会的控制称为"新的控制形式"，并认为技术控制"像是增进一切社会集团和利益群体的福利的理性之体现"，"以致所有矛盾似乎都是不合理的，所有反作用都是不可能的"②。在发达工业社会中，作为技术的生产设备和它产生的商品和服务，"'出卖'或欺骗着整个社会体系"③。

马尔库塞并不是一个"反技术"者，他明白技术在本质上是中性的，技术在推动社会进步、消除贫困等方面发挥着重要的作用，然而这只是技术的一个方面。马尔库塞所要批判的是科学技术与价值观念的分离，是技术成为统治的新形式。对马尔库塞来说，看到技术的另一面，即看到它控制的一面，对于理解发达工业社会的整体异化是非常重要的。在既有社会中，"绝对优势的效率"和"不断增长的生活标准"，导致技术成为控制和管理的新角色。技术将公共的和个体的私人生存包括了进去，将工作时间和自由时间、服务和娱乐、自由和文化也包括了进去。机器侵入到个人的内心形式之中，侵入到人的本能和才智之中，于是机器不再发挥原始意义上的对于残忍的、外来的、个人的或者自然力量的干涉；甚至不再作为竞争的、经济的自由劳动，"依靠技术而不是依靠恐怖来征服离心的社会力量"④，使技术完全成了客观的技术理性，显现着它对人的合法的控制。"技术的解放力量——物的工具化——变成自由的枷锁：人的工具化。"⑤物质的极大丰富并不能解决所有的问题，不仅如此，对科技的过度追求，必将丧失其服务于人的目的，使对技术本身的追求成为目的，这就必须导致人与社会的异化。发达工业社会"以技术为中介，文化、政治和经济融合成一个无所不在的体系，这个体系吞没或抵制一切替代品"⑥。在《单向度的人——发达工业社会意识形态研究》一书中，马尔库塞从政治领域的封闭、痛苦意识的征服、言论领域的封闭，以及否定性思维的挫

---

① ［美］赫伯特·马尔库塞：《单向度的人——发达工业社会意识形态研究》，张峰、吕世平译，重庆出版社1993年版，第9页。
② 同上书，第10页。
③ 同上书，第11页。
④ 同上书，第2页。
⑤ 同上书，第135页。
⑥ 同上书，第7页。

败、实证性思维的胜利等多个方面，详细分析了技术合理性（"技术理性"）主导下的发达工业社会之所以成为"单向度"社会的发生逻辑。"技术控制"，这是发达工业社会走向异化的最重要的特征。

　　许多人认为马尔库塞的异化理论是以黑格尔的人的本质概念为幌子，从一种主观精神的绝对自由论出发，而将马克思《1844 年经济学哲学手稿》中的"异化劳动"这个原属于工人的异化问题，提升为一个纯粹的哲学的、人类的"普遍本质"问题。这实在是对马尔库塞的一种曲解，实际上马尔库塞是以马克思"从现实的、有生命的个人本身出发"① 这一原则来研究异化的。正是在评述"手稿"这部作品时，在对马克思"劳动"与"外化劳动"的分析中，马尔库塞形成了自己关于"异化作为物化"这一基本认识的。当然这里的"物化"与黑格尔所讲的物化和外化有所不同，这里的物化，简单地说，就是人变成物，人成为物的奴隶，成为物所奴役的对象。马尔库塞曾经从马克思的关于"劳动"的定义中推论出"劳动是'人的自我创造运动'，也就是这样一种活动，在它之内并通过它，人第一次真正成为符合人的本性的人，因为人在劳动中这种'成为什么'和'是什么'是由自己决定的，所以他就能够按照他所具有的本性来认识和'对待'自己（即人的"自为的生成"）。"② 而"异化劳动"却与之不同，在异化劳动中，显然是"人性几乎丧失殆尽，人沉沦为丧失了人的存在的现实性的抽象的劳动者，他们和自己的劳动对象相分离，被迫把自己当成商品出售"③，因此，马尔库塞说，"异化的扬弃，只能建立在摧毁物化的基础上"④。马克思在论述资本主义社会人的劳动的异化时，是从人在资本主义劳动中必然表现为"自我异化"这一角度来谈的，而马尔库塞则通过对发达工业社会出现的新形势的新考察，得出了新的结论："发达工业文明的奴隶，是地位提高了的奴隶，但仍然是奴隶，因为决定奴役的'既不是顺从，也不是艰苦劳动，而是处于纯粹工

---

　　① 《马克思恩格斯选集》第 1 卷，人民出版社 1995 年版，第 73 页。

　　② ［美］赫伯特·马尔库塞等：《西方学者论———八四四年经济学哲学手稿》，复旦大学哲学系现代西方哲学研究室编译，复旦大学出版社 1983 年版，第 104 页。

　　③ 同上书，第 96 页。

　　④ 同上书，第 132 页。

具的地位、人退化到物的境地.'"① 在发达工业社会条件下，技术进步，物质富足，人们的生活状况与马克思写作《手稿》的时代已经大相径庭，因此，此时的"人沦为物"就必然拥有了许多新的含义。但不管怎样，"人沦为物"，这无疑是马尔库塞对发达工业社会条件下人的"异化"特征的又一个新的概括。

技术越是进步，生产得越多，要求消费的商品也就越多。因此为了使社会得以延续，既有社会就必须借助各种广告媒体、社会催眠术等手段，使人们"按照广告来放松、娱乐、行动和消费，爱或恨别人所爱或恨的东西"，从而制造出一种"虚假的需求"，使"虚假的需求"获得真实需求的外衣，从而将消费商品作为一种自觉追求的目标，"使艰辛、侵略、不幸和不公平"得以长期存在，在消费商品中获得快乐和满足。马尔库塞将这种现象称为"不幸中的幸福感"②。发达工业社会通过各种控制手段，实现了"社会的需要和政治的需要必须变为个人的本能的需要"③ 这一目标，而个人一旦接受了自己本能结构的改变，也就必然进一步"不自觉和自觉地接受和屈从于制度的控制和操纵"④。于是，个体认同控制，满足成为社会常态，人成了"单向度"的人，社会成为"单向度"的社会。这正好印证了马尔库塞的一个判断："随着技术合理性成为更好的统治的巨大载体，便创造了一个真正极权主义的世界，使社会和自然、心和身为维护这个世界而处于长期动员状态，技术合理性也就显示出它的政治特点。"⑤ 而尤其是在技术合理性的向度里，在人们享受着丰富商品所带来的满足中，"幸福意识开始盛行起来"，"这种幸福意识反映着这样的信念，即现实的就是合理的：不管怎么说，现存制度提供了商品"⑥。"幸福意识"是灵魂麻痹的最好药物，不仅使一切可能的反抗无从谈起，而且还使这些力量转化为维护的力量。在富裕社会里，当局几乎无须证明其统

① ［美］赫伯特·马尔库塞：《单向度的人——发达工业社会意识形态研究》，张峰、吕世平译，重庆出版社1993年版，第30页。
② 同上书，第6页。
③ ［美］赫伯特·马尔库塞等：《工业社会和新左派》，任立编译，商务印书馆1982年版，第5页。
④ 同上书，第4页。
⑤ ［美］赫伯特·马尔库塞：《单向度的人——发达工业社会意识形态研究》，张峰、吕世平译，重庆出版社1993年版，第17页。
⑥ 同上书，第67页。

治之合理，它的合理性就能够得到人们的认可，至此发达工业社会对人的控制也就大功告成。在《爱欲与文明》"1961 年标准版序言"中，马尔库塞提道："在现时代，心理学概念成为政治概念，以致私人的、个体的精神成了一定程度上心甘情愿的容器，里边储藏了为社会所欲求、对社会所必要的志向、感情、满足和内驱力。"① 个体的、私人的成为与社会所欲所求相一致的东西，自觉地接受社会的管理与控制，这是发达工业社会呈现的另一个新现象。"幸福意识"也成为发达工业社会造成的人的异化的又一特征。

　　以上所谈发达工业社会异化的三个特征，加之其他原因，使发达工业社会整体处于异化、病态之中。一方面是技术的进步和物质产品的极大丰富，一方面是人的感受力的萎缩和思考能力的几近丧失，发达工业社会的正常功能即呈现出一种"综合病症"，当"一个社会的基本制度和关系（它的结构）所具有的特点，使得它不能使用现有的物质手段和精神手段使人的存在（人性）充分地发挥出来，这时，这个社会就是有病的"②。发达工业社会是"病态社会"，它的"一体化"使任何力量都无法逃脱被它整合的命运。

　　马尔库塞曾在研究《手稿》的文章中说，"人的表现首先总倾向于外化，而他的对象化则倾向于物化，从而他只有通过'否定之否定'，即通过废弃他的外化和从他的异化中复归，他才能达到一种普遍的和自由的现实"③。而今天面对这样一个病态的、对人奴役的、单向度的社会，要从"异化中复归"，找回人的独立思维、恢复人的全部感性，就必须有一种新的力量，这个新的力量必须从"异化"的社会之外去寻找，即通过"异化的异化"去寻找，"异化的异化"就是"否定之否定"，在马尔库塞看来，这个"否定之否定"的结果便是"艺术"。

---

　　① 赫伯特·马尔库塞：《爱欲与文明》，黄勇、薛民译，上海译文出版社 1987 年版，第 15 页。

　　② 上海社会科学院哲学研究所外国哲学研究室：《法兰克福学派论著选辑》，商务印书馆 1998 年版，第 441 页。

　　③ 赫伯特·马尔库塞等：《西方学者论——一八四四年经济学哲学手稿》，复旦大学哲学系现代西方哲学研究室编译，复旦大学出版社 1983 年版，第 130 页。

二 "异在"——作为拯救"异化"的武器

马尔库塞一生的学术研究，在笔者看来以 1933 年加入法兰克福学派和 20 世纪 60 年代中后期的"新左派"运动为两个时间点，大体可分为三个阶段：第一阶段是他的学术探索阶段，由于对文学的兴趣，这一阶段他撰写了博士论文《德国艺术家小说》；第二阶段是他形成社会批判理论的阶段，其众所周知的著作《爱欲与文明》《单向度的人——发达工业社会意识形态研究》都在这一阶段完成，本文前面部分对此已进行了分析；第三阶段是他审美救治理论的建构阶段，《审美之维》这部名著成为这一阶段的代表之作。在这三个阶段中，一般来讲，学界对于他第二阶段独特的社会批判理论十分熟悉，赞扬有加；而对他第三阶段的审美救治理论却常常抱有偏见，认为那是他在"新左派"运动失败之后，躲进象牙塔里搞学术的无奈之举；至于他在第一阶段中对于德国艺术家小说的研究，学界比较淡然，较少关注。实际上，马尔库塞一生的学术研究有着极其完整的发展路径，他的社会批判理论与其前后两段时期的美学研究之间有着极强的逻辑联系，他的社会批判理论只有纳入他的美学思想与理论中才能得到最好的解释。

马尔库塞对文艺问题的探讨，一个在前期一个在后期，是有些耐人寻味的。而更意味深长的是，无论前期还是后期，马尔库塞在探讨文艺问题时，如在中期的社会批判理论阶段，"异化"同样是他学术研究的关键词，尤其是在后期，"异化"（即"异在"）成为他艺术与审美理论构建与成熟的标志所在。前期他分析了艺术与艺术家的异化问题，而后期他将"异化"作为艺术的本质属性，并将他对既有发达工业社会"异化"的拯救与未来社会的全部理想投注于此。然而，这里必须明确的是，同样是讨论艺术的"异化"，但"异化"的含义及其所指代的意义在这两个时期并不一样，反映了其探索期与成熟期在艺术观方面的巨大差别。

前期，马尔库塞主要是从"艺术与生活是完美统一的"这一原则下来谈论"异化"，后期，则是从强调"艺术与生活要永远对立"这一前提下来讨论"异化"，从基本的艺术立场和观念上看，虽同为"异化"，但它们实际上并不是一回事；前期对"异化"的研究流于一种艺术现象的描述，"异化"的意义上也是一般意义上的艺术与生活的不合、矛盾或抵悟，而后期对"异化"的探讨却是致力于建构一种新的艺术理论——一种对发达工业社会的"异化"进行治疗的理论，此时"异化"的意义在于说明艺术的独立性、本体性等本质属性。因此，笔者认为，虽然马尔库塞在他一生的学术研究中，一直都没有离开过"异化"（alienation）这一概念，但"异化"在他不同的研究阶段，含义是不同的。国内学者注意到了这种不同，并将其后期艺术观中的"异化"（estrangement）译成"异在"①，是比较有道理的。以"异在"区别于一般意义上的"异化"，对于人们认识马尔库塞后期艺术的独特思想是十分必要的。就笔者的理解而言，"异化"由"外化""物化"延伸而来，是指一物向另一物的转化，这用来说明其早期研究中德国艺术家及其艺术创作与生活的脱离是合适的，用来说明他中期研究阶段对发达工业社会的病态与单向度也是恰切的，但用来界定其后期探讨艺术独一无二的本质属性就不太合适。而"异在"则可以表达"相区别的""不同的存在"等意思，显示了事物内涵的独一性、排他性，是另一个"他者"（other），这就可以比较准确地传达马尔库塞后期对于艺术的基本看法。在《审美之维》等马尔库塞后期作品的中译本中，译者们用"异在"而不用"异化"，显示出译者们对其后期艺术思想的独特认识和领悟。

（一）《德国艺术家小说》中的"异化"思想

马尔库塞之所以会在前后两个时期拥有两种不同的艺术"异化"观，与他整个学术思想的发展历程以及对艺术的认识程度不同直接相关。早年写作《德国艺术家小说》这篇博士学位论文时，他还是一位 24 岁左右的青年学生，对文学的兴趣加之受到黑格尔等人思想的影响，他的论文在很大程度上可以看成是黑格尔思想在德国的复活。论文中，他论述了歌德、凯勒、托马斯·曼在处理德国艺术家小说方面的能力，运用了类似于黑格尔《精神现象学》中的辩证法和解释学的"同情共感"等方法，并把人物带到"生命"的境遇之中，对艺术家和艺术家小说进行研究。

---

① 马尔库塞在其《审美之维》中，还曾用"other"一词来说明"艺术是社会现实的'异在者'"，即艺术是现实社会的一个"他者"，以更准确地表达后期"异在"的艺术观念。见 Herbert Marcuse, *The Aesthetic Dimension*: *Towards a Critique of Marxist Aesthetics*, Boston: Beacon Press, 1979, p. 72。

　　马尔库塞首先预设了"艺术与生活是一体"的这一艺术创作的理想状态，然后探讨了浪漫主义艺术家们的"异化"性存在，并对他们的"异化"表达了不满。在马尔库塞看来，苏格拉底以前的希腊文化处于"史诗时代"，那时艺术与生活总体上是和谐的，"生活本身就是艺术并且具有神性"。[①] 他认为，德国文化也有一个类似于希腊"史诗时代"的英雄时代的源头，那时，诚如古代诗人所言"艺术和生活是完美统一的"，即艺术所描写的生活与现实所存在的生活是完全一致的。然而，这种"统一"却随着封建文化的崩溃、资产阶级城市的建立和三十年战争而被弄得七零八落，一个分裂冲突的时代于是产生了，这是一个"完全贬低价值的、枯竭的、残忍的和充满敌意的、不能提供任何成就"的社会，这种社会使"主体性意识的喷发"与对异化的征服欲望成为可能，文学史的浪漫主义时代因此产生。于是，艺术家们开始赋予他们的情感以具体的形式，即艺术的形式，并且尽其所能期望这种形式在现实世界中变为现实；这种形式还引领艺术家们尽力去依据他们自己的理想改造这个分裂、冲突的现实，试图以此战胜艺术的"异化"（即此时艺术表现与现实的不一致），或者在幻想的美的世界（即艺术的世界）中去寻求躲避的场所。也就是说，改变这种状况的出路，只有两个，一个是改变现实，一个是躲进艺术的审美世界之中。然而，改变现实谈何容易，而躲进美的世界、远离生活又难免痛苦。于是艺术家就只能选择另一种方式，即改变自己。这样结果便必然是艺术家走向自我异化的命运。用马尔库塞自己的话说，艺术家小说中的英雄人物（艺术家或具有艺术气质的人）"由于生存环境的局限而不能在他的生活方式中发现圆满。他的本性和渴望为现实所不容，他处于同现实生活的对抗中……由于他对抗的力量是如此之大，不去打碎他的艺术才能与他的人性，他就无法长期忍受下去，所以他企图找到解决的答案——一个新的、与生活一致的状况"。[②] 显然，艺术与生活的对抗、与艺术家对于艺术的追求造成了艺术家的异化，若想消除这种异化，就必须泯灭他的艺术气质和艺术幻想。

　　"艺术家小说"揭示出艺术家同现实社会的格格不入，与生活的决

---

　　① Douglas Kellner, *Herbert Marcuse and the Crisis of Marxism*, Berkeley: University of California Press, 1984, p. 20.

　　② Ibid. .

裂，展现了艺术与现实生活的不和谐状态。然而值得一提的是，马尔库塞在《德国艺术家小说》中并没有对浪漫主义创作给予肯定的解读，而是进行了批评性分析，因为在此时的马尔库塞看来，艺术家对于"意识世界"（或主观的精神世界）的纯粹投入并没有什么可取之处，他认为"'真正的艺术家'（true artist）对生活不是否定的声音，而是肯定的声音"①，即要通过艺术与生活的结合与一致来确认人生的快乐。基于这样的艺术观，马尔库塞赞扬了后期浪漫派返回历史和日常生活的努力。在他看来，艺术家除了对理想的渴望外，还要有对生命、对现实的渴望。现实生命和生活才是艺术家的归宿，真正的现实会成为一种价值，只有在这里，艺术家才能重新找到意义和目标。然而无论马尔库塞怎样去分析艺术家问题，并在论文中试图用"教育"灌输来改变艺术家们内心积压的不满和郁闷，但他终究无法真正解决艺术家的异化。压抑激情和冲动，并不是消灭冲动，无视生活与现实的改变而一味地指责艺术家出了问题，终究无法解决现实与艺术家的矛盾、艺术与艺术家的异化的症结所在。

（二）《审美之维》等作品中的"异化"思想

与前期对艺术与艺术家的异化持批评态度完全相反，后期马尔库塞对艺术的"异化"（"异在"）则是完全肯定的，并且他还将艺术的"异在"置于艺术的本质特性这一高度，认为艺术是对生活的疏远、超越与否定，从而将艺术与现实生活完全拉开了距离。艺术是"异在"的，它保存着人类最珍贵的幻想和对于未来的美好憧憬，以使人们永远心存愿望，不懈追求；因为艺术是对现实的否定、超越与批判，"它拒绝遵循既有现实的一切，它的语言，它的秩序，它的传统和它的形象"②；艺术对眼前现实的否定、超越，打碎了现存社会中物化了的客观性，并开启崭新的经验层面，它造就了具有反抗性的主体性的再生；因为艺术是"异在"的，"艺术家借助于这个异化，使自己逐渐从异化社会中摆脱出来，并创造出只有

---

① Douglas Kellner, *Herbert Marcuse and the Crisis of Marxism*, Berkeley: University of California Press, 1984, p. 384.

② Richard Kearney, *Dialogue with Herbert Marcuse*, *Dialogues with Contemporary Continental Thinkers: the Phenomenological Heritage*, Manchester University Press, 1984, p. 74.

艺术才能在其中具有和传达其真理的非现实的、幻象的天地。"① 后期马尔库塞之所以对作为"异在"的艺术非常看重，是因为面对发达工业社会这个异化的、单向度的、病态的社会，艺术的"异在"构成第二层次的"异化"，即是对"异化"的现实的"异化"，因而只有它才可以避开被既有社会整合的命运，成为拯救既有社会唯一可能的力量。"艺术通过让物化了的世界讲话、唱歌甚或跳舞，来同物化作斗争。"② 艺术的"异在"是马尔库塞为疗治"异化"的社会开出的一剂良方。

马尔库塞后期对于艺术"异在"思想的论述有一个成熟而完整的理论体系，归纳起来看主要包括以下一些方面：（1）艺术的二重性思想。他既看到了艺术"作为现存文化的一部分"所起到的对于现实的肯定作用，同时也看到了艺术作为现存现实"异在"的否定潜能，他的艺术"异在"思想就是对艺术否定潜能发挥的结果；（2）独特的艺术政治观。马尔库塞认为艺术具有"政治功能和政治潜能"，但艺术并不通过直接的"介入"而成为一种革命实践，艺术的政治潜能在于"艺术本身"。（3）审美与艺术与感性相关联的思想。审美一方面关联艺术一方面关联感性，这一思想为他后期"新社会"构建中的主体力量，即"新感性"的人的产生与塑造提供了理论依据。（4）技术的二重性思想。马尔库塞不仅看到了技术作为一种支配力量，对造成发达工业社会异化、病态、单向度的一面，同时也看到了技术在其原初意义上与艺术的关联，正是在此意义上，他提出了"新技术"这一概念，从而为其"新社会"理论的构建找到了现实的物质力量。（5）艺术的形式、自律与真理相统一的思想。这一思想是马尔库塞艺术思想的精髓所在，由艺术走向真理，包容着他对未来社会建构的全部热情和渴望，也是他"新社会"理论构建的前提。以上这些内容共同组成了马尔库塞后期艺术"异在"思想的体系化内容，其内容丰富，富有原创，但限于篇幅，这里只就"艺术形式、自律与真理"的关系再多做些说明。

在马尔库塞后期的艺术观念中，"审美的形式、自律和真理"这三者是相互关联和统一的，它们共同构成艺术"异在"的独特内容，审美的

---

① ［美］赫伯特·马尔库塞：《审美之维》，李小兵译，广西师范大学出版社2001年版，第156页。

② 同上书，第237页。

形式与艺术自律成全了艺术的"异在"，而"异在"的艺术则保存着对于真理的承诺。"让世界就像它在艺术作品中那样，真正地表现出来。"① 这是马尔库塞后期艺术"异在"思想提出的根基与理论归宿，寄托着马尔库塞对于未来社会的全部热情与理想。在早期，他看重艺术与生活的完美统一，从而希望艺术家可以通过各种方式回归于生活的一致与和谐；而后期他所强调的则是，让人们彻底远离整体异化的现实生活，而要像"在艺术作品中那样"去过真正的人的生活。马尔库塞认为，只有生活在艺术中的人才是无忧无虑的，在艺术的王国中，每个人都会有自己的故事，有自己的喜怒哀乐、悲欢离合，艺术中的人的生活是正常的男人和女人的生活。只有"生活在艺术"中，人性才能得到尊重，人的多维需要和潜能才能得到满足和实现，自由和解放才能成为可能，这是一种没有压抑也无须压抑的生活。可以这样说，"异在"的艺术世界，是马尔库塞给"异化"的现实世界指出的一个可供参照的"世外桃源"，他希望通过这两种世界的对照，培育人们对旧的世界的控诉，对新的生活的渴望；"异在"的艺术世界，是马尔库塞给生活在"铁屋子"中的人们带来的铁锤和镰刀，他希望人们用它可以敲醒沉睡的长梦，砸碎禁闭他们的牢笼；"异在"的艺术世界，是马尔库塞给世人盗取的普罗米修斯之火，他希望人们用它焚毁麻木、沉沦、虚假的生活，而迈向感性、自由、解放的生活。如果说早期马尔库塞希望的是人们生活在现实中，否则就会走向异化，而后期他则希望人们要"生活在艺术中"，否则就无法摆脱异化；前期他提出让艺术回归生活，由现实来引领艺术，而后期他则要求现实走向艺术，由艺术来引领生活。前期关于"艺术与生活统一"的看法，主要是建立在他的事先预设之上，而后期"让生活走向艺术"，则是他在对发达工业社会现实批判的不断探索中找到的解放之途。"艺术的世界就是另一个现实原则的世界，另一个异在的世界，而且艺术只有异在化，才能完成它的认识的功能。"② 的确，没有"异在"的艺术，没有艺术王国另一种生活的参照，人们麻木的知觉、反思力、审美力又如何回归，人们又如何解开既有发达工业社会虚假繁荣、虚假幸福的症结，如何迈出追求新生活的第

---

① ［美］赫伯特·马尔库塞：《审美之维》，李小兵译，广西师范大学出版社2001年版，第191页。

② 同上书，第197页。

一步？

　　由以上论述可知，马尔库塞运用辩证思维的方法，形成了他独特的"异化"思想体系，其"异化"思维与他执着的批判精神，使他不断求索，不仅发现了发达工业社会走向病态和单向度的"异化"秘密，同时，也使他在对艺术与审美问题的"异在"性思考中，找到了解决既有社会"异化"的理论钥匙。"艺术不能改变世界，但是，它能够致力于变革男人和女人的意识和冲动，而这些男人和女人是能够改变世界的"。[①] 将"异在"作为疗救"异化"的真正武器，是马尔库塞"异化"思想真正走向成熟的标志。

　　　　　[作者简介]：丁国旗，中国社会科学院文学所研究员，文学博士。

---

　　① [美] 赫伯特·马尔库塞：《审美之维》，李小兵译，广西师范大学出版社2001年版，第212页。

文化马克思主义的历史和启示

党圣元

一

文化马克思主义大体指的是当代西方批判理论，即西方马克思主义。它主要关注的是西方社会里的性别、种族、文化身份等问题，致力于分析社会中的媒体、艺术、戏剧、电影以及其他文化形式。文化马克思主义兴起于 20 世纪 20 年代，其中最著名者是德国的法兰克福学派和英国的伯明翰学派，思想家包括从格奥尔格·卢卡奇、安东尼奥·葛兰西、恩斯特·布洛赫、瓦尔特·本雅明、T.W. 阿多诺、爱德华·汤普森、雷蒙德·威廉斯到特里·伊格尔顿、斯图亚特·霍尔等人，这些理论家以马克思主义分析当代资本主义社会里的文化形式及其对受众和社会生活的作用和影响。在后现代主义阶段，新一代马克思主义理论家致力于分析福特、后福特资本主义条件下的文化变迁、流行音乐和艺术对传统文化的影响，以及在公共领域里的政治话语，代表人物是杰姆逊、哈贝马斯等人。

文化马克思主义起源于第一次世界大战之后。马克思曾预言，在一次大的欧洲战争之后，全欧洲的工人阶级将会起来反抗，推翻资本主义，创建共产主义。但当战争在 1914 年到来时，无产阶级革命并没有发生。当它最终于 1917 年在俄国发生时，其他欧洲国家的工人并没有支持它。问题何在？葛兰西和卢卡奇都认为，西方文化和基督教已经遮蔽了工人阶级认识他们自己的阶级利益，只有摧毁这两者，共产主义才有可能在西方实现。在《狱中札记》中，葛兰西认为新的无产阶级应由罪犯、妇女和激进少数派组成，新的战场是文化领域，包括学校、教会、民间组织、文学、媒体、娱乐、科学和历史等，所有这些必须被彻底改造，社会和文化秩序要随着无产阶级政权的建立而颠倒过来。

1923 年，受卢卡奇的影响，一群德国马克思主义者在法兰克福大学创建了社会研究所，即日后影响卓著的法兰克福学派。为了把马克思主义从经济转化为文化术语，法兰克福学派在许多要点上反驳马克思。他们认为文化不只是马克思所称的社会上层建筑的一部分，还是一个独立且非常重要的变量。他们还说，工人阶级不能领导马克思主义革命，因为它正在变成中产阶级即资产阶级的一部分。那么谁能领导社会革命呢？在 20 世纪 50 年代，马尔库塞对此问题做出了回答：一个由黑人、学生、女权主义妇女和同性恋者组成的联盟。马尔库塞的理论是卢卡奇的文化激进主义同弗洛伊德精神分析的拼接，最终产品就是文化马克思主义，如今在美国以多元文化主义著称。

文化马克思主义的关键是文化决定论。文化马克思主义分析文化形式与文化发展、社会历史的关系以及对大众和社会生活的作用与影响。马克思主义的经济基础—上层建筑模式认为，生产力是社会发展的基本动力，文化、法律等意识形态保障统治阶级的统治地位，在这一历史过程中，文化从属于特定的阶级斗争，服务于特定的阶级利益。但总体来看，马克思和恩格斯主要关注的是资本主义的生产方式和资本主义社会的阶级斗争，并没有出版专门的文化批判著作。自 20 世纪 20 年代始，葛兰西、卢卡奇、布洛赫等一批马克思主义者转向文化现象。葛兰西认为，意识形态是一个充满活力和挑战的领域，各种力量在此交汇，大众媒介、市民社会、教育机构以及各种团体都是意识形态获得合法性的领地。卢卡奇指出，只有置入历史文化背景才能理解文学、小说以及各种文化文本的文化意义；通过历史环境和文化文本的互动，以有效地解释文本和历史，是卢卡奇对文化研究的重要启示。布洛赫则将关注的目光投向文化世界中的乌托邦层面，他在《圣经》《荷马史诗》以及现代广告中发掘出理想生活的世界。简要地说，葛兰西的意识形态理论和霸权概念、卢卡奇的历史唯物主义文化理论、布洛赫对日常生活世界的研究以及早期马克思主义理论家弗洛姆、赖希等人的精神分析理论等，均对后来的法兰克福学派和英国文化研究产生了重要影响。

二

　　因法兰克福学派在中国学界已广为人知，这里仅谈英国文化马克思主义。英国文化马克思主义产生于当代英国的政治文化语境，是战后时代的产物。20 世纪 30 年代和 40 年代的人民阵线；50 年代末 60 年代初的新左派运动和核裁军运动；1968 年的反传统文化政治活动和学生运动；70 年代的女权主义运动和反种族主义的政治运动等：它们构成了英国马克思主义者思考和文化马克思主义产生的环境。第二次世界大战后的阶级状况逐渐使得传统的马克思主义对工人阶级的解释无能为力，这些变化的环境还质疑了"老左派"对政治和经济领域的理解。英国"新左派"是由前共产主义者、共产党的部分成员和希望复兴社会主义理论和实践的社会主义学生组成的异质性团体。他们走到一起是因为 1956 年的苏伊士运河危机和匈牙利事件，他们在 20 世纪 50 年代末 60 年代初共同致力于核裁军运动。"新左派"试图创造一个根植于英国传统但不停留于过去的民主社会主义政治，他们一直是一个松散的团体，但开创了自己的政治空间，其政治和文化活动对英国马克思主义史学和文化研究产生了重要影响。《新左派评论》的编辑是斯图亚特·霍尔，该杂志的主要内容是新左派新闻、文化和文学的批评和政治分析。"新左派"分析当代资本主义、福利社会、劳工政治、大众传媒、反帝斗争和大众文化，它主要包括马克思主义和文化主义之间的辩论，这个辩论对于文化研究的形成和文化马克思主义史学的发展极为重要。文化马克思主义首先要进行的工作，是重新定义结构和动力之间的关系，因为传统社会主义的动力是工业社会里的工人阶级，这一点遭到了质疑。

　　英国文化马克思主义的历史大体是 20 世纪 40 年代中期至 70 年代晚期，是从福利国家的建立到撒切尔夫人对福利国家的改革时期，是一部分非正统的和批判的马克思主义思潮，主要是一些历史学和文化研究领域里的马克思主义者，他们的共同特点是对底层的发掘和对历史的重新书写。历史学家的著作——包括罗德里·希尔顿关于中世纪农民阶层的著作，克里斯托弗·希尔关于 17 世纪英国革命的著作，爱德华·汤普森关于 18 世纪大众文化和早期工人阶级的著作，埃里克·霍布斯鲍姆关于分工的历史和世界资本主义发展的著作，它们的共同点是创造了"自下而上的历史"

（history from below）①，恢复了历史中女性的作用，探讨了工作和家庭、男性和女性之间的关系以及阶级统治中的性别力量等。历史学家的研究催生了英国文化马克思主义史学和史学理论的发展，这构成了马克思主义思想史上的一个重要部分。在历史学家，"当他们谈论漫长的历史过程时，他们坚持历史过程的严格的决定论概念。在历史过程中，人类能动作用起辅助的作用。但是当他们考察阶级斗争的历史形式时，他们强调意识、经验、观念和文化。在这种背景下，马克思主义历史学家认为历史过程既由社会结构塑造，又由人类意志塑造"②。在这些历史学家看来，正是普通人的文化而非统治者的文化，真正代表了英国生活方式。相较而言，文化研究则侧重于发掘被统治的和被边缘化的阶级和团体的潜在颠覆性文化，并敏锐意识到社会的意识形态力量；其主题是媒介、青年亚文化、文学生产、当代工人阶级、种族和性别文化、大众文化、意识形态的性质等。值得注意的是：第一，马克思主义学者与后来文化研究的共同之点在于对文化的整体性理解，创造和发掘自下而上的历史，以及为普通的被压迫者发声的学术指向，即重视历史创造中普通人的能动作用。第二，有些马克思主义历史学家本身就推动了文化研究的发展，比如，汤普森以马克思主义历史学的观点开创了文化主义。另外，诸如希尔对英国浪漫主义文学的重视，40 年代末期历史学家对文学批评家克里斯托弗·考德威尔的争论，基尔南对英国文学传统的兴趣，霍布斯鲍姆的文学创作等，历史学家与文学的姻缘，暗示了从历史学到文学再到文化研究的一脉相关性。

　　英国文化马克思主义致力于对战后英国的社会主义理解，把握当代生活中工人阶级革命意识、消费资本主义以及大众传媒迅速发展的作用等一系列问题。这些变化对传统马克思主义的假设——工人阶级必然预示了社会主义的到来——造成了威胁。它们也打破了传统左派对政治和经济范畴的完全依赖，因为第二次世界大战后变化了的状况影响了工人阶级的整体生活方式，并用新的和复杂的方式重新构造他们的身份。英国学者丹尼斯把英国文化马克思主义的终结定位于 1979 年 12 月初在牛津一个新古典教

---

　　①　E. P. 汤普森在 1964 年发表的一篇文章中提出了"自下而上的历史"这一概念。详见 E. P. Thompson, "History from Below," in *Times Literary Supplement*, 7 April 1966, pp. 296 – 280。

　　②　［美］丹尼斯·德沃金：《文化马克思主义在战后英国》，李凤丹译，人民出版社 2008 年版，第 62 页。

堂里，理查德·约翰逊、霍尔和汤普森发生的辩论。这一辩论把文化主义、马克思主义历史学和结构主义在英国的影响所导致的分歧公开化，标志了"不同形式的文化马克思主义之间的对话的终结，也标志了左翼学术讨论中马克思主义霸权的终结"①。后者指的是，国际范围内的政治剧变导致了马克思主义的破产。波兰团结工会的发展，东欧和苏联社会主义的终结，伊朗革命等背离了马克思主义对第三世界中激进社会变革的期待，推动社会革命的力量不再是反资本主义，而是宗教势力。

就文化研究本身的历史来看，汤普森对英国工人阶级形成的考察、威廉斯的文化唯物主义、约翰逊的历史观、霍尔对马克思主义的新解读等，都是文化马克思主义的核心理论。汤普森既坚定地信仰马克思主义，又激烈批判保守的马克思主义，他批判斯大林主义，提倡社会主义的人道主义，他的观点结合了自由传统对个人的尊重和社会主义社会的平等主义，强调社会主义和人道主义的重要性。在汤普森看来，斯大林主义的致命错误在于其经济主义，即从经济和阶级结构的角度观察社会政治、道德和艺术。这是一种简单的决定论。汤普森强调人类动力在历史中的作用。他改造马克思的说法：人创造了他们自己的历史：他们部分是代言人，部分是牺牲品；动力因素是人类本性的一部分，它将人与动物区分开来。人类能动地构造了历史，这是汤普森后期著作的一个核心主题。在否定了经济基础—上层建筑的区分之后，汤普森重申了经济和文化之间的更复杂的相互作用关系。

文化研究起源时期的代表作是理查德·霍加特的《识字的用途》、汤普森的《英国工人阶级的形成》、雷蒙德·威廉斯的《文化与社会》和《漫长的革命》。早期的文化研究被称作"文化主义"范式，其核心概念是文化，重在强调人类动力和主体性。学界后来把英国文化研究的历史分为三个阶段，即文化主义阶段、结构主义阶段和后现代主义阶段。在文化主义阶段，文化研究的三位先驱——霍加特、汤普森、威廉斯——追寻工人阶级的本真生活方式，忧虑来自美国的大众文化对工人阶级淳朴文化的侵蚀。他们对工人阶级文化和真实经验的推崇，意图是在政治上保护工人阶级力量，以与资本主义进行斗争，建设社会主义的民主社会。在他们的研究中，文化就是文化政治，文化具有政治性。他们对工人阶级文化的态

---

① 《文化马克思主义在战后英国》，第 338 页。

度以及大众文化的研究方法，对后来的文化研究产生了深远的影响。

1964 年，霍加特排除阻力，主持成立了伯明翰当代文化研究中心，1969 年霍尔继任主任，领导中心十年，这是文化研究这一学术思潮成就和影响力最大的时期。自 20 世纪 70 年代始，霍尔主持中心引进欧洲大陆思想——主要是法国后结构主义者如阿尔都塞、拉康和罗兰·巴特等人以及葛兰西的思想，史称伯明翰学派的结构主义阶段。结构主义的核心概念是意识形态，阿尔都塞把主体视为意识形态的结构之物，意识形态的控制性得以呈现，这就破除了文化主义的文化本真性的幻象。但密不透风的意识形态控制没有给予文化斗争一定的空间，转向葛兰西也就成为伯明翰当代文化研究中心的必然选择。霍尔以马克思主义分析当代媒介从生产到文本到消费的过程，发现媒介的生产环节各自相对独立又相互影响；在媒介消费阶段，霍尔提出的三种解码模式，即主导性、协商性和对抗性解读，对葛兰西的意识形态理论进行了应用和证实。葛兰西最重要的地方在于，他认为意识形态是权力斗争的场所，这为文化领域的抵抗留下了空间。葛兰西提供了发达资本主义社会中的权力观点，其意义在于：第一，避免了经典模式的还原主义；第二，将文化和意识形态领域看成是在历史性建构的关系中统治和被统治集团之间的冲突性的竞技场；第三，反对将霸权简单地等同于统治阶级的统治；第四，理解西方民主中"一致意见"产生的复杂性。[①] 关于葛兰西的霸权理论对文化研究的影响，斯道雷认为，"首先，引起对通俗文化政治学的重新思考。现在通俗文化被看作是霸权产生和再产生的主要场所。在这种全新公式里，通俗文化被理解为统治集团的利益与被统治集团的利益相互斗争与妥协的场所。其次，文化研究引入霸权概念产生了对通俗文化概念自身的重新思考。……从霸权理论的观点来看，通俗文化既不是'纯真'的工人阶级文化，也不是资本主义文化工业强加的文化，而是这两者的'折中平衡'，是来自上层和底层的种种力量的矛盾混合体，既有'商业'色彩又'纯真'，其标志是既'抵抗'又'妥协'，既是'结构'又是'动因'。"[②] 斯道雷这里说的是对前此两种文化研究的观点和方法的扬弃，法兰克福学派、结构主义等把通俗

---

① 《文化马克思主义在战后英国》第 196 页。

② ［英］约翰·斯道雷：《文化理论与通俗文化导论》，周辉译，南京大学出版社 2001 年版，序言第 1—2 页。

文化看成是资本主义霸权强加的文化，而文化主义则把通俗文化看成是来自底层的自发的文化，是工人阶级的纯真的文化。而葛兰西思想的引入，则把文化领域看作是社会各种势力、权力斗争的根据地。菲斯克提出的两种经济的概念即金融经济和文化经济，前者是财富的流通，后者指的是商品和意义的流通过程。法兰克福学派仅着眼于前者而忽视了后者，事实上，要想了解文化商品如何被赋予意义，就必须考虑消费。文化研究反对利维斯主义和法兰克福学派的悲观论，他们把着眼点放置在控制性的意识形态上，把结构视为压倒性的作用，消费不过是被动的过程，这忽略了大众文化的另外一面，即大众以"为我所用"的态度对待资本主义市场提供的文化商品，在消费过程中构造新的意义。

虽然伯明翰学派在研究中闭口不提法兰克福学派，但他们的批判方法、政治视角、阶级理论等仍然承续了法兰克福学派的立场和方法。他们都认为，大众媒介虽然在资本主义国家独立于政党和政府，但基于资本力量的影响，仍然服务于主导性阶级的利益。但与法兰克福学派不同的是，英国文化研究发掘了大众文化的抵抗性力量，霍尔领导的伯明翰学派中心所从事的学术课题在对青年亚文化、流行文化、媒介文化的分析中发现，青年亚文化是对战后国家教育和官僚体制的对抗，除了年龄和代际的差异，这种对抗具有政治性，是左派政治需要整合的资源；在对电视观众的研究中，霍尔指出了对抗性阅读与政治变革的关系，莫利以社会学方法实证了霍尔的理论设想，菲斯克把消费动力推向了高峰，文化消费的政治性以及资本主义政治变革的主体由此得以出场。

早期英国文化研究采用跨学科方式研究文化的政治经济学、文化的生产和分配过程、文化的文本作品及观众对文化的接受程度，这种视角与法兰克福学派极其相似。伯明翰学派主张文化研究一定要置于创造文化和消费文化的社会关系和社会系统中，文化分析与社会、政治、经济研究紧密相连。20世纪80年代之后，文化研究吸收了福柯、德里达等人以及新马克思主义、女权主义的思想，强调身份的差异性、消费的对抗性和文化意义的自足性，文化研究由此转向后现代主义阶段。在霍尔称为"新时代"的文化研究中，全球化时代的媒介文化、后殖民身份、流散文化、后现代景观等成为研究的焦点。这种研究取向遭到了倾向于马克思主义政治经济学的当代学者诸如葛瑞汉·默多克、彼得·戈尔丁、尼古拉斯·加纳姆等人的批评。默多克和戈尔丁的传播政治经济学研究不同于伯明翰学派对马克思主义的理解，他们的研究建立在对传统的"经济基础—上层建筑模式"的重新确证上。他们反对文化马克思主义将经济决定推到幕后的倾向，认为媒体研究必须开始于创造它们的垄断资本主义的经济利益。他们并不认为文化生产完全由资本主义媒体结构决定，但坚持认为媒介的意识形态生产必须在与大规模的商业企业的需求关系中才能被把握，而伯明翰学派专注于文化消费和文化意义的创造则忽视了经济结构之于文化意义的限制。麦克盖根批评了在通俗文化研究中不加批判地走向民粹主义，研究者对"接合"（articulation）的偏爱没有充分领会和理解文化消费的历史和经济状况，没有把问题置于权力的物质关系的背景之中。他认为，这种民粹主义倾向使得文化研究在政治上毫无作为，反而沦为其所批评的占统治地位的剥削和压迫的权力结构的同谋。他说，"我认为，文化研究从文化的政治经济学中脱离，迄为该研究领域之最自残的特征之一。核心问题在一种经济还原主义的恐怖中被实际设为前提。结果，媒介机构的经济问题和消费者文化的主要经济动力很少去调查，简单地用括号括去了，因而严重削弱了文化研究的解释与（效果上的）批判能力"①。霸权理论导致了不加批判的民粹主义，重视消费而忽视生产，在文化研究中引入政治经济学视角，是对马克思主义的回归和重新理解马克思主义，这极为必要。或如保罗·史密斯所说，当文化研究取消了马克思主义时，它就不能填补它在自身内部所造成的那些鸿沟；没有别的可行的理论形式能够做马克思主义所能做的那种工作，也不能做文化研究总是声称它要做的那种工作。②

伯明翰学派的意义，一是纠偏了法兰克福学派的精英主义倾向，赋予了大众文化以积极的政治意义；二是推进了美国媒介文化研究的经验主义量化研究方式，反对其维护现成秩序的意图，赋予媒介文化研究以批判性和人文性；三是扬弃了他们之前的利维斯的文化观，扩大了文化研究的领域。文化研究以开放的政治和文化视野吸收了新马克思主义、精神分析、女权主义、人种论、结构主义和符号学理论，形成了自己的研究视域和问题范式，其学术目标是研究文化形式、文化实践和文化机构及其与社会和

---

① ［英］吉姆·麦克盖根：《文化民粹主义》，桂万先译，南京大学出版社2001年版，第45页。

② 陶东风主编：《文化研究精粹读本》，中国人民大学出版社2006年版，第10页。

社会变迁的关系，代表人物除霍加特和霍尔外，还有戴维·莫利、安吉拉·麦克罗比、保罗·威利斯、约翰·费克斯等人，经由曾在伯明翰当代文化研究中心学习过的劳伦斯·格罗斯博格、陈光兴、迪克·郝布迪格、托尼·本内特等传播到美国、大洋洲、东亚等地，文化研究已经成为当代世界性的学术思潮。文化研究是语境性的、问题性的、地域性的、跨学科的、非方法的和开放式的。文化研究到底包括哪些研究对象和内容？对此，哈特利把文化研究比作"丰裕哲学"，认为它致力于全球化时代的差异扩张；在知识上关切现代社会中的权力、意义、身份和主体性，并把这些关切融合为一体；它极力恢复和推进边缘性的、微不足道的或被鄙视的区域、身份、实践和媒介；它是批判性的事业，致力于对支配性话语予以置换，去中心化、去神秘化和解构；它是对知识政治（intellectual politics）的激进承诺——要用观念创造奇迹，要对观念创造奇迹，要由观念制造奇迹。① 哈特利指出，文化研究分析不同于文本语境和社会语境下的意义建构实践，它探讨那些不平等的关系，这种不平等关系借以形成的媒介，以及改变不平等关系的可能性。文化研究的议题是通俗文化、阶级、亚文化、大众媒介、日常生活、城市与郊区、主体性、意识形态、霸权、话语、权力、可视性以及其他非语言意指、身体、赛博空间、文化与科技、制度与人的关系、文化政治、边缘人与边缘实践得以成长的环境、跨国知识与图像流、非都市文化之间的殖民残余和帝国残余等。②

三

在美国，文化马克思主义的典型表现即"政治正确"（Political Correctness）或"文化多元主义"（Multiculturalism）。对许多美国人来说，"政治正确"是一个模糊的术语，它指的是"自由""新奇"却又缺乏统一特征的一系列分散、无关联的观点。尽管这些观点有时显得极端、高度敏感甚至糊涂，但若仔细观察"政治正确"的历史，它又会显露出不同的面目，因此，虽然有时以"文化自由主义"（cultural liberalism）意指它较为合适，但更准确的表达应当是"文化马克思主义"。实际上，"政

---

① ［澳］约翰·哈特利：《文化研究简史》，季广茂译，金城出版社 2008 年版，第 17 页。
② 同上书，第 18 页。

治正确”并非一系列偶然性观点的集合，它是精心安排的对西方文明的攻击，其主要目标，一是基督教信仰和道德价值，二是狭隘的白人，特别是白人男性，他们被认为是世界上大多数暴力和剥削的根源。

在“政治正确”的批评家看来，这个贬义性术语描述的是掌控着当代美国教育体制、媒介、流行文化的自由主义文化精英们的观念、词汇、政策和行为，因为“政治正确”支持、标签了一定的思想、言辞和行为。“政治不正确”则是一种有效的删除异见性的观点或禁止他们认为有问题的事情的方法，诸如过时了的或过于传统的；歧视性的观点指向特定的需要特殊保护的少数派，诸如黑人、妇女、同性恋者、非基督徒等；落后的观点，通常是政治上的、社会上的或宗教上的。如威廉斯·林德所说，在我们历史上第一次，美国人必须害怕他们所说的，他们所写的，他们所想的。他们必须害怕使用了错误的词汇，被视为冒犯性的或不敏感的词汇，或种族主义、性别主义、恐同主义等，除非它失败了，政治正确将根本性地摧毁西方文化传统的东西。

在历史上，包括共产主义、新左派、少数族群运动，“政治正确”往往意味着对不同意见或社会异端邪说的压制与排斥，“政治正确”这里指的就是文化马克思主义。在这里，显然，文化马克思主义是一个贬义词，是激进的、不宽容的、非自由主义的观点和行为等。“政治正确”是一种极权主义哲学，在自由主义者看来，就是无产阶级专政。当代美国的政治正确是文化马克思主义的一种形式，它继承了马克思主义的辩证法及其历史观、社会观、专政制度以及财富再分配、性政治等观点。20 世纪 80 年代，很多文化观察家警觉高等教育机构中“政治正确”的出现，认为这是一种左翼的文化帝国主义。不难看出，葛兰西的处方和卢卡奇的思想正是这种理论思潮的前导。

第二次世界大战后，美国的一些保守主义者仍然反对社会主义和社会工程（social engineering）的观点，有些人认为文化马克思主义和法兰克福学派激发了 20 世纪 60 年代的反文化社会运动。自 20 世纪 90 年代早期开始，新保守主义者诸如布希南（Patrick Buchanan）和威廉斯·林德等人认为，文化马克思主义是美国左派的主流思想，其哲学思想是去摧毁西方文明。布希南认为，法兰克福学派抢占了美国大众媒体并以之影响美国人的心灵。林德认为，如果我们比较政治正确的基本信条和经典马克思主义，其类似之处是明显的。保守主义者高特菲尔德（Paul Gottfried）认为，马克思主义的生存和发展在苏联衰落之后采取了文化马克思主义的形式，他说，新马克思主义把自己称为马克思主义者而不接受马克思主义的历史和经济理论，但支持社会主义对抗资本主义。社会主义者将在马克思主义异化论的基础上构造他们的概念，把理论焦点转向宗教、道德和美学。在文化保守主义看来，"政治正确"和"文化多元主义"是用于摧毁西方文化的工具，其目标是通过漫长的文化革命颠覆所有的体制；不仅如此，"政治正确"还是一种心灵控制的形式，它控制了自由言论，消解了公共意见，弱化了对民主的捍卫，它意图制造一个建立在压迫、贫困和战争基础之上的世界政府或马克思主义社会。他们认为，欧盟已经实施了某些观点，即摧毁传统的社会和文化变成一个联邦制的欧洲，这一政体超越了任何边界、文化和民族主权。

四

应当强调的是，对文化马克思主义进行史的梳理不是我们的根本目的，而是我们借以回应当下文化现实的手段。之所以强调这一点，是由于中国学术界近年来在大量译介西方文化理论的同时，出现了一种对西方理论和方法不加斟酌地随意套用的倾向。当然，不可否认的是，文化马克思主义在今天比过去任何时候对我们都更具有参考价值，因为当代中国也面临着与他们当时相类似的问题。文化马克思主义的理论框架和方法论，对于中国当代文论和美学建设以及当前文化研究与文化产业发展中存在的问题仍然具有重要的启发意义。

第一，在文学研究领域，文化马克思主义把文化视为社会结构整体中的一部分，特别重视环境因素之于文学和文化产品的作用和影响，这对于我们解答当前中国文论和马克思主义文学研究中遇到的一些理论难题具有启发作用。我们知道，中国的文学研究有段时间曾被"机械反映论"和"庸俗社会学"搞得苦不堪言，西方文化马克思主义的引入以及对文化、社会、环境等因素的强调，让一些人担心"庸俗社会学"会不会卷土重来？当一些学者聚集在文学的外围大谈文化之时，作品中的"文学性"是不是遭到了忽视？在文论视野无限制扩容的同时，其学科边界究竟在哪儿？不得不说，20世纪90年代我国文艺学和文学研究界兴起的"文化研究热"，固然与西方文化马克思主义特别是英国文化研究的大量引入有关，但说到底还是中国本土语境的产物，是对当代中国现实问题的回应。面对我国在社会文化转型中出现的诸多问题，"触角"灵敏的文学转向关注社会现实问题，文学研究采取文化、政治，或者说社会视角也就显得理所当然。西方文化马克思主义重视文化的作用，强调环境因素对文学的影响，这启发我们，文学研究不是不能注入社会、文化、环境等因子，在文学研究中强调文化、环境因素也不是一定就会导致庸俗社会学，文学研究也可以接过文学作品中触及的许多现实问题，像文学创作那样直接对"社会"说话；文化研究中强调社会、环境等因素，不是要丢掉文学，反而更可能在文化、社会、政治、现实等多重关系网络中精确地定位文学。近几年的文学研究实践也表明，文学界通过吸收借鉴文化研究的一些理论和方法资源，不仅解决了一些过去难以解决的问题，而且拓展了文学研究的空间和视野，过去不被学者重视的文学和社会文化制度（比如出版教育制度等）关系等问题，亦渐渐浮出文学研究的水面。重视文化、社会、制度、环境等因素对于文学的意义，已经成为当前文学研究——无论在古代文学界，还是在现代文学或者外国文学研究界——难以回避的课题。比如，在古代文学研究领域，一些学者运用文化研究的方法、思路和视角，交叉性研究（如城市文学研究、文学地理学研究）得到了拓展；受文化研究中女权主义、民族志研究的影响，原先在古代文学研究中处于边缘地带的女性文学、民间文学等内容被激活，为古代文学研究带来了新的活力和生长点。比较文学研究也是如此，在经受文化研究的冲击之后，比较文学再也不像以前那般仅仅关注形式意义上的文本，社会和意识形态意义上的语境亦成为研究过程中考虑的重要因素。

第二，文化马克思主义研究议题的丰富性和广泛性，对于重新思考当代中国马克思主义文化理论和文化研究的范围、界限和结构问题具有启发意义。纵观西方文化马克思主义的整个发展历程，在经历了德国法兰克福学派的批判理论、英国伯明翰学派的三次范式转型以及美国多元文化主义的整合与嬗变之后，文化马克思主义探讨过的议题极为广泛，涉及流行文化、青年亚文化、阶级、种族、性别、身体、话语、权力、大众传媒、日常生活、城市与郊区、意识形态、主体性、可视性、制度与人的关系、文化政治、跨国知识与图像流等，可谓面面俱到、无所不包。如此广泛的议题，为我们重新审视当下中国的文化研究提供了一个参照系：我们应当如何理解中国当前的"文化研究"？哪些内容可以进入文化研究关注的视

野？它是否应当具有一定的范围和界限？国内一些学者长期以来一直在
"何谓文化研究"上打转转。我们通过对文化马克思主义进行史的梳理发
现，"文化研究"是一个在内涵上极为含糊的术语，有着跨学科研究的鲜
明特色和反建制的明显倾向，很难进行如其他学科那样的本质化界定。
"文化研究"在中国学界之所以言人人殊、见仁见智，很大程度上是因为
学者们所理解的"文化研究"，或是处于不同发展阶段的"文化研究"
（比如处于伯明翰学派范式转换的不同时期），或是来自不同国家的"文
化研究"（比如英国、德国或者美国等），或是理论来源不同的"文化研
究"（比如有的受葛兰西的影响，有的受伯明翰学派启发，有的受法兰克
福学派启示，有的受后马克思主义影响等）。有鉴于此，对于中国当代的
文化研究，我们没有必要继续在"文化研究"的定义和特征上纠缠不清，
对于西方文化马克思主义涉及的话题，只要能够接合到当代中国的特殊语
境中，就都可以研究。援引文化研究的话来说，意义从来不是明确的，而
通常是地方性的、取决于语境的。只要我们不是照抄照搬，而是注重强调
当下语境，实实在在地切入到具体的问题中做具体的研究，我们在媒介文
化、青年亚文化、当代工人阶级、种族和性别文化、日常生活、网络文
化、视觉图像等领域，就都能开辟出一片全新的天地。这是文化马克思主
义在多个领域进行扎扎实实的个案分析给我们的启发。

　　第三，文化马克思主义重视"自下而上的历史"，重视人民群众的
社会经验，这对于更加深入全面地理解中国当代的大众文化现象、执政
党的群众路线、文学中"低层写作"等具有重要的参考价值。与法兰
克福学派相比，在大众文化理论上，英国文化研究有诸多创新之处。他
们颠覆了把大众视为无辨识力的、被操控的"文化愚人"的精英主义
立场，突出强调普通大众的主动性和创造性；不仅如此，他们更注意到
了大众自下而上地对宰制性力量的抵抗和颠覆，重估了大众文化政治的
进步性潜能。这启发我们，在讨论当下中国的大众文化现象时，不仅要
讨论宰制性力量出于自身利益自上而下地对大众的整合和操控，也要讨
论普通民众自下而上的抵抗、拒绝和颠覆力量，讨论从属者如何有识别
力地移用文化工业提供的资源去创造自己的意义、价值、快感和身份认
同。文化马克思主义的"自下而上"观念，也使我们更易于理解政治
层面以及文学—文化层面的"目光下移"现象。在历史和政治思想层
面，文化马克思主义给我们的启示是，历史的进程不是王侯将相主导的

政治游戏，也不是受伟大人物的光辉思想所引领的心路历程，历史的主角应当是占人口大多数的、被传统叙述所遗忘的普通大众。英国文化马克思主义的这一观念，对于我们深刻认识和理解中国共产党长期以来坚持的群众路线以及当前开展的实践活动是富有启发性的。另外，在文学—文化层面，受这一观念影响，传统书写和叙述中被遗忘和边缘化的妇女、少数族裔和无数普通的下层小人物，重新回到文学写作者的笔下和文学研究者们关注的视野之中。自 20 世纪 90 年代始，中国人文学界出现了一个延续至今的有关"底层写作"的讨论热潮。讨论的问题集中在三个方面：一是应当如何界定"底层"和"底层写作"——哪些群体可以被视为底层？"底层写作"的主体是谁？是"底层人的书写"还是"书写底层人"？二是"底层写作"中是否存在着道德价值与艺术价值之间的不平衡？三是"底层写作"与中国现实主义文学传统是否存在着精神上的关联？这些问题，一些直接来自受英国文化研究影响颇深的印度"底层研究"，一些在西方文化马克思主义——葛兰西的"底层"概念、汤普森的"英国工人阶级的形成"研究、斯皮瓦克的"底层"理论——那里已经做出了部分解答。他们大量丰富且具体入微的探讨，有助于深化当前我国文学—文化界对于"底层写作"问题的讨论。

第四，文化马克思主义特别重视文化在社会结构中的作用，这启发我们要更加重视"文化"这一"软实力"对于增强民族凝聚力和创造力、提升综合国力竞争、促进经济社会发展方面的重要意义。长期以来，我们一直偏重于强调以"经济建设为中心"，一些地方一切向"经济"看齐，其直接后果是"文化"退居更为次要的位置，有时文化只起"点缀"作用，更为恶劣的是"文化为经济发展让路""破坏文化去发展经济"的做法。这样的例子在过去发展中不胜枚举。事实上，文化才是民族的血脉和人民的精神家园，是不同群体、民族乃至国家的象征行为的空间；文化的力量深深熔铸在民族的生命力、创造力和凝聚力之中。特别是在世界上各主要国家普遍重视文化外交、加大文化出口的大背景下，更需要重视和发挥文化的独特作用。近几年来，随着中央把增强"文化软实力"提升至国家战略层面，"文化"在多个领域受到重视，文化产业也取得了前所未有的发展，这是值得特别肯定的。然而，我们同时也注意到，一些地方和部门对"文化"的理解和把握不够准确，对文化产业发展缺乏细致的调研和理性分析，一些文化产品只是披着文化的外衣，很多所谓的文化作品缺乏真正文化的"魂"和"根"。什么才是"真正的"文化，文化在社会结构中究竟应当处于什么样的位置、扮演何种角色、发挥怎样的作用，这是需要我们进一步深入思考的问题。文化马克思主义过去几十年来在这方面的探讨，为我们的思考提供了必要的理论储备，对于我们考察文化问题及文化产业的发展问题具有借鉴作用和启发意义。

第五，中国马克思主义文化批评和文学研究在借鉴当代西方文化马克思主义的思想、观点、方法和经验的同时，也要注意规避它们在发展过程中遭遇的问题和教训。比如，法兰克福学派仅仅注意到了中心化的、霸权式的一体化力量，却忽视了大众在规避、抵抗资本主义文化工业操控的努力；若非英国伯明翰学派对法兰克福学派精英主义倾向的纠正，我们可能至今仍难以注意到大众在接受、消费和使用大众文化产品过程中的主动性以及大众文化积极的政治意义。伯明翰学派的局限性也非常明显：他们过分强调文化的改造而忽视了社会制度的变革；他们对民众的反抗能力过于自信，却忽视了现实中民众的真正素质和资本主义制度威力的强大；他们过于强调跨学科研究，却一定程度上忽视了学科分类的合理性。这是我们今天在马克思主义文化批评和文学研究中需要特别注意的地方。再比如，中国马克思主义文学理论史上曾有过这样的教训：当一种理论发展到不宽容异己，过于激进，成为单一文化主义的时候，特别是这种理论与行政权力结合的时候，它也就走向了压制其他文化形式和社会多元生态的文化霸权。美国的"政治正确"和"文化多元主义"的确可以给我们这方面的启发。然而，我们同时也要清醒地意识到，文化多元主义毕竟是美国历史的产物，它是对美国社会发展的一种反映，它在提倡建立富有民主、平等和多元的民族传统的同时，并没有对造成种族、族裔、阶级和性别在政治和经济资源分配方面绝对不平等的资本主义制度提出直接而严肃的挑战。另外，在近来西方文化研究的意识形态批评中，存在着一种将全球化等同于政治上的自由化、经济上的市场化和文化上的盎格鲁—新教文化的新殖民主义意识形态倾向，其实质是将某个特殊的命题或范式普遍化、普世化，或将少数集团或国家的利益说成是人类的普遍利益，这在我国当前建构社会主义核心价值体系、培育和践行社会主义核心价值观的过程中，也是需要特别予以警惕的。

经典马克思主义和文化马克思主义都是因应时代要求，致力于解决文学和文化问题，以及广大工人阶级和各种边缘群体的解放，这是其政治性值得肯定的地方。任何社会都是多种力量斗争的结构，特别是中国当代现实更是多种力量矛盾地发展着。要实现各个阶层、各种力量和群体的协调发展，必须发展和尊重多元文化生态，致力于中国最广大人民群众的政治权利和思想解放的实现，这是文化马克思主义的政治性，也是文化马克思主义给予我们的最大启发。

［作者简介］：党圣元，中国社会科学院外国文学研究所研究员、中国社会科学院研究生院文学系教授。

论默多克的历史唯物主义新视阈

马　驰

马克思在《路易·波拿巴的雾月十八日》一文中，运用经济基础决定上层建筑的思想分析了路易·波拿巴实现政变的阶级基础和经济条件。马克思在论文中分析了当时活跃在政治舞台上的各个党派和政治集团赖以存在的经济条件及在此经济条件基础上所形成的政治态度和意识形态。马克思指出，在波旁王朝时期进行统治的是大地产连同它的僧侣和仆从；在奥尔良王朝时期进行统治的是金融贵族、大工业、大商业，即资本和它的随从者——律师、教授和健谈家。正统王朝不过是地主世袭权力的政治表现，而七月王朝则不过是资产阶级暴发户篡夺权力的政治表现。正统派和奥尔良派这两个集团的彼此分离绝不是由于什么所谓的思想原则，而是由于各自所依赖的物质经济条件，是由于两种不同的占有形式；他们彼此分离还由于城市和农村之间的旧有的对立，由于资本和地产之间的竞争。同时马克思也不否认，把正统派和奥尔良派同某个王朝联系起来的还有旧日的回忆、个人的仇怨、忧虑和希望、偏见和幻想、同情和反感、信念、信条和原则。马克思由此得出结论说："在不同的占有形式上，在社会生存条件上，耸立着由各种不同的、表现独特的情感、幻想、思想方式和人生观构成的整个上层建筑。整个阶级在它的物质条件和相应的社会关系的基础上创造和构成这一切。"① 马克思在文中再次规定了经济基础和上层建筑的内容，论述了经济基础对上层建筑的决定作用，而且继《德意志意识形态》之后，又一次使用了上层建筑概念。

马克思1859年写的《〈政治经济学批判〉序言》是经济基础决定上

---

① 《马克思恩格斯选集》第1卷，人民出版社1995年版，第611页。

层建筑的历史唯物主义基本原理最终形成和臻于完善的标志。马克思在这篇序言中第一次用精确的语言完整地表述了这一历史唯物主义的基本原理。他说："人们在自己生活的社会生产中发生一定的、必然的、不以他们的意志为转移的关系，即同他们的物质生产力的一定发展阶段相适合的生产关系。这些生产关系的总和构成社会的经济结构，即有法律的和政治的上层建筑竖立其上并有一定的社会意识形式与之相适应的现实基础。物质生活的生产方式制约着整个社会生活、政治生活和精神生活的过程。不是人们的意识决定人们的存在，相反，是人们的社会存在决定人们的意识。社会的物质生产力发展到一定阶段，便同它们一直在其中运动的现存生产关系或财产关系（这只是生产关系的法律用语）发生矛盾。于是这些关系便由生产力的发展形式变成生产力的桎梏。那时社会革命的时代就到来了。随着经济基础的变更，全部庞大的上层建筑也或慢或快地发生变革。"① 这段话对经济基础和上层建筑这两个概念做了明确的界定，说明了经济基础决定上层建筑原理与生产力决定生产关系原理的内在联系，阐述了物质生活的生产方式在社会历史发展中的决定作用，指明了社会存在对社会意识的决定作用，阐明了上层建筑将随着经济基础的变更而改变，并且说明了生产力与生产关系、经济基础与上层建筑的矛盾运动与社会革命和社会形态变更之间的关系。马克思主义经典作家的上述表述，也大多为马克思之后的马克思主义者们继承与发展。

20 世纪的西方马克思主义者和欧美新左派也大都宣称：马克思主义哲学就是历史唯物论，而他们自己则是这一科学的真正继承和发展者。一些西方学甚至认为，西方马克思主义和欧美新左派的著作，在历史唯物主义发展内部，实际上已经形成了完全崭新的学术结构。

黑格尔曾说过："哲学的任务在于理解存在的东西，因为存在的东西就是理性。就个人来说，每个人都是他那个时代的产儿。哲学也是这样，它是被把握在思想中的它的时代。"② 历史唯物主义是马克思在他的思想中把握他所处的时代的产物，马克思之后的众多西方马克思主义者和欧美新左派是在他们各自的思想中把握着他们所处的时代。他们的理论指向是要恢复马克思主义的总体性原则，让理论更加贴近现实，为解决当下的社

① 《马克思恩格斯选集》第 2 卷，人民出版社 1995 年版，第 32—33 页。
② ［德］黑格尔：《法哲学原理》，范扬、张启泰译，商务印书馆 1961 年版，第 12 页。

会现实问题找到一个更加有力的思想武器。"重建历史唯物主义"则成了许多西方马克思主义者的理论目标。

在 20 世纪的社会变革过程中，产生了许许多多的现实问题。这些问题直接或间接地指向了历史唯物主义的一些基本原理，从某种意义上说涉及了马克思主义生死存亡的问题。于是，出现了各式各样的马克思主义"危机论"和"过时论"。在论及马克思主义理论危机的问题上，西方马克思主义者当然不是像反马克思主义者那样抱着幸灾乐祸的态度，相反是要力图找到克服理论危机的有效办法，重新树立历史唯物主义的理论地位。尽管西方马克思主义的早期代表人物，如卢卡奇、葛兰西、科尔施、布洛赫等人并没有明确提出"修正"和"重建"历史唯物主义的理论主张，但是在他们设想的未来社会主义革命道路的选择上，已经包含了一些他们提出的新观点和新理论。卢卡奇将"阶级意识"提高到人类自我认识的理论层面，最后把历史发展问题变成了一个人类的自我意识问题。这样的理论观点确实是对历史唯物主义进行的"修正"和"完善"。葛兰西根据当时欧洲国家的现实情况，提出了不同于俄国十月革命经验的西方革命战略。在他看来，欧洲国家有着自己特殊的社会历史文化背景，因此夺取文化领导权比夺取政治领导权更为重要。欧洲国家的基础是市民社会，而市民社会是由文化领导权左右的。政治领导权的实质是暴力，文化领导权的本质是教育。在夺取文化领导权的过程中，知识分子将扮演极为重要的角色。根据葛兰西的设想，欧洲国家应该走一条以夺取文化领导权为核心的文化革命道路。

面对西方发达工业社会的种种现实变化，面对社会主义革命出现的新情况，法兰克福学派一再调整自己的理论路径，对历史唯物主义的一些基本原理提出了质疑和修改。马尔库塞明确提出，历史唯物主义的一些基本原理已经失效，例如，马克思的劳动价值论、科学技术推动论和无产阶级革命主体论。他认为工业自动化的生产过程已经大大改变了活劳动和死劳动的关系，劳动生产率不再取决于单个人的劳动产量，而是取决于自动化生产机器的技术水平。机器从不创造价值的观点需要改变，以劳动价值论为基础的剩余价值学说也需要做出修改。今天，科学技术的发展变化不是给人带来自由和幸福，而是造成了许许多多的危害和灾难。马克思关于科学技术是推动历史前进的巨大杠杆的观点，也遭到了前所未有的理论挑战。我们应该重新审视科学技术这把双刃剑的社会政治功能。随着西方工人阶级实际状况的改变，将无产阶级作为资本主义掘墓人的观点已经变成了"天方夜谭似的神话"，无产阶级的历史主体作用不再存在。所以，我们必须全面修正马克思主义的社会革命学说，用一种"新革命理论"取而代之。马尔库塞所谓的"新革命理论"，就是要去发现新的革命动因（过去是因为贫困而造反，现在是因为异化而革命），寻求新的革命主体（用新左派的力量取代无产阶级），找到新的革命途径（反对暴力革命提倡"大拒绝式的造反"）。马尔库塞的这套革命理论，显然是对 20 世纪 60 年代西方青年造反运动的归纳和总结。

作为法兰克福学派的后起之秀和第二代理论家，哈贝马斯在"重建历史唯物主义"方面有着十分突出的表现。他提出的"晚期资本主义"理论，凸显了当代资本主义社会的两个重要变化，一个是国家干预的增强（即国家管理职能的扩大），另一个是科学技术已经成为第一生产力（科学技术已经变成了社会发展过程中的"独立变数"）。他认为，在这样的社会现实背景下，我们需要重新审视马克思的许多理论观点，需要修正和改造历史唯物主义的一些基本原理。经济基础和上层建筑的关系范畴需要进一步的修正，因为上层建筑已经变成了决定性的社会力量而不是依附于经济基础的东西。由于科学技术变成了第一生产力，劳动价值论和剩余价值理论面临着被社会现实所超越的危机。由于现阶段阶级冲突的逐渐平息，马克思的阶级斗争理论已经不能四处照搬了，生产力和生产关系的相互作用也很难说清社会现实的矛盾运动。为此我们必须对历史唯物主义的基本原理进行修正和完善。按照哈贝马斯的主张，生产力和生产关系这一对范畴应该由劳动和相互作用这一对范畴来取代。他把"劳动"理解为工具行为或理性选择，他把"相互作用"理解为社会交往行为。对于哈贝马斯来说，"重建历史唯物主义"就是要把马克思原有的理论观点拆开，再用新的形式和新的内容把它组合起来。作为"重建历史唯物主义"的一个理论成果，哈贝马斯的"交往行为理论"以晚期资本主义社会的变化为依据，强调了西方发达工业社会的文化病症，从而得出了他的以"交往合理化"为内容的社会变革方案。

正如英国学者乔治·莱尔因指出："任何重构历史唯物主义的企图都包含下面双重含义：第一，认为这种理论依然是有价值的，这种理论仍然能够为社会科学和政治实践提供重要的指导作用。第二，认为这种理论的主要原则是不能令人满意的，需要进行全面修改。"① 他甚至找出了马克思恩格斯思想中的困境。在他看来，"……造成他们思想困境的来源主要有四个方面：辩证法思想、对意识的分析、关于社会变革的机制历史观念。"② 乔治·莱尔因的观点和思想方法在当代欧美左翼学者中很有代表性，在他们看来，历史唯物主义如果跟不上时代变革的步伐，如果脱离了活生生的社会实践，就不可能去指导社会主义的革命实践活动，就会被人们束之高阁而变成僵化的教条。历史唯物主义的本意就是要去解答现实生活的问题，就是要去改变现实的异化状况。时代的变革引发了太多的理论问题，诸如人的主体性、主体和客体的相互作用、人的异化、人的非理性、社会意识形态、重新认识资本主义、无产阶级的历史作用以及未来社会的变革之路等问题。这些问题都需要历史唯物主义去面对和解答。为了解答这些重大的理论问题，我们当然不能固守在原有的结论之上，而是要灵活运用历史唯物主义的基本方法，从现实问题的分析和批判中找到最新的答案。西方马克思主义的理论家们大体上遵循了这样的研究思路，分别提出了他们各自的理论主张。无论是重新解释还是补充修正，他们所做出的种种理论尝试都值得我们认真地去分析和研究。

格雷厄姆·默多克是英国当代著名的文化研究学者，传媒政治经济学的创立者。他1946年3月出生在伦敦郊区的新埃尔特姆一个印刷工人的家庭，当时第二次世界大战刚刚结束半年多，泰晤士河沿岸码头的炸弹弹坑到处都是，满目疮痍。食品、衣物等日常生活必需品都必须限额定量配给，生长在这样一个特殊时期的格雷厄姆自然对经济在历史变迁中的重要作用有其独特的感受和认识。1957年，格雷厄姆考入文法学校。1962年，格雷厄姆获得普通中等教育证书（GCSE），1964年又同样以优异成绩通过 A - level 考试，同年进入伦敦大学的伦敦经济学院攻读社会学，这一选择为他日后开展帝国主义和全球化问题的研究奠定了基础。他在大学期间参加了英国大学生的第一次学生罢课，抗议大学和罗得西亚（后来的津巴布韦）的白人政体之间的联系。1967年，为了想要实现他对文化进行研究的夙愿，他拒绝了伦敦经济学院的讲师职位而前往苏塞克斯大学读硕

---

① ［英］乔治·莱尔因：《重构历史唯物主义》，姜兴宏、刘明如译，中国社会科学出版社1991年版，第4页。

② 同上书，第17页。

士进一步进行艺术社会学研究。1968 年 9 月，年轻的格雷厄姆婉拒了苏塞克斯大学留他在校继续研究的计划，前往莱斯特大学的大众传媒中心——当时英国专攻大众传媒社会调查的唯一一所研究机构，这时的他已经决定先从专注研究当代文化的中心形构——大众传媒开始他的崭新的学术生涯，以后他又到拉夫堡大学担任教职至今，并在世界各地多所大学担任教职。

格雷厄姆不是一个单纯的传播学学者，他更是一位有批判意识的左翼学者，他在自己的研究中，自觉地运用了马克思主义的基本理论和方法。历史唯物主义的基本原理与方法几乎贯穿在他所有的论著中。独特的成长经历与家庭背景，使他比一般学者更多了一份深刻的社会关怀，这在他的新作《跟着钱的去向——维基解密与披露的政治经济学》中反映尤其突出。

我们知道，维基解密是一个大型文档泄露及分析网站，成立于 2006 年 12 月，目的为揭露政府及企业的腐败行为。该网站声称其数据源不可追查亦不被审查。维基解密没有总部或传统的基础设施，该网站依靠服务器和数十个国家的支持者，相对而言很少受到律师或地方政府的压力。2010 年 7 月 26 日，维基解密在《纽约时报》《卫报》和《镜报》配合下，在网上公开了多达 9.2 万份的驻阿美军秘密文件，引起轩然大波。人们普遍认为维基解密是互联网公共性的表现形式，并对它的前景充满期待；但格雷厄姆却从社会学家和文化学者的独特视角审视出维基解密及其盛衰背后不被人们所关注的一些实质性的社会问题。

格雷厄姆的基本思想路径是"跟着钱的去向"，从维基解密背后的利益方并从维基解密的经济基础——资助方的变化，审视美国政府这个看不见的上层建筑在其中的作用。他以奥斯卡获奖电影《水门事件》中的"深喉会面"为切入点，提出了在互联网时代，是谁拥有经济力量来控制支撑公共披露的资源这样一个发人深省的重大问题。他认为"这种控制力在三个关键层面上发挥作用：对必要的基础设施的控制，尤其是对被用于储存大量数据的服务器容量的控制；对支持激进的网上披露的收益流的控制；以及对将秘密的原始信息进行阐释和解释，使之更易被理解的分析人员的控制。"[1] 与此相关联，他认为必须同时关注三方面的问题：市场

---

[1] Graham Murdock, *Beyond Wikileaks: Implications for the Future of Communications, Journalism and Society*, London and New York: Palgrave Macmillan 2013, p. 35.

化、对国家安全的巩固，以及美国作为最主要的全球超级力量的地位的衰退。"市场化是驱动新自由主义计划的最主要动力。新自由主义计划分解公共部门，将市场驱动和市场思维作为组织和评估经济活动的无可争辩的标准。通过对私有化（变卖公共资产）和自由化（开放被垄断和保护的市场）的协商政策，加上对法规控制的放松，这些对"市场原教旨主义"的坚持不懈的倡导得以完成。因此，大公司得以将其业务延展到新的领域，并能在比之前更少的公共监督下进行活动。2008 年的金融危机及其持续的后果已经以最戏剧化的方式展示出这种新的灵活性不断增加的公共成本。这也确定，对公共生活的控制权已从选举出来的政治议会转移到大公司的董事会议室中。"①这种新的商业环境以重要的方式塑造了互联网的发展。伴随着新兴的竞争条款，法规的相对缺乏远没有制造出大量的参与者，而是导致越来越少的集团公司逐步巩固了它们对大众网络使用的控制。"互联网公共政策的相对薄弱已产生了两个更为深远的后果。第一，它鼓励了在行业中领先的公司——由谷歌率领——用一系列先发制人的罢市（strikes），进入新的领域或者单方面改变服务条款。它们仅仅在遭受强烈抵制时才对公众关注作出回应。第二，在已就绪的监管安排方面，例如对互联网域名的决策权，它们倾向归属于担负最少公共责任的团体。"②主要的西方大国通过新的国家安全的出现，在政治领域复制了对公共监管的掏空。"国际事务中持续易变的语境、对在国内及国外打击'恐怖主义'的需要的连续强调、对平民监视的升级、对官方保密的加固，加上广泛的罔顾公众利益的大公司，无疑已使揭露政府和商业中的不当行为这一要求比任何时候都更为迫切。但此时作为传统新闻界的报纸和广播组织却已变得越来越无能和无意愿去对权力滥用进行监察。"③可以说，市场化涉及经济基础，而对国家安全的巩固，以及美国作为最主要的全球超级力量的地位的衰退则完全是美国上层建筑领域发生的深刻变化。正是在上述背景中，维基解密被激进分子和评论家们视为一种能恢复平衡的主要干预力量。但格雷厄姆提醒人们关注两个问题：

---

① Graham Murdock, *Beyond Wikileaks*: *Implications for the Future of Communications*, *Journalism and Society*, London and New York: Palgrave Macmillan 2013, pp. 36 – 37.

② Ibid. , p. 38.

③ Ibid. , p. 44.

1. 维基解密的经济活动，特别是它的支出。他用一个图表告诉人们，通过监控维基解密的收益流及其承担的成本，我们能够开始识别出维基解密乃至更广泛的激进互联网平台项目的缺陷。

2. 捐款流动趋向。我们也知道，维基解密的资金模型核心是一个德国的基金会——the Wau Holland 基金会，由它来处理对维基解密网站的个人捐款。2010 年，695000 欧元通过一般的银行转账进来，635000 欧元通过 Wau Holland 基金的贝宝（PayPal）账户收到。而贝宝从 2002 年开始由与亚马逊比肩的另一个主要的互联网零售商易趣（eBay）公司所有（Wau Holland Foundation，2010）。格雷厄姆用另一个图表展示出 2010 年 1 月到 2011 年 8 月之间捐款流动的细节：①

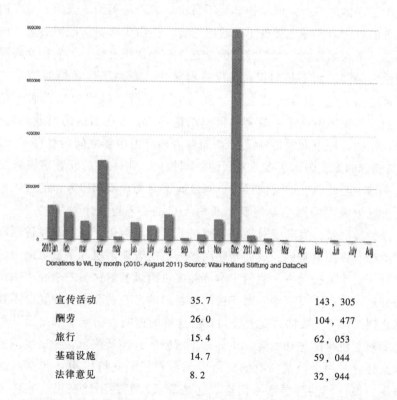

Donations to WL by month (2010- August 2011) Source: Wau Holland Stiftung and DataCell

宣传活动	35.7	143,305
酬劳	26.0	104,477
旅行	15.4	62,053
基础设施	14.7	59,044
法律意见	8.2	32,944

格雷厄姆用表中的数据揭示了一个明显的范式，即捐款在维基解密发

---

① Graham Murdock, *Beyond Wikileaks*: *Implications for the Future of Communications*, *Journalism and Society*, London and New York: Palgrave Macmillan 2013, p. 45.

布特定的政治敏感材料之后直接达到顶峰。如在 2010 年 4 月,《平行杀戮》的录像被发布之后;又如在 2010 年 12 月对美国外交电报的发布之后。第二个顶峰很大程度上受益于公众可见度的增加。这种增加是维基解密通过与几个主要西方国家中关键地点的全国性报刊合作发布新闻来确保的;而衰落恰恰是在美国政府出手干预以后。

经过对上述图表的分析,格雷厄姆最终揭示出这样一个悖论:西方社会的民主理论要求社会信息越公开越好,但民主国家(政府)却认为信息要保密,不能让民众获得太多信息。由此政府对民众实施监控就是必然的。在这种监控中,政府与民众始终处在不平等的状态中,政府始终处在隐形状态,就如同当年边沁发明的圆形监狱,狱卒始终是隐身的,而犯人虽减少了肉体的虐待,但精神却更不自由。如今的美国,表面上看人们享有充分的自由,实际上无处不受政府监管。更由于在格雷厄姆看来,信息社会是一个无知社会,我们需要的是建立一个知识社会;人们在互联网上得到的只是信息而不是知识;在维基解密中,新闻工作者扮演的是"厨师烹调的角色",他期待建立一个新的公共平台,以增加知识而不是信息。由此他很不看好维基解密并得出结论:"……在当前的商业环境中,调查性新闻是一个濒危物种。"① 新闻自由和自由市场之间始终存在矛盾,"维基解密的经验强调了在对互联网的调控中,由主要的新数字媒体扮演的越来越中心的角色。对储存有该网站数据重要片段的服务器的接入是由亚马逊这个最大的网络零售商切断的。其主要零售竞争对手之一———易趣,作为辅助者,发起了对维基解密捐款的金融封锁。而在开发逐渐取代手提电脑和桌面电脑的,成为互联网接入点的智能手机和平板电脑中的领军力量——苹果公司——取消了本可能提供给维基解密另一个收入来源的应用程序。在以上事例中,对于被发布材料的潜在的公众兴趣完全不在被考虑之列。"② "主要的大商业公司日益递增的控制力指向对基于公共服务理想的对立机构的迫切需要。正如维基解密的经验所展示,激进揭露的长期未来最终与一个公共所有的网络以及负责任的支持机构(包括从服务器农场到银行)的发展紧密相连。这是苛求,但并不比在当代条件下要

---

① Graham Murdock, *Beyond Wikileaks*: *Implications for the Future of Communications*, *Journalism and Society*, London and New York: Palgrave Macmillan, 2013, p. 51.

② Ibid. , p. 51.

复兴民主的这一挑战所要求的少。"① 经过格雷厄姆的分析不难看出，即便是在西方发达国家，新闻自由最终也因为受到政府的干预而并没有受到保护。

　　格雷厄姆从历史唯物主义之经济基础决定上层建筑的基本原理出发，运用社会学和文化理论的基本方法，揭示了当代西方社会对传媒的控制方式不再是赤裸裸地依赖国家暴力，而是通过市场这只"看不见的手"发挥作用，国家暴力与政治权力退隐幕后。从表现上看社会给予媒体以足够的自由，但实质是所有的媒体都要跟着钱的去向走，而政府需要做的只是间接影响那些操控金钱的大公司，从维基解密这个特殊案例不难看出，即便是在自由市场占主导地位的欧美，大企业、大财团与政府间的"权钱交易"也同样难免，这也再次证明了经济基础决定上层建筑；经济基础决定上层建筑的产生、性质和发展；上层建筑是适应经济基础的需要而建立起来的，有什么样的经济基础，就会有什么样的上层建筑这个历史唯物主义的基本原理。

　　[作者简介]：马驰，上海社会科学院思想文化研究中心研究员。

---

① Graham Murdock, *Beyond Wikileaks*: *Implications for the Future of Communications*, *Journalism and Society*, London and New York: Palgrave Macmillan, 2013, p. 52.

从齐美尔到西方马克思主义[*]

——现代文化的诊断与救赎

杨向荣　曾　莹

在现代性问题史上，不少学者对文化的现代发展进行了诊断，如卢梭对现代科技的发展导致文明的衰落深感绝望，发出"文化返归"的呐喊；斯宾格勒面对现代生活的诗性缺乏，高呼"西方文明走向了没落"。而齐美尔则描述了更令人绝望的现代文化受难图：随着经济的迅速发展，科学技术与知识的膨胀，现代文化出现了深刻的悲剧。循着齐美尔的思想轨迹，我们可以考察学界对齐美尔文化哲学思想的批判性继承。

一

从生命哲学的层面进行分析，齐美尔的文化悲剧理论主要体现在他对现代文化的实质——生命与形式——二元对抗的分析上。在齐美尔眼中，文化是由生命与形式构成的整体存在，是本真的内在精神与外在的有机形式的融合。生命是文化内蕴的精神，是文化发展与变迁的最终动力，而形式就是承载生命的框架，即具有一定风格的文化的外化，它包括艺术作品、宗教作品、科学作品、法律作品等。生命和形式的对抗在齐美尔那里有时又被描述为内容和形式的对立。对此齐美尔有一个形象的比喻：形式是界限，它需要用左邻右舍来衬托，它通过一个现实的或者想象的中心把

　　* ［基金项目］:此文系国家社科基金年度项目"齐美尔与法兰克福学派文艺理论的关联研究"（10CZW007）成果。

一个范围固定下来。内容或过程如同永远涌流着的队伍一样在环顾着这个中心。也正是这个中心，给那个范围提供了一个避免在洪流中土崩瓦解的立足点。齐美尔认为，形式具有一定的界限，生命则力图冲破形式的固定界限，现代文化的困境就源于生命与形式的二元冲突与对抗。在论述"生命之超验"时，齐美尔写道：

> 形式要么为语言、要么为行动、要么为形体、要么在一般情况下即为内容。而精神力量当时就在这些形式下实现。但是，精神生命形体的这些形式在刚出现时就已经具备了实实在在的独特意义，具有坚定性和内在的逻辑性。既然形体就是形式，所以按照该逻辑，这些形式同塑造它们的生命针锋相对……由于这种原则性的本质对立，生命根本就无法进入这一形式，它不得不超越各种已经获得的形象，立即寻找另外一种形式。……生命有这样一个矛盾：它只能在形式当中找到一席之地，但又无法在形式当中找到立锥之地，因此，它既超越，又打破构成生命的任何一种形式。……直接经历过的生命就是成型和超越的统一体，是对现有形式的彻底超越，即在个别瞬间打破当时存在的形式——这种生命越来越成为那样一种在自己当时命中注定的、来自于本身的形式中占有一席之地的生命。①

在《现代文化的矛盾》一文中，齐美尔又写道：

> 一旦生命进程超越纯粹的生物层面，向着精神层面迈进，并由精神层面进入到文化层面，一个内在的矛盾便会出现。整个文化的进化，就是处理这个矛盾的发展、解决和再出现的历史。我们所说的文化，是由生活的创造性动力创造的具有某种表现和认知形式的艺术品。这些艺术品汲取了生命的流动性，并赋予生命以形式与内容、范围与秩序。……生命进程的这些产物的一个独特本质，在于它们从一诞生就具有属于其自我的某种固定形式，而这些形式不断与生命的狂热节奏（它的沉浮，永恒地更新，不断地分化与组合）相分离。这

---

① ［德］齐美尔：《生命直观》，刁承俊译，生活·读书·新知三联书店 2003 年版，第18—19 页。

些形式是富有创造力的生命之舟，虽然生命很快会超越它，但它能确保形式自身能很快地与生命相脱离与融合。这些形式有自我的逻辑与法则，有自我的意义，能从赋予其生命的灵魂动力的脱离和独立中获得恢复力。这些形式在产生的那一瞬间，也许是完全适合生命的，但随着生命的不断演化，它们会变得僵化，并从生命中脱离出来，与生命相敌对。①

处于精神阶段的生命作为自身的直接表现，产生着客观形体。生命就用这些形体来表达自己的意愿。生命总是希望实现它不能达到的某种境界，它企图超越一切形式。然而生命又只能用形式来体现，它不能用超越形式的生命来代替这种形式。生命在不断地生产那样一种会使自己四处碰壁、受到压制的东西。这种东西对生命而言是必不可少的自身形式。生命的这种形式是一种现实的固定形体，是一种断断续续的个别形式。这些形体作为生命的容器和形式，希望把生命的继续流动都接受下来，而直接经历过的生命就是成型的统一体，它是对现有单一形式的彻底超越，即在个别瞬间打破当时存在的形式。而这时，那些形式中的以及历史上的确定性、限定范围和固定不变，迟早会成为永远变幻不定、界限模糊不清并且持续不断的生命的对立面和对手。可见，生命和形式的冲突在文化上其实就是一种文化的外在形式与精神内容的一种冲突。而齐美尔实际上是将文化视为一种体系，因此，生命与形式的冲突又可以看作是文化创造力与文化体系之间的对立冲突。文化创造力具有生生不息的节奏，且永不停止地流变；而文化体系是富有创造性的生命的外在框架，它有自我的界限和适用范围。一种文化体系一旦得到固定、具有自我逻辑性和合法性，就势必会与内在于它的生命产生裂变，如果某种文化形式自成体系，也就意味着该形式具备了一定的自主性，并且，文化体系越是独立自主，它们与文化创造力之间的对抗性就越强。所以，"一当生命有意识地在精神或文化、创造性或历史方面受到他物支配时，它也就只好存在于它自身的、由自己直接创造的对立面的形式中，即所制作的形式中。……一旦各种变得客观的、结成固定形式的生命产品要求接受继续流动的生命，以其界限划定范

---

① K. P. Etzkorn ed., Georg Simmel ed., *The Conflict in Modern Culture and Other Essays*, New York: Teachers College Press 1968, p. 11.

围，并与自己统一规格时，不满和不安——或迟或早，准确地说，人出现那一时刻开始——就已针对着那种生命产品了。"①

生命与形式之间的冲突并不只是简单的对立关系，甚至还以一种战斗的甚至是革命的姿态体现出来，"假如生命——作为宇宙的、种类的、个别的现象——是这样一种持续不断的流动，那么，建立在这一基础上的就不仅仅是生命同形式之间的深刻对立。这一对立往往以战斗的姿态出现，它是不停的，多数情况下不明显的、非原则性的，但又是以革命方式爆发出来的、继续前进的生命反对历史标记和当初文化内容在形式上僵化的斗争，因而它也会成为文化变迁的内在动机"②。文化的内容与形式不仅相互之间有矛盾对立的关系，而且，这种对立是一种动态性的对立。一方面，一旦精神生命要获得展现，它就会不断地创造出自给自足的，并渴望内在永恒无限的、与特定的精神生命相适应、并作为特定精神生活表达的必然模式而存在的形式。也就是说，人类的内在精神生命只能通过一定的文化形式体现出来，精神生命只有在自己的对立面中才能存在，成为外化的现实；另一方面，生命的流动永不停止。只要精神生命外化为形式，那么生命的内在永恒动力就会与形式固有的自足性产生矛盾，到最后必然会摧毁旧的形式，并渴望新的形式来适应自己。因为"生命的力量迟早会腐蚀掉它所创造出来的每一种文化形式。当一种文化形式获得完满的发展，下一步就是另一种新的形式开始成形，并最终通过或短或长的斗争而取代前者。"③ 可见，齐美尔对现代性文化危机的理解，是从其生命哲学出发的：一旦新的生命冲动与旧的文化形式相冲突，就会出现所谓文化危机，文化危机只不过是生命与形式的亘古冲突的不断更新而已。

生命与形式处于永恒的对立冲突中，但生命与形式的冲突在现代社会中表现得尤为明显。在齐美尔看来，虽然形式与生命的冲突在很多历史时代一直很尖锐，并深刻地影响到了我们的生活，但除了他生活的那个时代，没有任何一个时代能把这个内在矛盾十分清楚地显现出来。而且这种冲突不仅无法避免，而且也永不会停止，因为一种形式一旦出现，它在很

　① ［德］齐美尔：《生命直观》，刁承俊译，生活·读书·新知三联书店 2003 年版，第 135—136 页。

　② 同上书，第 14—15 页。

　③ K. P. Etzkorn ed., Georg Simmel, *The Conflict in Modern Culture and Other Essays* , New York：Teachers College Press, 1968, p. 11.

长一段时间内，就拥有摆脱生命对其进行控制的能力，而生命却力图去征服形式。由于这个原因，"生命与形式从一开始就处于一种潜在的对抗之中，并在活动的许多领域表现出来。从长期来看，这种紧张关系最终会发展成为一种普遍的文化危机。在其中，所有形式被强加于生命，而生命却竭力想去打破种种形式"①。可见，生命与形式的永恒冲突构成了齐美尔生命哲学的主体部分，也成为贯穿其整个生活哲学、文化社会学和美学的一条主线。

生命与形式的二元对抗体现在齐美尔对现代文化的分析中，则成为其著名的文化悲剧理论：主观文化与客观文化的矛盾冲突，即客观文化对主观文化的压制，个体所创造出来的文化反而成为控制人的工具。这种悲剧在齐美尔看来，正是当代文化的外在表征。②

在齐美尔那里，文化的第一种形态是主观文化，它是个体身上的一种教育、活动、智慧或美、幸福、德性的状态，表现为个体对于灵魂财富的分享。文化的另一种形态可以称为客观文化，它的内容和意义完全不受在个体身上的表现程度和频率的限制。语言和法律、习俗和艺术、职业种类和宗教、家具和服饰都是有特色的形式，它们既可以为个体所接受，也可能被个体所忽视。齐美尔认为，在前现代社会，文化的内在精神冲动与它借以外化的形式处于水乳交融的和谐状态，因此，文化的发展也就显得相对平和。但随着现代社会的出现，这种和谐状态逐渐被打破，启蒙运动的延伸使个体将理性置于高于一切的位置，从而使得外在的物质文化得以高扬，并对主体内在的精神文化构成极大威胁。"近百年来，在生产设备和生产技术服务方面，在各种知识和艺术方面，在不断改善的生活方式和生活情趣方面，社会分工日趋繁多复杂。作为个性开化原材料的个人能力很难适应这一发展速度，已远远地落在后面。……现代人真正缺乏文化的原因在于，客观文化内容在明确性与明智性方面跟主观文化极不相称，主观文化对客观文化感到陌生，感到勉强，对它的进步速度感到无能为力。"③

---

① K. P. Etzkorn ed., Georg Simmel, *The Conflict in Modern Culture and Other Essays*, New York: Teachers College Press, 1968, p. 12.

② 在齐美尔看来，现代性的特征主要表现为一种二元对立，现代世界的体验最终可归结为主观文化和客观文化之间的一种对立，这种对立也使得现代性主体与外在社会产生一种无法弥合的距离。

③ [德] 齐美尔：《桥与门》，涯鸿等译，上海三联书店1991年版，第95—96页。

工具理性的横行带来了客观文化的空前膨胀，其最终结果是客观文化对主观文化的全面压制，导致主观文化跟不上客观文化的发展，远远落在外在的客观文化发展的后面。

齐美尔对客观文化对主观文化的压制深怀忧虑，认为这种压制必定会导致现代个体对文化的普遍不满，以及作为整体的文化的最终衰竭，"文化的不同分支各自为政，互不理睬；作为整体的文化实际上已经难逃巴比塔的厄运，因为其最深刻的价值正存在于其各部分的集合之中，而这种价值现在似乎岌岌可危：所有这些都是文化演进不可或缺的悖论。它们逻辑上的最终后果将会是文化一直持续发展到灭亡的地步，除非它们反复受到文化正面力量的反抗，或者发生社会动荡来暂时挽救逐渐走向解体的文化生活。"① 主观文化与客观文化的矛盾形成现代文化的独特之处，并且在现代社会中日益悲剧性地陷入无法转换的境地。物质社会的高度理性化造成了自主性和创造性的丧失，导致了文化的物化，人类为自己所创造的东西所奴役，个体从客观文化中受到的刺激，仅仅只会让他产生无能感和无助感。面对客观文化对主观文化的霸权，现代人的选择能力变得越来越麻木，面对物化世界和工具理性的轰炸，现代人不是变得富有生机和活力，而是变得精神异化和麻木不仁。因此，在现代性的展开中，客观文化的发展以主观文化的牺牲为代价，所谓普遍的文化悲剧其实就是客观文化与主观文化的相互离异，其结果是现代人的生命和生活都成了碎片。

在齐美尔的文化悲剧理论中，"物化"是一个核心概念。文化原本是一个最富有精神和人性的和谐领域，然而，在古典文化向现代文化的变迁中，这种和谐状态逐渐被打破，文化越来越明显地被现代文明所"外化"或"物化"。在马克思对资本主义的批判中，"异化"这个概念占着十分重要的地位，在《1844年经济学—哲学手稿》中，马克思写道：

> 劳动的外化表现在什么地方呢？首先劳动对工人说来是外在的东西，也就是说，不属于它的本质的东西；因此，他在自己的劳动中不是肯定自己，而是否定自己；不是感到幸福，而是感到不幸；不是自由的发挥自己的体力和智力，而是使自己的肉体受折磨、精神遭摧残。因此，工人只有在劳动之外才感到自在，而在劳动中感到不自

---

① ［德］齐美尔：《时尚的哲学》，费勇等译，文化艺术出版社2001年版，第183—184页。

在。因此他的劳动不是自愿的劳动，而是被迫的强制劳动。因而，它不是满足劳动需要，而只是满足劳动需要以外的一种手段。劳动的异化性质明显地表现在，只要肉体强制的外在的或其他强制一停止，人们就会像逃避鼠疫一样逃避劳动。外在的劳动、人在其中使自己异化的劳动，是一种自我牺牲、自我折磨的劳动。最后，对工人来说，劳动的外在性质，就表现在这种劳动不是他自己的，而是别人的；劳动不属于他，他在劳动中也不属于他自己，而是属于别人。①

齐美尔在《货币哲学》中则表达了马克思相似的"异化"思想：

> 迄今为止劳动分工均被阐释为个人活动的一种专门化。但对象自身的专门化同样也对劳动分工起了作用，它们和主体的人保持距离，体现了对象的独立性，以及主体没有能力吸收对象，使其屈从于自己的节奏。……机器渐渐变成了统一体，完成的劳动比例越来越多，因而机器仿佛作为某种自主的力量与工人对峙，似乎他不再是个体化的人，只是实际规定好的劳动的执行者而已。②

很明显，齐美尔关于现代文化的"物化"或"外化"思想，很有可能来自马克思的"异化"概念。不过，马克思的异化概念是与劳动维系在一起的，而与此不同，对齐美尔来说，异化本质上是一个文化范畴，齐美尔实际上是将马克思关于商品化的分析拓展为一种文化社会学层面上的分析。因此，文化异化和劳动异化，这是齐美尔与马克思异化理论的不同点。此外，齐美尔现代文化的"物化"思想又是基于货币经济所带来的外在生活世界的日益"理性化"。由于在大都市生活中，货币经济获得了绝对主导的地位，塑造着各种各样的社会关系，并导致个性富有独特性体验的碎裂，现代生活越来越受到诸如严格的守时、计算的精确和量的平均化等无色彩的、非人性的风格支配。而这种非人性的风格又源于货币经济对现代文化的侵入和侵蚀，由此可以看出，齐美尔是把自己有关文化悲剧的分析扩展到货币研究，视货币经济为一种加剧了现代文化"物化"的

①　《马克思恩格斯全集》第 42 卷，人民出版社 1979 年版，第 93—94 页。
②　［德］齐美尔：《货币哲学》，陈戎女等译，华夏出版社 2002 年版，第 372 页。

文化范畴。

二

　　齐美尔的"物化"或"外化"概念与马克思的"异化"概念有着很大的相似性。不过，马克思的异化概念是与劳动维系在一起的，而对齐美尔来说，异化本质上是一个文化范畴。齐美尔实际上是将马克思关于商品化的分析转变为一种文化层面上的分析，而西马学者卢卡奇也正是在综合马克思和齐美尔思想的基础上，从文化的角度提出了有名的"物化"概念。卢卡奇在《理性的毁灭》中曾描述了这样一种情形：19世纪资产阶级知识分子的生命哲学来源于这样一个背景：一方面，科学的发展及其成果使广大的知识分子完全远离了一切宗教活动；另一方面，这些知识分子的社会处境却使他们深深感觉到：个体生命本身，从其内在方面看，是完全无意义的，外在世界对个体而言，也是没有任何意义的。因为科学知识已使世界祛魅，社会行为的规范已失去了任何方向，在这种情况下，个体何去何从？哪里才能找寻到个体生命的终极意义呢？卢卡奇认为，当时的实证主义者所提出的纯粹不可知论的答案，只有当资本主义社会中生活的无意义和无安全感还没有完全显现出来时，而且只是对那些没有充分认识到资本主义境况的人来说，才可能是有效的。然而，资本主义的发展，尤其是到了帝国主义时代，这种无意义和无安全感在现代生活中日益凸显出来。在这个时代，对一些资产阶级知识分子而言，实证主义所开出的药方明显已过时，而生命哲学就是从实证主义的式微中，以及对世界观的需要中而产生出来的。[①] 从卢卡奇的分析中，我们也许可以认为：齐美尔之所以走向生命哲学，之所以将个体的生存选择寄寓于生命哲学，很有可能就源于卢卡奇所言的这种对生命意义的思索：生命的意义到底是什么？生命的意义到底在哪里？生命的价值又体现在什么地方？对这些问题的追问形成了齐美尔生命哲学的悲观主义论调。而且，对现代生活的体验，齐美尔一方面是从社会学美学的角度加以把握；而另一方面，他又试图将其纳入更为深刻的生命哲学图式中。而当代文化的发展与演变，更是与生命哲学

---

　　① ［匈牙利］卢卡奇：《理性的毁灭》，王玖兴等译，山东人民出版社1997年版，第397—398页。

中生命与形式的内在矛盾密不可分。

对齐美尔的文化悲剧理论，卢卡奇在《理性的毁灭》中也有过分析和概括：客观精神因而具有他自己的逻辑。它的种种产物固然都是从个人最固有最内在的自发性中产生出来的，但一旦产生出来它们就在自己的道路上独立行进。资本主义的劳动分工以及货币经济，按照齐美尔的看法，都是这一类的产物。马克思认为商品生产时期的经济物品所具有的那种"拜物教性质"，只不过是我们的文化内容的这种普遍命运的一种特殊的变形事例而已。这样，历史唯物主义本身的"深化"以及它的全部后果就都被归结到生命哲学的图式中去了，而在这个情况下，生命哲学的图式俨然就是主观与文化产物之间、灵魂与精神之间不可消解的对立性。在齐美尔看来，这种对立性就是文化的真正悲剧。① 通过这样的哲学概括，卢卡奇认为，文化的悲剧就仅仅是生命自身的绝对矛盾性的一种表现。

在卢卡奇看来，齐美尔作为叔本华和尼采的后继者，他对当今文化的态度并不像庸俗的辩护者们那样简单地予以否认，也不认为现代文化的困境是一种非常讨厌的现象，更不否认在当前的帝国主义社会中存在着不利于文化的倾向。因此，卢卡奇认为齐美尔文化悲剧论很有问题。在齐美尔那里，文化的具体经济和社会问题最后都不过是普遍的"一般的文化悲剧"的一种表现方式，文化之所以会发生悲剧，根本原因在于"灵魂"与"精神"的互相对立，在于灵魂同它自己的产品、同它自己客观化出来的东西互相对立。也就是说，齐美尔将现代性矛盾的根源归结于文化本身，而没有进入到社会制度和社会关系领域，从而没有深入到现代性批判的核心机制，现代性的矛盾仅仅只是一种"文化命运"。对此，卢卡奇分析说："我们在这里清楚地看到了他的基本倾向，那就是，要把帝国主义时代有关个人处境的种种环节（特别是有关与这种文化密切联系着的知识分子的处境的那些环节）夸张为一般文化的'永恒的'悲剧。这种'深刻化'具有非常不同的样式，但其后果则殊途同归。它的主要意图就是要远离具体的经济情况，远离具体的社会历史原因。"② 卢卡奇认为，文化悲剧的深层历史和社会根源就被齐美尔这样轻描淡写地"深刻化"

---

① ［匈牙利］卢卡奇：《理性的毁灭》，王玖兴等译，山东人民出版社 1997 年版，第 402页。

② 同上。

了，所谓现代文化的悲剧仅仅成为了脱离具体社会现状的"普遍性"悲剧。"于是知识分子的反资本主义的不满情绪就被强行改变为自足、自满和自我陶醉了。……在这一点上，'文化的悲剧'暴露了本来面目，它显然是一种帝国主义时代依靠利息吃饭的寄生虫的哲学。"① 对此，勒贝也有同感，在他看来，齐美尔"并非没有意识和认识到自己所处时代的现实社会中的种种矛盾和不公正……然而，他并不想——或者至少不怎么想——对此进行具体历史的社会分析，也无意要从现实社会中去寻找克服这种现实的趋势……他把具体的历史和社会浓缩成一个单纯具有指示作用的范例，以阐明主体与客体、个体与社会之间普遍的根本紧张，并将这种紧张解释成根本的悲剧性紧张。"② 这就是为什么卢卡奇认为，齐美尔赋予社会和客观文化的仅仅是一种自然性格，它不可能为一种社会批判打下基础。齐美尔的社会学本身只不过是一种经验，一种过渡，反映了不能超越现实和到达一种社会整体观的关于现实的强化认识。虽然齐美尔也敏锐地把握到资本主义社会的某些后果，《货币哲学》也高度具体地分析了货币经济的作用，但这种分析仅仅为其普遍的文化悲剧论提供了基础，因此，在齐美尔那里，其分析最终引出的就不是对社会的尖锐批判，而是一种形而上学的悲观主义。这与马克思的分析基于对整个资本主义的批判是不同的。

当然，卢卡奇的分析也很片面。齐美尔并非仅仅就文化而论文化，而是将现代性的矛盾冲突扩展到了文化层面。这一点一直为学术界所忽略。笔者认为其中原因如下：齐美尔是一个社会学的印象主义者，他总是这里看看，那里停停，对社会问题也往往是兴之所至，随手拈来，而且，他对社会病态的分析也是基于一种十分冷静客观的笔调，而不像马克思或韦伯一样有着对资本主义的强烈批判意识。在齐美尔的散文式的随笔中，我们看到的往往只是一个个的现代性碎片，而极少看到其中的意识形态倾向。基于这个原因，人们在研究齐美尔时，往往视齐美尔为一个只会看病而不会治病的医生，故而对于他的文化悲剧理论，学者们也都往往认为齐美尔

---

① ［匈牙利］卢卡奇：《理性的毁灭》，王玖兴等译，山东人民出版社1997年版，第403页。

② ［德］齐美尔：《金钱、性别、现代生活风格》，转引自弗里斯比《论齐美尔的〈货币哲学〉》，阮殷之译，学林出版社2000年版，第239页。

只是揭示了现代文化的弊病，却并没有提出相应的诊治措施。正是因为如此，齐美尔文化悲剧中所隐含的对现代性的批判意识就通常被忽略，甚至被抹杀。虽然齐美尔没有以一种直接的姿态来展开对现代社会的批判，但他对现代性的剖析中，比如现代文化的论断以及现代个体的生存困境的分析中，就内含着对资本主义异化文明的批判意识。

其实，不仅仅是齐美尔，韦伯也看到了现代人所面临的生存困境。只不过在韦伯的眼中，生存的困境表现为"历史的悲剧"，而在齐美尔那里则是"文化的悲剧"。① 对齐美尔而言，个体面对生存困境的一个重要救赎策略是远离外在世界，努力向纯粹的生命意志本身回归。对个人内在生活的强调，是与齐美尔保护个体性的意图，以及后来希冀弥合由于主观文化和客观文化之间的必然扩张而带来的个体与外在世界的裂痕，进而重新构建个体完整人性的意图相吻合的。与齐美尔恰恰相反，在韦伯看来，个体只有克制生命的本能，奉行一种理性的禁欲主义人格，才能获得最终的救赎。韦伯视理性为现代性一种外在表征，而资本主义的理性发展只不过是现代性的一副面孔，因此，任何不理性的生活方式和权威都是对现代性的反动，也是阻碍个体实现最终救赎的障碍。在他看来，现代人要获得拯救，就得发展一种与禁欲主义人格相符合的现代"天职观"。只要现代个体的"天职观"得到完善，个体足以形成既能抗拒外界的诱惑，又能成功控制自己的欲望的禁欲主义人格，而在这种对自我所选择的事业的无私奉献中，就能获得灵魂和精神生命的净化，最终实现生存的价值和意义。

齐美尔关于现代文化的诊断影响了他的学生克拉考尔，在对现代文化的分析上，克拉考尔得出了与齐美尔相似的悲剧性诊断：

> 在过去的十年中，德国赶上了一个巨大的物质进步时期。但是，内部要素没能赶上这次外部繁荣的步伐，实际上倒是以五花八门的方式被消灭在萌芽状态。……大多数人的生活，淹没在陈规陋俗和职业感召之中。作为仅存的超个人形式，它们设制了固定的目标并限定了发展的各种可能性。一旦人从其活动领域撤身而出，他们就步入一种虚空状态。此外，那种能使人团结起来，以及不仅能把他们团结起来而且还能激发他们最高冲创力的东西，也是少得可怜。……最值得一

---

① L. A. Scaff, "Weber, Simmel, and the Sociology of Culture," *Sociological Review*, No. 36.

提的是，灵魂最紧要的需求，即宗教性，已经支离破碎了；再没有任何一种活生生的且具普遍约束力的信仰，来表达我们的本质。①

　　在克拉考尔眼中，现代社会文化的一个重要的特点就是：我们进入了一个巨大的物质进步时期，然而个体的内在生命却跟不上外部世界的繁荣，反而被外部世界扼杀和消灭于萌芽状态。这种状态，用齐美尔的话说，就是客观文化对主观文化的压制，个体的内在生命跟不上外在物质文化的成长与进步。这种物质世界的增长所带来的个体与外在世界的分离感，克拉考尔将之归于科学与资本主义的发展。他对科学与资本主义怀有一种敌对情绪，认为它们只对僵化的数量关系及理性计算感兴趣，却忽略了事物的内在价值。一旦对事物内在价值的关怀在科学与资本主义中遭到放逐，那么它们所带来的任何进步都只会妨碍个体内在心灵的发展，而不会对个体有任何的积极意义。在克拉考尔对资本主义及其货币逻辑的论述中，我们很容易发现齐美尔的影子。虽然克拉考尔是从对第一次世界大战的切身体验中得出文化的悲剧性论断，但他的这种论断，显然源于齐美尔对现代文化悲剧的分析。不过，在齐美尔那里，现代文化虽然出现了悲剧，但个体还是可能通过一些方式来使其本性得到保存和拯救。但是在克拉考尔那里，齐美尔的救赎路径被全部拒绝和否定："个体的感受和价值再也不能与现有的社会功能融为一体。现代的个体，至少在他或她的内核中，是孤立无援的。惟一能被追赶的价值就是那些失去了的人性。但是它们在这个客观化了的世界中只能作为私人的剩余物。"在克拉考尔的眼中，个体对存在的体认已丧失殆尽，个体再也不能与生活于其上的外部世界进行沟通，外在的物化世界成为一个完全异己的"他者"。这样一来，与齐美尔的对现代文化的诊断相比，克拉考尔显然过于偏激，走入了一条死胡同。

　　细究齐美尔的观点，文化悲剧之所以是主观文化与物化文化之间的无法调和的冲突，原因就在于不论外在的物化文化多么强大，个体的内在精神生命总是要设法抗拒客观世界对它的压制和封杀。面对文化的悲剧，齐美尔曾提出以"距离"来抗拒现代物化文明对个体内在本真的压制。即

————————————

① ［英］戴维·弗里斯比：《现代性的碎片》，卢晖临等译，商务印书馆 2003 年版，第 146 页。

在现代社会中，个体要逃避物化的外在世界，要在物化的现实生存中找到"归家"的感觉，只能返回自我的内在心灵。在这个意义上，"距离"是个体面对强大的物质（客观）文化所采取的一种应对策略。物化文化对主观文化的压制所引发的个体的内撤，强调与外在物化文化保持一种距离，其实就是齐美尔对现代社会的日益物化所开出的一个药方。齐美尔的"距离"拯救思想在西马学者那里得到了延续。如阿多诺强调，艺术只有与物化世界拉开距离，实现艺术的自主性和批判性，才能以一种审美的方式唤醒人们丰富的内心世界。阿多诺认为艺术的社会性主要因为它站在社会的对立面，艺术为了避免自己成为商品，为了避免受到物化意识形态的侵蚀，就只有通过否定物化意识形态，通过与物化意识形态拉开距离，才能实现对物化意识形态的远距离的审视和批判。马尔库塞认为，当代工业社会是一个高度技术化的单向度社会，在单向度的物化环境中，要实现个体的解放，必须通过否定性的艺术去唤醒个体沉睡的无意识，通过艺术的陌生化去复归个体面对物化社会时的新感性，进而实现个体的最终解放。马尔库塞强调个体及艺术与物化文化保持距离，其目的在于使艺术摆脱社会的异化控制，重新恢复艺术的反思与批判功能。

在物欲观念的层层包围之下，当下的中国文化也有着物化的趋势：文化不再作为表意系统指向内在的精神生活，而是以文化产业为标志，以现代传媒为手段，以经济效益为目的。物质欲求侵蚀着艺术的本真，艺术沦落为冷漠异己的客观物。齐美尔以及法兰克福学派的对资本主义文化的批判无疑在另一个维度也提醒着我们应当关注当下中国文化所面临的困境。当前，拜金主义泛滥、伦理道德滑坡等不良社会现象已经引起了社会各界的重视，因此，我们亟须探究这些现象背后的语境，洞悉这些现象的症候，进而探究实现人性回归和精神拯救的出路。基于此，笔者认为，合理借鉴齐美尔与法兰克福学派的文化批判与文化拯救思想，对于反思当前文化的物化，以及构建健全的文化无疑提供了一种思考借鉴。

［作者简介］：杨向荣，浙江传媒学院文学院教授，博士生导师。曾莹，浙江传媒学院文学院助理研究员。

雷蒙德·威廉斯文艺思想在中国的
传播和影响研究

柴 焰

　　马克思主义文论家雷蒙德·威廉斯是英国文学批评和文化研究领域的一个关键人物，在其长达 40 年的思想历程和文学实践中，他担当了多种角色：文学批评家、文化理论家、政治评论家、媒体撰稿人、戏剧家、小说家和剑桥大学文学教授，他著作等身，包括学术专著、报刊文章、剧本、长篇小说和评论。但威廉斯生前并没有得到足够的重视，英国著名学者戴维·莱恩指出："雷蒙德·威廉斯在整个英国的文化生活及在它内部的马克思主义者中，都是一个孤立的人物。虽然，威廉斯在近二十年间出版了十来本著作，但是，自 1960 年汤普森在《漫长的革命》中对之作了些探讨性的评论以来，直至 1976 年，伊格尔顿才在《文学与意识》中，首次对他的著作进行了马克思主义的批评。这样一位重要作家被孤立的状态，一部分原因只是由于，他的绝大部分著作都是以文学批评的形式产生出来的。而正如佩里·安德森指出的，这也是英国马克思主义文化不够繁盛的结果。"[①] 1988 年威廉斯逝世后，著名的后殖民批评家康奈尔·威斯特在发表了一篇简短的纪念演说中称其"是欧洲时代结束之前所诞生的最后一位伟大的男性欧洲革命社会主义知识分子"。[②] 他的学生伊格尔顿毫不避讳地称赞他是"20 世纪英国唯一的最重要、最富独创性的文化思

---

　　① ［英］戴维·莱恩：《马克思主义的艺术理论》，艾晓明译，人民出版社 1981 年版，第 180—181 页。

　　② Comel West, In Memoriam: The Legacy of Raymond Williams, In: Christopherrendergast, ed. Cultural Materialism: *The Legacy of Raymond Williams*, Minneapolis: University of Minnesota Press, 1995.

想家"，"英国左派的权威代表——思想睿智，特立独行，研究题目带有其后的社会主义者无法与之相比的多面性。"① 20世纪90年代之后，威廉斯逐渐赢得了巨大的身后声誉，他的理论所具有的内在力量性（其坚守马克思主义立场和观点）、稳定性和前瞻性也在国际学术界引发了研究热潮。国外学者较早对威廉斯思想进行专题研究的有：

1991年，托尼·品克尼（Tony Pinkney）出版了研究威廉斯的专著《雷蒙德·威廉斯》（*Raymond Williams*），该书主要对威廉斯的小说创作进行了分析和研究，但并未涉及威廉斯的文化研究。1994年，专著《雷蒙德·威廉斯：建构关联》（*Raymond Williams: Making Connections*）出版，作者为约翰·艾德瑞奇和莉兹·艾德瑞奇（John Eric Thomas Eldridge, Lizzie Eldridge），这本著作几乎涵盖了威廉斯的文学批评、文化研究、传播研究以及小说创作在内的所有作品，用威廉斯的诸多作品中的某些关键词将他的学术观点贯穿联系起来，全面系统地论述了他的学术思想。1995年，由克里斯托弗·普瑞加斯特（Christopher Prendergast）主编的论文集《文化唯物主义：论雷蒙德·威廉斯》（*Cultural Materialism: On Raymond Williams*）出版，该书收录了十余篇国外学者研究威廉斯的论文，内容涵盖广泛，既有对威廉斯作品中感受结构等重要概念的辨析，也涉及威廉斯文学批评和文化研究的部分方面。其中一些论文还对威廉斯作品与英国殖民主义的关系，威廉斯思想与法国理论、马克思主义理论以及其他理论之间的内在关联。此外，还有近10部著作和论文集把威廉斯作为主要研究对象进行专门论述。国外学者对威廉斯思想的兴趣主要集中在他的文化研究和文学批评方面。随着对威廉斯学术思想研究的深入，他作为一位马克思主义文论家的影响力也在不断扩大。美国学者戈尔曼在其编著的《"新马克思主义"传记辞典》中评价他的"思想地位在许多方面都无与伦比，无疑是战后英国学识最渊博、最有成就、读者最广泛、影响最大的社会主义作家"②。

---

① Alan O'Connor, *Raymond Williams: Writing, Culture, Politics*, Basil Blackwell Inc., 1989, p. 7.

② ［美］罗伯特·戈尔曼：《"新马克思主义"传记辞典》，赵培杰等译，重庆出版社1990年版，第852页。

一　威廉斯文艺思想在中国传播的轨迹

（一）著作译介

北京大学出版社于 1991 年出版了由吴松江、张文定翻译的威廉斯的代表作《文化与社会》，译者在该书前言中写道："近年来（译者1988 年初稿，1989 年二稿）我国翻译了不少西方文化理论和文学批评著作，却尚无介绍威廉斯的著作，译者正是抱着这样一种补缺的目的去翻译《文化与社会》，向读者提供威廉斯思想文化观念的一个侧面。"①由此可见，译者是把威廉斯作为西方文论和文学批评大家介绍给国内读者的。1993 年，王尔勃翻译了艾伦·奥康纳对威廉斯的研究论文《雷蒙德·威廉斯的〈马克思主义与文学〉及〈"文化唯物主义"理论〉》[《齐齐哈尔师范学院学报》（哲学社会科学版）1993 年第 3 期。] 1994年，台湾学者冯建三从媒介研究的需要出发翻译了《电视：技术与文化形式》。在中国大陆，在首次翻译威廉斯的《文化与社会》之后的 11年中，对于威廉斯作品的引介工作基本处于停滞状态，只有《马克思主义美学研究》这本刊物于 1999 年和 2000 年分别翻译了威廉斯的两篇文章《马克思主义文化理论中的基础和上层建筑》（傅德根译）和《什么是文学?》（王尔勃译）。直到 2002 年，商务印书馆出版了国外学者整理再版的威廉斯的著作《现代主义政治》，截至 2014 年 12 月，威廉斯著作的中译本一共有 10 部。这些著作的译者显然是出于文学、文化研究的目的引介了威廉斯的代表作，这些中译本直接反映了威廉斯的文化批判与社会批判的思想内涵，为威廉斯文艺思想研究在中国的传播打下了重要的文献基础。

（二）研究著作及研究论文

与国外相比，国内研究威廉斯的起步差不多滞后了十年。国内目前可查的最早对威廉斯文艺思想进行评价的是 1999 年赵斌在学术期刊《外国文学》（1999 年第 5 期）上发表的评析威廉斯《文化与社会》的论文《雷

---

① ［英］雷蒙·威廉斯：《文化与社会》，吴松江、张文定译，北京大学出版社 1991 年版，前言。

蒙德·威廉斯的"文化与社会"》。进入 21 世纪，国内学者对威廉斯文艺思想研究的热情才日渐升温，对威廉斯进行专题研究成为一批博士论文和硕士论文的热门选题。其中一些博士论文后以专著形式出版，威廉斯文艺思想对中国文论研究的影响力逐渐扩大。截至 2014 年，国内专门研究威廉斯文艺思想的博士论文共 11 篇，其中 5 篇已经以专著形式出版。此外，还有一些研究英国伯明翰学派及英国马克思主义文化批评的博士论文重点涉及威廉斯的文化研究。

除了博士论文、硕士论文之外，对威廉斯文论进行研究的文章在国内各类学术刊物上随处可见。据"中国知网"期刊报纸数据库统计资料显示，有将近八十篇学术论文专题研究或主要涉及威廉斯的思想。虽然其中评介性的研究居多，但也不乏对威廉斯文论研究的深入探讨。从 1999 年起，《马克思主义美学研究》对推进中国学者研究威廉斯文论起到了重要的作用。截至 2014 年 10 月，《马克思主义美学研究》刊登的研究威廉斯文论的文章共 9 篇。

二　威廉斯文艺思想在中国传播的主要议题

迄今为止，国内学界真正对威廉斯文论予以关注并进行研究的时间只有短短的 10 余年，国内学者对威廉斯思想的接受主要围绕他的《文化与社会》《马克思主义与文学》《关键词》这三本书而展开。威廉斯文艺思想研究在中国传播的主要议题比较有限，主要包括文化研究、文学理论研究、媒介技术研究三方面，其中对威廉斯文化研究的探讨占据了所有议题的半壁江山。

（一）威廉斯文化理论研究

文化研究作为一种方法和理论，是当代英国马克思主义文论的一个最为突出的标志，也是对马克思主义文论的主要贡献。国内学者对威廉斯思想的接受是从对其文化理论的研究开始的，对威廉斯文化理论研究的成果也最多。截至 2012 年 6 月，国内专题研究威廉斯的博硕士论文中，11 篇博士论文中有 7 篇，23 篇硕士论文中有 15 篇是研究他的文化理论的。威廉斯的文化研究和马克思主义文化理论中，文化唯物主义是其中最引人注目的核心内容。1999 年，傅德根的博士论文《走向文化唯物主义》开创了国内系统研究威廉斯文化理论的先河，具有重要的意义。作者按时间顺序梳理了威廉斯文化唯物观形成的过程，将威廉斯的思想发展划分为"左派利维斯主义"时、转变时期和文化唯物主义时期。对于前两个时期，他重点分析了威廉斯的《文化与社会》和《乡村与城市》这两部论著。对于后一时期，他主要是通过解读《马克思主义与文学》一书及威廉斯的其他著作来阐释他对文化唯物主义的理解。因为威廉斯创建文化唯物主义的理论旨趣就是要在充满着文化革新和创新的当今时代，对马克思主义的文化观进行突破和完善，以承担马克思主义复兴的使命。这篇博士论文较为精确地论述了英国文化思想传统对威廉斯的影响，却没有对威廉斯文化唯物主义理论所受到的马克思主义传统的影响进行足够的阐释，有些遗憾。

赵国新也是国内较早研究威廉斯的学者。他对于威廉斯的研究集中于梳理威廉斯文化理论的形成过程及其对英国文论研究"文化转向"的影响。2001 年，他的博士论文《背离与整合：雷蒙·威廉斯与英国文化研究》追溯了威廉斯文化理论的形成过程及其对英国文化研究的影响，并对威廉斯的"感受结构"概念和威廉斯关于马克思主义反映论的反思进行了较为深入的分析和研究，指出威廉斯所开启的英国文化研究传统具有强烈的政治批判特征。2009 年，他在博士论文基础上修改出版的《新左派的文化政治：雷蒙·威廉斯的文化理论》一书中详细地介绍了英国新左派的背景、兴起、思想成绩、民族文化反思和精英文化的衰落，尤其强调威廉斯在反驳精英文化的过程中为文化唯物主义论和文化研究奠定了激进政治的基调。

"经济基础／上层建筑"是马克思主义的经典命题。威廉斯的"文化唯物主义"赋予文化以唯物主义的属性，其出发点是为了破解对经济基础与上层建筑的关系机械决定论式的理解所带来的理论僵局。威廉斯认为马克思主义经典作家都强调两者关系的复杂性，在不放弃经济处于首要地位原则下，反对"唯一"的绝对化。因此，理解威廉斯对"基础与上层建筑"的论述是理解"文化唯物主义"的关键。2002 年，吴冶平的博士论文《威廉斯的文化理论研究》①对威廉斯在《马克思主义与文学》中所论述的文化唯物主义的重要组成部分基础／上层建筑和意

---

① 　该论文于 2006 年以专著形式由甘肃人民出版社同名出版。

识形态论进行了论述，这是国内较早对该问题的探讨。进入 21 世纪，中国学者在研究威廉斯的文化唯物主义时都要对"基础/上层建筑"这个命题进行阐释，也取得了富有成效的成果。舒开智所著的《雷蒙德·威廉斯文化唯物主义理论研究》主要采用关键词解析、问题归纳、文本分析和历史比较的研究方法，对威廉斯的文化理论和研究内容的特点进行了阐述。舒开智从批评的视角认为威廉斯在建构文化唯物主义理论的过程中，"将经济基础上层建筑等量齐观，把社会生活实践与社会思想意识融合为一体，概括在'文化'范畴中，文化成为'自身'反映自身的东西，看不到反映与被反映的关系，所以'文化唯物主义'更带有精神物质非决定论化之统一的意味。而且，在威廉斯强调文化的表意实践功能过程中，忽视了马克思所强调的经济基础的根本制约作用。"①而另外一位青年学者吴红则通过解读威廉斯的《马克思主义文化理论中的基础与上层建筑》一文，指出威廉斯的文化分析方法论是以基础与上层建筑命题为理论基础，坚持文化分析的实践性以及文化的历史发展性为原则的。吴红指出，威廉斯注意到"基础"的概念在马克思的基础/上层建筑命题里面是复杂活跃且充满矛盾的，只有这种复杂性、动态性与发展性得到充分理解与重视，那么作为源头与根本动力的"基础"与上层建筑关系的发展变化特征、文化上层建筑的自主性、实践性与发展性等问题才能得到解决。而在马克思主义文化分析传统中，"基础"的概念却往往被覆盖上某种静态的统一的物化特征，从而，淡化了马克思主义创始人包含在此命题中的历史发展观，"在威廉斯看来，就算经济因素是决定性因素，但它决定的是整个生活方式而不是直接的文学。文学与整个生活方式的关系则不仅仅与经济制度有联系，也与其他社会因素有密切关系"②。因此，威廉斯对基础/上层建筑命题的修改和扩展是真正坚持了马克思历史唯物主义的文化立场，并将实践性、发展性纳入文化理论的原则之中。显然，吴红与舒开智对威廉斯关于基础/上层建筑命题探讨的评价不一。此外，中国学人关于这个问题的认识也不尽

---

① 舒开智：《雷蒙德·威廉斯文化唯物主义理论研究》，学苑出版社 2011 年版，第 269—270 页。

② 吴红：《立场、概念与方法——解读雷蒙德·威廉斯〈马克思主义文化理论中的基础与上层建筑〉》，《社会科学论坛》2011 年第 12 期。

相同，比如说刘进认为，"威廉斯反思和重释该命题所针对的主要对象是文化理论中的唯心主义立场和'唯经济决定论'"。① 而樊柯则认为威廉斯反对的是文化理论中的机械唯物论，"他反对的是那种把文化上层建筑视为非物质性的观点，反对的是使文化上层建筑与经济基础对立的做法"②。这些都反映出中国学者对威廉斯文化理论中关键问题的深入思考以及在研究过程中的学术争鸣和独立的学术判断。

在国外，威廉斯文化研究的一个方面十分重要却常常被忽略，这就是他对语言的分析，因其是威廉斯文化理论的支撑。究其被忽略的原因一是威廉斯所处的英国文化，语言处于边缘地位；二是英国的马克思主义传统长期以来忽视语言的问题。威廉斯修正了历史语义学并提出了语言哲学，对他来说："语词是形成一种文化的集体经验的体现，正是通过语词，主体形成了其不可削减的个人（是我在说话）和集体（我在用族群语词说话，因而我也曾通过他们说话）经验。"③ 1976 年，威廉斯在其文化理论臻于成熟之际，出版了《关键词：文化与社会的词汇》一书，在书中，通过定义历史语义学，他定义了自己自 20 世纪 70 年代以来参与文化理论探索尤其是马克思主义文化理论探讨的特征："书中的注解与短评所作的语义学则是'历史语义学'（ historical semantics）的分支，明显的特征是不仅强调词义的历史源头及演变，而且强调史的'现在'风貌——现在的意义、暗示与关系。……历史语义学提出了众多至关重要理论问题。强调通过历史来理解今天语词的含义和语词所属的语义结构，这就是选择依靠历史唯物主义，而不是主观唯心主义或者非历史的（共时的）结构主义。"④ 国内一些学者在研究英国马克思主义文论的过程中敏锐地注意到了威廉斯对历史语义学的重视，并对此进行了较为深入的阐述。比如说傅德根在《词义的历史变异及深层原因

---

① 刘进：《文学与"文化革命"：雷蒙德·威廉斯的文学批评研究》，巴蜀书社 2007 年版，第 329 页。

② 樊柯：《走向文化社会学——威廉斯文化思想研究》，中国社会科学院研究生院 2010 年博士学位论文，第 35 页。

③ ［法］雅克·比岱，厄斯塔什·库维拉基斯主编：《当代马克思辞典》，许国艳等译，社会科学文献出版社 2011 年版，第 568 页。

④ Williams, R. *Keywords*: *A Vocabulary of Culture and Society*, New York: Oxford UP, 1985, pp. 20 – 22.

——读雷蒙·威廉斯的〈关键词〉》一文中就认为，作为马克思主义者
的威廉斯强调词义的演变"不是一个自发的自然过程，往往是不同社会
利益集团之间斗争的结果，语言的社会运用乃是'各种转换、利益和控
制关系表演的舞台'，词语是各种社会力量交往互动的产物，不同倾向
的社会声音在这里冲突和交流"。① 傅德根从《关键词》一书中解读出
了威廉斯试图通过深入细致地探究词汇的意义及其用法的变化，目的是
探究语言的社会性和历史性，揭示词义变化背后隐藏的意识形态因素和
社会历史的变化，并从由优势阶级所形塑的许多重要词义的"主流定
义"之外找出其他"边缘的意蕴"。这样，被统治阶级尤其对工人阶级
来说可以"掌握所有用以传达社会转化的工具"，打破统治阶级某些意
义的控制，积极表现自己的语言的力量，把这些力量转化成为挑战"官
方意义"霸权和变革社会的武器。傅德根的探讨为国内学者提供了一条
非常重要的语言学的路径去切入威廉斯的文化研究，或许是因为学科的
差异造成的知识不足，国内有关威廉斯历史语义学的研究成果至今仍不
多见。

　　威廉斯的马克思主义文化研究不仅注重发掘文化的政治学意义，同
时还受到结构主义、英国文化主义和文化人类学的影响，注重探寻文化
的社会学意义，不仅重视文化的内在价值研究，而且对文化的外在社会
关系更为关注。国内研究威廉斯文化理论的成果大多过于强调其政治学
维度，而对其社会学维度重视不够。《文化社会学》是威廉斯晚期尝试
系统性地建构文化社会学的一部非常重要的作品，这部作品目前还没有
中译本。也许是受到了译本的限制，使得国内学界对威廉斯的文化社会
学研究探讨不多。难能可贵的是，一些青年学人以不凡的学术锐气，涉
足这个领域，开荒掘地，使文化社会学思想成为近年来威廉斯文论研究
的一个新热点。2009 年，杨炯斌的博士论文《雷蒙·威廉斯和文化研
究转向》阐释了威廉斯文化研究的形成、文化研究的美学转向、理论转
向、社会学转向、政治学转向五个方面的文化思想，其中对威廉斯文化
研究社会学转向的论述为国内学人打开了文化社会学研究的视野。杨炯
斌将威廉斯文化社会学的产生归纳为三点缘由：一是为改变"传统文化

---

　　① 傅德根：《词义的历史变异及深层原因———读雷蒙·威廉斯的〈关键词〉》，《文汇
读书周报》2005 年 5 月 6 日。

社会学"的"许多程序都已被化约了的、减缩性的社会概念和社会性概念所限制或扭曲"① 的不足；二是因为文化理论对文化机制和构型的阐释不充分；三是为了全面拓展文化观念。从学科归属上，威廉斯的文化社会学以"文化"为研究对象，以"社会学"为研究方法，同时借鉴了其他学科的理论和方法，因而是一门从属于文化研究的学科。② 但是该篇论文并未对威廉斯文化社会学思想所涉及的理论问题进行深入的探讨。2010 年，樊柯的博士论文《走向文化社会学——威廉斯文化思想研究》较为系统地阐述威廉斯文化社会学思想，填补了国内学术界对于威廉斯晚期的文化社会学建构、文化生产和文化传播思想文化理论研究的不足。这篇论文围绕文化社会学这一主题，以威廉斯的文化生产论和文化传播论为线索，对文化复制、文化创新、文化机制和文化构型等文化社会学问题进行了梳理和思考，并对文化传播过程中的社会关系和社会秩序问题、资产阶级大众传播观念、现代广告体系、传播体制和电视文化形式进行了考察和分析。该篇论文虽然称得上是国内第一部系统研究威廉斯文化社会学思想的博士论文，对此后的研究积累了一定的学术资源，奠定了良好的基础。但也需要指出的是，威廉斯的文化社会学还包括对文化政治的思考与实践，对乡村与城市二元文化经验的反思，对戏剧艺术与社会经验之间历史关联的探索等重要组成部分，这些问题在樊柯的博士论文中并未涉及。因此，如何发掘出一条内在的理论线索，把威廉斯文化社会学所包含的种种问题连接起来，进行整体性的探究，成为研究威廉斯文化社会学思想的深入和突破性问题。2011 年，王晗的博士论文《雷蒙德·威廉斯的文化社会学思想研究》在这方面做出了有益的努力。这篇博士论文以威廉斯的文化现代性理论诉求为核心，重构了以文化生产、文化传播、文化体制、文化构型、文化政治为主体的文化社会学理论框架，并阐述了包括现代戏剧理论和现实主义小说观的文化社会学视域中的文学理论，其中对文化体制和文化构型的研究在国内尚属首次，令人耳目一新。文化体制问题是威廉斯文化社会学的一个核心理论命题，国内很少有学者涉及。在这个问题的探讨中，王晗指出，威廉斯的文化体制理论的主体由赞助体制和传

---

① ［英］雷蒙·威廉斯：《马克思主义与文学》，王尔勃、周莉译，河南大学出版社 2008 年版，第 144 页。

② 杨炯斌：《析威廉斯的文化社会学》，《黑龙江社会科学》2011 年第 2 期。

播体制共同构成,"赞助体制在整个文化生产过程中发挥着经济基础性的决定作用,而传播体制作为社会的重要组织方式是文化生产的关键关节"①。王晗的阐释对深刻理解威廉斯文化唯物主义思想的发展演进,以及促进中国文化体制研究大有裨益。

(二) 威廉斯文学理论研究

　　威廉斯的思想中最有地位的领域是文学。他以文学起家,并且在思想成熟期创作出了自己重要的文学理论作品《现代悲剧》《英国小说:从狄更斯到劳伦斯》《乡村与城市》《马克思主义与文学》等。同样是在文学领域中,他提出了最著名的概念"感觉结构"(structure of feeling)。几乎威廉斯的每一部著作都或多或少地涉及文学问题,因此在一定意义上,威廉斯的主体身份仍然是一个马克思主义文学理论家,文学研究的方法也是他拓展其他文化形式研究的基本路径。但威廉斯的文学理论研究是威廉斯研究中相对较少涉及的领域,部分原因是威廉斯作为文化理论大师的声誉远远超过他作为文学理论家的名望,也由于他的文学理论一般都蕴含在文化理论中,难以完全剥离,独立呈现。中国学者对威廉斯文学理论的系统性研究是近些年来才开始的,但也取得了相当不错的成果。2006 年,李兆前的博士论文《范式转换:威廉斯的文学研究》引用了威廉斯大量著作的原文,是在充分占有和分析第一手材料基础上,借用美国科学哲学家库恩的范式理论,基于威廉斯对文学研究范式的思考,将他的文学研究置于英国文学研究模式和西方马克思主义文艺思潮的框架之下,系统阐释了他的戏剧研究和小说研究的概念、方法和理论建构,并与利维斯和伊格尔顿的文学研究(主要是小说研究)进行了对比,在考察他的文化理论和文学理论的传承与革新中辨析了文学研究和文化研究的学科区别性。以此得出了威廉斯的文化研究标志着一种突破英国文学研究危机的新的文学研究范式的诞生,即文学研究的文化主义范式转向。这篇可以说是目前国内唯一整体性研究威廉斯文学理论的博士论文指出威廉斯文学研究不仅采用大众体验视角、动态发展过程视角、辩证唯物视角、政治意识形态视角、历史的和社会学视角的多元透视方法,指出"在威廉斯看来,无论是戏剧,还是小说不但反映

---

① 王晗:《雷蒙德·威廉斯的文化体制理论研究》,《学习与探索》2011 年第 3 期。

一个时代的社会体验，即情感结构，而且更重要的是，作者、客观世界和读者相互影响，创造更好的社会体验或者情感模式，推动文学和社会的发展"①。论文还对威廉斯的一些文学理论关键词，诸如文学的概念、写作的多样性、文学审美、文学类型的迁移、文学形式的形成以及作者的使命等进行了对比分析，从文学理论建构方面再次证实威廉斯的文学研究实现了文化唯物主义的方法范式转换。李兆前的博士论文还进行了大量的对比性研究，比如说，她认为威廉斯作为马克思主义文论家与传统的西方马克思主义不同是威廉斯并不关注文学和文化中的阶级和党派关系，而注重分析文学和文化发展过程中体现的意识形态倾向和权力关系。因此，"他不主张用阶级的立场划分文化，而使用'主流的'的概念表明文化和文学中的霸权关系，用层次论（残存的、主流的和新兴的）、代替'等级论（好的/坏的、经典的/通俗的）'"。② 将威廉斯与其他理论家进行对比，有助于读者以开放性的视野，进一步认识威廉斯文学研究的理论品格和理论贡献。

刘进于 2007 年出版的《文学与"文化革命"：雷蒙德·威廉斯的文学批评研究》以威廉斯的"文化革命"思想为研究线索，认为威廉斯的文学批评带有强烈的文化社会学特征。在刘进看来，全面理解威廉斯思想的前提是理解他的文学理论与批评。"不仅文学批评和文学研究是威廉斯的整个研究和思想的起点和核心，而且对文学的关注本身就是对文化变迁和扩张进程的重要组成的关注，文学本身就是'文化革命'的重要形式，是最终构成'共同文化'的不可或缺的因素。"③ 威廉斯的文学研究丰富而驳杂，不仅广泛地涉及散文、诗歌、小说和戏剧等不同文学体裁，而且涉及随着社会变迁而交替更迭的各种文学理论与思潮、文学创作语境的乡村与城市的渗透和转移、读者与观众审美心理的复杂变化等。刘进的博士论文以威廉斯的文化理论为总体背景，以其"文化革命"主题为线索，对他的文学批评所涉及的文学形式、空间观念和文学观念展开系统性的论

---

① 李兆前：《范式转换：雷蒙德·威廉斯的文学研究》，外语教学与研究出版社 2011 年版，第 256 页。

② 同上书，第 260—261 页。

③ 刘进：《文学与"文化革命"：雷蒙德·威廉斯的文学批评研究》，巴蜀书社 2007 年版，第 27 页。

述。该论文独具特色的地方在于阐释了威廉斯文学批评中所蕴含的空间观念。作者从威廉斯对英国现代文学的经典研究著作《乡村与城市》中发现，威廉斯的空间批评独具慧眼地选取"乡村""城市""边界"作为批评的切入点，创造性地将英国文学批评传统的细读法则与马克思主义文学批评的历史维度和意识形态特色融为一体。① 威廉斯对英国现代文学中的"乡村""城市""边界"三种空间形态的研究不仅仅限于勾勒一种地理空间的复杂变迁，而更是要描绘出一种文化空间的变迁，进而分析其中"情感结构"的变迁。刘进揭示出威廉斯对文学的空间研究的最终目的并不是书写一部英国现代文学史，而是在英国现代文学地图的空间测绘中潜在地寄寓着对现实生存空间的批判，对城乡融合的理想生存空间的期待，对在这个空间中，两种文化彼此交织、融会而形成的新的"共同体"的憧憬。

悲剧研究是威廉斯文学研究的一个重要主题。2007 年，威廉斯的代表作《现代悲剧》被译介到中国，引起了中国学人尤其青年学人的浓厚兴趣。李兆前、刘进、王晗、樊柯的博士论文都论及威廉斯的悲剧观，颇具深度。在学术期刊上发表的相关论文也不断涌现出来。王杰、肖琼在《现代性与悲剧观念》一文中通过阐释威廉斯和伊格尔顿的悲剧理论来探讨悲剧与现代性的关系问题，认为威廉斯是"从日常生活经验和情感结构中成功地提升出一种新的革命悲剧理论观"，而伊格尔顿则是"从悲剧与社会主义运动的内在联系的角度"把"悲剧作为文化批判的一种模式"，② 悲剧批判模式的现代形态是现代主义。因此，作者认为只有从马克思主义理论出发，将现代性的相互冲突和矛盾放置于马克思主义历史悲剧的理论框架内来理解，才能够将现代性从困境中拯救出来。

近年来致力于研究英国马克思主义文论家悲剧理论的青年学者肖琼，通过细读《现代悲剧》（威廉斯）和《甜蜜的暴力——悲剧的观念》（伊格尔顿）这两部研究悲剧的著作，认为威廉斯在悲剧研究中有鲜明的现实

---

① 刘进：《文学与"文化革命"：雷蒙德·威廉斯的文学批评研究》，巴蜀书社 2007 年版，第 301 页。

② 王杰、肖琼：《现代性与悲剧观念》，《文学评论》2009 年第 6 期。

指向性，他把革命与悲剧联系起来，揭示了现实革命行动的必然性，革命目标的绝对性，指出从悲剧性的角度来理解革命行动过程或许能更贴近马克思的宗旨，从而批判庸俗马克思主义的认识论中对马克思关于人的解放的终极目标的绝对性和幻觉性的简单处理。肖琼认为，威廉斯对现代悲剧的研究直接影响了伊格尔顿对悲剧的思考，但"与威廉斯不同，伊格尔顿的革命主张是从文化层面或者精神意识层面上来说的，是一种静态的、否定性的革命观，通过道德意识和伦理意识与政治发生关系，并在这种潜然变化中逐渐发生政权结构和社会结构的转变"①。柴焰在《反抗"悲剧之死"与反抗"后现代"》（《时代文学》2011 年第 11 期）一文中从威廉斯与伊格尔顿研究悲剧所处的时代背景以及理论诉求出发，对二者的悲剧观念进行了对比研究。柴焰指出，这两位英国新左派文论家都主张从现实出发，从文化和政治介入悲剧研究。威廉斯将悲剧与日常的社会体验、悲剧与革命有机地结合起来，颠覆了传统的精英主义悲剧观，回击了当时名噪一时的"悲剧死亡论"。伊格尔顿则通过对悲剧中替罪羊的分析揭示出社会历史地位对革命主体形成的重要作用，试图从悲剧中为社会主义的理想发掘新的理论生长点以反抗后现代。

（三）威廉斯媒介技术研究

面对英国这样一个阶级划分极为鲜明并且相对稳定的社会，威廉斯形象地将自己这种特殊境遇称作一种"越界"（bordercrossing），即跨越社会阶层的界限。他对工人阶级生存状况的同情和理解，决定了他对大众传媒和流行文化采取的特定态度。传统文化精英对大众流行文化采取的态度是无视和蔑视，手段则是隔离或消灭。威廉斯等则把大众传媒放在更为广阔的社会历史背景下，对其起源的发展进行认真的探讨。威廉斯是英国学界最早涉足媒介研究的学者之一，他的代表作《电视：技术与文化形式》是媒介技术研究具有重要标志意义的作品，但是国内在 21 世纪之前对此鲜有人进行专门研究。

张亮在《雷蒙·威廉斯"文化唯物主义"视域中的电视》（《文艺研究》2008 年第 4 期）一文中将威廉斯的"文化唯物主义"上升到方法论

---

① 肖琼：《伊格尔顿的悲剧理论阐述》，《文艺理论与批评》2011 年第 2 期。

的层次，认为电视研究是其验证自己所创立的"文化唯物主义"的一个绝佳选择。张亮认为威廉斯在"文化唯物主义"的指导下从技术、文化形式和传播方式三方面对电视进行了深入考察，将批判性的电视研究与民主政治规划融合起来，使电视研究具备改变世界的实践品格，还将社会历史分析引入电视研究，有效遏制技术决定论思潮的泛滥，从而发展起一个以政治经济学分析为基础的完整的批判性的电视研究框架。张亮这篇文章不仅仅锁定于威廉斯的电视研究，而是将其置于英国新左派媒介研究的大背景之下来论述，表现出研究的宏观的学术视野和眼光。杨炯斌在肯定了威廉斯对电视技术与文化形式的统一关系以及电视功能和社会史等内部与外部的关系的研究具有很大理论价值的同时，也从传播学实证研究的角度，指出威廉斯对技术决定论和征候式技术观的批判缺乏实证调查，不能为其批判提供足够科学与严谨的根据，是"从注解到阐释注解，再到对注解加上别号来批判，都属于他个人的自说自话"。①

　　国内外对媒介技术的研究大多以麦克卢汉为首的加拿大多伦多学派为主，很少系统探讨威廉斯的媒介技术思想。2010 年，许继红的博士论文《雷蒙德·威廉斯技术解释学思想研究》运用解释学的方法和视角，揭示出威廉斯在以马克思技术的社会批判理论为主导的丰富的文化批判、社会批判、传播学思想资源中所隐含的技术解释学内核及其内在逻辑，弥补了国内外威廉斯研究中对其技术解释学思想研究的空缺。这篇论文把威廉斯的整个研究思路定位为一种文本与解释的研究模式，认为他在从文学文本走进了社会文本的过程中，从对"整体的日常生活方式"最细微处的解读至现代技术和整个人类文化乃至社会制度的发展演化的重大问题的阐释，构建出以凸显技术与人类意图、技术与文化、技术与社会制度、由技术型构的文化形式与社会构成之间内在关联的技术解释学的研究体系。与张亮的观点不同，许继红认为威廉斯以电视研究来印证他的技术解释学的研究范式及其思想实质，并且最后落脚在现代传媒对生活方式的重构，即构建一个精英和大众平等共存的生存共同体来摆脱工业文明和现代生活方式强加于人的压制，追求回归人自身的一种自然、自由的生活状态。虽然威廉斯的构想是乌托邦式的，但在目前全球化和多元化的技术时代，它为

① 杨炯斌：《雷蒙·威廉斯传播研究四题述评》，《国外社会科学》2012 年第 3 期。

构建和谐社会、和谐世界提供了一个有建设意义的发展方向。因此，这篇目前国内唯一系统研究威廉斯媒介技术思想的论文在中国建设和谐社会的语境下有着现实的理论意义和借鉴价值。

［作者简介］：柴焰，中国海洋大学文学与新闻传播学院教授，文学博士。

论托尼·本尼特的非文学的文学理论

强东红

在当代文化研究领域，受过系统的社会学训练的英国学者托尼·本尼特（Tony Bennett）的学术研究显得别具一格。他在后现代语境下，通过与各种模式的马克思主义进行批判性的对话，努力发展一种更加彻底的社会化和历史化的马克思主义文论，倡导对文学/社会关系领域进行非审美地理论分析，并指出与审美决裂的一系列概念、方法和程序。本文意欲对托尼·本尼特的这种非文学的文学理论的贡献及其不足进行分析，以求教于学界。

一 学术渊源：超越纯文学

本尼特是在马克思主义和英国文化研究的学术背景下开始学术研究的，他在博士阶段主要研究卢卡奇的现实主义和阶级意识的观念，在20世纪70年代初与雷蒙·威廉斯和爱德华·汤普森有过私人交往，并深受他们的影响。① 1975年，他进入面向成人教育的开放大学工作，曾主持一门面向工人阶级而开设的开放性的"大众文化"课程，在此期间，与伯明翰学派的领导人建立了密切联系（斯图亚特·霍尔后来到开放大学任社会学教授，成为其同事）。就文学理论而言，托尼·本尼特的研究是以威廉斯和特里·伊格尔顿等马克思主义学者的文论观为起点的。威廉斯和伊格尔顿等人在文学理论方面的重要贡献在于冲破了形式主义、新批评和

① ［英］托尼·本尼特：《本尼特：文化与社会》，王杰、强东红等译，广西师范大学出版社2007年版，第13—18页。

阿诺德－利维斯传统的道德形式主义构建的纯文学的樊篱，动摇了文学作为审美自主领域的观念，而重新把文学纳入社会、政治、经济、伦理相互作用的网络。

作为"文化研究之父"的威廉斯是伊格尔顿、霍尔和本尼特等人的导师辈学者，他曾从历史语义学的角度对文学概念进行梳理而指出，所谓的具有恒定的独特审美品性的文学概念，实际上是意识形态建构的产物。文学最初指的是阅读条件（即阅读的能力和经验），文艺复兴之后，才渐渐有了"精英"和"人文"学识的意义。随着工业文明和资本主义促成的新社会秩序所带来的巨大社会压制和知识学科的机械化，文学也日渐呈现出专业化的趋势，而专指"创造性"或"想象性"的作品。随着"审美"概念由一般感性意识转变成"艺术"和"美"的专门范畴，文学成为具有某种精巧品质的审美对象。不过，在如何定位这种精巧品质上还存在矛盾：将其看成"想象性"维度（即比"科学""客观"或"日常"现实更加深刻的真理）呢，还是看成"审美"维度（即语言、形式或风格之美）？人们逐渐采用了否定和对比的方式来对其进行界定，即文学不仅与"科学"和其他写作种类相对，而且颇为讽刺的是，也与大多数"文学"本身（"劣质""通俗"和"大众"的文化）相对，即不是一切"虚构"都是"想象"的，不是一切文学都是"文学"的。于是，文学渐渐成为惯例性的不言而喻的假定，暗指一种具体描绘、充分直接、重要、富有价值和活生生的人类经验。人们往往宣称这种经验的特权性和优先性，并把其他实践的概念如政治、社会和意识形态的"抽象"和"一般"降格，把它们看成某种简单的僵化生硬的外壳。在某些情况下，甚至会把社会和历史的事实的活生生的经验视为不如那些文学经验更为具体直接。这样，文学概念就成为一种强大生硬的抽象系统，它在挑选真正"伟大"或"重要"的作品时，也有效地贬黜排斥"次要""劣质"或"不入流"的作品，甚至把绝大多数言说者的语言实践视为对伟大作品和优秀传统的"背叛"或"亵渎"。① 显而易见，文学概念已经成为一种活跃的意识形态，它加强和维持了某种生硬的社会阶级区分。

在威廉斯看来，文学是在某种语言的社会属性和形式属性中进行形式创作的过程和结果，是语言的社会发展的具体形式的标记，是通过这些语

---

① Raymond Williams, *Marxism and Literature*, Oxford: University Press, 1977, pp. 45 – 51.

言的术语而在特定的社会关系中生产出来的。当这些社会关系发生深刻转变时，也会导致基本生产手段的变化和新的语言技术的出现。第二次世界大战后，如电子传播、言语录音、演讲词制作、图像的电子创作和电子传播等新技术使语言实践超越了以前一统天下的印刷技术，而在社会语言本身中构成了突破"文学"专门化观念的崭新的物质实践。① 因此，威廉斯指出，现在不应该怀旧式地固守与新文明产物相敌对的文学概念，因为它限制了文学的实践和运用，而是应该走出纯文学的樊篱，把一切人民的经验形式、新型的语言实践形式和一切符指形式都纳入研究的范围，从而发展把一切生活方式都视为文化、把一切文化都视为物质性实践的文化唯物主义。

　　伊格尔顿是另一位重要的不断发展变化的英国马克思主义文艺理论家，与更为重视文学的实践、运用和功能的威廉斯不同，早期的伊格尔顿把文学文本当作其理论重心，试图保留文学与其他文本相区分的特殊性和自主性，而构建一种文本科学。在这点上，似乎又听到了对伊格尔顿影响甚大的阿尔都塞的艺术观的回响，即科学、意识形态与艺术并不相同。在阿尔都塞看来，艺术是以看到的、直接感觉到的生产形式加工塑造原材料（意识形态）的，而科学是以概念的和理性分析的形式做到的；真正的艺术尽管来源于与意识形态，但已经与后者疏离开来，并以巧妙的感性方式暴露其虚伪性和幻觉性。② 不过，伊格尔顿反对阿尔都塞把读者的观看和感受视为文本效果的最终保证，而是在某种程度上坚持文本中心论。在伊格尔顿看来，文学文本缺乏现实直接所指的特点正是其虚构性的表现，文学文本的体裁、形式、惯例、具体主题、情节、情境、作品的肌质和结构、句子的样式或叙事角度的作用、韵律选择或修辞手法，构成了与其他文本区分开来的内在价值。③ 不过，作为马克思主义者的伊格尔顿认为文本内部的审美价值既不能庸俗马克思主义式地化约为意识形态，也不能形式主义式地化约为文本技巧的操作，而在于文本与意识形态相互联系的状态。在他看来，文学文本是一个对各种符号进行加工、扭曲、压缩、糅合

---

① Raymond Williams, *Marxism and Literature*, Oxford：University Press, 1977, p. 54.

② ［法］路易·皮埃尔·阿尔都塞：《一封论艺术的信》，陆梅林编《西方马克思主义美学文选》，漓江出版社 1988 年版。

③ ［英］特里·伊格尔顿：《历史中的政治、哲学、爱欲》，马海良译，中国社会科学出版社 1999 年版，第 114 页。

和陌生化的舞台，它可以摇动这些符号使其脱离原来的固定位置，从而摆脱大一统的意识形态的规定性力量的制约，而与不为历史所知的、向无限可能性敞开的某种自由联系起来。

20 世纪 80 年代以后，伊格尔顿的文学观有所变化，其研究旨趣渐渐由学术性转向文学实践的政治关联，其关注焦点也由文本科学转移到文本生产的政治使用上。他倡导一种革命文学批评，希望把文学文本重新置于文化实践与其他社会活动联系起来的整个领域。他甚至把文学看成一种政治性修辞实践，即组织语言来达成特定的政治效果的"话语实践"。考虑到文学文本的政治效果，他认可福柯的话语理论，认为文学话语与其他话语之间在本质上并无二致。① 他实际上重新肯定了威廉斯冲破纯文学的狭隘界限的贡献，认为应该把文学纳入更为广泛的文化之中。不过，伊格尔顿并未滑向相对主义，在他看来，文本虽然不是完全自主的，并不存在永恒不变的规定性的文学的内部特性，但是，文学这个概念的"摆脱实用语境"的基本规定依然是可普遍化的；文学文本是特定时代的占支配地位的特定人群出于特定目的并根据自己的价值标准而构建的一种界定，是意识形态的产物和表现形式，其实际效果在特定历史语境下是可以确定的。

托尼·本尼特不仅借鉴了威廉斯的文学观和文化观，而且在其基础上作出更为激进彻底的发展。在超越纯文学和关注广泛的文化实践方面，本尼特要比威廉斯走得更远，他不仅对通俗小说、流行电影和电视剧等审美现象，而且对博物馆、艺术展馆和画廊等各种机构的文化实践也给予充分关注。在文化唯物主义方面，本尼特在威廉斯的基础上，又吸取了福柯和后马克思主义的话语理论，甚至解构了社会与文化、存在和意识、历史现实与意识形态的二元对立的区分，认为后者本身就是有机化社会关系的活跃组成部分，而不是社会现实的附带现象的显现和表征。托尼·本尼特更为认同 20 世纪 80 年代后的伊格尔顿的对纯文学的解构，他同意后者关于"不存在与其他符号体系区分开来的纯文学特性、应该把文学研究作为与话语研究或符指实践联系起来的更大的智性工程的组成部分"的倡导，但对后者"由于不存在文学这一对象，因此文学理论也是一种幻象"的

---

① ［英］特里·伊格尔顿：《文学理论引论》，刘峰等译，文化艺术出版社 1987 年版，第 240 页。

观点表示异议。在本尼特看来，虽然不存在文学（审美）的文学理论，并不排除存在其他类型的文学理论的可能性。他倡导一种非审美的、非"文学"的文学观念，而把文学看成一种特殊的社会组织的表征空间，其特性不在于文本的实际身份，而在于选定文本被付诸使用和运用的制度话语的调节形式。①

二　理论创新：与审美决裂的文学观

如前所述，本尼特的学术研究以威廉斯的文化唯物主义为起点，不过，他还吸取了福柯学派、后马克思主义的话语理论和解构主义的思想②，其文学观显得更为激进。根据话语理论，意识形态或话语实践并不依赖于社会现实，它们本身就是社会关系的有机部分。由于部分而言，社会关系是以话语关系的方式存在的，而后者又是流动的和测不准的，因此很难存在固定或稳定的社会客体的边界，也就很难把社会视为"每个部分都参照着另一部分而各居其位和各行其是"的有机整体。在话语理论看来，社会是把网络式的散乱差异捕捉于一系列不断移动变化和偶然暂时的链条式的相互关系之中的场域。在这种社会结构中，生产方式、基础或者阶级矛盾不再占据支配或中心地位，存在与意识、基础与上层建筑、现实与表征的二元对立也在一定程度上得到消解。而对于文学来说，也就不能再将文学文本解释成社会现实的衍生现象的显现。

本尼特也认可解构主义和新历史主义对统一连续的传统大历史观的解构。在后者看来，历史本身不过是一系列叙事和修辞手法的产物与话语实践的效果，而不是其他一切事物的超话语来源；把历史看成具有内在方向的连续的发展过程，实际上是资本主义制造的进化论式的神话和意识形态操作的产物。这种逻辑一定程度上动摇了西方马克思主义一直坚持的文论观，即文学和历史分属于存在的不同领域，历史是现实、基础和超话语的真理，而文学文本依赖于历史，却又中介性地以特殊方式表达了历史状况或历史趋势。在本尼特看来，西方马克思主义文论通过把文学文本构建成

---

① ［英］托尼·本尼特：《本尼特：文化与社会》，王杰、强东红等译，广西师范大学出版社 2007 年版，第 44 页。

② Tony Bennett, *Outside Literature*, Taylor & Francis e‑Library, New York, 2005, p. 35.

具有特权的表征来破译历史的发展进程，并试图组织连续和统一的历史叙事的做法，不仅在逻辑上是错误的，而且很难产生政治实践效果。不过，本尼特并不持相对主义和虚无主义的立场，而是试图提出一种替代选择，促使文学与史学的关注重新连接起来。他同意新历史主义的代表人物格林布拉特的倡导，即挖掘特定历史时刻的制度策略，在这种特定时刻，文学文本通过这些制度策略而成为特定的意义和影响的承载者而发挥功能，从而成为历史的有机组成部分。不过，这里并没有否定文学概念而将其特性简单地削平，因为文学的区分性概念已经在历史中成为发挥实效的强大的制度系统。①

本尼特也借鉴了其澳大利亚同事约翰·福娄（John Frow）关于取消文学与历史对立的思考。福娄认为，社会的实践制度的不同区域之间一直存在错综复杂的互动，其中的所有符号和物质现实都拥有同等的本体论力量和存在，一旦这些力量在任何一点上汇聚的复杂情况发生变化，这些区域的组织关系的状态就会随之发生变化。② 由此出发，福娄主张保留文学这个并不完美的但已经成为历史的实际组成部分的概念，从而对文学进行精确定位的和有所差异的历史分析，认为应该让具体历史场合的文学概念取代本质主义的"文学概念"。③ 在福娄看来，考察文学文本不应该是为了揭示关于过去的社会关系它们说了什么，而应该是通过它们所说的，揭示它们在这些社会关系中做了什么。据此，本尼特进一步指出，要使文论与现实实践关联起来，关键不在于如何理解文学，构建某种区分性的内在形式的特殊品性，或者构建某种维特根斯坦式的相似、差异和延异的关系，而在于如何处理和运用它们；关键不在于将文学文本与历史关涉起来而提取意义，而在于生产某种关于如何运用文学文本的具体的差别对待模式的知识，并使这种知识作为权力策略和主张的构成部分，在当下发挥作用。本尼特认为应该把文学看成某种发挥实效的社会场域和社会技术，它们制度化地调节了书写和阅读的实践，形成了社会性的组织场域，而在自

---

① ［英］托尼·本尼特：《本尼特：文化与社会》，王杰、强东红等译，广西师范大学出版社 2007 年版，第 149 页。

② John Frow, *Marxism and Literary History*, Cambridge, Mass.: Harvard University Press, 1986, p. 60.

③ Ibid., p. 83.

我结构的形塑方面发挥了重要作用。① 他引用了史蒂芬·希思（Stephen Heath）在《性的定位》的研究来论证文学如何成为一种文化技术。在希思看来，小说是叙述个体社会关系的宽广文化的组成部分，促成了社会个体的意义秩序，它们在构成和组织个体性的特定社会形式上，作为自我型构的历史特定的文化技术的组成部分而发挥了作用。② 希思细致地分析了小说作为便于调节性共同体和性行为的相关机制或技艺的组成部分，不仅在话语层面，而且在生成和使它们流通的制度层面是如何运转的。在希思看来，性的小说化建构，帮助组织了具体的性能力和性身份得以形成的社会领域，它们是性欲化的具体化形式的社会工具的组成部分。本尼特还认可伊恩·亨特在《文化与治理：现代文学教育的兴起》中对文学文本日益成为道德训练机制和教育塑造工具的有机部分的研究，认为现在不能再像西方马克思主义那样简单地把文学看成一种压制性的意识形态，而应该看成一种规范广大民众品行的手段和强大实效的个人自我形成技术，看成更为普遍的治理手段和治理机制的组成部分。

　　从这种学术理路出发，本尼特分析了西方马克思主义的文学理论的美学关注（即文学以特定的形式组织化品性为特征）存在的问题。一方面，西马一直坚持文学艺术的自主性、审美特性和超验性，意欲从文本本身提取一系列潜在、独特和超历史的形式结构的共同品性。在本尼特看来，西马往往通过抽象的手段，将艺术作品从现世琐事中抽象出来而提取一种普遍的审美特性，却遗忘了现世琐事制约和影响着它们的生产、接受及其效果，实际上说明它们还没有完全摆脱哲学美学的影响。另一方面，西马又依据社会历史条件来对文学文本进行解释，力图理论地说明二者的相互作用，并为文学文本的共同品性寻找历史条件的支持。在本尼特看来，这种矛盾很难克服。因为，只有认定文学具有独特的永恒品性，才能获得文学的相对自主和相应的决定自身的能力，这样，这种文学本质就必定是社会历史分析难以触及的。而且，西马的这种文论观依赖连续的、具有前进方向的大写历史观。本尼特曾以卢卡奇的普遍性使命理论为例进行分析。在卢卡奇那里，真正的文学艺术表征了其所处的历史时代的进步趋向和普遍性的典型社会经验，这样，就存在一种区分和排斥，以克服了异化影响而

---

① Tony Bennett, *Outside literature*, Taylor & Francis e - Library, New York, 2005, p. 85.
② Stephen Heath, *The Sexual Fix*, London：Macmillan, 1982, p. 85.

认识到普遍性使命的审美主体来排斥一般的劳工大众，以所谓的经典艺术来排斥大众经验和通俗艺术。而且，在判断文学文本是否算得上经典艺术方面，其标准主要依赖文学文本在未来（即宏大历史过程完成之时）的价值和意义，这种以并不存在的未来而决定文学文本在过去和现在的价值和意义的方式，显然带有唯心主义色彩。

本尼特指出，西方马克思主义将文学自主理论化，还面临一种深层困难：必须参照意识形态和科学，而通过双重区分来界定文学，即文学既不是意识形态，又不是科学；同时因为文学的功能在某些方面与意识形态相联系，所以它也并不完全是非意识形态的，而又因为它可以将主体从意识形态的幻觉导向科学真理的康庄大道，所以它并不完全是非科学的。这样，西马的文学相对自主观就成了一种无立场（not – statements）的理论。而且，如果要依据科学与意识形态来否定地定义文学，那么后两者必须依据其本身而得到明确定义，但是把意识形态理论化为统治阶级的话语和科学真理的对立面，现在似乎也成了不可能的任务。本尼特也指出了西方马克思主义因为固守文学特性观念，而导致其染有精英化色彩，如当它要判定哪一种书写算得上真正的文学时，往往照搬由资产阶级批评所提出的形式等级，总是强烈地趋向于所谓的伟大传统，而排斥小说写作的更宽广领域，即通俗小说或大众小说。

在与西方马克思主义文论进行对话的基础上，本尼特同意伊格尔顿的"不存在与其他符号体系区分开来的纯文学特性"的观点，但是与后者不同的是，他认为应该为文学保留一个位置，不过需要把文学看成一系列社会的而不是形式的实体和程序；尽管不存在文学的文学理论，但并不排除存在其他种类的文学理论的可能性。本尼特大胆地指出了一种重新理论化文学的可能性，即可以把文学看成某种特殊的社会组织的表征空间，其特性在于选定文本被付诸运用的制度话语的调节形式。这样，就把那些文本的实际身份的经验问题视为一种并不影响定义的偶然性，文学理论就无须再从理论上或经验上证明一种具有形式特性的文学存在，而只需集中关注文本的运用构成的社会实践区域。相应地，就会把文学的本体身份看成一系列可观察的社会过程，而不是看成一种深不可测的神秘存在。本尼特的目的在于发展更加注重历史社会实效、更加透彻地贯彻实践意识的文学理论，他倡导一种周密规划（calculation）的文学政治观，即政治行为者要周密规划所选定的文本在具体语境中运用的实效、可能性和后果，从而促成生产一种关乎文本的社会历史运用的技能性的专业知识。①

三 学术评价：后马克思主义的限度

现在可以对本尼特的理论主张进行评价了，总体来看，他是一位后马克思主义者，其理论也很难超越后马克思主义的限度。从前文所论不难看出，本尼特的学术研究以文化唯物主义、话语理论和解构主义为理论基石，而后者的根本问题在于，过分夸大了文化表征的相对于经济条件的独立性，而滑向否定了经济条件的基础作用的立场。在本尼特看来，社会中的一切符号和物质现实各不相同，具有相互区分的差异性，而且都拥有同等的不依赖其他存在的本体论力量。他否定这些多元平等的存在的背后还有共同的隐蔽的长期的支配性力量，这实际上已经暗暗地否定了经济状况的最终决定作用，而放弃了基础或社会存在决定上层建筑或社会意识的立场，否认了经济结构、政治制度和社会阶层等对意识、社会心理和文化表征的基础性的决定作用，而滑向了文化唯心主义的立场，其错误也是显而易见的。另外，本尼特的历史观也存在不少问题，尽管大写的、连续的、进化式的历史观是一种意识形态式的资本主义神话，但并不能否认，在纷纭变化的历史事件背后，尤其是一些重大事件，如专制政权衰落、帝国殖民的兴起及崩溃、大规模贩运黑人事件、两次世界大战等诸如此类的重大事件背后，还是存在一些深层的必然性和普遍性的规律，卢卡奇等人强调文艺作品通过书写这种重大事件而揭示普遍性的历史规律，也是可以理解的。可以说，本尼特对西方马克思主义的文学历史观的批判，并不能彻底摆脱后现代主义的相对主义和虚无主义的局限性。

还要指出，本尼特的反美学和反传统文学的立场，在一定程度上背离了其思想渊源即马克思主义的辩证法，其对审美和文学的理解似乎过于简单片面。在本文看来，即使从西方马克思主义的模式难以构建一种关于文学文本的普遍性的和本体性的审美特性，也不能在理论上彻底否认存在与其他文本区分出来的审美特性的可能性，毕竟就连本尼特也主张各种符号之间存在相互区分的差异性。事实上，审美是人类从古到今一直存在的非常重要的普遍性的感性经验，人们之所以花费无数力气而乐此不疲地从事

---

① Tony Bennett, *Outside literature*, Taylor & Francis e‑Library, New York, 2005, p. 22.

这项活动，是因为它们能给人们在心理上和生理上带来巨大的快乐，如美国艺术人类学家艾伦·迪萨纳亚克所指出的，"使人感觉良好"。在她看来，审美和艺术实际上已经成为一种鲜明的物种特征，经过了漫长进化过程的自然选择，是每个人在生物学意义上被赋予的倾向，与人的染色体程序有关；审美的特性在于"超出平常"或"使其特殊"（extra‑ordina‑ry），这种不是被动无为而是超出平常的想要做点事情的需要，促使了艺术行为的产生。① 在笔者看来，迪萨纳亚克的观点是正确的，审美和文学都是与人类一直为伴的强化生命和丰富生活的一种有效手段，发挥着难以评估的重要作用。尽管在阶级社会，审美（包括文学）往往履行意识形态的功能，维持和加强了社会阶层的区分，而成为有利于统治阶级加强其统治的一种强大有效的治理技术，但是还要看到，审美与人的本质能力即幻想和想象密切相关，这种超越时空和指向未来的能力不仅保证了无数处于水深火热的男男女女在最黯淡无光的日子中依然保持着生活的希望和前行的信心，而且更为重要的是，它们也保证了人们能够通过审美不屈不挠地探索和规划一种更合乎全人类的目的和意愿、使人的潜能更加充分发展的可能的和替代性的未来世界。客观来说，与文学出身的伊格尔顿相比，社会学出身的本尼特似乎缺乏对文艺作品的真切体验，似乎在文学艺术能够丰富人类的精神世界、生活世界和开拓未来生活方面发挥重要作用缺乏深刻理解，似乎忽略了虚构、想象和幻想这些心理机制的建设性作用。

　　当然，还要指出，对于中国学界来说，本尼特的学术主张和文学观还是很有参照意义的。某种程度上说，我国文论建设借鉴的更多的是欧洲大陆的理性主义传统，尤其是康德学派、存在主义和西方马克思主义的理论资源，在研究方法上也呈现出浓郁的无关乎社会历史的理想主义或唯心主义色彩，而缺乏当下现实的针对性和实践性。本尼特对西方马克思主义的痼疾的分析，有利于我们走出纯文学艺术观的误区，克服文论建设方面的精英主义倾向，克服审美与广大人民的日常生活的分离。而且，如果能以本尼特的重视实践和策略性的周密规划的文学观为参照物，显然有助于深入贯彻在文论建设方面一直缺席的马克思主义的实践

---

　　① ［美］埃伦·迪萨纳亚克：《审美的人——艺术来自何处及原因何在》，户晓辉译，商务印书馆 2004 年版。

意识，进一步深化美学和文论的社会历史化维度，也有利于打破知识分子与政府的二元对立，而使拥有专业技术知识的学者在面对当下的波澜壮阔的中国经验和错综复杂的中国问题上可以有所作为。

［作者简介］：强东红，咸阳师范学院文学与传播学院副教授，文学博士。

卢卡奇论悲剧的形而上学

肖 琼

如果说卢卡奇是作为西方马克思主义的开山鼻祖，那么他也是西方现代悲剧理论的重要奠基人。然而，国内对卢卡奇的研究主要集中在总体性、物化和阶级意识范畴上，对青年卢卡奇的悲剧理论尤其是《悲剧的形而上学》这篇文章的关注太少。《悲剧的形而上学》是卢卡奇《心灵与形式》的最后一篇，探索悲剧与现代社会的关系以及重建形而上学的重要意义，第一次抬高并强调悲剧的形而上学层面和伦理现实性诉求，有着重要的理论内涵和现实价值。

卢卡奇生活在现代社会中，对于现代社会中人的存在状态，卢卡奇是这样描述：自然和命运从来没有像今天这样丑陋不堪，如同行尸走肉，人们的灵魂从来没有这样孤独地在荒林野径中漂泊无依。① 现代社会工业化的迅猛发展，使人类生活急剧转变。随着尼采对"上帝死了"的振臂一呼，人被置于信仰的断裂之中，失去了价值参照，成了无所适从的漂泊者。

然而，人是有意识的动物，总是会不满足于当下现有的生存境遇，在理性上探寻更加理想的存在方式，因而在人之存在的有限与无限、完善与不完善、短暂与永恒、现实思考与终极关怀之间，展开了哲学之形而上学的本质维度。正如高海清教授所指出的，"传统哲学常常遗忘或遮蔽了哲学形而上学维度与人之生存本性的本质关联，陷入了'无根基'的状态。因而，当20世纪人的生存困境以文化危机的形式深刻地表现出来时，传

---

① ［匈牙利］格奥尔格·卢卡奇：《悲剧的形而上学》，载索伦·克尔凯郭尔等《悲剧：秋天的神话》，程朝翔、傅正明译，中国戏剧出版社1992年版，第40页。

统形而上学的危机便在现代哲学对黑格尔哲学的普遍拒斥中展现出来。于是，如何在人的生存论基础上重新恢复形而上学的力量，便成为当代哲学关注的一个时代课题"①。现代社会对意义和价值的消解，上帝死了，人死了，主体死了的呼声，使得卢卡奇对现代社会同样充满着质疑和批判，同时也急切地想在生活中重新找到能够获得形而上学的力量，并将希望寄托在悲剧身上。悲剧的降临会带给我们新的梦想，唤起我们内心新的希望。而这正是卢卡奇撰写《悲剧的形而上学》的理论背景和现实背景。

一　上帝的隐在与悲剧的形而上学

卢卡奇在文章一开篇就指出当下现实社会对悲剧的两种态度：批评或捍卫。卢卡奇认为，对于戏剧的批评者态度中反而包含了对悲剧认识上的最深刻的真理：那就是强调悲剧的超验性和形而上学；而戏剧的捍卫者们沉迷于悲剧对现实的描述中并进行折中的调停，反而不懂悲剧的本质。在这里，卢卡奇非常鲜明地提出悲剧的本质在于其超验性和形而上学性，对悲剧的超验性和形而上学的强调正是卢卡奇研究悲剧的主要意图。

在前现代社会，人类生存的超验性基础总是来源于高居人类之上的上帝，上帝乃万物之源。现代社会中科学技术的迅猛发展，人们狂欢于工具理性给西方社会政治、经济、科学技术和文化所带来的新发展，甚至直接废除了人类为自己的道德标准而设立的外在于人类，并且高悬于人类之上的上帝这个判断尺度。可是科学的力量虽是伟大，但科学给人类带来的并不全是幸福，反而导致了人性欲望的失控和心灵上前所未有的空虚、困惑和迷惘。更要命的是，这种心灵的创伤性由于得不到以往来自上帝的精神性抚慰，从而恶化成难以疗救的悲观甚至绝望的情绪。因此在工具理性思维的操控下，尽管明知上帝只不过是一种假想，人类却从未有过地迫切感觉虚无的"上帝"存在之必要性。正如帕斯卡尔所说："我听说有一个人摆脱了自己的羁绊，他不相信有一个上帝在监视他的行动，他自以为自己是自己行为的惟一主宰，并且他认为只对自己本人负责；那末这对我们有什么好处呢？"②恰恰相反，上帝的离去对于我们来说是一件最可悲的事

---

① 高海清：《形而上学与人的本性》，《求是学刊》2003 年第 1 期。
② [法] 帕斯卡尔：《思想录》，何兆武译，商务印书馆 1985 年版，第 95 页。

情。所以，就让我们"赌上帝的存在吧"。

当然，在科学理性的指导下，我们并不以实体论存在的"上帝"来触碰科学的知识性证明，这只能注定我们败输的局面。尼采关于上帝之死的宣告，其实宣告的是现代人重估价值的勇气。事实上，现代社会中的"上帝"并没有随着尼采的宣告而死去，而是仍在继续深刻地影响着现代生活。现代社会中的"上帝"在概念上有了不同的划分：宗教崇拜意义的"神学上帝"和作为道德信仰意义上的"哲学上帝"。很明显，尼采宣称已经死亡的上帝只不过是宗教崇拜意义的"神学上帝"，作为道德信仰意义上的"哲学上帝"是不可能在人类生活中消失，它是人们获取灵魂慰藉和性灵充实的精神性力量。

作为道德信仰意义上的"哲学上帝"还得追溯到康德。在《纯粹理性批判》中，康德从本体论、宇宙论、自然神学论三个方面，论证了在人类认识论范围内作为宗教神学意义的上帝之虚无性。这正是传统社会中所强调的上帝，也是尼采所宣布的那个死亡了的上帝。但在《实践理性批判》中，康德又确立了作为道德信仰意义上的"哲学上帝"在伦理学意义上存在之必要性。康德指出，道德与幸福相统一的至善，是人类奋力追求的目标。然而道德律令是一种"绝对命令"，是一种没有任何经验的要求、情感和愿望混入其中，并作为行为前提的命令，是由人的自由意志所制定，无条件的、先验的、纯粹理性的"绝对命令"。问题是，血肉感性式的有着诸多欲望的人类存在如何能够做到自觉地将道德律令奉为对自己的"绝对命令"呢？这就是道德律令在实践执行中的二律背反问题。康德企图以"至善"来解决这个二律背反。康德认为，只有假定了一个无上的存在者，一个具备与品性相协调的根据的最高自然，这个世界上才能有至善。所以为了实现"至善"，"必须悬设上帝的存在"，因为它具有道德实践上的必要性。

保罗·恩斯特认为，只有当我们完全失去上帝时，才能再度拥有悲剧。现代社会上帝的缺席意味着悲剧时代的重新诞生。卢卡奇的悲剧理论首先要确立的是上帝与悲剧的关系，这也是卢卡奇的悲剧理论建立的逻辑起点。卢卡奇认为，这个自康德始所强调的作为道德信仰的上帝，他在人类生活中必须处于这样的位置：他不是这个舞台的主要演员，必须离开这个舞台，却又必须仍旧充当观众，牵制着这个舞台上的所有表演。"上帝是这场戏剧的观众，而且他只是观众而已；他的言语、表情决不会与表演者的言语、表情混同起来。他睁大双眼凝视着他们，他所做的仅此而已。"同时这也是悲剧时代历史形成的可能性条件。现代社会这个舞台给人们展示的是这样的图景：生活本身是一片混沌，"在生活中，任何事物的价值都无法完全实现，任何事物的终结都是了犹未了；新的声音总是与先前所听到过的旧的声音混在一直组成大合唱。成物皆流，各种事物都正在转化为另一种事物，而其混合物并不融洽、纯粹，甚至将分崩离析，烟消云散；世界上绝对没有什么事物是始终繁荣不衰的。生存意味着趋向毁灭，意味着不能终其天年便要趋于毁灭，在一切可想象得到的存在中，生活最不现实，也最没有生气"①，生活只是混沌一片，任何事物的价值都无法完全实现，荒谬的世界无意义，荒诞的人生无意义。生存与死亡的现象更替，似乎都是自然的，没有了意义，也显现不了本质。生活于其中的人们沉迷于其中，并不知道生活的欺骗术。"人们对生活的热爱，在于生活的朦胧不清，变幻不定，它就像钟摆一样不停地摆来摆去——然而，它的摆动决不会超出正常的限度。生活的变幻使人们热爱生活，这种变幻就像单调催眠的习习和风。"② 这其实就是卢卡奇对现代社会中的人们被资本主义意识形态所操纵、被物化和商品拜物教特性的初步揭示。

面对这样的麻木状态，卢卡奇认为，只有奇迹才能打破这种沉默，揭示生活当中的本质："突然间，一道光芒，一道闪电，照亮了经验生活的平庸之路：某种令人不安，引人入迷的东西，给人威胁，令人惊奇；意外的事迹，伟大的瞬间，神秘的奇迹，或丰富多彩，或混沌不清。"③ 奇迹"难以预料地闯进生活之中，偶然地、生硬地、无情地将生活转变为一种鲜明清晰的数学方程式，然后再将它解开。"④ 卢卡奇在这里所期望出现的奇迹，在我看来，其实正是人们背后上帝凝视的目光。奇迹是价值和现实融会之处。但是奇迹的到来也并不一定会实现和揭示生活的本质，还必须要有具有悲剧意识的人才行。可是在现实生活中只有少部分人才能拥有这种悲剧意识。卢卡奇说："我们的民主时代，宣称一切人都有充当悲剧

①　[匈] 卢卡奇：《悲剧的形而上学》，索伦·克尔凯郭尔等《悲剧：秋天的神话》，程朝翔、傅正明译，中国戏剧出版社1992年版，第38页。
②　同上书，第39页。
③　同上。
④　同上。

人物的同等权利，这实际上是办不到的。"① 生活中的大部分人软弱、怯懦，毫无想象力，对于他们来说，无法实现的伊甸园永远是一个美好的梦想，生活也永远是一种热望和憧憬。他们希冀任何外界强加的障碍物，任何置于他们路途中的绊脚石，他们就这样随波逐流，不会为了自己内在的明确目标而努力抗争。只有伟大的人物能够承受他自己的命运，才能见到上帝凝视的目光，从而撕开生活的虚幻面纱。

悲剧性的悖谬如易卜生所讲，"如果说，无论是谁，只要他一见到上帝就会死亡；那么被上帝看见了的人，难道却能继续活着吗？"首先要清楚卢卡奇在这里的"死亡"所指。这里的"死亡"并不指生理性死亡，而是指精神上的死亡。这种死亡其实在"他实际上死去以前，已经死了很长一段时间了。"② 而人为什么一见到上帝就会死亡呢？在笔者看来，其实是易卜生对悲剧的形而上学性的形象性表达。当悲剧人物在上帝启示的声音中被提高到一定高度，他就会以一个陌生人的眼光来衡量它自身先前的全部存在，发现先前的存在由于没有意义价值的参照而变得死气沉沉。这个时候，悲剧也就降临了：他发现他从现实世界中被永远抛弃了。"因为他再也不能将那些可以置于日常生活中的偶然的、丰富的事物糅进那种生命之中。悲剧只能向一个方向延伸：向上延伸。悲剧始于不可思议的力量从一个人那里抽出本质，迫使他去实现本质的瞬间，悲剧的过程存在于他的日益明显的、真正的本质之中"。③ 也就是说，当人意识到现实生活的平庸与生存意义的形而上之间的不一致及其张力时，就注定了其悲剧性。悲剧让人们质问现实和存在的意义：是否一切事物都是存在的，"存在"（is）仅仅因为它存在而已，没有存在的程度和等级吗？"存在"（being）是各种事物的一种特性还是对事物的一种价值判断，一种在它们之间的差异和区别？所以，悲剧的可能性问题就是意义和本质的张力问题。这种对"存在"的本质思考决定了卢卡奇对现代悲剧作为形而上学力量的根本理解。

---

① ［匈］卢卡奇：《悲剧的形而上学》，索伦·克尔凯郭尔等《悲剧：秋天的神话》，程朝翔、傅正明译，中国戏剧出版社 1992 年版，第 68 页。

② 同上书，第 48 页。

③ 同上书，第 42 页。

二　悲剧形而上学之根源："完美存在"与伟大瞬间

卢卡奇明确地指出："悲剧的形而上学的根源在于人类存在的最深层的渴望。悲剧从渴望中产生，因而它的形式必须排斥渴望的任何表现。在悲剧进入生活之前，它就成了一种现实，从而也就放弃了渴望。这就是现代悲剧失败的原因所在。现代悲剧想将悲剧的'先验条件'引进悲剧本身，它想将一个原因转变为一个行动原则；但它只成功地加强了自身的抒情色彩，直到最后成为一种外强中干、粗鲁野蛮的东西，它从未进入舞台悲剧之门。"① 卢卡奇非常强调生活的二元性：本质与表象。在《悲剧的形而上学》中我们注意到卢卡奇区分了两个重要概念：一个是"生活"（life），一个是"活着"（living 或者 live）。王天保在他的论文《从〈悲剧的形而上学〉看卢卡奇的悲剧理论》中也讨论到这个话题。他结合着卢卡奇《心灵与形式》中的《论说文的本质和形式》中的一段话："有两种类型的心灵（soul，也译为'灵魂'）现实：生活是一种，活着是另一种；两者同样都应是现实的，但它们却不可能同时都是现实。……自人有了生活，自从人们准备去理解并安排生活，在他们的体验中就有了这种二元性"② 来讨论的，并由此得出卢卡奇所说的"生活"大概是指心灵对客观生活现实的反映，而"活着"大概是指心灵对生活中的价值、意义的体认这样的仓促结论。③ 笔者并不以为然。"生活"与"活着"并不是"创造表象"和"生成意义"的简单区分。在《卢卡奇早期文选》中，关于"生活"与"活着"的译解，译者在下面的注释为我们详细地揭示了卢卡奇在这里区分这两个重要概念的大致内涵："卢卡奇拉开冠词'das'的字符间距，显然是想突出这种生活的普遍性；而在后者，他则拉开了名词'leben'的字符间距，其意是要突出它的过程性，因此我们

①　[匈] 卢卡奇：《悲剧的形而上学》，索伦·克尔凯郭尔等《悲剧：秋天的神话》，程朝翔、傅正明译，中国戏剧出版社 1992 年版，第 52 页。

②　[匈] 卢卡奇：《卢卡奇早期文选》，张亮、吴勇立译，南京大学出版社 2004 年版，第 124—125 页。

③　王天保：《从〈悲剧的形而上学〉看卢卡奇的悲剧理论》，《文艺理论与批评》2013 年第 1 期。

权且译为'活着'。"① 这样看来，"生活"是包含着本质的表象存在，是包含着二元性的存在，一旦在某个伟大瞬间，本质可以从中抽离出来；而"活着"则是人在生存过程中现实状态，它没有本质，没有意义，只有漫长的毫无变化的过程延续。当下的现实生活已经消解了本质和意义。在这种生活中，我们只能肤浅地体验到我们自身，即我们只能体验到我们的各种动机和关系。欲望的充斥和难以满足让现实生活中的人们陷入更加痛苦的沉重中。马尔库塞告诉我们的是，我们已经为虚假的需求迷失了自己，找不到生活的目标和意义。所以，"我们的生活通常缺乏现实的必然性，而只有经验的存在的必然性，在千百次偶然的联系和关系中被千百条线纠缠在一起的必然性。但这全部必然性之网的基础是偶然的，无意义的。"②

卢卡奇首先摘录了埃克哈特大师《崇高心灵的训诫》中的一段话，"自然创造生命，她使孩子变为成人，使蛋变为小鸡。上帝创造生命，他在孩子出生前就创造了成人，在蛋出现之前就创造了小鸡"③。不过要想理解这一段话，还必须先引入卢卡奇的一个重要概念：总体性。卢卡奇是在理解马克思的历史唯物主义时引入的总体性原则，这个重要原则又必须从黑格尔那里吸收了"反思"态度才能够形成。所以，总体性是一种"反思态度"。回到埃克哈特的这句话，这里面包含着对待事物或历史的两种方式：第一种强调的是自然的方式，这是一种非常随意、偶然的、无意义的创造事物的方式，深刻地概括了当下资本主义社会的资本主义意识形态的本质和弊端。在《历史与阶级意识》中卢卡奇写道："资本主义社会的人面对着的是由他自己（作为阶级）'创造'的现实，即和他根本对立的'自然'，他听凭它的'规律'的摆布，他的活动只能是为了自己［自私自利的］利益而利用个别规律的必然进程。"④ 这种对待事物或历史的思维方式并不是按照社会历史结构的真正本质来理解，人们也就被推离了历史理解的真正起源。而上帝对生命的创造是不同的。他是在孩子出生前就创造了成人。先有理性价值创造现实，所以现实本身就是为意义所指

---

① ［匈］卢卡奇：《卢卡奇早期文选》，张亮、吴勇立译，南京大学出版社 2004 年版，第124 页，注释 1。

② ［匈］卢卡奇：《悲剧的形而上学》，索伦·克尔凯郭尔等《悲剧：秋天的神话》，程朝翔、傅正明译，中国戏剧出版社 1992 年版，第 44 页。

③ 同上书，第 37 页。

④ ［匈］卢卡奇：《历史与阶级意识》，商务印书馆 1999 年版，第 210 页。

向，亦无须被梦想、被幻化被实现。也就是说不需要过程，而只显现价值和意义。因而其创造物体现为内在形式与外在表现的统一，是外在表象能够显现其内在本质的形式。"在上帝面前，没有表象与实体，外表与观念，事件与命运之间的差异。"① 而悲剧中的事件和瞬间就是显现这些价值和意义的瞬间，只有悲剧人物才能够通过表象看到悲剧现象中所包含的生活本质，听到悲剧真理的声音，从而引发人的内在的神秘性。

在卢卡奇看来，悲剧是一维性质的：它只有高度。"悲剧始于不可思议的力量从一个人那里抽出本质，迫使他去实现本质的瞬间，悲剧的过程存在于他的日益明显的、真正的本质之中。"② 悲剧又是如何表现"本质"的呢？悲剧独自创造了现实的人的完美存在，赋予了人的存在以形式。这种人的存在与生活中的存在不一样。他们的存在，除了精神的现实性，即生活的体验和信仰的现实性以外，没有别的什么现实性，因此只不过是"理式"的外在显现形式，它与"理式"的联系也不过是悲剧中想象出来的联系可能性。悲剧人物应该集中了一切伟大，也集中了一切罪过，他不但意识到了自己命运的残酷，更要意识到他的责任和担当并且付诸行动中。所以，卢卡奇对悲剧人物规定是非常严格的。卢卡奇列举了莎士比亚的悲剧人物麦克白和易卜生笔下的贾尔来比较分析。很显然，麦克白并不是作者所认同的具有悲剧意识的人，他充满欲望，又让欲望混乱了意识。"神旨虚幻地将他提高到一定高度，用满足来迷惑他的渴望，让他渲染在胜利的幻影中；等到他大功告成，一切愿望都实现之后，却同时无情地从他那里夺走一切。"③ 在麦克白身上，外在因素和内在因素是同一事物，无法获得超越性意识。因为对现实的满足，所以最终沦为被现实生活迷惑的人物。易卜生笔下的贾尔不同。他非常清醒地意识到现实与价值实现之间的分裂和张力，他在他的梦中始终是一个国王，尽管在现实中他就根本不可能成为国王。借助上帝的目光，他明白现实与梦想的差距，亦明白他对本质和终极真理的孜孜追求。

所以，悲剧中的死亡是本质实现的唯一重要形式，"在生存与死亡之

---

① ［匈］卢卡奇：《悲剧的形而上学》，丹伦·克尔凯郭尔等《悲剧：秋天的神话》，程朝翔、傅正明译，中国戏剧出版社1992年版，第8页。

② 同上书，第42页。

③ 同上书，第41页。

间的边界的体验是灵魂唤醒了意识和自我意识的体验——灵魂是有限的，所以它才能意识到它自身，也只有在此范围内，它才能意识到它自身"①。卢卡奇称为"灵魂的觉醒"②，是"人的具体的本质特征的实现"③。悲剧享有伟大特权，乃在于它享有死亡的特权。现实的日常生活，只是把死亡当作恐怖可怕的、毫无意义的现象来理解，视为某种突然截断生命之流的力量，所以它绝不能达到这个本质。但对于悲剧来说，死亡是悲剧一种始终内在的现实性，与各种悲剧事件紧密相连。事件包括了行动及其结果两者的范围，正是在生存与死亡之间的边界中，唤醒了人类内心最深层的渴望及其创造。悲剧人物感到必然降临到他头上的一切，都是他自己造成的。因此，他替他自身之内的一切，替偶然闯进他的复杂的生活中的各种事物，勾勒了鲜明的轮廓。他使之成为必然，不仅创造了围绕着他自身的边界，也创造了他自身。因此，悲剧中的死亡具有双重意义，既是一种实现，又是一种失败。"悲剧主人公总是死得其所，而且虽死犹生；但在这里，死亡并不是生命的绝对提高，并不是活在正确的人生道路上的一个生命的直接延续；而仅仅是从压迫中，从现实世界的污秽中的逃避，是灵魂从异化的生命本身的一次复归。"④ 对于伟大人物来说，尽管别人的罪过导致他们的毁灭，但他们始终只把这种罪过看作命运。他们将一切事物化为自己的责任，所以悲剧就成了他们享有的特权。而渺小的人物却总是将有罪归结为他人或外界，所以他们的生命和存在就无法获得意义，生命也没有形式。他们的死亡也就没有伟大的悲剧性。

三　卢卡奇悲剧理论的贡献和影响

卢卡奇的悲剧理论主要揭示了悲剧在伟大瞬间表现生活本质的形而上特性，为现代悲剧理论的转向奠定了坚实的基础。可惜的是，卢卡奇其实并不看重悲剧，并认为将替代史诗的是继而出现的小说形式。借用黑格尔关于绝对精神发展的三个阶段（艺术、宗教、哲学）的论述模式，卢卡

---

① ［匈］卢卡奇：《悲剧的形而上学》，丹伦·克尔凯郭尔等《悲剧：秋天的神话》，程朝翔、傅正明译，中国戏剧出版社1992年版，第50页。
② 同上书，第51页。
③ 同上书，第52页。
④ 同上书，第64页。

奇认为古希腊文化也经历了史诗、悲剧、哲学三个发展阶段。史诗回答了
"生活如何变为本质"的问题，悲剧回答的则是"本质如何变得鲜活"的
问题。现代社会的碎片式状态正是悲剧的"伟大瞬间""生活的奇迹"的
重要时刻，然而卢卡奇很快就否定了悲剧。他认为，悲剧的概念化特点使
得"戏剧不仅消除了现实的丰富性和充实性，不仅总是让剧中的残酷事
件在生存与死亡之间作出选择，从而避开了微妙的心理上的现实性，而
且，最不足取的是：戏剧在人与人之间创造了一个真空"①，这恰恰扼杀
了史诗的鲜活的经验生活，剥夺其活生生的存在。正是在这个意义上，卢
卡奇认为史诗的真正继承者不是悲剧而是小说，并在对悲剧进行了短暂讨
论后，转向对小说理论的集中研究。

　　卢卡奇关于悲剧的形而上学的论述对本雅明的影响是不言而喻的。本
雅明青年时期便读过卢卡奇早期的一些著作，如《悲剧的形而上学》《小
说理论》等，对卢卡奇十分仰慕。所以伊格尔顿称卢卡奇为本雅明的
"伟大导师"。日本学者三岛宪一也认为，若与本雅明对于卢卡奇的敬意
相比，其他人的影响简直不值一提。在《德国悲剧的起源》中，本雅明
这样解释他的书名："起源这个术语并不是用来有意描写现存事物之所以
得以存在的过程的，而是用来描写从变化和消失的过程中出现的东西
的。"② 对本雅明来说，"起源，作为一种本原，并不指原始现象本身，而
指原始现象中起决定作用的一个形式，这就是'理念'。"③ 所以本雅明更
关注的是悲剧事件的美学意义，在事件的前后过程中所带入和显现的创造
性的因素。而起源的神圣只存在于上帝那里，所有现实在上帝的创造性语
词中都能找到它们的终极"起源"。只有与上帝的先验意识发生关系，人
的经验世界才会具有超验性。很明显，本雅明所强调的"理念"是对卢
卡奇的悲剧与上帝之关系的进一步延伸。卢卡奇对时间的理解也深刻地影
响到本雅明。卢卡奇认为悲剧只是一个瞬间，是过去、现在和未来的统
一，这些瞬间不是相继发生而是存在于平等状态之中，所以悲剧的时间打
断了时间的永恒流动，使两极可以相互转向，糅在一起的。这些观念在他

---

　　① ［匈］卢卡奇：《悲剧的形而上学》，丹伦·克尔凯郭尔等《悲剧：秋天的神话》，程朝
翔、傅正明译，中国戏剧出版社 1992 年版，第 38 页。

　　② ［德］瓦尔特·本雅明：《德国悲剧的起源》，陈永国译，文化艺术出版社 2001 年版，第
17 页。

　　③ 同上书，译者前言，第 2 页。

后来的《历史与阶级意识》中可以更明显地看出，"生成同时就是处于过去和将来之间的中介，但是处于具体的，也就是历史的过去和同样是具体的，也就是同样是历史与将来之间的中介。当具体的'这里'和'现在'溶化为过程时，这就不再是不断的、不可捉摸的环节，不再是无声地逝去的直接性，而是最深刻、最广泛的中介的环节，是决定的环节，是新事物的环节。"① 张异宾教授想到的是海德格尔的绽出说，"生成作为当下的建构，是一种将过去造就新质的创化，并且这一当下的创造也是迈向未来的必由之途。作为一种时间，历史的生成不是平滑的持续流逝，而是一种过去—现在—将来的三维同一的历史性生存时间。这不由得让人想起后来的海德格尔那个过去和将来在此时中的绽出说。"② 然而，本雅明的单子在时间的爆破说又何尝看不到卢卡奇理论的影子呢。

卢卡奇的悲剧理论也启发了后来的理论家对悲剧与现代主义的关系理解。卢卡奇对现代主义始终持批判态度，批判现代主义文学总是喜欢描写生活中的"非理性"现象，如神秘因素、病态心理、意识流，等等。不关心正常的东西，把病态当成逃避畸变的方法。批判这些文学倾向性不够明确，不去发掘本质，内容也没有任何意义，等等。在卢卡奇对现代主义文学的批判声音中，开辟了后来理论家思考现代主义文学的真正意义和存在合理性的研究路径。从总体性概念出发，卢卡奇将悲剧视为人与命运之间的游戏。并且因为悲剧的概念化特点，以及他对现代社会破碎化的否定，卢卡奇简单地将现代社会进行了否定。本雅明却在他的思考处进一步延伸，思考现代社会中的碎片性特点如何表征总体性特征问题。在现代性社会里，随着高科技的不断发展，工具理性压制价值理性使得社会艺术以及人类自身不断地被边缘化，破碎性正是现代社会的最主要的特点。本雅明在卢卡奇对"伟大瞬间"的描述中获得启迪，从而将历史进行碎片化。在本雅明的视野中，碎片存在的意义就在于它对时间即时性变化的强调，他将历史化作短暂的"此在"之道，将碎片化的事物赋予整体性的内容理念之中，以解放被内容所附加的形式。本雅明在碎片中寻找整体性的研究方法是独一无二的，并由此区分出"象征"和"寓言"两种表达方式，为现代人更好地理解现代性特征开辟了新的阅读视角。戈德曼在《隐蔽

---

① ［匈］卢卡奇:《历史与阶级意识》，商务印书馆 1999 年版，第 268 页。

② 张异宾:《文本的深度耕犁》（第一卷），中国人民大学出版社 2004 年版，第 16 页。

的上帝》扉页引证了卢卡奇《悲剧的形而上学》中一句话作为全书的题词："悲剧是一种游戏……上帝是这种游戏的观众。他只是个观众，他的言语和行动从不介入演员的言语和行动。"在上帝、世界和人的三角悲剧模式中，他将隐蔽的上帝视为悲剧的中心，将上帝的存在但从不显现视为悲剧的前提，并在现代性造成的虚无和绝望中，读到了悲剧与希望的联系性。而伊格尔顿将现代主义作为现代性的悲剧性表达和批判模式，都有卢卡奇影响的痕迹。卢卡奇对历史位置的强调，对悲剧人物边界位置的强调，可以说又影响了伊格尔顿对替罪羊及其阶级斗争之间的联系性理解。卢卡奇薄薄的一篇文章，却包含着如此丰富的思想内涵，对后来的很多理论特别是现代悲剧理论产生了重要的影响。也正是在这些意义上，卢卡奇不愧于他的西方马克思主义的开山鼻祖的称号。

［作者简介］：肖琼，博士，云南财经大学传媒学院，副教授。

列夫·托洛茨基的悲剧理论初探

何信玉

在马克思主义文艺理论发展的历史中,托洛茨基似乎处于一个略显尴尬的地位。就他的理论思想而言,可以说是马克思主义文艺理论的精华之一,就他本人来说,是在努力继承正统马克思主义理论的传统(尽管他否定了"斯大林主义"),"无产阶级革命文学否定论""不断革命"论,等这些都是马克思主义发展与传播过程中的关键性话语。但在当今,他的文艺思想却并不像后续的西方马克思主义理论流派及苏联其他一些文艺理论家那么引人注目。在《西方马克思主义的探讨》一书中,佩里·安德森在对经典马克思主义进行阐释时,主要选择提及马克思主义经典传统中的三个突出人物——马克思、列宁和托洛茨基。在安德森看来,"或许是托洛茨基与马克思主义过于亲密的接触反而让其间的发展与界限略显模糊,令他的理论看似鲜有自身独立的价值,而这其实是对深入理解马克思主义的一个正解的忽视。"① 托洛茨基(1879—1940),全名为列夫·达维多维奇·托洛茨基,是苏联著名的革命家、理论家,他的理论在 20 世纪二三十年代就已经传入中国,1926 年 3 月到 4 月,《论无产阶级的文化与艺术》一文(出自《文学与革命》)在《文学周报》第 216 期、217 期、219 期三期连载;② 1928 年 2 月,《文学与革命》一书的中译本由北新书局出版;② 鲁迅早在 1925 年就已阅读《文学与革命》的日文版,随后更是对托洛茨基的理论具有浓厚兴趣,他的许多文艺论著中,都可以看出浓重的托氏烙印。在当时这样一个文艺与革命过从甚密的社会背景下,托洛茨

---

① [英]佩里·安德森:《西方马克思主义的探讨》,人民出版社 1981 年版。
② 张大明:《中国左翼文学编年史》,社会科学文献出版社 2013 年版,第 79 页。

基的理论对中国同时期知识分子、中国左翼文学与文艺理论的发展都产生了巨大的影响与触动作用。"革命是最适于悲剧的题材"，[①] 革命也总是与悲剧相伴，马克思早在《致拉萨尔》的信中就有专门关于"革命悲剧"问题的探讨，一方面，托洛茨基关于新悲剧、旧悲剧的论述与马克思革命悲剧理论有密切的联系；另一方面，革命党人托洛茨基不仅对苏联国内而且对中国革命的形势也比较关注（他曾经与伊罗生持续通信并为他的《中国革命的悲剧》[②] 一书作序），他的理论思想对于同时期中国文学具有重大的理论意义。因此，本文试图通过对托洛茨基悲剧理论研究，发掘其内在的马克思主义悲剧理论传统及其在现代悲剧观念发展演变中的作用，进而启发对中国悲剧美学问题的进一步思考。

一　"新悲剧"的前奏

托洛茨基的戏剧理论主要集中体现在他的文艺理论专著《文学与革命》一书，在关于"革命的艺术和社会主义的艺术"的论述中，托洛茨基主要分为"是社会主义的停滞还是最大的变动？""革命艺术的'现实主义'""苏维埃喜剧""旧悲剧和新悲剧""艺术、技术和自然""人的改造"几个分论题进行探讨，这部分论文是他于 1922 年到 1923 年完成的[③]，当时十月革命刚刚结束，苏联国内处于重要的社会转型期，托洛茨基敏锐地把握了时代的脉搏，在他看来，艺术在当时处于整个历史运动的末尾，历史战线上遇到急剧变化的整个艺术的处境都是艰难的，而其中戏剧尤其艰难——苏维埃戏剧不知道该去表现什么，正是在这样的社会背景下，诱发了托洛茨基关于戏剧问题的思考，苏联戏剧评论家作为苏维埃政权中"最革命的阶层"，理应担负起这个重任，去引导戏剧"抓住剧本中的民族和历史的具体性"。他指出："我们的剧院迫切需要描写革命日常生活的新鲜剧目，首先是苏维埃的喜剧"，"我们需要的仅仅是嬉笑怒骂

---

① 原文为："1858 年，马克思在阅读弗·泰·费舍的《美学》所作的札记中明确指出：'革命是最适于悲剧的题材。'转引柏拉威尔《马克思和世界文学》，生活·读书·新知三联书店 1984 年版，第 299 页。

② 伊罗生：《中国革命的悲剧》，刘海生译，Champ Libre 出版社 2001 年版。

③ ［俄］托洛茨基：《革命与文学》，译后记，《革命与文学》第一部分完成时间在 1922—1923 年间，外国文学出版社 1992 年版。

的苏维埃的风俗喜剧"，托洛茨基的戏剧理论以喜剧为始，这可以说是对革命的日常生活戏剧的呼唤，即一种"革命的艺术"。他所说的"革命的艺术"主要包括两个方面：一是"通过题材、情节反映革命的作品"；二是"主题上与革命没有联系、但充满革命情绪并具有革命所产生的新意识的色彩的作品"。虽然托洛茨基对二者加以区分，但是他显然更为倾向于两方面的结合：一方面，以革命日常生活为素材的作品，其中必定含有或积极或消极的革命热情；另一方面，我们很难找到脱离革命主题，单纯具有革命情绪的作品，即使有这样的作品存在，也难以做到令人信服。在此基础上，他进一步指出："将事情从历史的环境中抽出而置入抽象的构成主义的环境"，就是"脱离那些现实的、真正的革命。"① 首先，他站在历史唯物主义的立场上，以史的眼光来审视革命悲剧的发生，着眼于历史链条上发生的真实的悲剧；其次，在新的时代中，面对崭新的社会现实，需要有人承担这样一种任务，大声说出"新的阶级、新的生活、新的恶习、新的愚蠢"，用"新的手法"再现"新的愚蠢"，这是完成一种"新的戏剧艺术"的过程。"新的艺术将复兴由创作精神的发展所造就的一切旧形式"，可以看出，托洛茨基将"现代主义"搁置到了一个至关重要的位置，正如马克思的经济理论所说，"每一种经济结构一般都含有已被取代的旧生产方式的痕迹，新文学形式中也残留着旧文学形式的痕迹"②。如果说"新的手法"更多的是对历史上旧有形式的改造与发展，那"新的愚蠢"毫无争议地属于时代的产物，属于这个还稍显"稚嫩"的时代的产物。在这个意义上，托洛茨基由喜剧开始的对戏剧理论的探讨，对苏维埃文艺界大有裨益，"一出好的苏维埃喜剧能让戏剧振奋好几年"，更为重要的还在于它的过渡作用，接下来会"眼瞧着将会出现悲剧，即那并非无缘无故地被尊称为语言艺术的高雅种类的悲剧。"③ 戏剧的生存空间并不局限于遥远的过去与乌托邦式的未来，还有我们生活的现在。

接下来便到了悲剧。托洛茨基首先提出了一个在关于悲剧理论的探讨中极富争议的问题："我们这无神的时代也能创造出宏伟的艺术吗？"简

---

① 〔俄〕托洛茨基：《革命与文学》，外国文学出版社 1992 年版，第 223 页。

② 〔英〕特里·伊格尔顿：《马克思主义与文学批评》，文宝译，人民文学出版社 1980 年版，第 30 页。

③ 〔俄〕托洛茨基：《革命与文学》，外国文学出版社 1992 年版，第 224 页。

而言之，这个问题既关乎现代悲剧存在与否，也是"新悲剧"得以生存的前提。悲剧艺术从诞生之初就具有一种"有神"的传统，与之相应，托洛茨基极富深意地用"无神的时代"来定义现代社会。他首先分析了历史上的悲剧，在古希腊罗马时期，来源于神话中的"对命运那种深刻的、彻悟生命的信念"，促成了悲剧艺术的产生；到了中世纪，艺术同样需要用基督教的神话来解释宗教与生活，在那个时代，宗教信仰在社会生活中起着支配性的作用，从宗教角度去解读生活中的悲剧现象与悲剧冲突有其合理与必然性的选择。但托洛茨基指出，也正是在这一点上，让现代社会中的一些神秘论者抓住了契机，以斯捷蓬的《论悲剧与现代生活》为例，托洛茨基称斯捷蓬的理论是形式主义的、肤浅的，他"不过是想用一个悲剧美学的小指头勾住我们的时代，好用整只手抓牢它。这是纯粹的耶稣会派的观点。"也就是说，在革命的年代中，悲剧不过充当了神秘论者用来宣扬天国法规的宗教的幌子，他们接受革命的条件是以革命保障他们死后的生存为前提，而悲剧作为一个宏伟的艺术形式，其本身的规律无足轻重，这使悲剧在现代社会的存在及与外界的关系变得更为复杂。因此，托洛茨基并不赞同在无神论的时代复兴一种有神的悲剧艺术，区别于遥远的"有神时代"，他所说的现实是革命的现实、所说的悲剧是革命现实的悲剧。总之，托洛茨基关于革命信仰问题思考，是出于对当代知识分子历史使命的反思，也为了他最初的目的——说明"俄国知识分子的精神蜕化是沿着什么方向进行的"而服务的。

二　社会主义悲剧

悲剧是一种高雅而宏伟的语言艺术形式，甚至只有最宏伟的形式才能称为悲剧。托洛茨基说，"悲剧之所以是崇高的文学形式，是因为它要写紧张的坚毅顽强的追求，要求表现最高的目标、最激烈的冲突和最大的苦难。"[1] 在托洛茨基关于悲剧的定义中，贯穿着一种向上的指向性：首先，如果将特定时期的戏剧艺术的发展抽象为一条线性脉络，那与喜剧相比，悲剧是在此基础上产生的一种更高级的艺术形式，这种内在的层级关系进而外化为历时性的发展顺序；其次，战争与革命在当代的悲剧范畴中处于

---

① ［俄］托洛茨基：《革命与文学》，外国文学出版社 1992 年版，第 229 页。

至关重要的地位，也正是在这一点上，他对"前夜"艺术持否定态度，因为并没有成熟的艺术形式生成。总体而言，托洛茨基的悲剧理论并没有完全突破"革命悲剧"的理论框架，但也并非单纯地囿于革命理论模式之中，战争年代带来的破坏性后果，以及随之而来的战后修复工作，引发了托洛茨基关于战后问题的反思，在这个意义上，托洛茨基的悲剧理论对象指向的是当时的社会背景，艺术与工业生产之间的矛盾、艺术与自然之间的矛盾都在此时此刻凸显出来。当然，这些都是社会主义发展的初期阶段不可避免的问题，"对自然的消极欣赏将从艺术中消失。技术将成为艺术创作更加强大的灵感源泉"。但是，"再过一些时候，技术与自然的矛盾也将在更高的综合上得到解决"①。托洛茨基关于悲剧问题的思考，具有深刻的现实意义。这主要缘于他对时代技术手段的关注，他由此得出了悲剧性产生的真正根源——"就是觉醒了的意识世界与手段的落后和局限性之间的矛盾。"正是由于托洛茨基将技术手段的地位在理论架构中加以提升，使他的悲剧理论颇具现代性，也由此印证了现代悲剧的存在，但是这种反思主要是基于当时苏联十月革命后特定历史背景，可以说是对现代悲剧问题的阶段性思考。

　　伊格尔顿在《马克思主义与文学批评》一书中指出，托洛茨基认为艺术形式是社会"内容"的产物，但同时，他又给予形式以高度的自由："一件艺术作品的好坏首先要根据它自身的法则来判断。"这样，他就肯定了形式主义复杂的技巧分析中有一定价值之处，同时斥责形式主义者毫不关心文学形式的社会内容和条件。② 托洛茨基同样在努力寻找"悲剧"的艺术法则。一直以来，悲剧问题的探讨总是与厄运相关，"技术手段的局限性和静止性，鲜血，疾病，死亡——限制人或以残酷的打击不让人骄傲起来的一切，都是厄运"③。在技术贫乏的古希腊罗马时期，也仅仅处于一种明晰却又狭隘的思想境界中，他们不敢提出像今天这样宏大的征服自然的任务，他们的厄运来自自然。回归到马克思关于神话的经典定义，

---

① ［俄］托洛茨基：《革命与文学》，外国文学出版社 1992 年版，第 239 页。

② ［英］特里·伊格尔顿：《马克思主义与文学批评》，文宝译，人民文学出版社 1980 年版。

③ ［俄］托洛茨基：《革命与文学》，外国文学出版社 1992 年版，第 226 页。

"神话是人们用不自觉的加工方式加工过的自然和社会本身。"① 如果说古希腊神话是古希腊悲剧孕育的胚胎，而"神话没有创造这样的悲剧，它不过是用人类幼年的形象化语言表达悲剧而已。"换句话说，所谓的神话时代不过是一种表征，仍然隶属于时间范畴。可是，"我们不接受那种上帝在其中发号施令而人在其中惟命是从的新悲剧。"托洛茨基指出，与古希腊罗马时期的悲剧相比，莎士比亚悲剧的进步之处则在于对个性化的人性的关注，到了我们所生活的异化的社会中，现代悲剧必定会超越"封闭的个人激情的悲剧"，因为所谓超个性的东西，首先是社会性的。包括资产阶级社会在使关系原子化的同时，在其上升时代也拥有一个大的目标，这个目标就是个性解放。悲剧作为一种崇高的文学形式，要求表现的正是这样一个大的目标。这样一种"理想主义的矛盾是一种常见的现代性母题"，可以说，这是整个近代文学都关注的一个主题。然而，这种理想主义大部分仍停留于幻象的阶段，很难复归到我们生活的现实，因此，"悲剧有可能是一个否定性的乌托邦的形象，他让我们想起我们在目睹其毁灭的一幕中所珍视的一切。"② 总之，资产阶级社会自身内在的矛盾是不可避免的，资本主义制度的无力性使个性解放的目标最终遁入了空虚的新神话，而这种神话不知不觉成为了新悲剧产生的契机，关注的仍是我们生存的现实。

　　在托洛茨基看来，资产阶级社会在把人的关系原子化的同时，也给了人的关系以前所未有的灵活性和活动性。他运用自然科学理论术语对当代社会的技术手段进行一种形象化的批判，这就触及了一个关键词——自由。但这不过是强加在人身上的冷冰冰的自由，而悲剧最初所具有的"意识的原始完整性，与原始的经济关系一同消失了。"正如他在《柏林：戏剧中的一个时代的转变》中以霍尔茨笔下的"漂泊的艺人"为例来说明时代的转变，在霍尔茨的小说《日食》中，"居于悲剧中心的是画家霍尔里德……把霍尔里德与旧的现实隔开，却没有使他与这些东西建立内在的联系……大自然对他来说已不是母亲，他丧失了与它的旧的联系，而新

---

　　① ［德］卡尔·马克思：《政治经济学批判导言》，选自《马克思恩格斯选集第二卷上册》，中共中央马恩列斯著作编译局编译 1972 年版，摘自 1857—1858 年经济学手稿。
　　② ［英］特里·伊格尔顿：《甜蜜的暴力》，方杰等译，南京大学出版社 2007 年版，第 255 页。

的联系尚未建立起来。他在不受现实支配而独立的同时，获得了探索的自由。探索什么呢？一种新的、巨大的依赖性，它将使他摆脱令人讨厌的'自由'……艺术创作上的古怪，成为艺术家对他的自由的空泛的报复。"① 旧的经济联系已经消失，而新的经济联系尚未建立，正是在新旧关系交替的节点上，现代艺术与我们在时代中的各种思想失去了内在的联系，从而产生一种自由的幻象，继而诱发了悲剧性的发生。可以看出，托洛茨基在这里所表达的并不是悲剧这一伟大艺术形式的消亡，而是在呼唤与现代社会相适应的新的悲剧艺术的兴起。

三　新的悲剧观念

崭新艺术的兴起也必然伴随着崭新的观念，托洛茨基转而去关注日常生活的戏剧化，通过勾勒共产主义的美好幻象，去否定上帝与资本对人的控制，因为在新的时代，这些都不能成为悲剧产生的要素。在托洛茨基看来，树立"通过人民或引导人民的阶级意识"、发挥英雄主义的大目标，是悲剧的崇高感产生的情感基础，这是之前各个社会发展阶段都不具备的。但在未来的共产主义社会中，人可以有极大的自主性，树立起崭新的悲剧观念，去创造出一个"超人"的社会。

不可否认，我们的时代是一个具有远大目标的时代，但是在各种各样现代化、机械化产物不断发展的过程中，渐渐升起了一种无个性的，但体现着坚不可摧的意志的艺术形式，这是现代日新月异的工业化技术带来生成的模式化、机械化的产物，也是时代留给我们的不可磨灭的印记。我们这个时代的悲剧不再是个人主义的悲剧，而是集体的人的悲剧，悲剧性的冲突表现为"个性与集体的冲突，或者是两个敌对的集体通过个性表现出来的冲突。"透过柏林一幅描绘一个柏林火车站的画，托洛茨基试图在城市文明中发掘悲剧性的存在，在政治热情达到了顶点的城市中，"即在柏林，可以特别清楚地意识到……集体的人的悲剧给艺术提出了巨大的任务。这些任务是给那种还不存在、但不能不出现的新艺术提出的，这种艺术不仅将要掌握艺术技巧的所有奥秘，而且能够深入了解我们时代的灵

---

① ［俄］托洛茨基：《革命与文学》，外国文学出版社1992年版，第431页。

魂"①。托洛茨基同时捻起了悲剧与现代化的两端，将他的悲剧理论视角进一步扩展到关于城市问题的反思。正如他对阿尔诺·霍尔茨的评价，"如果他能用自己的双肩把这项任务哪怕承担一会儿，哪怕在它的重压下受了内伤，哪怕能感受到它的巨大的重量……那也就可以把他看成是写资本主义城市的未来的荷马史诗的先驱之一。那么他的挫折将成为他个人的悲剧……霍尔茨的无力……这同时也是那个造就他的审美时代的无力……在于他没有看到自己真正的对象，他不想看到，不可能看到，他转过身，用背对着柏林来描绘它。"② 在托洛茨基看来，社会主义出现以前的各个时代中，个人主义的艺术形式都没有上升为客观的艺术，不会有"大艺术"的产生，即托洛茨基所说的艺术发展的"前夜"——一个无目标的时代。至于无产阶级革命时期能否创造出革命悲剧，在时间上是没有预见的，但是他肯定的是社会主义艺术将会复兴新的悲剧艺术。一方面，托洛茨基所说的革命的艺术高于资本主义时期的艺术，也是社会主义时期的一种艺术形式；另一方面，革命的艺术是艺术发展过程中的一个过渡阶段，为社会主义艺术产生与发展奠定基础。也就是说，托洛茨基并没有单纯地将资本主义社会中的悲剧艺术与革命的艺术中的悲剧加以等同，而是站在历史唯物主义的视角下辩证地讨论时代的悲剧问题，"资本主义社会中具有市场竞争性质的那种强大的竞争力"并不会在社会主义制度中泯灭，反而会采取一种"更高的和更有效的形式"得以升华，随后被释放出来的自由与激情会使艺术更加成熟和普遍，成为一种高级的形式而不仅仅是"美的"多余之物，艺术在社会主义制度中的地位显然被提高了。

由此可见，托洛茨基始终关注的是社会主义新的悲剧形式的诞生，作为一种成熟的高级艺术形式，新的悲剧即使没有在托洛茨基所说的革命的艺术时代真正产生，至少是在经历着必不可少的孕育过程，可以说，这是一种超越资本主义社会制度下的个人主义努力，也是为了追求一种客观的艺术形式，即所谓的大艺术。但他对无产阶级革命时期艺术的否定，却稍显武断，这主要体现在两个方面：首先，每一门新艺术的形成都具有自身的发展规律、出于对现实所作出的反应，而艺术化的实现过程是极其复杂的，并不能简单地在时间长度上加以界定；另外，个人悲剧与集体的人的

---

① ［俄］托洛茨基：《革命与文学》，外国文学出版社 1992 年版，第 435 页。

② 同上书，第 426 页。

悲剧并不是截然对立的两个方面，"人是社会关系的总和"，即使在社会主义时期，也依然可能有个人主义悲剧的存在。与之相比，在托洛茨基的影响下，中国左翼文学代表人物鲁迅的思考则更为深入。"现在的文艺，连自己也烧在这（社会）里面，自己一定深深感觉到：一旦自己感觉到，一定要参加到社会去！"鲁迅的"同路人"概念深受托洛茨基影响，"所谓'同路人'不外是一边被燃烧着自己的身体，一边也深深地感受着社会的存在而参与其中去的人"，鲁迅把等待同伴者的悲剧其原因归结为"理想和现实不一致"——这一必然性的悲剧命运。"如果没有革命，理想就会依然那样地存在着，而有了革命，理想反倒会因与现实的背离而破灭。"革命的发生本是为了制止悲剧性的现状，但当革命真正发生，却因与现实背道而驰成为了诱发悲剧发生的原因，这是革命自身的悖论所在，既然革命的存在与否都无法改变悲剧的发生，那革命的意义又何在呢？因此，"希望中国发生真正革命的鲁迅，则已然觉悟到若希望得以实现，那时自己也将接受'同路人'这种悲剧性的命运。"① 理想与现实之间难以逾越的鸿沟，既是个人的悲剧，也是那个时代的悲剧，而当个人无奈地屈服于必然性的悲剧命运，也是对时代的屈服，这又是一种悲剧性的选择。

　　总之，托洛茨基马克思主义美学传统下对悲剧问题进行了深刻的现实性反思，虽然在时代观念的局限下存在理论上的不足，但他在工业化背景下对技术手段的关注、对城市问题的反思，使他的悲剧理论探索颇具现代意义，不仅对马克思主义现代悲剧观念的进一步发展起到了助推作用，他的文艺理论思想也对同时期的中国文学产生巨大影响，这也是对托洛茨基悲剧理论研究的价值之所在。

　　　　［作者简介］：何信玉，上海交通大学人文学院中文系比较文学与文化理论专业博士。

---

① ［日］长掘祐造：《鲁迅"革命人"的提出——鲁迅接受托洛茨基文艺理论之一》，《现代中文学刊》2011 年第 3 期。

什么是"意识形态素"?

——概念史的梳理与学理评估

陈然兴

"意识形态素"概念最早出现于巴赫金的著作中,经克里斯蒂娃传入欧美学术界,而后与詹姆逊创造的同形概念重合。近年来,此一概念在国内外的学术著作中多有出现,其中不乏界定不明或错误使用的情况。本文拟对"意识形态素"概念进行历时的梳理,并对其内涵和用法进行学理上的评估。

一 巴赫金的 идеологема 概念

идеологема,最早出现于巴赫金《文艺学中的形式主义方法》一书中①,中文译为"意识形态要素"(最初被译为"思想意识因素"②),原意是指进入文学作品中的非艺术的意识形态因素,如认识的、伦理的、政治的、哲学的、宗教的意识形态观念,巴赫金把它与作品中的"艺术意识形态因素本身"区别开来。

在巴赫金看来,文学艺术是一种特殊的意识形态交流形式,其特殊性在于,文学不是对社会生活的直接反映,而是对其他意识形态的反映,文

---

① 注:《文艺学中的形式主义方法》最初发表于 1928 年,署名为 П. Н. 梅德维杰夫,后经学界考证乃为巴赫金所作。参见《巴赫金全集·第二卷》,李辉凡等译,河北教育出版社 1998 年版,第 541—547 页。

② 胡壮麟:《让巴赫金给巴赫金定位》,《俄罗斯文化评论》第 2 辑,首都师范大学出版社 2010 年版,第 48 页。

学以此方式积极地影响着人们的意识形态生活。他说：文学"反映和折射着其他意识形态领域（伦理、认识、多种政治学说、宗教等等）的反映和折射，也就是说，文学在自己的'内容'中反映它自己也是其中一部分的整个意识形态的视野。"① 其他意识形态是对社会生活的反映和折射，而文学是"反映的反映""折射的折射"，文学所反映的其他意识形态就是巴赫金所说的"意识形态素"。我们可以从以下三个方面来理解这一个概念。

第一，文学不是对生活现实的直接反映，构成文学内容的不是现实生活的原材料，而是经过了意识形态折射过的社会生活材料，也就是包含了"意识形态素"的社会生活材料。巴赫金说，"生活，作为一定的行为、事件或感受的总和，只有通过意识形态环境的棱镜的折射，只有赋予它具体的意识形态的内容，才能成为情节、本事、主题、母题。还没有经过意识形态折射的所谓原生现实，是不可能进到文学的内容中去的。"②

第二，"文学在其内容的基础上只反映正在形成的意识形态，只反映意识形态视野形成的生动过程。"③ 巴赫金强调，构成文学内容的是具有问题性的，包含了矛盾、冲突和抉择的意识形态生活材料。在一种生活中，意识形态的形成过程"愈是紧张、激烈和困难，它在真正的文学作品中的反映愈是深刻和愈有重要意义。"④ 相反，已经确定的意识形态生活材料，即使进入文学也不能成为作品内容的核心。

第三，包含了"意识形态素"的生活材料一旦进入文学就会与艺术意识形态产生有机的化合作用，从而构成艺术作品的有机整体。所谓生活材料与艺术意识形态的化合作用指的是，作家的纯艺术意图将对这种生活材料进行加工处理，使它融入文学结构之中，赋予它艺术的功能和意义。生活材料在此过程中获得了文学艺术的符号形式，就成为了文学的意识形态交流的客体，进而对社会意识形态环境产生积极的影响。

巴赫金举例说，屠格涅夫《父与子》的主人公巴扎罗夫不是对现实生活中的平民知识分子典型的反映，而只是自由派贵族集团眼中的平民知

---

① ［苏］巴赫金：《巴赫金全集·第二卷》，李辉凡等译，河北教育出版社 1998 年版，第 127 页。

② 同上书，第 128 页。

③ 同上书，第 130 页。

④ 同上书，第 131 页。

识分子——一个朝气蓬勃又否定一切的"虚无主义者"。作者对他的态度非常矛盾，即崇拜他又憎恶他，这种态度反映了屠格涅夫所隶属的自由派贵族集团在 19 世纪中后期面临尖锐的意识形态抉择而犹豫不决、矛盾重重的状态。巴赫金说，"平民知识分子的意识形态要素在巴扎罗夫的形象中全然不是确切意义上的伦理哲学主张，而是这种主张的充满矛盾的形成"①。同时，巴赫金也指出，正是因为这一点，使得巴扎罗夫这个形象能够承担起作为长篇小说"主人公"的功能。这就是说，包含了"意识形态素"的生活材料在此与艺术意识形态素发生化合作用，从而形成了艺术作品的有机整体。巴赫金还特意强调，在这个化合过程中，艺术意识形态较之它要加工的"意识形态素"具有更加主导性的作用。他说："情节以其特殊的规律性，以其情节的逻辑性，与小说所反映的、他作为平民知识分子的生活的非艺术意识形态相比，在更大程度上决定着巴扎罗夫的生活和命运。"②

巴赫金在《文艺学中的形式主义方法》一书中对"意识形态素"概念的使用具有两个不容忽视的特点：

首先，是它的临时性。实际上，在巴赫金的著作中，意识形态素的概念仅仅出现于《文艺学中的形式主义方法》一书中，此后这个概念就再没有出现过。有研究者认为，在巴赫金 20 世纪二三十年代所写的著作中，诸如"意识形态素"这样的"马克思主义言词可能是由朋友（沃洛希诺夫、梅德维杰夫）提供，思想则来自巴赫金本人"③。当然，这里有猜测的成分，只能存而不论。不管怎样，从巴赫金的理论整体来讲，"意识形态素"这一概念并没有得到特别的重视，这是可以肯定的。

其次，是它的次要性。巴赫金强调指出，"马克思主义的文学史家和文学理论家的主要任务终究不在于把这种非艺术的意识形态要素区分出来，而在于对艺术意识形态要素本身，亦即对文艺作品本身做出社会学的规定。"④ 也就是说，研究文学中的"意识形态素"，只是为了了解这些

---

① ［苏］巴赫金：《巴赫金全集·第二卷》，李辉凡等译，河北教育出版社 1998 年版，第136 页。

② 同上书，第135 页。

③ 王建刚：《后理论时代与文学批评转型》，北京大学出版社 2012 年版，第161 页。

④ ［苏］巴赫金：《巴赫金全集·第二卷》，李辉凡等译，河北教育出版社 1998 年版，第136 页。

"意识形态要素"在文学作品中所发挥的艺术功能，而不是研究它所包含的意识形态信息本身。因为，在巴赫金看来，文学作品本身作为意识形态产品，并不隶属于其他意识形态，文学研究最主要的任务是把握文学的意识形态现象的特殊性。因此，他说："作为整体的长篇小说的艺术结构以及其每一个组成部分的艺术功能本身，同包含在它们之中的道德的、哲学的或政治的意识形态要素相比较，其意识形态性质和社会学性质并不少些。但是，对于文学研究者来说，长篇小说的艺术的意识形态性质比起在其中反映出来的有二次折射出来的非艺术的意识形态要素来，要更直接，更具有第一性。"①

总结起来，在巴赫金这里，"意识形态素"这一概念是与"艺术意识形态"相对而言的。巴赫金主要用它来说明，文学作品中本质地包含了其他社会意识形态的要素，因为构成文学艺术作品内容的正是经过了其他意识形态所折射过的社会生活材料，但是，在作品中，这些材料会在艺术意识形态的作用下被再次加工，从而构成文学艺术作品的整体。就文学的批评和研究来讲，挖掘作品中的意识形态素，有助于我们了解文学与产生它的那个意识形态环境之间的相互影响关系，从而把握文学艺术作为一种意识形态创作和交流形式的独特性。

二 克里斯蒂娃的 idéologème 概念

克里斯蒂娃是最早在法国系统研究巴赫金著作的学者，早在 1967 年，克里斯蒂娃就发表了名为《巴赫金：词语、对话与小说》的论文，这是"西方第一篇介绍和阐释巴赫金思想的文章"②。文章对巴赫金的对话理论进行了阐释和修正，提出了影响广泛的"互文性"理论。1969 年，克里斯蒂娃在《符义分析研究》中开始使用"idéologème"这一概念，国内普遍译为"意识形态素"，只有车琳教授将其译为"意素"③。如塞尔登明

---

① ［苏］巴赫金：《巴赫金全集·第二卷》，李辉凡等译，河北教育出版社 1998 年版，第136—137 页。

② 秦海鹰：《人与文，话语与文本——克里斯蒂娃互文性理论与巴赫金对话理论的联系与区别》，《欧美文学论丛》2004 年第 3 辑。

③ ［法］克里斯特娃：《封闭的文本》，车琳译，见史忠义等主编《思想与诗学》，河南大学出版社 2011 年版，第 183—205 页。

确指出的那样，克里斯蒂娃的这个概念是从巴赫金的《文艺学中的形式主义方法》中承袭过来的①。但是，我们必须看到，她的这个概念与巴赫金的概念在含义和用法上却极为不同。

克里斯蒂娃认为，所谓文本就是对已经存在了的语言和语言秩序的重新配置，因此，文学不外是对已经存在的文学作品和其他一切意识形态文本的解构和重组，"文本既然是间文本性，那么文本就被在与社会以及历史等文本的关联中进行研究。这两种文本的交叉被称为意识形态素"②。接下来，克里斯蒂娃对"意识形态素"做了非常晦涩的界定："能够在一个互文空间中使一个具体结构（比如小说）与其他一些结构（比如科学话语）相连接的这种共同功能，我们称之为意识形态素。我们将通过一个文本与其他文本的关系来确定文本的意识形态素。比如我们将把某个确定的文本组织（某种符号实践）与它吸收到自身空间中的那些语句（句段）或它所指向的外部文本（符号实践）空间中的那些语句（句段）的交汇，称为意识形态素。意识形态素是在每个文本结构的不同层面上可以读到的、'物化了'的互文功能，它随着文本的进程而展开，赋予文本以历史的和社会的坐标。"③ 实际上，在具体的使用中，我们发现，克里斯蒂娃所谓的"意识形态素"指的是一个社会历史时期内所有文本共同具有的思维范式，共同的思维范式是不同文本之间的互文性交叉点，是它们的相互援引、互相对话得以可能的基础。因此，秦海鹰认为，在克里斯蒂娃这里，"意识形态素""几乎是思维范式的同义词"④。

克里斯蒂娃把20世纪以前欧洲的思维范式历时地分为两种：15世纪前是"象征"范式，15世纪之后是"符号"范式，她称为"象征意识形态素"和"符号意识形态素"。克里斯蒂娃认为，凭借这种区分，我们就可以理解文学体裁产生的社会历史语境。在"象征意识形态素"的影响

---

① ［英］塞尔登等：《当代文学理论导读》，刘象愚译，北京大学出版社2006年版，第196页。

② ［日］西川直子：《克里斯托娃：多元逻辑》，王青、陈虎译，河北教育出版社2002年版，第341页。

③ 转引自秦海鹰《克里斯蒂娃的互文性概念的基本含义及具体应用》，《法国研究》2006年第4期。

④ 秦海鹰：《克里斯蒂娃的互文性概念的基本含义及具体应用》，《法国研究》2006年第4期。

下，15 世纪之前的文学体裁主要体现为史诗、神话、宗教叙事、武功歌等，只有在 15 世纪之后的"符号意识形态素"的影响下，才产生了小说。因为，象征思维是一种包含了此岸与彼岸、经验与超验、现象与本质之区分和对立的二元思维，而符号思维则取消了此岸与彼岸之间的鸿沟，因而具有二重性和矛盾性。在史诗中，善恶美丑不容混淆，但在小说中，善恶美丑则混淆不清，这是因为，它们服从于不同的"意识形态素"即思维范式。克里斯蒂娃专门论述了小说这种体裁，她认为，受到"符号意识形态素"制约的小说文本本质地包含了一种"环状结构"，因此是一种"封闭的文本"，一种不具有生产性的文本。这种艺术特征正好与乔姆斯基的转换生成语法相吻合，因此，在文学话语与科学话语之间就具有了一种根本的互文性，它们是"符号思维的同谋"①。

到此为止，我们可以说，克里斯蒂娃的"意识形态素"概念与巴赫金的概念几乎是两回事情。尽管它们在事实上具有借鉴承袭的关系，但是在内涵上却判然两别。不仅如此，笔者认为，在最根本的层面上他们还是相互对立的。

首先，巴赫金与克里斯蒂娃对意识形态现象、意识形态产品的认识从根本上讲是有分歧的。巴赫金用"意识形态素"所指涉的文学文本与意识形态环境、意识形态与社会物质生活之间的关系——意识形态是对社会物质生活的反映，而文学则是对这种反映的反映。但是，在克里斯蒂娃这里，文本只与其他文本发生关系，非文本的社会物质生活完全不在她的讨论范围。

其次，在巴赫金那里，"意识形态素"的概念中保留着作为马克思主义术语的"意识形态"的内涵，它是与社会阶级斗争和政治生活联系在一起的，而在克里斯蒂娃这里，这种内涵被取消了。原因在于，克里斯蒂娃把文本概念无限泛化之后，社会历史本身也被看作是一些文本，文本的世界完全地遮蔽了人的世界和自然的世界，人类世界的物质的现实性被取消了。秦海鹰在比较巴赫金的"对话理论"与克里斯蒂娃的"互文性"理论时讲，"对话理论关注的是'有人'的历史和社会，互文性理论则致力于构筑一个'无人'的历史和社会，一个文本

---

① 秦海鹰：《克里斯蒂娃的互文性概念的基本含义及具体应用》，《法国研究》2006 年第 4 期。

化了的历史和社会"。①

再次，在巴赫金那里，"意识形态素"是与"艺术意识形态素"相对而言的，在文学艺术作品的整体中，"意识形态素"被"艺术意识形态"所改造，内容转化为形式，外在转化为内在，这一过程在艺术接受和发展的过程中向反方向转化，形成了文学与社会生活之间的辩证运动。但是，在克里斯蒂娃的"意识形态素"概念中，却丝毫没有这种内涵。在她那里，"文本"的概念包容一切，连"文学"的概念都不复存在了，这等于是把所有的社会现实包括意识形态现象不加区分地看作是语言符号的堆积。而巴赫金的社会学诗学，其目的就是认识文学艺术作为特殊意识形态现象的独特性，它的不可化约、不可替代的价值和功能。

在笔者看来，"意识形态素"概念从巴赫金到克里斯蒂娃的流传基本上是"误入歧途"。"意识形态素"在克里斯蒂娃的著作中实际上是异质的，完全可以用例如"互文素"这样的概念来替代它。就中文翻译来讲，笔者认为，把 idéologème 一词翻译为"意素"会更好一些。法国语用学家马克·安热洛在研究社会套语的流变时，也沿用了克里斯蒂娃的"意识形态素"概念。比如他说，在 1889 年的社会用语背景中，"生存竞争"这个词组就是一个"意识形态素"，他讲到，"生存竞争"本来是达尔文进化论中的一个术语，现在它被挪用来指涉一般社会现象，在这个过程中，达尔文思想的内涵仍然起着作用。在"生存竞争"的说法中依然包含着某种否定的意思，它揭示了现代社会之基本现象——"道德堕落，各人自扫门前雪，大鱼吃小鱼，弱肉强食。"② 从安热洛的用法中，我们可以看到，这里所谓的"意识形态素"相当于符号学中的"义素"，只不过它是一个在文本交互引用中稳定不变的"义素"罢了，它跟巴赫金原来的概念几乎没有关系。

三　詹姆逊的 ideologeme 概念

詹姆逊是第一个对"意识形态素"概念进行界定，并把它作为重要

---

① 秦海鹰：《人与文，话语与文本——克里斯蒂娃互文性理论与巴赫金对话理论的联系与区别》，《欧美文学论丛》2004 年第 3 辑。

② ［法］吕特·阿莫西：《俗套与套语：语言、语用及社会的理论研究》，丁小会译，天津人民出版社 2003 年版，第 77 页。

术语大量使用的学者。学界一般认为，此概念是詹姆逊仿照结构主义语言学中的"音素"概念而创造的①。这一说法是有道理的。因为，没有证据可以表明，詹姆逊的"意识形态素"概念与巴赫金及克里斯蒂娃的概念之间有任何的事实上的因袭关系。虽然我们可以肯定，詹姆逊对巴赫金的部分著作是了解的，但是我们不能肯定詹姆逊对《文艺学中的形式主义方法》一书有多么熟悉，据笔者所知，他从来没有引用过这本书。尽管如此，我们会发现，詹姆逊对"意识形态素"这一概念的用法与巴赫金非常接近，这与克里斯蒂娃形成了有趣的对比。

詹姆逊在其最重要的著作《政治无意识》中提出了"意识形态素"的概念，并把它作为一个核心理论术语来使用。在这本书中，詹姆逊提出了著名的"三个同心圆"的阐释理论。他认为，马克思主义的阐释学应该在三个依次扩大的语境中对文本进行"历史化"的解读和重写，第一层是将文本与产生它的具体语境联系起来，把文本解读为对社会问题的象征性的解决；第二层是将文本与产生它的那个时代的阶级斗争环境联系起来，把文本解读为阶级话语的个别表达；第三层是将文本与产生它的社会形态（生产方式的结构）联系起来，把文本解读为对人类生产方式历时变化的符号反映。詹姆逊认为，马克思主义的阐释学是一种"强力重写"，是在把文本"历史化"的过程中对其"无意识的"客观内涵的挖掘。因此，在每一层次上，阐释都是把文本与某种视域的历史语境联系起来，打破文本表面的联系并将它重构为特定的客体对象。在第二个层次上，这种客体被称为"意识形态素"。

詹姆逊解释说，意识形态素"是社会阶级在本质上不相容的集体话语的最小可读单位"②。意识形态素作为"最小可读单位"，是指我们能够把它从文学文本中提取出来，并且把它阐释为阶级话语之表达。这就是说，意识形态素就是存在于文学文本中的阶级话语，只不过在文学中，这

---

① 国内最早这样讲的是伍晓明和孟悦，他们在合撰的《历史—本文—解释：杰姆逊的文艺理论》一文（载《文学评论》1987 年第 1 期）中讲："杰姆逊从研究任何语言必须以其最小意义单位——音素出发，认为阶级话语作为一种语言，也必然具有像音素那样的最小意义单位，唯有把握了这些最小单位，我们才有可能对阶级话语的整体结构进行科学分析。因此杰姆逊创造了一个相当于音素的范畴：意识形态素。"

② ［美］詹姆逊：《政治无意识》，王逢振、陈永国译，中国社会科学出版社 1999 年版，第64 页。

种话语已经转化为了作品艺术整体的一部分，与作品的艺术要素难以分开。我们通过特别的方法能够将包含着这种话语的文本要素提炼出来，而这种文本要素就是"意识形态素"，它是特定历史条件下某个阶级的精神状况的符号化表达。需要强调的是，我们不能把"阶级话语"简单地理解为单一的意识形态口号或意识形态观念。詹姆逊援引巴赫金的对话理论指出，阶级话语内在地具有对话性，阶级话语是阶级斗争在意识形态上延续的产物。在文本的"意识形态素"中，我们总是能够听到两种不同声音的争执，这种争执就是一个时代的意识形态矛盾在文学中的反映。通过对文学作品中的"意识形态素"的阐释，我们不仅可以了解一个作家对于特定意识形态问题的阶级立场，而且能够把握整个时代的意识形态环境，并进而管窥那个时代的阶级斗争的客观形势。

具体说来，被詹姆逊称作"意识形态素"的东西可以从以下两个方面来理解。

第一，"意识形态素"作为一个时代的意识形态环境的反映，它不是作家个人创造出来的，而是作家从社会生活中找来，作为他的艺术加工的原材料而进入文学的。詹姆逊说，"每一特定时期的文化或'客观精神'都是一种环境，那里栖居的不仅是承袭的词语或幸存的概念，还有那些社会象征类型的叙事整体，我们称之为意识形态素。"[①] 但是，意识形态素不是一般意义上的原材料，它作为社会阶级斗争的话语表现，包含了社会生活中最重要的信息。因此，詹姆逊把"意识形态素"看作是在作品中发挥主题作用的"终极原材料"。任何一个文学作品都可以看作是"对那个终极原材料继续改造的一件复杂作品，那个终极原材料就是所论的意识形态素"[②]。当然，这也意味着，阐释的任务就是通过特定的方法，将经过作家复杂改造过的这种原材料重新构造出来。

第二，作为原材料的"意识形态素"可以是一种抽象的观念，也可以是一种叙事范式。但是，一旦进入文学之中，意识形态素就必须同时具有特定的主题意义并承担一定的艺术功能。作为原材料的"意识形态素"，詹姆逊说，它是"一种历史地决定的观念综合体或对立的社会阶级

---

① ［美］詹姆逊：《政治无意识》，王逢振、陈永国译，中国社会科学出版社1999年版，第171页。

② 同上书，第67页。

的集体话语因素的综合体，这种综合体可以以各种形式表现自己，可能以一种'价值体系'或'哲学概念'的形式，也可以以一种主叙述、一种个人或集体叙述幻想的形式。"① 在对乔治·吉辛小说的文本解读中，詹姆逊特别地强调了"叙事范式"作为意识形态素的重要性。但是，就文学作品中存在的"意识形态素"来讲，詹姆逊强调说，它"具有双重特性的结构，它的本质结构特点可以说是它既可以表现为一种准思想———一种概念或信仰系统，一种抽象价值，一种意见或偏见———又可以表现为一种元叙事，一种关于'集体性格'的终极阶级幻想……作为一种结构，它必须具备同时接受概念描述和叙事表现的能力。"② 在这里，我们不难听到巴赫金的"意识形态素"概念那遥远的回音。

在对乔治·吉辛作品的阐释中，詹姆逊指出，吉辛的"实验小说"中的"异化知识分子"的主题和一系列相关的人物形象都是对一个根本的意识形态问题的折射，这个问题就是，在无产阶级与资产阶级的斗争中小资产阶级的位置问题。詹姆逊认为，这个问题可以归结为"愤懑"这一"意识形态素"。愤懑是小资产阶级用来指涉无产阶级对于资产阶级的那种破坏性的嫉妒心理，但是，这个范畴恰恰是小资产阶级自身心态的反映。小资产阶级正是为无产阶级的愤懑而愤懑，因为，他们的阶级利益使得他们一方面反对统治阶级的压迫，另一方面则为了自身的既得利益而反对下层社会的革命，他们既想改变现状又想保存现状，正是这种尴尬的处境使得他们即愤世嫉俗，又耽于幻想，喜欢站在乌托邦的立场上对现存的一切表达强烈的不满，然而，这种无法在行动上实施的不满却只能让他们陷入"因愤懑而愤懑"的尴尬境地。

到这里，我们可以看到，詹姆逊的"意识形态素"概念与巴赫金的概念在理论内涵上非常相近。对于他们来说，"意识形态素"都是社会意识形态环境在文本中的曲折反映，通过对"意识形态素"的挖掘，我们能够把握文本产生其中的阶级斗争形势，以及这种斗争在意识形态上的具体表现。同时，对于他们来说，意识形态素都具有两重性，既具有主题思想的内涵又在作品中发挥着重要的艺术功能。当然，他们在对术语的具体

① ［美］詹姆逊：《政治无意识》，王逢振、陈永国译，中国社会科学出版社1999年版，第102页。

② 同上书，第75页。

用法上却不尽相同。

四 对"意识形态素"概念的学理评估

任何一种科学理论都要对自己所使用的每一个概念加以准确的定义，并对其适用范围加以限定，尤其在一种新的概念出现的时候，更应该如此。如阿尔都塞在《读〈资本论〉》中所讲的那样，一个新的概念往往意味着一种新的问题式的出现，科学的理论是在把抽象概念具体化的过程中才不断发展的①。笔者认为，巴赫金和詹姆逊所使用的"意识形态素"概念，就是一个包含了强烈问题意识的概念，如果使用得当，它有可能为我们打开一个新的对象领域或一种新的提问方式。在此，笔者想结合"意识形态素"概念在巴赫金和詹姆逊那里的使用情况，从学理上对其性质和适用范围进行初步评估。

笔者认为应该把"意识形态素"的概念作为一个专门的术语纳入马克思主义批评的理论体系之中，它至少应该有以下三个方面的规定性。

第一，"意识形态素"专指文学文本中所包含的意识形态因素。这就意味着，"意识形态素"不能等同于一般所谓的"意识形态"。意识形态作为普遍的社会现象是无处不在的，它可以表现为观念、话语、形象或行为方式，但是，"意识形态素"作为文学文本的组成部分则只能表现为某种艺术形象或艺术形式，它的意识形态信息只有通过阐释才可转译为概念的语言。比如，巴赫金把屠格涅夫小说中的"平民知识分子"称为一个"意识形态素"，这是非常合理的。而詹姆逊所谓"愤懑"的"意识形态素"在吉辛的文本中表现为一系列"异化知识分子"的形象，因此，应该把"异化知识分子"称为"意识形态素"，"愤懑"则是这种"意识形态素"的内涵。如果不这样的话，"意识形态素"的概念就会与一般意义上的"意识形态话语"或"意识形态概念"混淆②。比如，有美国学者

---

① ［法］路易·阿尔都塞、［法］艾蒂安巴里巴尔：《读〈资本论〉》，李其庆、冯文光译，中央编译出版社 2008 年版，第 130—145 页。

② 张艳芬指出，詹姆逊"尽管提出了'意识形态素'的概念，而且也在文本中屡次使用这个概念，但他并没有对意识形态素的内涵和外延做出充分的说明，以致让人有些难以明白意识形态素和意识形态的确切关系"。见张艳芬《詹姆逊文化理论探析》，上海人民出版社 2009 年版，第 235 页。

借用詹姆逊的概念把"和谐"称作是胡锦涛时代中国的"意识形态素"①，这就把"意识形态素"概念的特殊性消解了。

第二，"意识形态素"是文本中同时具有主题意义和艺术组织功能的核心要素。这就意味着，"意识形态素"往往表现为作品中最重要的人物形象、形象体系或形式技巧，它必定在一个作家的不同作品，或一个时代的不同作家那里反复出现。不管是巴赫金还是詹姆逊都强调，"意识形态素"可以阐释为某一社会阶级对阶级斗争形势的反映，它内在地包含了作者所属的那个社会集体对自身最关切利益的焦虑，因此具有重要的社会意义。文学作为对意识形态的反映，必然有意识地或无意识地把这些材料作为艺术加工的核心来对待。当然，我们不是说，任何一个作品的主人公形象都可以称作一个"意识形态素"。相反，只有那些具有重要社会意义、包含了强烈的社会问题性的人物形象、形象体系或艺术形式才可被解读为一个"意识形态素"。

第三，"意识形态素"所包含的意识形态信息必然具有内在的矛盾性和未完成性。如巴赫金所说，文学反映的是意识形态形成的过程，当一个社会阶级面临着重大的意识形态抉择而犹豫不决的时候，其思想状态中就内在地包含了某种戏剧性的张力结构，而正是这种生活材料才是与文学艺术的要求相适应的材料，正是这些材料才能够在作品中同时承担起形成主题和结构艺术的功能。詹姆逊所谓的"意识形态素"的"双重特性"也应该做这样的理解，即"意识形态素"永远不可能缩减为某种确定的意识形态话语，因为，它所反映的是一个社会阶级对与自身利益有关的重大社会问题的困惑、忧虑或面临两难选择时的尴尬和犹豫，而文学，如詹姆逊所强调的，正是对这些不可解决（至少在当时来说）的重大问题的想象性的解决。

综上所述，笔者认为，"意识形态素"应该作为马克思主义批评，尤其是意识形态批评的重要术语来对待。如果要给"意识形态素"下一个定义的话，可以这样讲：意识形态素是在文学作品中同时具有主题意义和艺术组织功能的艺术形象或艺术形式，它是特定社会阶级的意识

---

① ［美］约瑟夫·格利高里·买哈内：《通往和谐之路——马克思主义、儒家与和谐概念》，见吕增奎主编《执政的转型：海外学者论中国共产党的建设》，中央编译出版社 2011 年版，第 1—37 页。

形态困境在文学中的反映，通过对意识形态素的分析，我们可以看到，文学作为特殊的意识形态创作正是为社会重大意识形态问题提供想象性的解决方案。

［作者简介］：陈然兴，西北大学文学院讲师、博士。

《权威主义人格》与批判理论的接受*

孙士聪

  中国学界对德国法兰克福学派第一、二代掌门人霍克海默和阿多诺早已耳熟能详①，批判理论、文化工业理论以及《启蒙辩证法》早在 20 世纪 80 年代就引起文艺理论与大众文化研究的注意，而如今《理性之蚀》《美学理论》《否定辩证法》《音乐哲学》等著作也已不同程度地进入哲学、美学、文艺学以及文化研究视野。即便他们之受关注程度还难以与 20 世纪 90 年代以来出现的"本雅明工业"② 比肩，阿多诺当年关于"漂流瓶"的比喻也过于悲观了。但有一本却属例外，此即霍克海默主编、阿多诺与 R. 桑福德、E. 布伦斯维克、D. 莱文森合著的《权威主义人格》③。该书初版于 1950 年，中译本出版于 2002 年，从到目前为止可以

  * ［基金项目］:本文为北京市社会科学基金项目(项目号:14WYB029)、首都师范大学文化研究院一般项目(项目号:ICS－2014－B－08)阶段性成果。

  ① 相对于社会研究所成员阿多诺、本雅明，霍克海默研究在中国学界尚显落寞，至今包括哲学、美学、文学与文化研究等在内诸领域尚无相关研究专著问世。

  ② "Benjamin Industry" 较早出现于 George Steiner 在 1998 年的一次题为 "To Speak of Walter Benjamin" 的讲演中，Noah Isenberg2001 年在本雅明研究论文中延用该范畴，以之描述 20 世纪 90 年代本雅明研究的复兴与繁荣，也意指其被本雅明接受已溢出学术研究边界进入文化产业链条中。参阅: Noah Isenberg, *The Work of Walter Benjamin in the Age of Information*, New German Critique, No. 83 (Spring－Summer), 2001, p. 120.

  ③ ［德］西奥多·W. 阿道诺等:《权力主义人格》，李维译，浙江教育出版社 2002 年版; Adorno et al. *The Authoritarian Personality*, New York: Harper, 1950. 此外还有 1960 年、1982 年两个英文本，本文关于该著作引文来自: Adorno et al. *The Authoritarian Personality*, New York: Norton, 1982, 并按照学界一般认识，统一译为"权威主义人格"。

收集到的资料来看，除了仅有的几篇心理学研究文章①有所涉猎之外，该书基本没有引起中国学界的注意②。与中国学界的无视完全不同的是，美国人对于阿多诺的认识，直到阿多诺去世时，却基于他作为第一作者的《权威主义人格》，而且颇具讽刺性的是，美国人对该书的好感似乎要远大于对阿多诺本人的好感。③ 相对于美国特定语境的制约性和基础性，批判理论在中国台湾、韩国的接受则完全不同，这里将从批判维度的语境性问题试做考察。

一

依马丁·杰伊之见，"批判理论的兴起部分是马克思主义无法解释无产阶级没有实现其作用的反应，霍克海默早期对心理分析的兴趣，主要原因就在于它可以帮助解释社会的心理'凝聚力'。1930 年开始执掌研究所时，他就提出研究所的主要任务之一是对于魏玛共和国工人阶级的精神状态做经验研究。虽然霍克海默从未满意，但这却是把批判理论运用到具体的、经验的、可证实的问题上的第一次尝试。"④ 但是，这一尝试无论是否成功，其所带来的问题在于：流亡时期的美国在罗斯福总统时期，工人阶级在社会中的地位是不可怀疑的，这就意味着对于无产阶级的反犹主义的经验研究失去了在美国存在的土壤，恐怕这也是 20 世纪 40 年代中期以来的"偏见的研究"中一个不可忽视的阴影。

---

① 即便局限于心理学领域，也仅流于对权威主义人格研究史、偏见研究史等讨论时涉及该著作，并非专门讨论，参见李琼等《作为偏见影响因素的权威主义人格》，《心理科学进展》2007 年第 6 期；张中学等《偏见研究的进展》，《心理与行为研究》2007 年第 5 期；孙连荣等《社会偏见的人格因素研究综述》，《心理科学》2009 年第 3 期。

② 本雅明针对阿多诺的社会学写过一篇有名的文章，题为《内在化的终结：阿多诺的社会心理学》；德国学者哈伯对阿多诺运用精神分析方法考察法西斯主义问题做过较为深刻的批判性讨论，其论文于 2007 年被译为中文发表，但未见到该文的任何反响，"中国知网"检索该论文被引频次与下载频次均为零。参见斯蒂芬·哈伯《适应于资本主义的心理学条件》，孙斌译，《当代国外马克思主义评论》2007 年卷。

③ Martin Jay, *Adorno in America*, New German Critique, No. 31, 1984.

④ [美]马丁·杰伊：《法兰克福学派史》，单世联译，广东人民出版社 1996 年版，第 137页。

作为"偏见的研究"的标志之一，《权威主义人格》试图穿透和超越观念的表面，从中识别出民众当中存在的法西斯主义的、反民主的潜能。事实上，一个合乎逻辑的但没有被明说的推论则是，美国当时社会体系性、制度性的歧视犹太人的社会现实，更大自由度、更体系化的社会结构都有利于反犹主义的蔓延，这已经孕育着不亚于德国法西斯主义的更大规模的极权主义的可能，但对于流亡美国的社会研究所来说，以及对于正在对抗德国法西斯主义的美国来说，都不存在一个可以言说的现实土壤，这反过来正表明了研究所对于社会现实的批判意识。这一思路并非偶然，对于霍克海默来说，"当曾经为法国大革命注入希望的乌托邦，若隐若现地进入德国音乐和哲学的时候，已经确立的资产阶级制度便已经全面地使理性功能化了，这样，理性变成了一种无目的的合目的性，正因如此，它可以统率一切目的。在这个意义上，理性被看成是筹划的筹划。极权国家操纵着国民"①。理性的工具化是理性主义的表现形式，后者并不能产生反思大屠杀的可能，因而这一判断并不必然指向理性本身。

十分有趣的是，1934年9月，以霍克海默为首的法兰克福社会研究所的主要成员先后到达美国，在纽约的哥伦比亚大学建立"国际社会研究所"，而哥伦比亚大学当时最著名的教授、美国实用主义的最重要代表——约翰·杜威，五年前正是从这里退休的。看起来，法兰克福学派一开始就面临着处理自己与美国实用主义之间关系问题，"社会研究实践的哲学基础和美国社会科学中严格的反思辨倾向的冲突"，成为困扰社会研究所的最大困难；此外，在英语世界中是否使用德语写作以保持自己的德国性，在纳粹主义德国背景下也成为一个艰难的选择。在知识与语言调整的双重夹击下（此外还有经济问题），流亡时期的法兰克福学派并没有急于"放弃过去而完全美国化"，当然他们必须为此承担结果——"成为美国学术界的孤立部分"②。虽然没有资料表明，流亡时期的社会研究所与当时的美国实用主义理论家有什么直接的接触，但这并不意味着他们对于美国的经验主义传统充耳不闻。比如，霍克海默在寄给洛文塔尔的信中写道："从我的引文中可以看出我读了不少他们本土的书，我觉得我成了这

① ［德］霍克海默：《朱莉埃特或启蒙与道德》，载《霍克海姆集》，曹卫东编选，上海远东出版社1997年版，第87页。

② 同上书，第49—50页。

方面的专家了。主要的东西明显属于第一次世界大战以前的阶段，基本方法属于经验主义传统"，虽然将哲学与人类活动统一起来具有真理性，但它们失之于简单化和缺乏辩证。① 这表现出霍克海默对于美国实用主义传统的学习与认知，究其实质，在霍克海默看来，实用主义的最大问题在于它自身内在的缺乏对于社会现实的批判维度。

而另一方面，霍克海默也清醒地注意到，正确的理论未必一定在现实中得到成功实践，或如阿多诺所云，正是因为不能在现实中得以实现才获得了继续存在的根基。就批判理论而言，它对于资本主义现实的批判以及关于人的独立自由生存的目标设定，无疑是建基于经典马克思的生产力与生产关系的辩证运动及其客观规律基础之上的，然而，在霍克海默等第一代法兰克福学派理论家看来，无产阶级及其历史担当的现实性已经逐渐被淡化，因而作为批判理论的规范性基础已经不能牢固地立足于马克思主义历史哲学的客观规律中，而同样也不能依赖于它所批判的理性的否定性和主观性形式之中。霍克海默认为，源自于马克思的批判性的社会理论必须以唯物主义为根基和参照点，要想使唯物主义发展出诊断当前社会潮流的能力，就必须克服对马克思主义的教条式的运用，也必须克服各个专门化的学科所造成的碎片化现象。他的目标就是要建设一种新型的跨学科研究，要求将具体的经验科学所发展的一切相关的概念、定义和命题，都作为理解社会历史事件所必要的材料；而批判理论的任务就是要通过反思与批判，仔细调查社会发展的每一个阶段，从而将社会本身的表现与使其合法化的意识形态之间的矛盾全盘暴露来。与霍克海默不同的是，在可能的选择中，建基于《否定辩证法》中的否定的辩证逻辑被视为具有某种共同的可能的选择，或许正是在此意义上，哈贝马斯说批判理论是一种具有实践意向的社会理论，当然，哈贝马斯并不认同以否定的逻辑实践作为批判理论的规范性基础，而是将其扭转为一种言语交往实践，这自然是针对的阿多诺，而不是离开霍克海默。将经验研究与理论反思整合在一起，成为霍克海默所宣告的社会研究所纲领，构成了 1930—1937 年社会研究所工作的基本特征。如前所述，不论融汇德国思辨传统与美国实用主义的理

---

① 转引自 [美] 马丁·杰伊《法兰克福学派史》，单世联译，广东人民出版社 1996 年版，第 98—99 页。

论企图是否随着流亡期的结束而被放弃①，也不论霍克海默如何意图在经验研究塞入批判理论的私货，但可以肯定的是，《权威主义人格》依然存留了其上述"融汇"的努力和意图。

在霍克海默看来，批判是一种反思，作为对生活现状的反省、引导、超越，批判"倡导一种以反思和质疑为本质特征的批判意识，其目标在于把人从奴役中解放出来"，以求社会和谐和个人幸福。②。可以认为，贯穿于《权威主义人格》中的批判维度并没有离开马克思关于此岸世界的历史哲学的基本规定："真理的彼岸世界消逝以后，历史的任务就是确立此岸世界的真理。人的自我异化的神圣形象被揭穿以后，揭露具有非神圣形象的自我异化，就成了为历史服务的哲学的迫切任务。"③ 具体到偏见的研究计划，如果反犹主义是不可避免的——依费舍尔的考证，反犹主义一词虽然直到 1879 年才被杜撰出来，但反犹主义实践却拥有长达三千年的进化史④——那么，这是一个自然的历史过程吗？是存在一个自然的进行矫正的有效途径？他们提出的一个可以矫正和预防的基本措施则在于反偏见运动，"潜在的法西斯主义者因为不断深入的反偏见运动而有所收敛，或者，随着少数民族团体得到保护而变得强大，潜在的法西斯主义者也会有所节制"⑤。虽然阿多诺也坦露反犹主义研究的现实效用的限度，但其中所贯穿的精神却是与批判理论完全一致的。

二

批判理论在台湾的接受最早可以追溯至 20 世纪 80 年代，首先是从社会学层面注意到哈贝马斯的批判理论，而较为全面引荐法兰克福学派理论则至 80 年代中期。作为思想潮流的批判理论在台湾的接受正是"解严"

---

① ［德］H. 贡尼、R. 林古特：《霍克海默传》，任立译，商务印书馆 1999 年版，第 78—80 页。

② ［德］霍克海默：《批判理论》，重庆出版社 1989 年版，第 232 页。

③ ［德］马克思：《黑格尔法哲学批判导言》，载《马克思恩格斯选集》第 1 卷，人民出版社 1995 年版，第 2 页。

④ ［德］克劳斯·费舍尔：《德国反犹史》，钱坤译，江苏人民出版社 2007 年版，第 12—15 页。

⑤ ［德］西奥多·W. 阿道诺等：《权力主义人格》，李维译，浙江教育出版社 2002 年版，第 1261 页。

前后时期——即便在已"解严"后一段时期的台湾社会中，思想与言论尚不能自由，党国意识形态仍为权力话语，更不用说在"解严"之前了。有学者将这一时期（1980—1986 年）描述为处于权威主义与民主化①之间的一个时期——软权威主义时期，"权威主义软化是国民党戒严体制衰退的结果，再也无法面对新兴的社会局势。软化并不意味着政治自由化、被禁制的政治权利的恢复，更不代表着执政者愿意支持朝民主转型的结构变迁。一直到 1990 年代中期，随着社会压力的兴起与挑战，国民党当局才被迫同意这个方向的转变。因此，权威控制的减弱促成了社会运动的兴起，80 年代初期的台湾开始出现各种新兴的社会力量。"② 其中，包括大学教授、记者等在内的知识分子对于公共事物的积极参与，并在一定程度上获得一些民间团体的领导权，固然未必是"造成社会运动风潮的主要原因"，但他们所起到的催化作用却是无法否认的，这也符合台湾社会关于知识分子的一贯的看法"在台湾社会，大学教授亦被赋予一个知识分子的角色。社会成员不但给予大学教授极为崇高的尊敬，而且期望这些知识分子能够为社会进步的方向提供一个愿景蓝图"。③ 需要注意的是，在这一历史进程中，一方面，随着知识分子在数量上的迅速扩张——比如，从 1986 年到 2004 年，台湾各大学中副教授以上的教师人数从 4672 人猛增至 20125 人，教师总人数从 9071 人增至 47274 人④——他们的对于社会结构变迁的阐释与构想，以及参与或者面对社会公共事务发言的社会影响力也越来越大；而另一方面，作为体制内生存的一种职业，他们自身也难以避免的在政治精英、资本主义文化夹击下面临堕为与之同盟合谋的危险，从而部分地走向其自身的反面或沦为被批判的对象⑤。

---

　　① 也有学者指出，自 20 世纪 50 年代以来，国民党台湾就存在重建政治权威与维持民主化两种对政治文化发展方向之间的内在矛盾与冲突，而台湾党国威权政体之不同于极权主义政体的方面也内在地保留了突破其自身并民主转型的内在依据和可能性。参见彭怀恩《台湾政治变迁40 年》，（台湾）自立晚报社 1987 年版，第 71—72 页；孙代尧《台湾威权体制及其转型研究》，中国社会科学出版社 2003 年版，第 5—9 页。

　　② 何明修、萧新煌：《台湾全志》卷九社会志·社会运动篇，（台湾）"国史馆"台湾文献馆 2006 年版，第 55 页。

　　③ 王宏仁、蔡明璋：《台湾全志》卷九社会志·社会阶层篇，（台湾）"国史馆"台湾文献馆 2006 年版，第 147 页。

　　④ 同上书，第 149 页"表 5—19"。

　　⑤ 同上书，第 148 页。

在从硬权威主义向软权威主义乃至民主转型的特定历史进程中，台湾知识分子对于批判理论的立场与接受，"概括了那个年代知识分子批判意识的抬头，'批判'成了反抗的'理论'，也成了一种对于独裁政体的反抗的表现"，"在那个追求'真正的政治生活'的年代里，因为在国民党'恐共'（共产主义）和'畏马'（马克思思想）的环境下，阅读批判理论的作品，是带有反抗和追求思想自由、言论自由的强烈暗示的，它成了突破'党国意识形态'的象征，也成了见证'公共论述'是否可能的检测剂。"依曾庆豹的切身观察，一方面，被作为新左派或者新马克思主义来接受的批判理论，被台湾极右力量和"政治正确"的权力话语视为需要提防和警惕的洪水猛兽；而另一方面，作为理论实践的批判理论，在台湾知识分子视野中，被当作政治生活的现实的社会实践形式，"知识分子群体企图通过对'他者'与'异端'的承认，尝试一种从阅读中达到反抗的快感，代表着'独立思考'，不再依偎于权威，以作为表达根本就不相信'党国机器'那套意识形态宣传"。① 由此可以看出，台湾接受批判理论的逻辑不仅仅是对于一种坚持社会现实反思和批判理论的接受，不仅仅是对于理论普适性诉求的现实检视，而且更是将接受本身视为政治文化实践方式之一，是理论自身的现实化。

批判理论在台湾的接受，其特点可以概括为三个方面：第一，法兰克福学派的接受及其接受程度与接受点是与社会现代化进程以及现代政治进程紧密结合在一起的，并且后者决定了前者的基本走向；第二，法兰克福学派对于社会进程本身就具有推动作用，其社会批判维度在这一过程中得到实现；第三，法兰克福学派首先在哲学、社会学领域得到关注，然后从文化研究逐渐扩散，这里体现的仍然会是社会进程的规定性。

三

韩国同样具有 40 年的权威主义历史，而在 20 世纪 80 年代中后期

---

① 曾庆豹：《批判理论的效果历史——法兰克福学派在中国台湾的接受史》，载《法兰克福学派在中国》，阿梅龙、狄安涅、刘森林主编，中国社会科学出版社 2011 年版，第 38—39 页。

"进入政治急剧变动的时期"①，来自社会大众层面的政治诉求和政治意识与根植于权力和统治之间对抗与博弈，在经过卢泰愚政府的过渡至金泳三"文民政府"的政治民主化改革，以及金大中政府的"民国政治"时代，最终在韩国社会形态上表现为成熟的市民社会，并在 20 世纪 90 年代中后期确立起一个前市民社会与市民社会的分水岭。在这一过程中，批判理论的接受与否都成为诊断韩国当代社会关系的病理学②。

　　霍克海默与阿多诺、马尔库塞等所代表的第一代批判理论，在 20 世纪 90 年代中期以前，除韩国首尔大学韩相震、朴英渡等极少数学者之外，并没有受到多少关注。而即便在这极少数学者中，关注的焦点也主要集中在社会学领域，而且正是在这个领域，从 20 世纪 90 年代中期以后，批判理论迅速升温为"社会学者集中研究的热点"，而接受的具体对象也逐渐转到了哈贝马斯以及更为晚近的霍耐特身上。在韩国学者全圣佑看来，"批判理论在韩国被接受以及不被接受的过程集中体现了它与（重要的）社会特定发展水平相关的密切程度，虽然其规定性针对社会、个人解放以及相类似的'交往性自我实现'的大方向需要得到普遍的认可。在批判理论设置的社会发展阶段的前提中，最重要的是要逐渐形成批判的市民社会，而不是富有交际调节行为的和社会关系的非国有非经济的空间。这种市民社会需承受基于'统治自由探讨'的公共领域，并要以此建立对抗政治行政以及经济强势的平衡力量。"③ 显然，全圣佑对于批判理论韩国接受的思考基本限制在社会学领域，入思路径是社会政治学的，并且主要是哈贝马斯的理论观照下的韩国市民社会的自然历史。

　　韩国现代社会政治历史发轫于从 1945 年的大韩民国建国，在经过 40年的以权威主义政治为主导的发展演变后，"到 80 年代末、90 年代初时，韩国开始进入政治急剧变动的时期。经济的长足发展促使韩国社会结构日益多元化、复杂化，社会各阶层的自主意识普遍提高，民主运功和工农运

---

　　① 曹中屏、张琏瑰等：《当代韩国史（1945—2000）》，南开大学出版社 2005 年版，第 404页。

　　② 全圣佑：《市民社会讨论和批判主义理论在韩国的现况》，载《批判理论在中国》，阿梅龙、狄安涅、刘森林主编，中国社会科学出版社 2011 年版，第 70 页。

　　③ 同上书，第 67 页。

动空前高涨。"① 其标志性事件则是 1987 年 6 月 10 日的光州起义，来自社会大众层面的政治诉求和政治意识与根植于权力和统治之间对抗与博弈，在经过卢泰愚政府的过渡至金泳三"文民政府"的政治民主化改革，以及金大中政府的"民国政治"时代，最终在韩国社会形态上表现为成熟的市民社会，并在 20 世纪 90 年代中后期确立起一个前市民社会与市民社会的分水岭。一方面，从批判理论接受的社会政治文化语境来说，非成熟的市民社会情势决定了批判理论（尤其是哈贝马斯）尚不具备被接受的现实土壤，没有民主与市民社会的成熟，自不会存在可以承担接受与探讨批判理论的公共领域，反之亦然；另一方面，从批判理论本身来说，则其阐释的有效性必须有待于市民社会是否成熟，来为之提供呈现其有效性的可能性，以及有效性的范围与限度。因此，成熟了韩国的市民社会接受与认同哈贝马斯的公共领域理论很大程度上根植于韩国公众的社会政治经验的积累与成熟，正是在这一意义上，全圣佑将其接受视为"对于韩国当代社会关系的诊断，也是韩国长远发展方向的预测"②。

　　基于韩国的社会历史进程的考察，全圣佑自是对于批判理论的未来潜在力量深信不疑，当然，这里指的是哈贝马斯，而不是阿多诺或者霍克海默。不能设想，如若没有 20 世纪 80 年代中后期以来的韩国现代市民化社会进程，批判理论的哈贝马斯能够进入韩国文化接受视野；也不能设想，没有 20 世纪末的成熟市民社会，批判理论能够实现从经典批判理论向哈贝马斯的扭转；同样不能设想，以现代性批判为己任的经典批判理论代表人物的阿多诺、霍克海默等，在韩国实现社会政治文化现代化之前能够被发现和接受，并能够争得与哈贝马斯相同的待遇。在这里，虽然关于批判理论的接受表现为对于理论本身的实际应用，表现为理论的普适性与地域性之间矛盾的一种解决，但其实质却与理论自身的特质紧密相关，换句话说，理论的应用的普适性诉求与理论的指向性实属一枚钱币的两面。

　　考察法兰克福学派批判理论在日本与韩国接受的相同之处，可约略概其要者为五：一是批判理论都主要是被作为社会学理论而被接受的，批判

---

① 曹中屏、张琏瑰等：《当代韩国史（1945—2000）》，南开大学出版社 2005 年版，第 404 页。

② 全圣佑：《市民社会讨论和批判主义理论在韩国的现况》，载《法兰克福学派在中国》，阿梅龙、狄安涅、刘森林主编，中国社会科学出版社 2011 年版，第 70 页。

理论在韩国首先吸引了社会学学者的注意，并主要在社会学领域被讨论，而在台湾也被视为新潮的西方社会学理论①，从一开始，"社会学界、政治学界、甚至是新闻学界、教育学界，对于批判理论的兴趣明显地比哲学学界更浓"②。二是批判理论的接受都具有社会运动的思想实践性质，如果说批判理论在韩国成为学术热点可以归因于它对于经过争取才获致的市民社会，因而具有民主政治意义，那么在批判理论台湾则直接具有意识形态的性质。比如 1987 年时任"台湾教育部长"的李焕，就对知识分子界开始流行"新马克思主义"现象表示担忧，认为此种新思想实为落伍的旧思想，却容易使知识分子误入歧途，应该在大学校园中予以清除，而与之相对立的观点则直接质疑和批判此类将批判理论视为"洪水猛兽"的认识③。如果说批判理论的批判性在韩国 20 世纪 80 年代以来的社会学中主要表现为"对主流社会学的批判和对社会体制方面的批判日趋体系化"④，那么在台湾则被视为推进台湾现代性的推进剂，被视为测度台湾社会民主化进程的温度计。三是批判理论的接受都与公民社会的历史性建构有关，批判理论在韩国接受的可能性与限定条件集中体现了它与作为社会特定发展水平阶段的市民社会的密切相关性，而在台湾也分享了基本相同的思路。四是所接受的批判理论都主要是哈贝马斯的批判理论，尤其是其公共领域理论，在韩国表现为"解放生活世界中系统的干涉"以及"维护平等独立的社会事务的自治"⑤ 的公共性诉求，而在台湾则，"一种对于'公共性'的诉求和觉醒可能成了台湾学界理解新马克思主义或批

---

①　黄瑞琪：《批判理论与现代社会学》（增订版），（台北）巨流图书公司 1986 年版，第 3 页。

②　曾庆豹：《批判理论的效果历史——法兰克福学派在中国台湾的接受史》，载《法兰克福学派在中国》，阿梅龙、狄安涅、刘森林主编，中国社会科学出版社 2011 年版，第 40 页。

③　洪镰德：《新马克思主义和现代社会科学》，（台湾）森大图书公司 1988 年版，第 200、1 页。台湾学者曾庆豹在梳理批判理论在台湾的接受史时引证了洪镰德的看法，见曾庆豹《批判理论的效果历史——法兰克福学派在中国台湾的接受史》，载《法兰克福学派在中国》，阿梅龙、狄安涅、刘森林主编，中国社会科学出版社 2011 年版，第 40 页注 2。

④　曹中屏、张琏瑰等：《当代韩国史（1945—2000）》，南开大学出版社 2005 年版，第 599 页。

⑤　全圣佑：《市民社会讨论和批判主义理论在韩国的现况》，载阿梅龙、狄安涅、刘森林主编《法兰克福学派在中国》，中国社会科学出版社 2011 年版，第 70 页。

判理论最具‘实践’意义的事”①，在已经展开的现代化进程中，对于大众文化和消费主义的批判远没有对于走向现代政治的民主和自由来得更为重要，这就是意味着阿多诺远没有哈贝马斯更具现实性。五是作为接受背景的社会生活，尤其是社会政治生活，都几乎在同时发生了巨大的甚至颠覆性转折，在韩国是权威主义时代转向“国民政治”时代，而在台湾则是从党国一体的极权主义转向民主化时代，二者均在 20 世纪 90 年代中后期得以基本完成。概言之，在台湾，批判理论的接受不仅是“一种实践的结果”，而且还是实践本身，虽然它在社会历史过程中扮演的可能是“极为微妙的角色”。

四

　　通过对于权威主义韩国以及软权威主义台湾地区接受批判理论的简要梳理可以看出，批判维度不仅需要找到进入本土语境的现实入口，又需将自己的实现凭依于本土文化传统与当下语境的现实话语之上。经过一番迂回，现在我们大约可以回到本节开头提出的问题，即《权威主义人格》中的批判维度不能被接受的问题。如果依上述关于韩国和台湾地区参照性的阐述，那么这一问题将被转换为新的提问形式：自 20 世纪 80 年代开始，学界在面对大众文化时就早已开启了大众文化批判的领域，但何以于 21 世纪译介进来的《权威主义人格》中的批判维度得不到呈现呢？其间涉及原因很多，这里试推测为以下三个方面。

　　首先，自 20 世纪 80 年代开始的批判维度的接受并非一个简单的线性过程。20 世纪 80 年代的大众文化批判所使用的理论资源固然部分来自法兰克福学派的批判理论，并且在法兰克福学派的逻辑上对于大众文化的价值属性给予了否定性评价，然而，在经过 20 世纪 90 年代中后期的反思之后——这包括批判理论的理论有效性限度问题、普适性问题以及理论阐释问题等，尤其是在经过了本土大众文化的产业化逻辑成为国家意志之后，批判维度的有效性适用空间开始受到极大打压，这一过程甚至一直延续到 21 世纪前十年之中，呼吁重新审视文化产业的去文化性就是一个典型的

---

① 曾庆豹：《批判理论的效果历史——法兰克福学派在中国台湾的接受史》，载《法兰克福学派在中国》，阿梅龙、狄安涅、刘森林主编，中国社会科学出版社 2011 年版，第 41 页。

例子①。正是在 20 世纪 90 年代中期以后的近二十年中，作为国家意志层面主导的文化产业得到迅速产业化发展并繁荣，而另一方面文化产业研究领域出现了产业包装遮蔽文化内容、经济价值遮蔽文化价值的倾向，在所谓文化搭台经济唱的文化产业化逻辑中，唱戏的经济逐渐将文化挤兑为纯粹的搭台和工具的身份，一旦唱戏的戏台搭好，文化就沦为可有可无的装饰，文化及其价值迅速被边缘化。如此一来，文化产业的研究面临着滑向无文化的文化产业研究的单向度方向去的危险；忽视了文化产业产品内在的精神属性，也就遗忘了文化产品的最终目的：人。近几年以来，法兰克福学派的大众文化理论，尤其是阿多诺的文化工业理论被一些学者重新阐释，并再一次赋予其面对并阐释当下大众文化现实的期望②，这恰证明了文化的批判维度在中国接受的复杂性和曲折性。

其次，批判的指向性的不同。整体来看，从 20 世纪 80 年代至 20 世纪 90 年代中前期的文化批判所指向的对象③，基本没有超出文化的范围。比如 20 世纪 80 年代初期主要表现为对于港台流行文化的局部批判，像邓丽君的歌曲、《霍元甲》《上海滩》等电视连续剧等，这些文化以迥异于那些耳熟能详的革命性"群众文化"的形式突然展现在人们面前。依托法兰克福学派批判理论这一理论资源所展开的批判，仅仅停留于文学、审美与文化的范围中，质言之，它并不涉及文化之外的其他领域。这就与《权威主义人格》的批判之维所指完全不同，这从上文关于韩国和台湾地区的批判理论接受的参照性阐述中可以清楚看出二者的区别。这一语境的特殊性决定了即便在 21 世纪，扎根于《权威主义人格》中的批判之维也不能现实地呈现并实现其自身，更遑论在此批判维度下关于权威主义人格

---

① 贾磊磊：《确立文化产业评价的文化维度》，《电影艺术》2010 年第 5 期；孙士聪：《大众文化价值论的人学根基》，《探索与争鸣》2012 年第 3 期。

② 参见赵勇《法兰克福学派的中国之旅——从一篇被人遗忘的"序言"谈起》，《书屋》2004 年第 3 期；《未结硕果的思想之花——文化工业理论在中国的兴盛与衰落》，《文艺争鸣》2009 年第 11 期；《文学活动的转型与文学公共性的消失——中国当代文学公共领域的反思》，《文艺研究》2009 年第 1 期；《从韩寒的角色扮演说起》，《南方都市报》2009 年 11 月 30 日；《法兰克福学派的"理论旅行"：读〈法兰克福学派在中国〉》，《新闻学研究》2011 年第 111 期。

③ 参见陶东风《批判理论与中国大众文化批评——兼论批判理论的本土化问题》，《东方文化》2000 年第 5 期；《批判理论与中国大众文化》，载刘军宁等主编《公共论丛：经济民主与经济自由》，生活·读书·新知三联书店 1997 年版，第 288 页；《批判理论的语境化与中国大众文化批评》，《中国社会科学》2000 年第 6 期。

的分析了。

最后，《权威主义人格》通过将德国法西斯主义群众心理学的分析应用在对于美国民主制下的群众心理学分析，揭示出在自由主义和民主下面潜藏着的法西斯主义要素，这即便在流亡时期的社会研究所的"偏见的研究"，也不是一个可以明说的结论。而另一方面，霍克海默与阿多诺对于这种人格心理学上的冲突追溯至人类学上的起源，以及日后在《启蒙辩证法》中对于理性工具主义的人类学的返祖现象，都指明了作为解决之道的启蒙之路。但如果从弗洛伊德的逻辑上来说，文明与本能的对立意味着本能压抑性升华与现代社会文明之间的因果关系，这一逻辑在《权威主义人格》中却遇到了挑战：作为管理与压制毁灭本能欲望的民主与自由本身却具有了可怕的毁灭性力量，并潜行于意志甚至意识之外。这当然不仅是《权威主义人格》的逻辑，甚至可以归结为整个启蒙主义与理性批判的基本逻辑，显然，这对于《权威主义人格》的本土接受来说，找不到可以落地生根的基本土壤。

[作者简介]：孙士聪，文学博士、博士后，首都师范大学文学院副教授、研究生导师。

第四编

其他当代文化、文艺研究

当代文艺批评的困境与出路*

熊元义

随着中国当代文艺批评的生态环境日益恶化，不少透彻的文艺批评往往淹没在众声喧哗中，无法引领当代文艺的有序发展。如何彻底改善这种日益恶化的当代文艺批评的生态环境？如何彻底扭转这种正不压邪的当代文艺批评格局？这恐怕是文艺批评家在积极参与中国当代社会反腐败斗争中不可推卸的历史使命。中国当代文艺批评界如果从根本上改善日益恶化的文艺批评的生态环境，推动当代文艺批评的有序发展，就必须纠正文艺批评家在文艺理论发展上的片面认识和提高文艺批评家的素养。

一

文艺批评家是从事精神劳动的，不能不承担他们在社会分工中的社会责任。这就是说，文艺批评家不但要明白他们的社会角色是社会分工的产物，而且不能忘记他们在这种社会分工中的社会责任，即文艺批评家不仅反映不同时代的民族和阶级或集团对文艺的根本要求，而且集中反映不同时代的民族和阶级或集团的审美需要和审美理想，而不只是跟着文艺创作后面跑。当然，文艺批评家必须将这种不同时代的民族和阶级或集团对文艺的根本要求与文艺创作有机结合起来，否则，就难以引领文艺创作。但是，不少中国当代文艺批评家却深陷文艺纯审美论的泥淖，沉溺在历史碎

* ［基金项目］：2014 年国家社会科学基金重点艺术学项目"中国当代文艺批评发展论"（14AA001）阶段性成果。

片中，完全被文艺现象牵着鼻子走，放弃了他们在社会分工中本应承担的社会责任。

这些文艺批评家在文艺理论发展上认为，没有文艺的产生和存在，就不可能有文艺理论的出现。而文艺理论是关于文艺的理论，本质上是对某一特定时期文艺实践的经验总结和规律梳理。其中最重要的，是文艺理论对文艺创作取材、构思、技法以及对文艺作品审美风格、形式构成、语言特质的理论归纳和概括。这就不仅没有看到文艺理论必须反映不同时代的民族和阶级或集团对文艺的根本要求，而且容易陷入文艺的纯审美论的泥淖。

首先，这些文艺批评家认为中国当代文艺理论颠倒了理论与实践的关系，即中国当代文艺理论来自外来文艺理论的生硬"套用"，文艺理论与文艺实践处于倒置状态。因此，中国当代文艺理论的发展应重新校正长期以来被颠倒的理论与实践的关系，抛弃对一切外来文艺理论的过分倚重，回到对中国当代文艺实践的梳理和总结。这不过是一种历史虚无主义而已。中国当代文艺理论虽然引进了不少外来文艺理论，但却在和当代文艺实践的结合中形成了鲜明的民族特色，绝不都是外来文艺理论的生硬"套用"。因此，这种看不到中国当代文艺理论对外来文艺理论的超越的历史虚无主义是令人难以接受的。

其次，这些文艺批评家认为西方当代文艺理论从根本上脱离了西方当代文艺实践，省略和放弃了对文艺实践的爬梳，而是源自对其他理论的直接"征用"。这种西方当代文艺理论无关文艺、没有文艺，或者文艺只是充当了理论的佐证工具，成了凌空蹈虚的"空心理论"。这种对西方当代文艺理论的指责是站不住脚的。文艺理论虽然必须与文艺创作相结合，但它在自身发展的历史长河中却从不拒绝人类文明的成果，总是吸收和借鉴那些非文艺领域的有益思想来丰富自己和发展自己。这是一个无法阻挡也是不可能阻挡的自然的历史发展过程。鲁迅曾尖锐地指出："我们曾经在文艺批评史上见过没有一定圈子的批评家吗？都有的，或者是美的圈，或者是真实的圈，或者是前进的圈。没有一定的圈子的批评家，那才是怪汉子呢。"[①] 在这个基础上，鲁迅认为："我们不能责备他有圈子，我们只能

---

① 　鲁迅：《鲁迅全集》第 5 卷，人民文学出版社 1981 年出版，第 428 页。

批评他这圈子对不对。"① 既然文艺批评家在文艺批评时须有一定的圈子，那么，他就不能不从一定圈子出发。因此，首先，我们不能责备文艺批评家有一定圈子，只能批评他这圈子对与不对。其次，我们在判断文艺批评家的圈子对与不对后，更重要的是还要看文艺批评家是否把握了这圈子与文艺作品的辩证关系。在这两者之间，圈子固然重要，但这个圈子与文艺作品的辩证关系却更重要。在文艺批评史上，不少文艺批评家的圈子虽然早已被扬弃，但是他们对文艺作品的精妙解剖和真切感悟却仍然闪耀着思想的光芒。这就是说，文艺批评家对文艺创作提出某种理想要求，与作家艺术家在文艺创作中实现这种文艺理想时达到了什么程度是两回事。这是绝不能混淆的。文艺批评家绝不能因为作家艺术家没有完全达到这种理想要求，就全盘否定他们在文艺创作中所取得的成就。因此，西方当代文艺理论的错误不在于它搬用或"征用"了非文艺领域的理论，而在于它只看到了它所搬用或"征用"的这种非文艺领域的理论与具体的文艺作品的某种联系，而没有详细考察它们之间的细微差别。

最后，这些文艺批评家在尖锐批判中国当代文艺理论和西方当代文艺理论的发展后提出文艺理论是文艺实践的经验总结和规律梳理，而中国当代文艺理论是中国当代文艺实践的经验总结和规律梳理。这显然没有看到中国现当代文艺理论是在接受外来影响下发展起来的，无疑将中国当代文艺理论的立足点狭窄化了。因此，中国当代文艺批评界重视中国当代文艺理论的民族特色是非常可取的，但极力推动当代文艺理论的民族化则是不可取的。这无助于克服中国文艺理论的根本缺陷。

在这个狭隘的基础上，有的文艺批评家甚至认为，文艺批评家的批评活动不能拿着理论的条条框框教条化地去硬套具体的文本，不能用既定的理论去要求作家艺术家照样创作。也就是说，在面对具体的文艺创作、具体的作品文本，文艺批评家所有的理论成见都要抛开，而是要回到文本的具体阐释，从中发现文本的意义，或者提炼出文本的理论素质。这种片面的文艺批评观显然没有看到文艺理论不仅反映不同时代的民族和阶级或集团对文艺的根本要求，而且集中反映不同时代的民族和阶级或集团的审美需要和审美理想，无疑推卸了文艺批评家在社会分工中本应承担的社会责任。中国当代文艺批评的生态环境日益恶化就是文艺批评家推卸他们的社

① 鲁迅：《鲁迅全集》第 5 卷，人民文学出版社 1981 年出版，第 428—429 页。

会责任的结果。首先，文艺批评家如果抛开了所有的理论成见，完全回到文本的具体阐释，从中发现文本的意义，那么，就不可能与作家艺术家对话了。法国文艺理论家茨维坦·托多洛夫在倡导对话文艺批评时认为："批评是对话，是关系平等的作家与批评家两种声音的相汇。"① 在这个基础上，茨维坦·托多洛夫尖锐地批评了教条论批评家、"印象主义"批评家和历史批评家，认为教条论批评家、"印象主义"批评家以及主观主义的信徒们都只是让人听到一种声音即他们自己的声音，而历史批评家又只让人听到作家本人的声音，根本看不到批评家自己的影子。这都是片面的。而"对话批评不是谈论作品而是面对作品谈，或者说，与作品一起谈，它拒绝排除两个对立声音中的任何一个。"② 既然文艺批评不仅有作家的声音，还有文艺批评家的声音，那么，文艺批评家就不能只是跟着文艺创作后面跑，不能"颂赞"满天飞。因而，文艺理论绝不只是对文艺创作的概括和归纳，否则，文艺理论就会堕落为文艺创作的附庸。其次，文艺创作是多样化的，文艺批评家究竟肯定哪种类型的文艺创作呢？如何判断哪种文艺创作更能成为未来文艺呢？这绝不可能从文艺创作中总结和概括出来。如果中国现代作家鲁迅只是跟着文艺创作后面跑，就不可能深刻把握中国现代小品文的生存与危机的重要原因并找到中国现代小品文的出路。无论是19世纪俄国杰出的文艺批评家杜勃罗留波夫在《黑暗王国的一线光明》这篇战斗檄文中，对挖掘和表现了与当时俄国人民生活的新阶段相呼应的坚强性格的俄国作家奥斯特罗夫斯基的戏剧作品《大雷雨》的高度肯定，还是鲁迅对属于另一世界的白莽的诗的大力举荐，都不是着眼于艺术的圆熟简练与静穆幽远，而是着眼于人民大众未来的挣扎和战斗。尤其是当文艺创作在价值观上相互矛盾时，如果文艺批评家只是跟着文艺创作后面跑，就会陷入自相矛盾的泥淖。这种现象已在一些颇为活跃的当代文艺批评家身上频频发生。这种缺乏是非判断的文艺批评的盛行，既是日益恶化的当代文艺批评的生态环境的产物，也助长了当代文艺批评的生态环境的日益恶化。因而，当代文艺批评家只有集中反映不同时代的民族和阶级或集团对文艺的根本要求，才能在把握文艺发展方向的基

---

① ［法］茨维坦·托多洛夫：《批评的批评》，王东亮、王晨阳译，生活·读书·新知三联书店1988年版，第175页。

② 同上书，第175—176页。

础上克服这种自相矛盾的困境，在一定程度上扭转正不压邪的当代文艺批评格局。

二

不少文艺批评史上的文艺批评分歧究其实质是理论分歧。文艺批评家只有彻底解决这种文艺批评的理论分歧，才能从根本上解决文艺批评分歧，推动文艺批评的有序发展。而文艺理论创新就有可能在这种对文艺批评的理论分歧的解决中产生。在中国当代社会转型时期，不少有影响有地位的文艺批评家不能正视文艺批评分歧，而是搁置这种文艺批评分歧。这些文艺批评家对那些尖锐而泼辣的文艺批评不是"罢看"，就是斥为"酷评"，很少从理论上全面回应。他们不太重视当代文艺批评的理论分歧，遑论彻底解决这些文艺批评的理论分歧。这不但不能解决当代文艺批评分歧，反而影响了人际关系的和谐，恶化了当代文艺批评的生态环境。这种对文艺批评分歧的搁置大概是中国当代文艺批评学在 20 世纪 80 年代前期出现短暂的繁荣后一直疲软不振的重要原因。

19 世纪德国哲学家黑格尔深刻地指出：生物的一种大特权是经历对立、矛盾和矛盾解决的过程。"凡是始终都只是肯定的东西，就会始终都没有生命。生命是向否定以及否定的痛苦前进的，只有通过消除对立和矛盾，生命才变成对它本身是肯定的。如果它停留在单纯的矛盾上面，不解决那矛盾，它就会在这矛盾上遭到毁灭。"① 而"生命的力量，尤其是心灵的威力，就在于它本身设立矛盾，忍受矛盾，克服矛盾。"② 这就是说，作家艺术家不仅要在深刻反映生命的历史运动的基础上表现心灵的威力，而且要在深刻反映现存冲突的基础上推进对这些现存冲突的解决，而不是搁置这些现存冲突，"停留在单纯的矛盾上面"。有些文艺批评家不谙这种生命的历史运动，不解决那矛盾，而是"停留在单纯的矛盾上面"，信奉所谓的历史进步与道德进步的二律背反论，认为这种历史进步与道德进步的二律背反不仅是社会生活的悖论，即这种"悖论"是社会生活的本真的真实，而且是文艺的悖论，即作家艺术家只有写出这种"悖论"，才

---

① ［德］黑格尔：《美学》第 1 卷，朱光潜译，商务印书馆 1979 年出版，第 124 页。
② 同上书，第 154 页。

是好文艺作品。这些文艺批评家在高度肯定那些无力解决历史观与价值观的矛盾的文艺作品时严重违背了艺术规律。

首先，文艺不应搁置现存冲突，而应在深刻反映现存冲突的基础上努力解决这些现存冲突。恩格斯在区别不同历史环境的基础上虽然强烈反对在文艺作品中"硬塞"对社会冲突的历史的未来的解决办法，但却并不完全反对作家提供这种历史的未来的解决办法，只是强调作家在不同历史环境里对社会冲突的历史的未来的解决办法应有所不同。① 作家艺术家对现存冲突的历史的未来的解决既有对现实世界的揭露和批判，又有对理想世界的憧憬和创造。不过，作家艺术家创造的理想世界却不是向壁虚构的，而是现实世界的可能发展和对这种可能发展的肯定。因此，那种认为只要写出了社会生活的悖论就是成功的文艺作品的文艺理论是站不住脚的。

其次，有些文艺批评家虽然看到中国当代社会经济发展出现了一些负面的东西，诸如环境的污染、生态的失衡、贪腐的加剧、贫富差距的加大、城市农村发展不平衡、东西部发展的不平衡，还有精神层面的拜物主义、拜金主义的抬头，但却认为这些都是中国当代社会经济快速发展的伴随物，是不可避免的。而一些作家艺术家深受到这种不可避免论的影响，在文艺创作中不仅对中国当代社会经济发展出现的各种不平等、不人道的消极现象的批判羞羞答答，既不坚决，也不彻底，而且对正义终将战胜邪恶的人类未来发展产生了怀疑。其实，这些文艺批评家之所以提出这种不可避免论，是因为他们在理论上不彻底。有些文艺批评家在历史观上不彻底，以为恶是历史发展的动力，因而认为历史发展必然伴随邪恶横行。这就造成了这些文艺批评家的历史观与价值观的矛盾。而恶只是历史发展的表现形式，绝不是历史发展的动力本身。无论是黑格尔，还是马克思、恩格斯，都认为恶是历史发展的动力的表现形式，而不是历史发展的动力本身。在《路德维希·费尔巴哈和德国古典哲学的终结》中，恩格斯说得十分清楚："在黑格尔那里，恶是历史发展的动力的表现形式。"② 在这一点上，马克思、恩格斯和黑格尔没有根本的区别。他们的区别在于，黑格尔不在历史本身中寻找这种动力，反而从外面，从哲学的意识形态把这种

---

① 《马克思恩格斯选集》第 4 卷，人民出版社 1995 年出版，第 673 页。
② 同上书，第 237 页。

动力输入历史，恩格斯则从历史本身寻找这种动力。对恶是历史发展的动力的表现形式，恩格斯进一步地指出："这里有双重的意思，一方面，每一种新的进步都必然表现为对某一神圣事物的亵渎，表现为对陈旧的、日渐衰亡的、但为习惯所崇奉的秩序的叛逆，另一方面，自从阶级对立产生以来，正是人的恶劣的情欲——贪欲和权势欲成了历史发展的杠杆，关于这方面，例如封建制度的和资产阶级的历史就是一个独一无二的持续不断的证明。"① 这种恶不过是人的动机。恩格斯在把握人的动机与历史发展的关系时指出："在历史上活动的许多单个愿望在大多数场合下所得到的完全不是预期的结果，往往是恰恰相反的结果，因而它们的动机对全部结果来说同样地只有从属的意义。"接着，恩格斯提出"在这些动机背后隐藏着的又是什么样的动力？在行动者的头脑中以这些动机的形式出现的历史原因又是什么？"② 恩格斯在深入挖掘这种隐藏的动力的基础上认为旧唯物主义的历史观在本质上是实用主义的，即它按照行动的动机判断一切。而新唯物主义的历史观则是探究那些隐藏在历史人物的动机背后并且构成历史发展的真正的最后动力的动力。因而，恶绝不是历史发展的动力本身，而是历史发展的动力的表现形式。这就是说，历史发展的动力既然可能以恶为表现形式，那么，也可能以善为表现形式。在深刻地把握历史发展的动力的基础上，马克思高度科学地概括了历史发展的两条道路，一是采取较残酷的形式，一是采取较人道的形式。马克思说："正像 18 世纪美国独立战争给欧洲中产阶级敲起了警钟一样，19 世纪美国南北战争又给欧洲工人阶级敲起了警钟。在英国，变革过程已经十分明显。它达到一定程度后，一定会波及大陆。在那里，它将采取较残酷的还是较人道的形式，那要看工人阶级自身的发展程度而定。所以，撇开较高尚的动机，现在的统治阶级的切身利益也要求把一切可以由法律控制的、妨害工人阶级的障碍除去。"③ 这就是说，历史的发展既有较残酷的形式，也有较人道的形式。而历史的发展采取较残酷的形式符合统治阶级的根本利益，采取较人道的形式则符合广大人民群众的根本利益。④ 中国特色社会主义发

---

① 《马克思恩格斯选集》第 4 卷，人民出版社 1995 年出版，第 237 页。
② 同上书，第 248 页。
③ 《马克思恩格斯选集》第 2 卷，人民出版社 1995 年出版，第 101 页。
④ 以上参见熊元义《文艺理论终结与文艺理论自觉》一文，《武陵学刊》2014 年第 1 期。

展道路是社会的全面进步，是历史的进步与道德的进步的统一，理所应当采取较人道的形式。因而，优秀的文艺批评家绝不能容忍中国当代社会发展在历史变革和社会转型时期出现一些畸形发展即采取一些较残酷的形式的现象。中国当代社会的一些畸形发展不仅是精神倒退，而且是历史倒退。优秀的文艺批评家对这些畸形发展既要道德批判，也要上升到历史批判，并将这种道德批判和历史批判有机结合起来。

在中国当代文艺批评界，不少文艺批评分歧虽然既有对中国当代社会发展道路的追求不同，也有对文艺作品认识的差异，但从根本上说还是理论分歧。如果文艺批评家不能从根本上解决这种文艺批评的理论分歧，就不可能彻底解决当代文艺批评分歧，就很难推进当代文艺批评的深化，遑论改善日益恶化的当代文艺批评的生态环境了。

三

在解决文艺批评的理论分歧时，文艺批评家既要重视文艺批评家的文艺理论创新，也要重视对这些文艺理论创新的集大成，并在这个基础上建构文艺理论体系。然而，不少当代文艺批评家在激烈的文艺争鸣中并不尊重并虚心地接受对方已取得的文艺理论成果，并不竭力解决彼此的理论分歧，而是固执己见，甚至作茧自缚。这很不利于改善日益恶化的当代文艺批评的生态环境。

本来，文艺批评家是在思想交流和交锋中进步的。文艺批评家在文艺争鸣中不仅可以学习和汲取更优秀的文艺理论成果，而且可以激发和磨砺文艺批评的锋芒。20世纪早期中国文艺界为什么出现了大师辈出、群星璀璨的生动局面？就是因为当时中国文艺界展开了激烈的文艺争鸣。正是在这种激烈的文艺争鸣中，一个又一个新的学说涌现出来，一批又一批新生力量成长起来。但是，不少当代文艺批评家却不仅疏于和懒于参与文艺争鸣，而且限制和抵制文艺争鸣。有些文艺批评家即使被迫卷入文艺争鸣，也不是追求真理，澄清是非，而是斤斤计较狭隘利益的得失，甚至诋毁对方，既不承认错误，也不见贤思齐。那些在文艺争鸣中能够自我反省和自我批判的文艺批评家尤其稀少。因此，我们反复肯定资深文艺批评家李希凡的自我反省和自我批判、老作家王蒙和文艺理论家鲁枢元与时俱进的文艺思想调整。李希凡在回顾自己大半个世纪文艺批评的风云时，既没有像有些文艺批评家那样自视一贯正确，也没有像有些文艺批评家那样彻底否定过去，而是追求真理和服膺真理。在哄抬胡适和贬损鲁迅的浊浪一浪高过一浪的当代文艺批评界，李希凡没有完全否定过去对胡适、俞平伯等新红学家的批判，仍然认为中国古典长篇小说《红楼梦》感人的艺术魅力，绝不只是俞平伯过去所说的那些"小趣味儿和小零碎儿"，更不是胡适一贯坚持的所谓的"平淡无奇的自然主义"，而是伟大的现实主义对封建社会的真实反映和艺术形象的深刻概括和创造。与此同时，李希凡对他过去轻视对《红楼梦》的考证工作进行了自我批评，认为"曹雪芹的身世经历，特别是《红楼梦》，只是一部未完成的杰作，确实也需要科学的考证工作"。① 李希凡没有百般掩饰或有意忘却过去的错误，而是毫不留情地解剖了他在年轻气盛的时候所犯的幼稚病和粗暴的错误。在中国当代社会转型阶段，王蒙虽然没有明确地反省和批判自己过去的文艺思想，但却主动地调整了他以往的文艺思想。这种文艺思想调整在一定程度上就是对他以往文艺思想的扬弃。20世纪90年代中期，王蒙热烈地欢呼市场经济的到来，认为这种市场经济提供了人人靠正直的劳动与奋斗获得发展的机会。而计划经济却无视真实的活人，却执着于所谓大公无私的人。王蒙认为："中国这么大，当然只能是有各式各样的作家。"而要求作家人人成为样板，其结果只能消灭大部分作家。中国当代文艺批评界应从承认人的存在出发，既"承认人的差别而又承认人的平等，承认人的力量也承认人的弱点，尊重少数的'巨人'，也尊重大多数的合理的与哪怕是平庸的要求"。从这个意义上说，"痞子"或被认为是痞子或自己做痞状的也仍然是人。王蒙坚决反对要求中国当代作家向鲁迅看齐，认为中国当代"作家都像鲁迅一样就太好了么？完全不见得"。2013年，王蒙看到黄钟喑哑、瓦釜雷鸣的这种颠倒局面，坚决反对一味市场化，强调政府、市场与专家在文化生活中起到恰如其分的均衡、适当的良性互动互补作用。王蒙在感慨唯独缺少权威的、有公信力、有自信力的专家队伍时认为，"我们仍然可以不懈地追求独到、高端的思想智慧。尤其是，我们可以勇敢地告诉大家，除了传播上的成功还有学识与创造上的成功，除了传播上的明

---

① 孙伟科：《文艺批评的世纪风云——文艺批评家李希凡访谈》，《文艺报》2013年5月15日第3版。

星还有真知灼见的学人与艺术家，除了搞笑的段子还有或应该有经典"。①
在中国当代社会转型阶段，王蒙积极扬弃他过去的文艺思想，从强调多样
化的文艺发展到尽力追求蕴含独到、高端的思想智慧的经典作品创造。
"越是触屏时代，越是要有清醒的眼光，要有对于真正高端、深邃、天才
的文化果实苦苦的期待。"从害怕中国当代作家都像鲁迅到为中国当代文
艺界很难出现像鲁迅、茅盾这样的好作家而忧心忡忡，提出了中国当代文
坛除了要有给人挠痒、逗人笑的东西，更要有能提高整个社会精神品位和
文化素质的文艺作品，并认为这是国家文化实力所在。而文艺理论家鲁枢
元则在梳理近 30 年来的文艺思想的发展时就既没有抱残守缺，故步自封，
也没有自视一贯正确，而是在清醒认识中国当代社会发展的基础上进行了
深刻的自我批判。20 世纪 80 年代，鲁枢元相信人类中心主义，相信人类
的利益至高无上。30 年过去，鲁枢元发现人类作为天地间的一个物种太
自私、太过于珍爱自己，总是把自己无度的欲望建立在对自然的掠夺上，
以及对于同类、同族中弱势群体的盘剥上，有时竟显得那么鲜廉寡耻！鲁
枢元深刻地认识到，人类作为一个整体也是会犯错误的，而且犯下的是难
以挽回的错误。② 鲁枢元的这种自我反省不仅是哲学观的变化，而且是文
艺观的调整，在一定程度上推进了 20 世纪后期中国文艺界那些激烈而尖
锐的思想斗争的终结。文艺批评家的这种自我批判和自我调整无疑有助于
他们全面把握和热情肯定中国当代作家艺术家的艺术进步并引领中国当代
文艺的有序发展。因而，这种文艺批评家的自我批判和自我调整既是中国
当代文艺批评发展的必然产物，也是文艺批评家追求真理的结果，可以说
是文艺批评发展的不竭动力之一。③ 而有的文艺批评家在参与激烈的文艺
争鸣后却依然故我，不仅没有修正错误，而且不够尊重对方。近些年来，
我们和王元骧在《文艺报》《文艺理论与批评》《文艺争鸣》《南方文坛》
《河南大学学报》《云梦学刊》等报刊上围绕王元骧提出的文艺的审美超
越论进行了多次文艺论战。2011 年，我们在《中国当代文艺理论的分歧

---

① 王蒙：《触屏时代的心智灾难》，《读书》2013 年第 10 期。

② 刘海燕：《文艺理论要关注时代精神状况——文艺理论家鲁枢元访谈》，《文艺报》2012
年 11 月 5 日第 3 版。

③ 参见李明军、熊元义《理论分歧的解决与文艺批评的深化》一文，《河南大学学报》
2014 年第 4 期。

及理论解决》① 一文中为了解决中国当代文艺理论的分歧，系统地清理和批判了王元骧近十几年来在文艺理论方面的探索。2012 年，王元骧在《理论的分歧到底应该如何解决——就文艺学的若干根本问题答熊元义等同志》② 一文中对我们的批判进行了反批评。遗憾的是，王元骧的文艺思想在这些文艺争鸣中几无进展。2014 年，王元骧在《文艺理论与批评》2014 年第 2 期上又以访谈的形式在批评我们的同时重申了这种文艺的审美超越论，重弹了自我表现论的老调。2014 年，我们相继在《理论分歧的解决与文艺批评的深化》③《文艺批评家的气度》④ 等文中回应了王元骧的反批评，并进一步地批判了王元骧的文艺的审美超越论，认为这种文艺的审美超越论不过是一种精致的自我表现论。王元骧认为，文学作品所表达的审美理想愿望不仅仅只是作家的主观愿望，同样也是对广大人民群众的意志和愿望的一种概括和提升。我们认为，王元骧这种将作家的主观愿望完全等同于广大人民群众的意志和愿望的审美超越论不仅妨碍广大作家深入人民创作历史活动并和这种人民创作历史活动相结合，而且在中国当代社会是难以实现的。恩格斯在把握人类社会历史时指出："人们自己创造自己的历史，但是到现在为止，他们并不是按照共同的意志，根据一个共同的计划，甚至不是在一个有明确界限的既定社会内来创造自己的历史。"他们的意向是相互交错的。⑤ 这就是说，作家的主观愿望与广大人民群众的意志和愿望不是完全吻合的，而是相互交错的。既然作家的主观愿望与广大人民群众的意志和愿望不是完全等同的，那么，作家的主观愿望是如何成为广大人民群众的意志和愿望的概括和提升的？难道是自然吻合的？王元骧接着说："文学作品所表达的审美理想愿望自然是属于主观的、意识的、精神的东西，但它之所以能成为引导人们前进的普照光，就在于它不仅仅只是作家的主观愿望，同样也是对于现实生活的一种反映，因为事实上如同海德格尔所说的'形而上学是"此在"内心的基本形象'，'只消我们生存，我们就是已经处在形而上学中的'。理想不是空想，它反映的正是现实生活中所缺失而为人们所热切期盼的东西，在这个

① 同上。
② 《学术研究》2012 年第 4 期。
③ 《河南大学学报》2014 年第 4 期。
④ 《南方文坛》2014 年第 5 期。
⑤ 《马克思恩格斯选集》第 4 卷，人民出版社 1995 年版，第 732—733 页。

意义上，作品所表达的审美理想从根本上说都是以美的形式对于现实生活中人们意志和愿望的一种概括和提升，所以鲍桑葵认为'理想化是艺术的特征'，'它与其是背离现实的想象的产物，不如说其本身就是终极真实性的生活与神圣的显示'，是现实生活中存在于人们心灵中的一个真实的世界，是人所固有的本真生存状态的体现，它不仅是生活的反映，而且是更真切、更深刻的反映，它形式上是主观的，而实际上是客观的。"①这实际上是认为广大作家在文学创作中只要深挖自我世界就可以了。首先，这种人所固有的本真生存状态是人生来就有的，还是人类历史发展的产物？这是很不同的。如果这种人所固有的本真生存状态是人生来就有的，那么，作家在文学创作中就不必深入人民创作历史活动并和这种人民创作历史活动相结合了，只要开掘自我世界就可以了。如果这种人所固有的本真生存状态不是人生来就有的，而是人类历史发展的产物，那么，作家所愿望看到的样子（"应如此"）与广大人民群众所愿望看到的样子（"应如此"）就不可能完全相同，有时甚至根本对立。其次，在现实世界中，既然作家的主观愿望与广大人民群众的意志和愿望之间存在很大差异，甚至可能根本对立，那么，这种历史鸿沟如何填平或化解呢？如果作家在审美超越中可以填平或化解这种历史鸿沟，那么，作家在文学创作中只要深挖自我世界就行了。显然，这种将作家的主观愿望完全等同于广大人民群众的意志和愿望的审美超越论不过是一种精致的自我表现论而已。这绝不是打棍子和扣帽子，而是在深入的分析和透彻的批判后得出的必然结论。而王元骧只引用了我们的个别结论而阉割了这个结论的理论前提，就认为我们全盘继承了"打棍子""扣帽子"这种简单粗暴的作风。这缺乏起码的文艺批评家的气度。王元骧的这种缺乏文艺批评家气度的现象在中国当代文艺批评界是相当普遍的，而不是个别的。这大概是不少优秀的中国当代文艺批评失效的重要原因。

四

　　文艺批评家如果矢志不渝地追求真理和捍卫真理，竭力在把握文艺批

---

　　①　王元骧：《求实严谨的科学态度求真创新的学术精神》，《文艺理论与批评》2014 年第 2 期。

评发展规律的基础上客观公正地评价文艺批评家的理论贡献，那么，就可以避免在恶劣的文艺批评的生态环境中被扭曲，甚至可以在一定程度上改善这种恶劣的文艺批评的生态环境。但是，不少当代文艺批评家却更看重文艺批评家在社会上的位置而不是他们在文艺批评秩序中的位置。这在很大程度上助长了当代文艺批评的生态环境的日益恶化。

在中国当代文艺批评界，一些指鹿为马、颠是纳非的文艺批评家颇为走红，而那些脚踏实地、守正弘道的文艺批评家则备受压抑；一些忽左忽右的文艺批评家异常活跃，而那些一以贯之的文艺批评家则颇为寂寞。譬如，一些颇为活跃的文艺批评家大肆攫取红包和从事人情批评，与此同时，他们竟然也是呼吁守住文艺批评的底线并制定文艺批评的道德准则的急先锋。在这种日益恶化的文艺批评的生态环境里，中国当代文艺批评界既得利益群体大多抱残守缺，极力抵制新生力量的崛起，而不是与时俱进，吐故纳新。前车之鉴，后事之师。1954 年的"评红批俞"运动之所以导致政治力量介入，是因为有些既得利益群体看不到新生力量的崛起，甚至打压这些新生力量。1954 年，中华人民共和国在文化发展上急需大批新生力量，以便巩固新文化秩序。但是，崛起的新生力量却遭到漠视，甚至无情打压。有的文艺批评家在回顾 1954 年"评红批俞"运动时不是承认它在《红楼梦》批评史上乃至中国当代文艺批评史上的进步作用，而是认为它引起了一场影响深远的政治斗争风暴，而李希凡、蓝翎与俞平伯的商榷不过是不自觉地充当了这场政治斗争的工具而已。这种历史发展的工具论没有注意到毛泽东对两个"小人物"的有力支持和对"大人物"的严厉批判。这些幸运的历史"小人物"如果没有毛泽东的有力支持，就不可能很快脱颖而出并茁壮成长为大树。他们的成长和发展本身就是历史发展的目的。在激烈的思想斗争中，毛泽东看到那些"大人物"不作为即容忍甚至投降，甘当俘虏，还阻拦甚至压制一些"小人物"的作为，不能不深度介入和出面干预。毛泽东之所以重视两个"小人物"的遭遇，亲自为他们的成长和发展鸣锣开道，是因为他对压制"小人物"崛起的不合理秩序的强烈不满。这是政治斗争，已不完全是思想斗争。中国当代文艺界的思想政治斗争之所以异常激烈，是因为既得利益群体的存在。这些既得利益群体严重阻碍了不合理的现存秩序的改变，而这恰恰涉及新生政权的巩固，毛泽东岂能置之不理，甚至放任自流？毛泽东极度不满的这种现象在中国当代文艺批评界不仅没有完全断绝，反而日益严重，还滋生出一种相当傲慢的强权文化。当代文艺评奖较为充分地表现了这种强权文化。譬如，在第八届茅盾文学奖评奖时，一些关心中国当代文学发展的网民看到"不少作家协会主席、副主席的长篇小说入围"时认为茅盾文学奖评奖似乎不太重视发掘文学新人新作，并提出了强烈的质疑。这是真正热爱中国当代文学的网民提出的非常有价值的文学理论话题。这些真正热爱中国当代文学的网民不希望中国当代文坛始终只有文学名家的瘦弱身影，而看不到文学新人辈出的热闹景象。但这个极有价值的文艺理论话题却被一些颇有身份的文学批评家全盘否定，认为"这是一个伪话题"。在这些文学批评家看来，作家协会主席、副主席只是代表一个有创作实力的作家，和行政官员完全不是一回事。由于作家有创作实力，所以成为作家协会主席；同样有实力的作家作品参评茅盾文学奖也是理所当然。这实际上认为强的永远是强的，否认了江山代有才人出的文学发展规律。的确，作家协会主席、副主席是有创作实力的作家不假。但是，有创作实力的并不等于始终能够创作出优秀文学作品和始终能够创作出比后起之秀优秀的文学作品，这也是不言而喻的。如果文学界强的永远是强的，那么，文学新人就只有永远匍匐在文学名家的脚下而没有出头之日。其实，文艺评奖不仅是文艺批评的重要形式，而且是文艺批评的一种科学集中。这种文艺批评的重要形式的权威地位不是外在权力赋予的，而是历史形成的即在历史长河中逐步确立的。但是，不少中国当代文艺评奖却不是在历史发展中逐步形成权威地位的，而是外在权力赋予的即文艺评奖的权威地位的高低取决于文艺奖项所属系统的级别的高低。一些文艺批评家没有正确认识当代文艺评奖的名实关系，而是凭借外在权力获得话语权，肆意摆弄当代文艺评奖并引导当代文艺按照他们的意图发展。在这种日益恶化的文艺批评生态环境里，有些文艺批评家尤其是文艺批评史家不是追求真理和捍卫真理，而是趋炎附势。他们不是在把握当代文艺批评发展规律的基础上客观公正地评价文艺批评家的贡献，而是以个人关系的亲疏远近代替历史发展规律。这些文艺批评家尤其是文艺批评史家追求文艺批评界人际关系的和谐甚于追求真理，他们既不努力挖掘文艺批评家的独特贡献，也不继续肯定这些文艺批评家在当代文艺发展中仍起积极作用的文艺批评观，而是停留在对一些与个人利益密切相关的文艺批评家的评功摆好上。这种当代文艺批评家尤其是文艺批评史家身上的鄙俗气严重地制约了这些文艺批评家尤其是文艺批评史家真实地把握当代文艺批评的发展，极大地助长了中国当代文艺批评界的歪风邪气。中国当代文艺批评界如果不从根本上改变这种日益恶化的当代文艺批评的生态环境，就不仅不能正确梳理和总结当代文艺批评史，而且还将极大地挫伤优秀的文艺批评家的创造力。

正如德国哲学家黑格尔在考察哲学史时所指出的：全部哲学史是一有次序的进程。"每一哲学曾经是、而且仍是必然的，因此没有任何哲学曾消灭了，而所有各派哲学作为全体的诸环节都肯定地保存在哲学里。但我们必须将这些哲学的特殊原则作为特殊原则，和这原则之通过整个世界观的发挥区别开来。各派哲学的原则是被保持着的，那最新的哲学就是所有各先行原则的结果，所以没有任何哲学是完全被推翻了的。"① 文艺批评史也不例外，既不是长生的王国，也不是"死人的王国"，而是一有秩序的进程。文艺批评这一有秩序的进程既是一个不断提高和丰富的发展过程，也是一个由浅入深、从零散到系统的发展过程。因此，文艺批评家尤其是文艺批评史家如果准确地把握和公正地评价一位文艺批评家的成就，就不能仅看他在社会中的位置（包括社会名望），而是主要看他的文艺批评在文艺批评这一有秩序的进程中的位置。也就是说，文艺批评家尤其是文艺批评史家如果准确地把握和公正地评价一位文艺批评家的成就，就既要看到他的文艺批评满足现实需要的程度，也要看到他的文艺批评在文艺批评发展史中的环节作用，并将这二者有机地结合起来。

［作者简介］：熊元义：文艺报社理论部主任、编审；上海交通大学美学、艺术与文化理论研究中心文学博士兼职研究员。

① ［德］黑格尔：《哲学史讲演录》第1卷，贺麟、王太庆译，商务印书馆1959年版，第40页。

马克思问题视域下艺术生产的当代反思

王　丹

在全球化商品经济与本土化市场经济的语境交互中，中国的文艺领域发生了纵深变革，日益跨入文化经济时代。如何看待当今艺术生产的双向运作——生产对象符号化与消费行为象征化，把握这一运作对于文艺属性、特征的影响；怎样理性批判艺术生产作为文化产业的消极效力，发挥其积极的文化政治功能，成为当代马克思主义批评面临的重大理论与现实问题。笔者认为，这一问题解决的关键在于我们以何种取向去践行马克思艺术生产理论。

一

在当今，许多论者似乎已经习惯在生产力决定生产关系、经济基础决定上层建筑的知识框架中，把马克思的艺术生产理论解释为一种方法论，并从社会—经济的角度来观照中国的文艺活动。在其中，虽然有不少彰显了某些真知灼见的阐释，但也存在因偏离马克思本意而产生的种种局限。比方说，感叹"审美终结"而不愿正视文艺市场化、商品化的，鼓吹文艺产业化而过度强调经济效益的。且不说论者的主观动机如何，这些二元对立说法都可能限制我们对于自身艺术生产情状的准确认知。

虽然马克思对文艺与审美问题的思考大多散布在他的政治、经济或哲学著述之中，但马克思并未把他的文艺研究置于狭隘的关系内。作为一种与时俱进的开放性实践形式，马克思主义批评区别于其他文艺研究的独特性在于具有自己的思想体系、特定的问题视域和应对现实的功能。正如阿尔都塞所言，"问题的提出必须先具备以下的条件：确定提出问题时的理论认识环境；确定提出问题时的具体场合；确定为提出问题所需要的概念"①。在马克思那里，"艺术生产"范畴由萌发、提出到深化，都是与人的解放实践紧密关联的。

首先，从生产本意上来讲，作为人区别于被动生物体的"类特性"的集中体现，艺术与科学、宗教、道德伦理等一样，是以人自身与外在自然的"类存在物"②为改造对象的能动活动，是产生物种生命的生活活动，更是一种创造生产/生活资料以满足自身需要的生产劳动。而且，作为自觉生命体，人总是要消费的，这与何种生产方式居于主导没有必然联系。在与不同自然的耦合过程中，人能通过全部感觉来直观自身本质力量的对象化，由此获得不同于物质享受的精神快慰与感性愉悦。这即是马克思意义上的审美蕴含。因而，艺术生产问题既可以纳入总体劳动范畴做一般性考察，也能从人类实践的两方面来分析。

其次，作为一种生产方式，艺术生产虽然受到"生产的普遍规律的支配"③，但随着社会分工的分离，原始人类的艺术活动成为由艺术家专门从事的脑力劳动，它又有相对于物质生产的特殊性，是提供专门精神消费品的生产部门。而且，在不同历史时期，人与社会、自然的关系会产生不同的嬗变，"人们的国家制度和人们的精神方式由这两者决定，因而人们的精神生产的性质也由这两者决定"④，艺术生产及其产物的文化形态因此也会呈现出相应的时代特征。所以，理论研究要对特定阶段的生产事实进行客观分析，并以此为基础来确定自身的研究重心与理论旨趣。

正是基于此，马克思提出了他的理解，即"当艺术生产一旦作为艺术生产出现，它们就再不能以那种在世界史上划时代的、古典的形式创造出来"⑤。根据马克思在不同著述中的互文表达，第一个"艺术生产"指的是作为人的本质力量对象化的精神活动。从根本上来说，人与世界之间

---

① ［法］路易·阿尔都塞：《保卫马克思》，顾良译，商务印书馆 2010 年版，第 155 页。

② 马克思：《1844 年经济学哲学手稿》，《马克思恩格斯文集》第 1 卷，人民出版社 2009 年版，第 163 页。

③ 同上书，第 186 页。

④ 马克思：《剩余价值理论》，《马克思恩格斯全集》第 26 卷（I），人民出版社 1972 年版，第 296 页。

⑤ 马克思：《1857—1858 年经济学手稿》，《马克思恩格斯文集》第 8 卷，人民出版社 2009 年版，第 34 页。

的审美关系是通过它建立起来的。这种生产的过程及其结果，让"人不仅通过思维，而且以全部感觉在对象世界中肯定自己"①。这一界定说明了艺术生产的广义内涵，它不仅是也应当是一种自由创造出文艺作品，从而满足人的审美需要的生产方式；后者则是指前者在特定历史时期中的具体显存，即资本主义条件下直接同资本进行交换的文艺活动。在这种生产方式中，艺术家、作家的精神劳动成为单纯的生存维系手段②，从属于资本并为其增加剩余价值，其产品具有商品的属性。

对于此，马克思曾明确指出，前资本主义时期的艺术家虽然也以文艺创作来进行产品交换，从而直接获得收入以维持自己的物质生活。但在整体上，他们并没有将其劳动能力、对象与产品当成依附于物欲或金钱的工具，而是以提升人的精神需求为主要目的"非生产性劳动"。可是，在资本主义时期，当文艺的审美创造沦为以资本增值为宗旨的"生产劳动"之时，艺术家就变成了被雇用的对象③，具有商品属性的艺术产品则"作为一种异己的存在物，作为不依赖于生产者的力量，同劳动相对立"④，而不再是人的生命方式的对象化形式。由此可见，这种性质的文艺活动是一种异化劳动，它不仅损毁了人与劳动对象之间所建立的审美关系，加剧了文学艺术精神性和商品性之间的矛盾，也扭曲了人的感性存在和本性。

由此来反观当今中国的文艺境况的话，可以看到：艺术生产与市场经济、商业资本的关系日趋紧密，并同跨时空的信息/传媒（广告、数码影视、互联网与无线通信等）和知识/文化网络产生前所未有的相互渗透。这种复杂关联使之日益被纳入市场交换的轨道，成为一种产业化的文化形态。在文艺创作的某些方面，不同程度地存在着为了追逐利润，而着力凸显官能快感的媚俗、庸俗乃至低俗现象。例如，网络文学中以"种马""后宫""暴力""权钱"等为主题的意淫叙事，就是艺术生产深受资本戕害的典型案例。这一状况，非常接近马克思所批判的"异化劳动"。但

---

① 马克思：《1844 年经济学哲学手稿》，《马克思恩格斯文集》第 1 卷，人民出版社 2009 年版，第 191 页。

② 同上书，第 162 页。

③ 马克思、恩格斯：《共产党宣言》，《马克思恩格斯文集》第 2 卷，人民出版社 2009 年版，第 34 页。

④ 马克思：《1844 年经济学哲学手稿》，《马克思恩格斯文集》第 1 卷，人民出版社 2009 年版，第 156 页。

是，如果因此就不充分考察中国问题的特殊性的话，不仅会把社会主义阶段与资本主义时期的文艺活动混为一谈，也会基于"审美无功利"的精英主义局限，对马克思艺术生产理论产生误读甚至曲解。由此，在涉及商品利润化冲击所产生的诱惑风险之时，又不可避免地悬置乃至放弃市场配置、"资本运作"给艺术生产所带来的历史机遇。

如前所述，高度关注人的感觉、人的本性及其具体存在，思索如何真正实现人的全面解放与社会历史进步，始终是马克思学说演进的逻辑原点。在这个意义上，艺术生产理论所凭据的问题意识表现为：基于马克思主义基本原理，反思资本的生产与交换体系同审美之间的二重性关系，对资本现代性的整个运作法则及其过程所引发的异化现象进行批判。就此而言，马克思基于特定历史语境得出的结论："资本主义生产就同某些精神生产部门如艺术和诗歌相敌对"①，并没有否定自由精神生产在商品经济社会形态下存在的可能性与必要性，也不是对艺术消费得以进行的市场、技术条件进行排斥。在他看来，"同一种劳动可以是生产劳动，也可以是非生产劳动。"② 或者说，当与人的本质力量密切关联之时，文学艺术就成为与源出语境相对分离的"自在之物"。显然，马克思探讨"艺术生产"的根本目的在于批判资本主义私有制所造成的异化劳动，从根本上消除劳动异化所导致的人与自然、社会、他者以及自我的多重异化关系。

正是因为如此，马克思对于文艺活动的思考与阐释，方能超越不关心艺术生产本身而直接强调感性体验的西方古典美学，并从根本上同传统社会历史批评的因果例证区别开来；才能在与审美萌生、衍化相关联的社会意义以及思想内蕴的追问中，逐步形成自身的理论论域③。这就是马克思主义批评所特有的社会历史维度：在读解文艺审美价值的同时，还要探求艺术产品得以生成的历史语境；在人的多重社会实践中，关注文艺的创作/接受受制于哪些意识形态，又与怎样的社会政治、经济体制及文化结构纠缠在一起；在这种复杂关联中，艺术生产又会以何种形式干预或介入社会变革，文学艺术因此会具备哪些功能和产生何种影响。

---

① 马克思：《剩余价值理论》，《马克思恩格斯全集》第 26 卷（Ⅰ），人民出版社 1972 年版，第 296 页。

② 马克思：《1861—1863 年经济学手稿》，《马克思恩格斯文集》第 8 卷，人民出版社 2009 年版，第 406 页。

③ 孙文宪：《回到马克思：脱离现代文学理论框架的解读》，《学术月刊》2013 年第 8 期。

对于这一事实的确证使我们意识到，这种独特的问题意识和由此形成的思维方式、理论视域，不仅是马克思针对具体现实思考审美问题的基础，也是其从本体和样式上理解文学艺术及其规律和价值，从而形成与现代性相关联的"艺术生产"命题的前提；更意识到，只有从特定社会历史结构中人的实践活动出发，审视蕴藏于艺术产品之中的各种社会关系，方能获得对于特定时期文艺活动的科学认识。可以说，这两点构成了中国马克思主义批评进行历史反思与当代建构的核心测度。

二

根据马克思的阐释，判断艺术生产是异化抑或自由的标准，并不在于是否具有商品性质。异化虽然以商品化为前提，但商品化却不必然意味"异化"。事实上，"异化"与否的关键体现在资本与劳动的相互关系上。换言之，它是直接以"资本及其自行增值"作为生产的起点与终点、动机和目的①，把人与人之间的社会关系衡量为商品关系，使人成为商品的奴隶或傀儡；还是与之相反，将资本还原为"劳动的生产条件和一般价值即货币或商品"②，使得"生产资料只是生产者社会的生活过程不断扩大的手段"③，从而逆转人与商品间的异己膜拜关系，以实现人的自由发展、推动社会的进步作为根本旨归。

从宏观上来说，答案是明了的，社会主义艺术生产的宗旨即在于发挥市场在生产要素/资本中的基础性配置作用，以满足人民群众多元多样的精神需要。所以，它有可能在审美性、精神品质与商品性、市场需求之间获得动态协调，使前者成为后者的基础，后者成为前者的保证。当然，在微观层面上，我们不能因此就忽略前述那些异化现象的存在可能。因为当代中国文艺活动中所出现的新问题，除却受制于经济价值规律、市场/资本性质与民族文化传统之外，还与其身处其中的全球化语境相关。

---

① 马克思：《利润率趋向下降的规律》，《马克思恩格斯文集》第 7 卷，人民出版社 2009 年版，第 278 页。

② 马克思：《1861—1863 年经济学手稿》，《马克思恩格斯文集》第 8 卷，人民出版社 2009 年版，第 218 页。

③ 马克思：《利润率趋向下降的规律》，《马克思恩格斯文集》第 7 卷，人民出版社 2009 年版，第 278 页。

从社会生产与消费的关系来看，随着消费需求日趋成为当今社会经济发展的主要动力，"消费"（角色与行为）的地位与作用也因此逐步凸显，成为个体生活、身份认同乃至社会活动得以组织与安排的主导力量之一。由于人类实践诸领域关系的全球性质，中国艺术生产的内部运行机制和规律亦随之发生了结构性转变，具有了后工业时代的某些共性和"特殊形式"。此时，文艺的生产与消费虽然仍是辩证的统一体，但作为两种不同的社会活动，艺术创作的生产与艺术消费的再生产却又呈现出不同于以往的文化形态。

首先，随着与大众传媒、产业化市场的一系列新形式的普泛结合，商品化的形式在文艺领域中也无处不在，生产与流通过程中弥漫了资本的利润逻辑。昔日作为创作者个人本性流露的艺术品与其他标准化的商品形式一样，成为与大众化、资本化相联系的日常"消费文化"。而且，在文艺创作中，过去那种把艺术媒介视为工具以复制现实的表征逻辑更加衰微，文艺活动的象征逻辑——物的符号化与符号的物化，日趋成为产品生产的主流。换言之，艺术产品的生产转向通过符号媒介技术、技巧的交织来营构视觉仿像，使之成为与客观事物一样的真实之"物"。

在劳动对象的符号化流转中，艺术生产的结构性因素既包括了资本利润的追逐，亦蕴含了文化程度、科学技术和知识教育的累积，还与某种处于主导位置的制度、惯例、预设、信念和权力关系关联。文艺的商品价值不能不受到其他构成因素的功能制约，同样，它的精神价值的现实存在与传播也常常离不开前者的实现。在这种交织并存中，艺术产品价格上的高低与否，是不可能抹杀其审美品质的。优秀的文艺作品既经得起市场与接受的历史淘洗，又能在借助商品资本之时为自己创造出具有较高审美素养的接受者。

其次，在基本的生存需求得到满足之后，中国大众的精神需求也日趋转型，具有很强的消费自主性。他们日益多元化的求美、求悦、求知需要，在生产什么与如何生产的层面上，深刻规约着作为文化产业的文艺创作。从反面来看，它同时也意味着，大众在市场经济语境中可以获得的任何"美"不仅仅来自艺术家的创作能力，抑或文学艺术的本身自律，它还与跨国化的文化传播和市场运营相挂钩。因此，这种对于审美的精神诉求及其实现，一方面与鲍德里亚对晚期资本主义的"消费社会"描述颇有相似之处，即往往以规范化的商品形态表现出来，并受到附加于其上的象征意义的影响。另一方面，它的性质却并非如鲍德里亚所批判的那样——以文艺为对象的消费，是以艺术异化和人的主体性沦丧为代价①的，而是有着明显的不一致。

　　具体来说，除却上文所述的那些因素，尤其是文艺活动并未沦为资本增值过程的附庸之外，还有一个关键点。那就是全球化的艺术生产活动仍属于马克思所揭示的资本与现代性的关系范畴。这恰恰是鲍德里亚所无法看到的，因为，他片面理解马克思的艺术生产理论，将经典作家的具体论述同马克思主义特有的问题视域相隔离。其实，在接受环节上，它虽然表现为"象征"的消费，即消费的对象是高度象征性的，获得的亦是经过抽象的符号性形象。但是，大众"消费什么""怎样消费"本身就是对艺术品持有态度的抉择行为，人们借助它去追问、证明与传达"我是谁"。也就是说，个体之所以交换、占有"物"，往往是通过艺术产品的消费来获得某种身份的认同与表达。到了此刻，艺术消费方才牵涉特定语境中的认识论关系，具有文化欲望的市场再生产特征。

　　在这种态势下，诚如马克思所言，"无论我们把生产和消费看作一个主体的活动或者许多个人的活动……在这个过程中，生产是实际的起点"，而消费"本身就是生产活动的一个内在要素。"② 在产业化、市场化的文艺活动创造具体而多样的文本样式以满足大众需求的过程中，那些参与其中的、涉及艺术和被表象物之间复杂关系的象征符号，已经被置换为某种"先天的基础结构和某种'范畴'，该范畴根据某种承载着诸事物的表象、作为一切思维的起源的'形式'，来划定感知的范围，并对被感知之物进行重组"③。也就是说，文艺对于现实世界的种种言说并非镜像式的审美反映，而是围绕着文艺的"可消费性"，通过语言符号媒介重新构筑可见物、可说物和可想物及其相互关系的以言行事行为。它使人们把艺术品所呈现的拟真景观视为先验存在的事实真相。由此，不易觉察的影响文艺生产者和消费者的审美选择、价值判断与身份认同。

---

① ［法］鲍德里亚：《消费社会》，刘成富等译，南京大学出版社 2000 年版，第 226 页。

② 马克思：《1857—1858 年经济学手稿》，《马克思恩格斯文集》第 8 卷，人民出版社 2009 年版，第 18 页。

③ ［法］让·米特里：《电影符号学质疑：语言与电影》，方尔平译，吉林出版集团 2012 年版，第 265 页。

显然，这种"不用想象某种现实的东西就能现实地想象某种东西"①的隐蔽——对象生产过程的符号化与消费行为的象征化——运作，不仅让经济和文化不再互为环境或系统来起作用，也进一步改变文学艺术的存在形态。换言之，作为技巧和技术相结合的对象，文艺虽然表现为可感的实际作品，但事实上却是蕴藏着认知、道德、情感、趣味、欲望形式的文化症候，其赖以发生的物质与符号环境亦被压缩为产品生产/消费的一部分。例如，莫言的小说首先是艺术品，可在进入流通领域后，它发生了不为莫言的精神意愿所控制的形态转化：当它进入市场可以买卖时，就成为了以不同价格来销售的商品。随后，在实体书店或网络书店等文化产业形式基于不同的商业模式与预售范围，对其进行媒介设计和品牌包装，把非审美因素——如莫言的诺贝尔奖得主身份、作家富豪形象等——置换为美学化的体验对象植入时，这些作品又成为二度商品化的象征符号，被增加了与市场需求、知识/权力结构、受众身份与惯习导向相关的文化所指。在这一经济与文化互渗的流动配置中，艺术品不再只是自我指称的审美物，也不只包含审美成分即使用价值，还具有了商品意义上的经济交换价值，更被附加了与特定社会文化关联的符号意义，即象征价值。于是，文学艺术变成了类似于制造业批量生产的系列产品，差异只在于其具有的非物质构造和审美感知类特征。此时，与其说交换与象征价值的基础在于艺术产品的创造过程，毋宁说在于使用过程中受众和社会想象所发生的间性关系上。

在这个意义上，艺术生产成为了一种同物质/虚拟环境、个体体验和集体认同同构的语言意识形态行为。正如马克思所强调的，"语言和意识具有同样长久的历史；语言是一种实践的、既为别人存在因而也为自身而存在的、现实的意识"②。意识形态首先是一种涉及每个个体的社会"意识"；每一种语言符号系统，都是具有某种意识形态性的社会想象；只有通过人并在人的语言符号交往中，意识形态的效用才能得以实现。在这种复杂关系中，艺术生产所牵缠的远不只是商品性与精神性之间的矛盾张

---

① 马克思、恩格斯：《德意志意识形态》，《马克思恩格斯文集》第 1 卷，人民出版社 2009 年版，第 534 页。

② 马克思、恩格斯：《德意志意识形态》，《马克思恩格斯文集》第 1 卷，人民出版社 2009 年版，第 533 页。

力，更关涉审美性与政治性之间的错综纠葛，以及由此产生的多重文化政治效力。

文化艺术是需要感性的人通过身体来感觉的，影响这种感觉以何种方式发生的因素主要来自艺术产品的意指结构与价值消费。从这个角度来说，当今艺术生产的负面作用表现为：在某些特定的场域（如"拜金主义""品牌崇拜""历史虚无主义"① 等）之中，作为"摆脱世界"、无原"物"的精神事件，文艺产品的交换价值会成为使用价值的仿像，象征价值则可能变成仿像的仿像。如上所述，莫言小说作为商品进行买卖的交换价值，由与其他商品的相似之处获得。可当用金钱对其审美价值进行抽象时，表面数量上的等价在一定程度上简化了其精神品质，进而，无法在单纯购买中直接占有的艺术体验，就被缩减为对特定的消费经历、文化欲望的猎奇。由此，人们只是观看文学艺术所构造的图像化拟真并且按照它来做，从而忽略或遗忘了这一逼真虚像下的深层社会意蕴。显然，这种状况不仅将莫言小说的"美"变异为象征符号彼此区别的真实性，也使得消费者作为人的自然性与社会性被严重扭曲、物化乃至异化。

相较而言，艺术生产的积极效力则体现在：它给当代人对自然风景、社会景观和其他感性层面的审美鉴赏，给生命体验、社会交往提供了必要的对象化媒介，即能通过作为人类"意识"的物质体现乃至"最高标记"——艺术语言或象征符号的制造和使用，来凝聚新的、一体两面的社会/个人选择与认同形式，使之在赋予客体以审美形式、审美价值的过程中改变世界，解构社会文化空间和种族、阶级、性别等微观政治方面存在的不平等关系，从而以新的审美方式改变自身的"自然"，回归到人的自由本性。

这就像杰姆逊在《政治无意识》中所指出的，艺术家、读者作为文艺产品不同方式的生产/消费者，亦能够自由地成为文化"乌托邦"的选择与判断者。他们在维系人同自然和社会发生关系、生产自身与他人精神生活的审美实践中，既可以自觉反思自身生存于其中的社会状况、秩序模式及其在历史、在世界内的位置，又能支持与人的自由本性与全面解放的理想、未来社会的信仰目标类似的特定形象或相关文本。由此，将文艺和文艺活动从全球化的有害意蕴之中解放出来，全面推进艺术生产"全球

---

① 张江等：《文学不能"虚无"历史》，《人民日报》2014 年 1 月 17 日第 24 版。

化的地方化"亦即中国化进程的世界性建设。

三

新形势下的艺术生产在运行形式和结构性质上的嬗变，以及其产物所发挥的多重文化/政治影响，不仅是如今所需直面的、只能"在人的实践以及对这种实践的理解中得到合理的解决"① 的特殊问题，亦是我们诉求马克思主义中国化形态的核心缘由之所在。而这恰恰要求我们反思马克思艺术生产理论的真正意谓，把握马克思是何时何地针对何种情况做出何种论断，并以这一实践性标准去反省当代接受中"得之于言意之表"的泛化定位，反拨其运用中"玩心于章句之末"的注经式偏离。同时，基于马克思主义批评所特有的问题域，将文艺的产业化形式及其符号流通作为研究材料，对艺术生产的意识形态效力进行批判性介入。如果说，这一反思与践行，体现的是马克思主义批评理论"中国形态"的历史建构及其当代意义。那么，也唯有如此，方能有效把握当今艺术生产的为何与何为，方能使文学艺术在"人的生产"和社会文化的演进中发挥出积极的文化政治功能。

[作者简介]：王丹，文学博士，信阳师范学院文学院讲师。

---

① 马克思、恩格斯：《德意志意识形态》，载《马克思恩格斯文集》第 1 卷，人民出版社2009 年版，第 501 页。

大众文化研究的现代化理论范式再考察[①]

肖明华

一

前多种社会思潮下似乎不很"正确",以至于当前活跃的大众文化研究越来越向左转,[②] 这是值得重视的事情。改革开放伊始,大众文化便在华夏大地出现,至今已有三十多年的历史。[③] 但对大众文化的研究,在20世纪80年代却并没有"浮出水面"。[④] 进入20世纪90年代,尤其是1993年前后,随着市场经济体制的逐渐落实、知识分子出现身份的惶惑以及大众文化的社会功能逐渐呈现等诸多原因,大众文化才被切实地重视起来,关于它的研究便也逐步展开。在此过程中,出现了现代化理论范式的大众文化研究。我们认为,此一研究范式值得再考察。[⑤]

其实,大众文化研究要在20世纪90年代生发出一种现代化理论范式来,并不是一件容易的事情。一个重要的原因在于,20世纪90年代最初几年是现代化反思的时刻,它突出的表现在"民族主义"的诉求上,诸如激进与保守之争、国学热、后殖民兴起等多少是有一点"民族主义"

① [基金项目]:本文系江西社科规划2013年度课题(13WX24)、江西师范大学2012年度科研计划项目、江西师范大学博士启动基金的阶段性成果。
② 肖明华:《大众文化研究的批判理论范式再考察》,《中国文学研究》2014年第3期。
③ 谢轶群:《流光如梦:大众文化热潮三十年》,广西师范大学出版社2008年版。
④ 赵勇:《透视大众文化》,中国文史出版社2004年版,第18页。
⑤ 本文称为"再考察"的主要缘由是在学界已有陶东风先生做了相关研究工作。本文对陶东风先生的成果有自觉吸收。

的影子。虽然这种反思并非要完全否定现代化本身，但至少也表现出了对它的压抑。加之 20 世纪 80 年代呼唤现代化的知识分子，进入 20 世纪 90 年代后，对 20 世纪末的事件尚未释怀，便要应付 20 世纪 90 年代尤其是 1993 年市场经济体制对他们的去精英化"贬损"，这无论如何也是有难度的。换言之，人文知识分子按理来说是难以保持清明的"历史理性"，更难以认同由主导意识形态推动而兴起的大众文化。

然而，现代化的大众文化研究范式毕竟发生了。为此，我们有必要予以追问，其原因何在？不妨说，它和两个契机相关。

其一，市民社会的讨论在 1993 年前后的兴起，它为人文知识分子从事大众文化研究提供了一个社会科学的知识语境。这种语境对于激发人们对大众文化持一种较为冷静的社会理论分析，无疑起到了重要的作用，甚至对于复杂性的思考大众文化都有一定的功效。这一点，陶东风先生曾回忆道："我把市民社会理论引入大众文化研究，摆脱了单一的法兰克福立场，也在很大程度上改变了原先那种简单化的精英主义立场和单一的人文科学视角（市民社会理论属于一种社会理论）。"[1] 在 20 世纪 90 年代那个精英文化衰落的年代，人文知识分子主动使用社会理论直接来讲是为了取得阐释的有效性，但同时也是为了维护知识分子的地位。正如有学人所指出的："精英文化的失落并不完全等于全部知识分子的失落。人文知识精英依靠政权用意识形态主导社会的时代结束了，但是知识分子的整体地位并没有动摇。科学技术专家仍是受尊敬的权威，社会科学家也在逐渐形成一个相对独立的群体，对社会和经济的实际运行发挥着越来越重要的作用。"[2] 如果我们有根据认为这样的判断在 20 世纪 90 年代具有真实性的话，那么我们也可以认为，现代化的理论范式的发生与时代对社会科学知识的诉求不无关系。

其实，的确是有根据的。历经那个年代的学人后来有大量而专门的回忆。比如陶东风先生就曾回忆自己 1993 年后有意识地调整知识结构，加强了对社会理论的研习，以至都在社会理论视野中观照文化/文学问题；[3]

---

① 陶东风：《文化研究在中国——一个非常个人化的思考》，《湖北大学学报》2008 年第 4 期。

② 高丙中：《中国文化的群体差异及其变异》，《社会科学战线》1996 年第 2 期。

③ 陶东风：《社会理论视野中的文学与文化·自序》，暨南大学出版社 2002 年版，第 1—6 页。

蔡翔先生也曾指出，20 世纪 80、90 年代的问题差异导致了文学研究的知识资源诉求的转型，80 年代围绕在哲学、美学、心理学周围，90 年代则凸显了以社会学、经济学、政治学为代表的社会科学对文学研究的重要性。[1] 这些都证明了人文科学"跨学科"地吸收社会科学的阐释效能，几近成为一种必要的选择。有学人曾以佛道学说为例，指出"我们用佛教的语言或者道教的语言讨论当代社会问题，那么，这种讨论至多被理解为个别人的意见。作为一种解释社会的系统知识则是无效的。"[2] 为此之故，要阐释大众文化，并在阐释中达到对一个更大的社会文本的较为有效的理解，即要把大众文化"放在中国社会转型的历史进程中来把握"[3]，那么无疑需要一种社会科学的视野。不妨说，从这个阐释的有效性方面，我们都可以看到"从道德主义、审美主义或宗教性价值的尺度完全否定世俗化与大众文化是不可取的"。[4]

其二，现代化理论范式的大众文化研究与人文精神讨论有一定的关联，甚至可以认为它是在人文精神讨论的过程中发展起来的。

先以王蒙先生为例。1993 年前后，王蒙在《躲避崇高》中对王朔那甚为畅销的"痞子文学"表达了相当的认同，认为它一改百年来的主流文学和精英文学的风貌，"撕破了伪崇高的假面具"，把文学"玩"了起来，并很适应市场经济体制。更为关键的是，它还对旧有的意识形态有一定的冲击力，对高调、"大话"，对专制体制都有颠覆意义，所谓"多几个王朔也许能少几个高喊着'捍卫江青同志'去杀人与被杀的红卫兵。王朔的玩世言论尤其是红卫兵精神与样板戏精神的反动。"[5] 应该说，王蒙对王朔的"痞子文学"所表达的宽容乃至激赏的态度，虽然并不能直接就认为这是在自觉地建构一种现代化的大众文化研究范式。但是，他的这种思维方式，这种对市场经济语境中的大众文化的理性看法却起到了建构现代化理论研究范式的效果。王蒙的这篇《躲避崇高》无疑是人文精神讨论的一个"潜文本"，它甚至是引发人文精神讨

---

① 王晓明、蔡翔：《美和诗意如何产生有关一个栏目的设想和对话》，《当代作家评论》2003 年第 4 期。

② 汪晖：《死火重温》，人民文学出版社 2000 年版，第 493 页。

③ 陶东风：《大众消费文化研究的三种范式及其西方资源》，《文艺争鸣》2004 年第 5 期。

④ 同上。

⑤ 王蒙：《躲避崇高》，《读书》1993 年第 1 期。

论的一个导火索。正如有学者所言，它"实际上已拉开有关'人文精神'讨论的帷幕"。① 这种说法的确有些道理。因为两篇文章都牵涉关于王朔的看法，而且后来王蒙的观点，的确与人文精神发出者的观点形成了"讨论状"。

此后，王蒙在《躲避崇高》一文中所表达出的批评观念，还在其后继的一些文章中得以了贯彻，甚至表达得更为自觉鲜明了起来。比如《人文精神问题偶感》中，他对市场经济取认同的姿态，认为市场，包括文化市场也是人的需要，在市场经济条件下，人文精神才更容易寻找得到，因为有一个产生人文精神的社会基础。王蒙把这个社会表述成："一个人人靠正直的劳动与奋斗获得发展的机会的更加公平也更加有章可循的社会。"② 在他看来，王朔的痞子文学即使不能促成这样的社会建构，但也无疑与这样的社会相契合。因此，力挺王朔也就有了他的理由。

总之，王蒙在讨论人文精神的过程中自觉不自觉地就建立了一种批评范式，那就是结合社会语境，重视市场经济的现代化意义，并因此选择自己关于大众文化的立场。

在王蒙之后，以自觉或不自觉的现代化视角对大众文化进行言说者还有李泽厚先生。在一次访谈中他不经意地表达了一些可谓之为现代化理论范式的大众文化观。他认为应该"正视大众文化在当前的积极性、正面性功能"；"当前知识分子要与大众文化相联系……它们的联盟有两个作用：一是消解正统意识形态，二是引导大众文化走向一个健康的方向"；"大众文化不考虑文化批判，唱卡拉OK的人根本不去考虑要改变什么东西，但这种态度却反而能改变一些东西，这就是……对正统体制，对政教合一的中心体制的有效的侵蚀和解构。"③ 王蒙、李泽厚这种看似不经意地言说，有才情也很敏锐，具有很大的启发性，不可谓不是一种有效的知识创新方式，但不可否认，他们毕竟没有直接而学理地进行大众文化

---

① 董之林：《近期有关"人文精神"讨论述略》，《当代文学研究资料与信息》1995年第4期。

② 王蒙：《人文精神问题偶感》，《上海文学》1993年第6期。

③ 李泽厚等：《关于文化现状与道德重建的对话》，《东方》1994年第5期。

研究的理论建构，并未在学术史的意义上有意识的"接着说"，或者"对着说"，它不是在学术论文中表达的，而是在随感、访谈中完成的。因此，现代化的大众文化理论范式并未建构完成。①

<h2 style="text-align:center">二</h2>

现代化理论范式的自觉建构，大致朝着两个相互关联的方面进行：一是受人文精神的影响，主动反思法兰克福学派"批判理论"的局限性，借此建构现代化理论范式的大众文化研究。陶东风先生曾回忆道："正是在与'人文精神'与'道德理想主义'的论争中，我逐渐修正了前期机械搬用批判理论的做法，形成了我的大众文化观点。"② 二是学理化地建构现代化理论范式。相关的重要文章大致包括：《超越历史主义与道德主义的二元对立：论对于大众的第三种立场》③《人文精神与世俗化》④《无确定性的解放——大众文化与中国社会的现代转型》⑤《社会转型期的大

---

① 不妨说，现代化大众文化理论范式的建构还与个体经验有关。持此一范式的人，往往对极左意识形态有切身的"创伤记忆"。即使在20世纪八十年代九十年代之交的语境下，王蒙、李泽厚都遭遇过一定的"麻烦"。有论者称王蒙的"《坚硬的稀粥》是一篇政治倾向有严重错误的作品，将这样的作品加以表彰，确实是很不妥当的。"（山人：《〈坚硬的稀粥〉是一篇什么作品》，《文艺理论与批评》1991年第6期）而对李泽厚的批评就更是直接："李泽厚把五四新文化运动加以旧民主主义化、非政治化和非群众化，这是对五四新文化运动的全面曲解，是很不符合五四新文化运动的历史实际的。他的目的是要将五四新文化运动与共产党领导的整个中国人民革命割裂和对立起来，与社会主义道路对立起来，与马列主义、毛泽东思想对立起来，从而很方便地去宣扬所谓'救亡压倒启蒙'和所谓转换性的创造（即'西体中用'）的观点。这是不能不予以揭露和批判的。"（蒋茂礼：《李泽厚同志是怎样曲解五四新文化运动的?》，《高校理论战线》1990年第5期）这样的经历，就使得他们较为敏感和认同于世俗化/现代化，因为世俗化/现代化，在中国语境下，"所消解的不是典型的宗教神权，而是准宗教性的集政治权威与道德权威于一身的专制王权"。（金元浦、陶东风：《阐释中国的焦虑——转型时代的文化解读》，中国国际广播出版社1999年版，第335页。）

② 陶东风：《大众消费文化研究的三种范式及其西方资源》，《文艺争鸣》2004年第5期。

③ 陶东风：《超越历史主义与道德主义的二元对立：论对于大众的第三种立场》，《上海文化》1996年第3期。

④ 陶东风、金元浦：《人文精神与世俗化》，《社会科学战线》1996年第2期。

⑤ 尹权字：《无确定性的解放——大众文化与中国社会的现代转型》，《社会科学辑刊》1996年第1期。

众文化定位》①《重新审视大众文化》②，等等。③ 这些文献关于大众文化的批评，相对而言不再局限于其大众文化文本本身，大众文化文本只是某一社会文本的表征，因此只有分析到社会文本，或者说结合社会文本来分析大众文化文本，才有可能解释清楚某一大众文化文本的内在特点，才能理解其文化逻辑。由是，研究者对于如何看待与大众文化相关联的社会的性质、大众文化对于社会发展的意义等问题表现出了极大的兴趣。

具体来说，在现代化理论范式看来，大众文化是 20 世纪 90 年代社会的文化形态，而 20 世纪 90 年代的社会是一个世俗化的社会，世俗化的社会也即是一个现代化的社会。它与 20 世纪 80 年代或说改革开放以来的社会及其文化在性质上具有一致之处，如有学者所言："如果我们不否定中国的改革开放与现代化运动具有不可否认的历史合理性与进步性，那么，我们就必须承认：当今社会的世俗化过程及其文化伴生物——世俗文化，具有正面的历史意义，因为它是中国现代化与社会转型的必要前提，如果没有 80 年代文化界与知识界对于准宗教化的政治文化、个人迷信的神圣光环的充分解除，改革开放的历史成果是不可思议的。"④ 20 世纪 90 年代的世俗社会虽然也可能存在一些问题，但毕竟与"文化大革命"时代甚至是几千年以来的"旧社会"迥然不同。"世俗化无论有多少负面后果，它仍具有消解一元的意识形态与一元的文化专制主义，推进政治与文化的多元化、民主化进程的积极历史意义"。⑤ 认识到这一点，是有清明历史理性的表现。我们可以认为，现代性发生，在晚清民初已然萌动，到 20

---

① 邹广文：《社会转型期的大众文化定位》，《吉林大学社会科学学报》1998 年第 6 期。

② 金元浦：《重新审视大众文化》，《中国社会科学》2000 年第 6 期。

③ 需要说明的是，还有一些相关文献未列入进来，这主要是出于两种考虑：一是我们关注的文献以 20 世纪 90 年代的为主。二是这种文献没有丰富此一范式，甚至只是自觉不自觉地受此一范式影响而已。比如有论者的如下观点恐怕就可如是看待："中国的大众文化有力地冲击和消解了改革开放前的那种专制和单一的意识形态，它打破了所谓神圣的主流权力话语一统天下的局面，使得我国的文化从单一的革命教化的文化向多元的大作文化的发展。文化的世俗化就是对教条和空洞的理想主义的反叛，它使审美和艺术脱离了专制的政治文化，更多地介入人们的日常生活，注重大众生活的经验和体验。大众文化改变了中国当代的意识形态，成为作用于意识形态的合力中一股不可忽视的力量，它在主流权力话语之外建立了公共文化空间，给个人的情感和文化要求提供了场域。"（贾明：《现代性语境中的大众文化》，上海人民出版社 2007 年版，第 7 页。）

④ 陶东风：《超越历史主义与道德主义的二元对立：论对于大众的第三种立场》，《上海文化》1996 年第 3 期。

⑤ 陶东风：《社会转型与当代知识分子》，上海三联书店 2001 年版，第 170—171 页。

世纪 80 年代还主要留在了思想层面，如有学人所言，"当时是在思想上追求现代社会，追求个性解放、个体自由，但还没有真正落实到个人利益"①。而到了 20 世纪 90 年代则落实在了日常生活的层面，几近让每个普通百姓都有了现代性的生活想象及其实践。这种现代性的生活，意味着过一种参与感、世俗化的生活。大众文化是这种生活的一个重要表征。为此之故，20 世纪 90 年代需要继续沿着 20 世纪 80 年代乃至晚期民初所开启的现代化道路前行，而绝对不能远离更不能背叛。即使 20 世纪 90 年代的社会有诸多的不足之处，但也不能成为我们遗弃现代化的理由。为此之故，对 20 世纪 90 年代的盲目批判更多的可能是一个误区。②

同时，现代化还是判断大众文化是否具有合法性的一个标准，只要大众文化在主导的方面，对于社会的现代化建设有益，特别是"具有消解政治文化与正统意识形态的功能"③，那就应该积极肯定它的社会历史意义。发生于 20 世纪 90 年代的大众文化，与市场经济体制有内在的关联，这就使得这种文化具有了现代化的意义，"是一场解构神圣的世俗化运动"，因为它的确"提供了文化的个人空间和个性表达方式"，"创建了适应各种不同层次和等级的文化消费空间和消费方式，使大多数人可以更自由、方便、快捷地获得自己喜爱的文化资源"④。有学人还曾指出，20 世纪 90 年代的大众文化起到了转换主流意识形态的积极功能，"使主流意识形态很大程度地世俗化、柔媚化甚至商品化了"。⑤ 这既抚平了 20 世纪八九十年代之交的事件所留下的裂痕，又提供了契合于现代化的新征程的一种"新意识形态"。对于这种表征了新意识形态的大众文化，现代化理论范式主要持肯定的态度："从历史主义的价值立场出发，我们应该对当代中国的大众文化实践给予一种基本肯定，即应该看到大众文化对当代中国市场经济的发展，对中国文化的真正现代化所起的不可替代的历史作用。"⑥ 也正是在这里，现代化理论范式对法兰克福学派的批判理论范式

---

① 李泽厚：《李泽厚近年答问录》，天津社会科学出版社 2006 年版，第 164 页。
② 金元浦、陶东风：《阐释中国的焦虑——转型时代的文化解读》，中国国际广播出版社 1999 年版，第 36 页。
③ 陶东风：《社会转型与当代知识分子》，上海三联书店 2001 年版，第 170—171 页。
④ 金元浦：《重新审视大众文化》，《中国社会科学》2000 年第 6 期。
⑤ 赵勇：《意象形态与 90 年代中国文学》，《文艺争鸣》2000 年第 6 期。
⑥ 邹广文：《社会转型期的大众文化定位》，《吉林大学社会科学学报》1998 年第 6 期。

主要指陈大众文化的局限性，以及力主否定 20 世纪 90 年代大众文化的做法不甚赞同，并予以反思，认为这是一种不切合语境的做法，因此要"慎用"。① 其实，最为关键的倒不是批判理论对大众文化本身的态度，而是它的这种态度有可能在实践中危及 20 世纪 90 年代依然未曾完成的现代化转型的走向。在现代化理论范式看来，20 世纪 90 年代以来的现代化过程中的确有不少问题存在，作为其表征的大众文化的局限性也的确是有，但是对于这些问题和局限，要持一种历史理性优先的态度，"在肯定其历史意义的前提下对之加以优化"②。有学者也正是在此基础上立论的，认为"大众文化作为我国社会由旧体制、旧传统向现代社会转型时期的文化，固然有它不成熟，甚至浮浅、混杂的缺点，但它毕竟带有背叛旧传统，从旧传统中挣脱出来，解放出来的时代痕迹。……尽管它扮演得不是那么像，那么有力量。但导演者并不是它本身，而是时代，是历史。"③对于人文精神一派的批判理论，在现代化理论范式看来，并没有与其有本质的差异，因为人文精神一派并非认同"文化大革命"，并非要回到专制体制，为此，在现代化理论范式这里，历史主义和道德主义可以"握手言和"。④

总之，现代化理论范式的大众文化研究持有的观念是，20 世纪 90 年代的社会"尽管处于前现代、现代与后现代的交叉路口，但它的主导趋势无疑是从前现代走向现代的转型，因而现代化是我们的主要历史使命，现代性是我们所要建构的价值系统的核心。我们的文化发展战略，包括我们对于世俗文化、大众文化的态度、立场，都应当以此为轴心而加以建构。"⑤ 多年以后，现代化理论范式的代表人物陶东风先生，依然难能可贵地坚持并发展了这种观点，认为"是否具有抵抗全权主义、推进民主化的政治功能是我评价大众文化与消费主义的最主要的尺度。这个立场与

---

① 陶东风：《超越历史主义与道德主义的二元对立：论对于大众的第三种立场》，《上海文化》1996 年第 3 期。

② 陶东风、金元浦：《人文精神与世俗化》，《社会科学战线》1996 年第 2 期。

③ 尹权宇：《无确定性的解放——大众文化与中国社会的现代转型》，《社会科学辑刊》1996 年第 1 期。

④ 陶东风：《社会转型与当代知识分子》，上海三联书店 2001 年版，第 201 页。

⑤ 陶东风：《超越历史主义与道德主义的二元对立：论对于大众的第三种立场》，《上海文化》1996 年第 3 期。

尺度迄今未变"①。

三

20 世纪 90 年代的现代化理论范式的大众文化研究，的确抓住了 20 世纪八十年九十年代之交的核心问题，那就是大众文化自身以及与之相关的社会政治环境的"现代化"问题。陶东风先生曾敏锐地指出，大众文化"必须在与官方主流文化不正面冲突的前提下才能生存，无论多么突出市民文化的娱乐功能，消闲功能，煽情功能，宣泄功能，它都谨慎地回避与官方文化的冲突（主要是在政治观念和道德观念上的冲突）以求得官方文化的认可甚至赞赏。"② 持现代化理论范式者有一个开放、民主、自由、宽容、活得有尊严的世俗化社会愿景。其不希望再看到一个在集权中丧失人性，人人自危的社会，也不愿意看到整个社会在左冲右突中贻误建设和发展的良好时机，其希望看到的是经济文化政治乃至个体的心性结构，都能够渐渐地实现现代转型。

就学术研究而言，此一范式的研究有一个重要特点，即注重沟通大众文化文本与社会政治语境这个大文本之间的关联，并试图通过大众文化文本来表达一种关于社会政治的学术关切。而且，它的研究往往较为具体有效，因为它不设定一个规范性的大众文化法则，并对大众文化本身提出应该性的要求。依其之见，这种研究不能理解某一大众文化之为某一大众文化的具体的社会语境，因此难以见效。而且，即使大众文化有诸多的局限性，那也应该去寻找这种局限性之所由生的体制性和结构性的原因。这样就可以让人们对于某一大众文化文本的社会生产机制有较为清晰而理性的认识。比如有论者对大众文化进行批评时指出："'大众文化'平庸的生产者，在努力制造着平庸的受众，平庸的受众再鼓励着更为平庸的文化生产，从而形成恶性循环，这就是当下一些电视剧、小说总是表现没完没了的清宫秘事，相互效仿的感情纠葛，大同小异的男欢女爱的根本原因。"③

---

① 陶东风：《大众消费文化研究的三种范式及其西方资源》，《文艺争鸣》2004 年第 5 期。
② 参见陶东风在 1993 年 5 月北京雁栖湖"通俗剧研讨会"上的发言，见解玺璋《百家争鸣说"通俗"》，《中国电视》1993 年第 10 期。
③ 盖生：《价值焦虑：新时期以来文学理论热点反思》，上海三联书店 2008 年版，第 215 页。

这种分析当然有一定的道理，但是在现代化理论范式看来，这种分析的结论是不准确的，因为根本原因不在生产与消费的恶性循环。只有通过追问为什么会这样生产与消费的具体的体制性原因，才有可能得到根本原因。

由于持现代化理论范式的学人对 20 世纪 90 年代社会性质的判断和诉求，以及其历史理性优先的思维逻辑和研究方法等原因，他们往往看到的是大众文化的优点，并认同这样一种大众文化观，即大众文化"抹平了文化特权、垄断、偶像，大大推动了文化的多元化和民主化进程；'大众文化'的开放性、宽容性及丰富多彩的文化产品创造了一种共享的文化空间。"① 就此说来，现代化理论范式也就对大众文化持认同的态度更多一点，但也正是这种认同，使得它既能走进大众文化，又能拉开一个知识论的距离，从而有效地阐释大众文化。

同时，现代化的理论范式，还在所不惜地放弃了自己的精英主义，因为研究者意识到，"如果斤斤于政治一体化时代那种可怜的精英意识与中心地位，缺乏历史发展进程的深刻洞察，就必然会无视历史提供给我们的重要机遇。……应看到世俗化带来的文化民主与文化自由，世俗化的平民性本来就是当代知识分子 80 年代精神诉求的合理延伸与结果。我们绝不是为媚俗主义辩护，问题是，当代文化的新机制，当代文化的更大的更快的发展，当代文化艺术的新的保护方式，只能从市场经济这一起点开始，只能从世俗化现实开始。我们别无选择"②。这种有意识地从精英主义中走出来，更多地表现出了对 20 世纪 90 年代大众文化的积极认同。这种认同才使得它有可能将大众文化作为"研究室"的研究对象，③ 才有可能在研究中勾连起学术与日常生活的真实关系，从而语境化的看到大众文化的性质、特点和功能，并改变那种"集体无意识"般地使用域外理论来批判大众文化的做法。④

至此，我们可以看到现代化理论范式的大众文化研究，它有较多的文化研究特质，诸如"去精英化"的认同、语境化的方法、关注社会政治问题的旨趣，等等。这种大众文化研究范式的践行，已然悄悄地走向了自

---

① 朱立元：《精英文化的困顿》，《上海文化》1994 年第 3 期。

② 金元浦、陶东风：《阐释中国的焦虑——转型时代的文化解读》，中国国际广播出版社1999 年版，第 47 页。

③ 同上书，第 110 页。

④ 陶东风：《文化研究：西方与中国》，北京师范大学出版社 2002 年版，第 38—43 页。

觉的文化研究。如果我们承认 20 世纪 90 年代以来的文学无论是在生产、传播还是在接受上都已然大众文化化了，那么这种具有较多文化研究意味的大众文化研究恐怕是一个有效应对这种变化的研究方案。或也因此，它值得我们予以回望。在现代性反思盛行的年代，这种范式的大众文化研究尤其值得我们珍惜，并踏着它的足迹前行。

　　[作者简介]：肖明华，江西师范大学文学院副教授，博士。

文本的自在性与阐释的合法性

王熙恩

回到文本、回到文学性，是"后理论"时代最响亮的口号之一。这表明，促使文学理论回到文学实践、回归文学文本，已经成为普遍共识。相关问题的批判与研讨也早已提出，但至今收效甚微。这主要由两个方面决定：其一，人们对西方文论的"合法性"缺乏探讨；其二，当代西方文论与各种新兴理论之间的关系错综复杂，理论对文学的征用已成为常态。对此，西方文论界尽管展开过关于过度诠释的辩论，也有着21世纪之初的后理论反思，但卡勒、艾柯、伊格尔顿等人都没有涉及"理论介入文学阐释之合法与否"的讨论。其中有一种根深蒂固的观念促使人们忽略了理论征用文学的问题，即文学理论并非古已有之的学科，而是1900年前后"文学"概念形成之后的衍生物。事实上，文学理论不过是提出一些相关的文学研究范畴，然后我们能够通过这些范畴认识文学运转的机制，或者更好地理解文学文本。这并不是现代才有的事情。忽略文学理论的根基——文学，仅仅从既定的理论立场出发来阐释文学，势必造成强制阐释的局面，而强制阐释恰恰是当代西方文论的根本缺陷之一。[①] 要反思当代文论危机的根源，必须从其强制阐释特征说起。

一　强制阐释与过度诠释的区分

强制阐释的概念很容易让人想起艾柯的过度诠释概念。事实上，二者

[①] 张江：《当代文论重建路径：由"强制阐释"到"本体阐释"》，《中国社会科学报》2014年6月16日第608期。

有着本质的区分。

强制阐释的核心特征是背离文学文本的原生话语，消解文本的原有意义或价值指涉，以前置的理论立场征用文学，以达到澄清理论自身的目的。比如海德格尔明确表示："生存论分析持住地具有一种强行施暴的性质。"① 由此，他对《安提戈涅》的阐释就不在于文学释义，而是致力于"天命消息"的获取，企图将那些"不再形诸文字但却被说到了的那些含义展示出来"，而要做到这一点"就必然需要行使强力"。② 至于为何必须"强力施暴"，海德格尔说："这种阐释若不从某种'设为前提的'一般生存论的观念又从何处得到其指导线索呢？"③ 这种阐释方法非常类似于黑格尔对于《安提戈涅》的解读，为了达到理论前提的预设效果，不惜牺牲文本自身的指涉性。

伽达默尔更迷恋理论征用文学的阐释方式，他在《美学与诗学》的前言中坦承："诠释学的实施……不是把文学当做对象来进行主题研究，……我的意图仅仅是服务于诠释学的实施……使文学能够成为引人深思的交谈伙伴。"④ 理论为何偏偏喜欢文学和艺术呢？伽达默尔解释道："艺术的经验……使理解的本质问题获得了恰当的尺度，并使免于把理解误以为那种君临一切的决定性方式，那种权力欲的形式。"⑤ 换言之，理解就是文学和艺术的基本存在方式，它能够规范理解主体的其他冲动。对于伽达默尔来说，"其他冲动"就是指那些违反生存论分析指向的冲动。

在海德格尔这一阐释脉络上，德里达也较为突出。他毫不避讳地指出："我是在利用文学文本或对文学文本的分析来展开一种解构的思

---

① ［德］海德格尔：《存在与时间》，陈嘉映等译，生活·读书·新知三联书店1999年版，第355页。

② ［德］海德格尔：《形而上学导论》，熊伟、王庆节译，商务印书馆1996年版，第163页。

③ ［德］海德格尔：《存在与时间》，陈嘉映等译，生活·读书·新知三联书店1999年版，第357页。

④ ［德］汉斯-格奥尔格·伽达默尔：《美学与诗学：诠释学的实施》，吴建广译，北京大学出版社2013年版，前言第1页。

⑤ ［德］汉斯-乔治·伽达默尔：《〈美的现实性〉中译本前言》，郑湧译，载《外国美学》第七辑，商务印书馆1989年版，第357页。

想。"① 詹姆斯·乔伊斯之所以令德里达着迷，就在于他的书写具有天然的解构主义特性："没有乔伊斯，就没有解构。"② 对他来说，"解构的阅读和书写不是去唤醒某种先决的、本原的意义"，而是"创造意义"，任何解构性作品的意义都不是单一的，而是多重的和模糊的。③ 因此，乔伊斯就是一个解构的幽灵，在德里达书写任何文字时都能浮现在他的脑海中。④ 在这样的视野中，乔伊斯的书写就失去了都柏林色彩，只剩下语言的能指性漫无边际地飘浮。

　　另一种强制阐释的典型是精神分析批评。《哈姆雷特》是众多精神分析阐释的目标，从弗洛伊德到雅克·拉康。弗洛伊德的《哈姆雷特》阐释并不关心文本的戏剧性和文学性，他更在乎哈姆雷特的精神分析对象性质，即在"俄狄浦斯情结"的本能冲动与文明压抑的冲突中摇摆于"正常人"和神经病状态之间。弗洛伊德对观众心理反应的详细分析，启示了霍兰德以读者为指向的心理学研究。厄内斯特·琼斯的《哈姆雷特》阐释进一步认为，克劳狄斯取代了父亲，哈姆雷特之所以犹豫，乃是因为不能容忍"集乱伦与弑父于一身的念头"。这些围绕哈姆雷特"俄狄浦斯情结"的讨论引起了拉康的不满，他认为《哈姆雷特》阐明的是"俄狄浦斯情结的消解"，展示了"菲勒斯匮乏引发的欲望主体"的故事。⑤ 拉康甚至认定，奥菲利亚就是菲勒斯：奥菲利亚的名字 Ophelia 是不是在说"O, phallos!（哦，菲勒斯!）"而哈姆雷特早已认出了奥菲利亚的真面目，所以他不把奥菲利亚看作一个女人，"作为一个意指生命的符号，被主体当作外在于自身的东西加以排斥"。⑥ 由此我们看到，拉康的《哈姆雷特》解读依然是以其精神分析理论假设为前提的，目的在于论述象征

① ［法］雅克·德里达：《书写与差异·访谈代序》，张宁译，生活·读书·新知三联书店 2001 年版，第 20 页。

② Bernard Benstock（ed.），*James Joyce: The Augmented Ninth*，Syracuse: Syracuse UP，1988，p. 78.

③ 张宁：《德里达的中国之行》，香港《二十一世纪》，2001 年第 6 期，第 77—84 页。

④ Jacques Derrida，"Two Words for Joyce"，*Post-structuralist Joyce: Essays from the French*，Cambridge: Cambridge UP，1984，p. 149.

⑤ ［法］雅克·拉康：《欲望及对〈哈姆雷特〉中欲望的阐释》（下），陈越译，《世界电影》1996 年第 3 期，第 180 页。

⑥ ［法］雅克·拉康：《欲望及对〈哈姆雷特〉中欲望的阐释》（上），陈越译，《世界电影》1996 年第 2 期，第 206、209 页。

系统对于人的欲望能指的压抑。同样，在《窃信案》的分析中，拉康引入后结构主义语言学的能指理论，将文本的意义置于滑动的能指链条上。至于意义为何总是处于飘浮中，拉康以爱·伦坡没有交代信的具体内容为例，断定说：这是因为"不仅信的意义，而且还有信这个文本，一旦传播开来，将是危险的"。① 何种危险？即象征秩序本身遭到破坏的危险。所以拉康的结论是，想象域中的意义体验总是与意指机制——产生意义的无意义能指——相对立。

　　就这些强制阐释的特点来看，它已经不是阐释的过度与否问题，而是根本无关于文本意义的指涉性问题。这也正如哈贝马斯在《知识与人类的利益》中阐明的，非文学理论规约的文学阐释展示"传统意义世界的程度，只是阐释者自身的世界能够同时得到澄清的程度"。② 它们充其量是在澄清理论自身，而与文本自在自足的文学性没有关系。我们说，尽管文本的意义是多重的、复杂的、难以确定的，以至于我们总是从一个文本中解读出众多的含义，但是我们能明确这样的事实：有些意义，并非属于文本。强制阐释而来的意义是悬置的，似是而非的，根本原因是理论征用文学证明自身，而不是相反。

　　在某种意义上说，艾柯等人提出的"过度诠释"概念正是建立在"强制阐释反思"基础上的。在1990年剑桥大学"丹纳讲座"中，艾柯关于过度诠释的长篇演讲，以及与罗蒂、卡勒等人的论争，迅速传遍全球，却不了了之。其中重要的原因是，这种反思根本没有切中当代西方文论弊端的要害。在艾柯看来，过度诠释的根源在于"读者无拘无束、天马行空地'阅读'文本的权力"③。这些阐释者完全不顾及作者或者经验作者赋予文本的意义，而是带着某些自我经验或者理论视角，假借文学释义的名义，企图捕捉那些"神秘莫测"的本质。就此我们能够明确，过度诠释实际上针对的是读者是否偏离了"作者赋予文本的意义"，而不是

---

① J. Seminar Lacan, "The Purloined Letter", in *The Purloined Poe: Lacan, Derrida, and Psychoanalytic Reading*, ed. William J. Richardson and John P. Muller, Baltimore: Johns Hopkins University Press, 1988, p. 41.

② Jürgen Habermas, *Knowledge and Human Interests*, Trans. Jeremy J. Shapiro. Boston: Beacon Press, 1971, p. 309.

③ ［意］里安贝托·艾柯等：《诠释与过度诠释》，柯里尼编，王宇根译，三联书店1997年版，第9页。

文本诸要素可能形成的意义。这就与赫施提出的阐释立场基本一致了。赫施认为："原意……最好的意义，是最合理的解释标准。"① 而"最好的意义"就是指作者赋予文本的意义："一篇文本的……诸多复杂各异的意义中，只有作者的意义才具有统领一切意义的禀赋和资格。"② 赫施与艾柯都将诠释的过渡性放到了僭越作者层面的文本意义上，这是过度诠释的核心所指。然而强制阐释则不同，它不仅在于偏离了"作者意义"，而且偏离了文本诸要素综合作用形成的一切可能的意义。具体说，过度诠释依然在阐释文本，只是意味着阐释效度弱，一如卡勒强调的"诠释不足"；强制阐释则不在于文本，而是在于理论自身。二者由此在目的上有了重要区分，尽管表面上它们都僭越文本，无视阐释的有效性。

过度诠释与强制阐释的另一种区分在于理解路径的不同。过度诠释无论怎样天马行空，但依然坚持了从文本出发的路径，而强制阐释的理解路径却是倒置的——先从既定的理论出发。在后结构主义和解构主义盛行的初期，D. 霍夫曼—阿克斯特黑尔姆就曾激进地指出，"理论和艺术变成了空洞的概念"，消费者已经不欢迎理论。③ 诸如海德格尔等人的文学阐释，完全不是从文本实践出发，而是围绕既定的理论概念拆解文本。尽管解析意味着破坏和解构，但"文本的解构性不是由随便怀疑或任意颠倒来进行的，而是由认真梳理文本内部的意指过程中势不两立的力量而产生的。如果在解构性阅读中破坏了什么，那不是本文的问题，而是一种表示方式超过另一种表示方式，并明显地占据主导地位的缘故"。④ 对于强制阐释来说，理论的表达方式占据了主导地位，并强行压制了文本释义的表达。过度诠释尽管也存在一种批评表达压倒另一种的情况，但过度诠释的结果并不一定是空洞概念的演绎。因此，强制阐释与过度诠释在理解路径和表达方式上也是不同的。

由于过度诠释与强制阐释的不同，对它们批判的目的也就不同。过度诠释批判至多是一种理论的自我反思，它对文学场外的理论还抱有幻想。

---

① Hirsch, E. D. "Three Dimensions in Hermeneutics," in *New Literary History*, 1972, Vol. 3, p. 48.

② E. D. Hirsch, *Validity in Interpretation*, New Haven: Yale University Press, 1967, p. 25.

③ ［德］彼得·比格尔：《先锋派理论》，高建平译，商务印书馆 2002 年版，第 191 页。

④ ［美］芭芭拉·约翰森：《批评差异：评巴尔扎克的〈萨拉辛〉与巴尔特的〈S/Z〉》，张秀桂译，载赵毅衡编《符号学文学论文集》，百花文艺出版社 2004 年版，第 564 页。

例如，比格尔就认为，对理论的拒斥标志着左翼知识分子的危机感，"像本雅明那样患上了忧郁症，将过去寄予希望的思想碎片通通扔掉。"① 这种忧郁症实际上就是理论面向艺术文本是否具有阐释合法性的焦虑。比格尔似乎看到了这种征兆，他耐心地规劝道：理论并非单纯的阐释，有必要"将反思性地运用一部作品与对它的释义区分开来"，运用作品或利用作品的活动都"需要标准，只有理论才能提供这种标准"；批判一门理论的关键并不在于否定它，而是让批判活动与批判对象持密切的关联，这样"才能产生新的知识"。② 比格尔并未看到理论之于文本阐释限度的根源——从文学研究的场外强制征用理论，不过是为了满足这种理论利用文学释义澄清自身的欲望。

艾柯也不否认理论具有探测文本意义的可能性，他至少没有明确：理论至多只是通过文艺阐释填充自身的空洞性或矫正自身的片面性。反对强制阐释的目的就是反对这种填充或矫正行径，强调场外理论的非法僭越和阐释的无效性。当代西方文论危机的根源，正是因为一些非法寄生在文学身上的理论造成的。它们依赖文学艺术的阐释来繁衍自身，结果只能是以破坏阐释活动而告终。当这些理论失去了宿主，自然也就失去了阐释的功能。忽视了这一点，过度诠释的反思就不可能取得实际效果。卡勒继续追随德里达的步伐，将文学与非文学（甚至包括文本与非文本）混为一谈，到处追寻"解构"的踪迹。罗蒂根本不在意理论入侵文艺阐释的非法性，他的实用主义追求具体而盲目的个人兴趣。至于罗斯，已然是一位新历史主义的信徒，用艾柯自身的符号学理论反对艾柯，从而将反对过度诠释的艾柯论证为支持过度诠释的旗手。这些阐释观念无视文本与历史的关系，只是将阐释活动与阐释者相关联，迷失在阐释的快感中。此时，人们对理论的辩护与其说是文学研究对理论的钟情不渝，不如说是文学艺术对理论的抗拒所带来的焦虑。不久后，伊格尔顿惆怅地指出：理论的黄金时代已经一去不返。③ 他也没有意识到，正是理论的强制阐释而非过度诠释制造了自身的危机。

---

① ［德］彼得·比格尔：《先锋派理论》，高建平译，商务印书馆 2002 年版，第 191 页。
② 同上书，第 55 页。
③ Terry Eagleton, *After Theory*, New York: Basic Books, 2003, p. 1.

二　作为合法性阐释的文本

尽管我们否定强制阐释，但并不否定理论。文本、文学性、审美性等概念既是理论的遗产，又是重建文学理论话语和本体阐释的重要支撑。但我们说回归文学本体阐释绝非是指简单地回归"文学性"研究，建构在"文学性"基础上"本体研究"依然是狭隘的文学研究观念。真正的本体阐释理论建构在"文本"的基础上，更确切地说是建构在"文本的自在性"根基之上。这样，本体阐释的"文本"就成了一个我们有必要澄清的概念。

在西方文论史上，文本的概念复杂而又相互冲突。在罗曼·英加登与杜夫海纳之间，在尧斯与伊瑟尔之间，在罗兰·巴特与德里达之间，在伊格尔顿与詹姆逊之间，甚至在加达默尔与他的粉丝霍伊之间，文本的内涵与功能各不相同，且相互不可通约。更重要的是，这些文本理论很多是为了服务其强制阐释策略而生发的，巴特与德里达的文本理论尤其如此。对巴特来说，文本只有"可读的"（le lisible）与"可写的"（le scriptible）两种。"可读的"文本只具有反应价值，它是封闭的、单义的、供消费的，而可写的文本则具有积极创造的重写价值，"文学作品的目的不是把读者变成消费者，而是文本的生产者"[1]。由此，文本就变成了一个动词："它能穿越作品，穿越数部作品。"[2]　显然，这个文本概念与德里达想象的"原始书写"具有高度的吻合性，它是多义的、开放的、不断生成的，而且意义不可能确定。本体阐释视野中的文本则不同，它不是那种不断地自我膨胀的创造物，而是实践性的创造物。具体来说，它具有以下几个特征。

其一，意义的自在性。意义的自在性即文本内含的意义，用张江的话说，它是指"文本自身的确当含义"，即意义，它"隐藏于文本的全部叙

---

[1]　罗兰·巴尔特：《S/Z》，周海珍译，载赵毅衡编《符号学文学论文集》，百花文艺出版社 2004 年版，第 552 页。

[2]　Roland Barthes, "From work to text," in *Modern Literary Theory: A Reader*, London: Arnold, 1996, p. 167.

述之中"，当叙述完成，意义就会"凝固于文本，他人，包括作者无法更改"。① 这是因为文本的诸多要素，包括作者的思想、价值，包括作品时代的观念和审美情感，包括文本的修辞风格和叙述模式等，都以文学形象的方式固定下来，它拒绝任何"重写"企图——重写后的文本只能是其他意义上的差异性文本，二者无法重合。重写或者说重读，并不能促使作品原生话语意指能量的释放和返回，它只能阻止文本各部分或意义累加起来的可能性，阻止文本达到完整整体的可能性。文本意义的自在性首先强调的就是文本意义的整体性，而重写的差异文本恰恰是使文本的意义及其总体性变得不可能。

其二，意义的生成性。尽管文本的意义是凝固在文本内的，但文本的整体性——包括文本内部诸要素和外部诸要素——决定了意义不是天然存在的，而是在文本内外要素的关联中形成的。换言之，文本的意义是历史性的、情境性的、创造性的生成，是内外结合的意义存在。如果阐释脱离了文本，只重视文本外的要素存在，或者只注重文本而忽视了文本外的存在，文本意义就会遭到破坏。尤里·洛特曼对此精辟地指出：对于那些致力于借助随意的、主观选择的代码对艺术作品进行解码的读者来说，意义会被严重扭曲，但是对于那些一心只想与文本——从种种文本外在关联的集合中脱离出来的文本——打交道的人来说，作品压根儿就不会成为任何意义的载体。历史地形成的艺术代码的全部集成，使得文本具有意义的艺术代码的全部集成，属于文本外在关联的领域。②

因此，文本的确当含义离不开文本内部要素，也离不开文本意义生成时的外部要素。本体阐释的目的就是在把握文本意义的自在性——由文本内外要素互动生成并凝固的意义。由此我们也可以断定：从文本的自在性出发，才是合法阐释的路径；阐释应用的理论和范畴能否考察文本与社会条件的关系也是裁判其是否合法的基本标准。精神分析、形式主义、结构主义、新批评等文学阐释症结就在于，它们使用的范畴并不能建立文本与社会之间的具体关系。比如，俄国形式主义者将文学作品视为解决全部艺

---

① 张江：《当代文论重建路径——由"强制阐释"到"本体阐释"》，《中国社会科学报》2014 年 6 月 16 日第 608 期。

② 周启超：《"内外互动的文本"与文学作品的建构》，《跨文化的文学理论研究》，河南大学出版社 2011 年版，第 74 页。

术问题的唯一基础，并将文学的发展视为文本陌生化技术更新的结果。这样，除了文本美学技术关联的社会因素受到重视外，其他关于文本的社会功能等问题就被排除在这一理论之外了，其阐释的有效性也就受到了质疑。精神分析的强制阐释原则也是将作品人物拆解为"精神代码"，无视其历史和文化情境。张江教授据此提出：本体阐释不能放弃"外部研究和内部研究辩证统一"的路径。①

其三，意义的表达性。所谓表达性，是指文本作为一种信息体被赋予了独特的信息和完整的意义，而且文本具有执行完整意义表达的功能。文本就是"意义的生成器"，任何被赋予完整意义的客体都可以是文本，一段音乐、一幅画或一部小说可以视为文本，甚至一声叹息、一个手势、一场仪式，也可被视为一个文本。② 但从来不存在一种先验的或者脱离了创造主体和情境的文本。文本是一种创造物，它的创造性在于其意义及意义表达功能的被赋予性。例如，在特定历史时期，精神或者理念获得具体的文学描写，获得具体的形象，文本构成了文学对象化。文学对象化后的文本之所以能够获得理解，依赖于文本提供的固有表达性，包括具体语境和文本叙述，而不是依赖于某一理论、某一阐释个体的时代洞见。任意颠倒或篡改文本意义表达的结构，就会破坏意义表达性，阻止文本意指能量的释放。哲学解释学或精神分析学派的文学阐释，大多采取解构性的话语策略，任意扭曲、分割和重置文本结构，结果获得的文本意义根本不是原生文本意义表达功能提供的，而是其理论自身预先供给的。

其四，意义的实践性。所谓意义的实践性，是指文本的意指系统始终是现实与生活的观照，是一个实践的过程。这也是马克思主义文本观的核心。文本的实践性内在地包含了作者的创造性、文本的自在性和读者的能动性，同时它也标示了文本的时间性、历史性和美学性。在过程之初的创造阶段，作者、文化情境与文本是融合一体的，它们共同服务于意义的生产；在创造完成阶段，文本则是自在的，已经包含了全部叙述的成果和实践内容；而在传播、接受阶段，文本不仅是接受意义检验或意义创造的过程，而且是面向生活开放的过程。这个过程同时凝聚着人类的实践和个体存在实践，具有准主体的特征，因而就不是外在于审美主体和研究者的存

---

① 张江：《当代西方文论若干问题辨识》，《中国社会科学》2014 年第 5 期，第 37 页。
② 王立业主编：《洛特曼学术思想研究》，黑龙江人民出版社 2006 年版，第 116 页。

在，而是实践性的主体间性存在。这种文学文本不仅内在于马克思主义思想系统之内，同时也内在于人的审美系统之中。由此而言，文学就不是纯客观的解剖对象，而是人类自我理解的过程。文学阐释合法与否，与其是否重视文本的过程性、实践性，有着莫大的关联。

以上四个方面，共同形成了"文本的自在性"。它们能作为文本阐释的合法性基础，在于它涵盖了文本诸要素的整体性和功能性。真正的文学本体阐释必须建构在文本的自在性基础上。

尽管从内涵上说，本体阐释是一个新发明的理论范畴，但它并非企图与传统文学研究的范畴对立。本体阐释试图系统考察传统文学研究的各个范畴，发掘其存在的问题，或者发现这些范畴在何种程度上已经脱离了科学理论的层面。处于文本自在性起点的本体阐释目标在于对自在性文本的有效考察。这种有效性或者合法性既体现在文本技术层面，也体现在作者与文本、读者与文本、作者与读者的层面。如果执拗于文学的一个层面，例如文本的外在关联，即使是马克思主义者，也会犯"强制阐释"的错误。这里我们可以看看卢卡奇和阿多诺对德国作家艾兴多夫的《一个游手好闲者的生活》（*Aus dem leben eines von Taugenichts*, 1826）的阐释。

艾兴多夫的这部作品被视为德国浪漫主义小说的代表作，其中既有现实主义的悲剧性描写，也有浓厚浪漫主义怀旧情绪。但卢卡奇认为，艾兴多夫在批判资本主义异化劳动方面，在自主生活实践和闲暇时间的自由要求上，统统建立在对"封建浪漫主义"的盲目赞美上，而没有表现现实事物之间的本质联系。因此艾兴多夫对资产阶级的工具—目的理性批判是不真实的，其真理表达是无效的，充其量是一种不健康的"对中世纪的热情"。① 阿多诺尽管在很多方面与卢卡奇存在争议，但在《忆艾兴多夫》一文中，他也认为"艾兴多夫的思想来自于失势的封建主的眼光……恢复沉沦的秩序和抵制资产阶级带来的破坏性，都符合他的利益。"② 如果按照马克思的意识形态批判理论，艾兴多夫的这部作品无论是否倾向于中世纪的"浪漫主义意识形态"，他都已经表达了对现实社会的批判。这取

① Georg Lukács, *German Realists in the Nineteenth Century*, Trans. Jeremy Gaines, Paul Keast. Cambridge: MIT Press, 2000, pp. 50 – 68.

② Theodor Adorno, *Gesammelte Schriften*, Bd. 11, *Noten zur Literatur*. Frankfurt am Main: Suhrkamp, 2003, S. 113.

决于文本事实以及文本意义生发的现实情境。但是卢卡奇和阿多诺的批判则以历史重构为条件，似乎艾兴多夫作品的矛盾性只有在封建社会向资产阶级社会过渡时期才可以被理解，而在资产阶级上升时期的 19 世纪上半叶，则不能接受。生搬硬套马克思理论的结果是，卢卡奇和阿多诺都忽视了艾兴多夫的主人公反抗资本主义劳动异化的真实性，忽视了其要求自主生活的合法性。这种阐释压抑了文本的抵抗意图，并将其优美的浪漫主义风格判定为空洞的审美形式。可见，真正的文学本体阐释必须从文本的自在性出发，同时兼顾意义的生成性和表达性，否则就会造成强制阐释的后果。

三　马克思主义文学阐释观

在《系统发育：理论之后的理论》演讲①中，张江提出，合法、有效的本体阐释学建构，应该坚持"系统发育"的思路："从历时性上说，它应该吸取历史上一切有益成果，并将它们贯注于理论构成的全过程；从共时性上说，它应该融合多元进步因素，并将它们融为一体，铸造新的系统构成。理论的系统发育不仅是指理论自身的总体发育，而且是指理论内部各个方向、各个层面的发育，相对整齐，相互照应，共同发生作用。"就此而言，我们需要树立马克思主义文学阐释观。

马克思主义的批判理论与传统社会科学研究的不同之处在于，它要表现其批判活动的社会意义。对于批判的本体阐释而言，它总是将自身理解为社会实践的一部分。《关于费尔巴哈的提纲》第一条，马克思就确立了实践范畴对于人类生存的意义，他看到了"实践是人类存在的界域……它是一种有着本体论意义的事件"。② 因此，在马克思的视域中，人类的本质就展开在实践性生存方式中。人们通过劳动、休闲、交往等方式建构自身的世界和历史，文学则是这种建构过程的形象反映。因此，文学阐释就离不开文本意义的生成、表现和效应的理解，离不开文本内外要素的互

---

① 该演讲是在"中外文论学会第十一届年会"上的发言，时间：2014 年 8 月 16 日；地点：开封，河南大学。

② ［捷］卡莱尔·科西克：《具体的辩证法》，傅小平译，社会科学文献出版社 1989 年版，第 170 页。

动，离不开文本要素规约的意义总体性和系统性。

马克思主义还提供了一种存在论分析理论。在《德意志意识形态》中，马克思和恩格斯将现实性的前提设定为"有生命的个人的存在"，强调"活动方式"或生活方式的个体性和现实生活的过程性。① 基于这一点，马克思主义对于意义的阐释始终围绕着对人和现实的理解，围绕着人与社会、历史、现实的关系来阐发人之存在的价值。在这种存在论视域中，理论就不是被某些阐释快感操纵的工具，而是人的存在思想的载体，是对人的历史性、现实性和社会性的把握。文学本体阐释学由此就不是所谓的放弃理论回归文本的单一美学层面，也不是海德格尔或伽达默尔那种一味的存在论分析，而是在某种社会意义的探寻中，建构文本与社会之间的自由而理性的关系，其核心即人之存在。所以，本体阐释视野中的文学理论不是一种工具，而是在给定的历史情境中对文学的实践性和意义性进行探寻，挖掘其关乎人之存在价值的意义要素。

总之，我们反对强制阐释，反对过度诠释，但并不反对阐释本身。我们反对的只是那种纯粹依据理论视角出发的文学阐释。这种阐释僭越了文本阅读的基本规范，严重解构、重置了文本的意指系统，破坏了意义的自在性、生成性、表达性和实践性。任何有效的、合法的阐释，都必须以文本的自在性为依据。强制阐释与过度阐释的分野，强制阐释与本体阐释的分野，均系于此。文学本体阐释只有面向文本的意义结构和情感解构，面向文本自身提供的实践性，才能获得自身的合法性与纯粹性，如德勒兹所说："只有当我们在可知觉物中直接领会那些只能被感知的东西……经验主义才成为真正超验的东西，而美学也成了纯然的学科。"② 马克思主义文学阐释观为我们提供了这种感知文本整体的方式与方法，提供了进入文本自在性系统的基本模式。

[作者简介]：王熙恩，黑龙江大学文学院副教授。

---

① 马克思、恩格斯：《马克思恩格斯选集》第一卷，人民出版社1995年版，第67页。
② Gilles Deleuze, *Difference and Repetition*, trans. Paul Patton, NY: Columbia University Press, 1994, p. 57.

从"问题"到"问题意识"：新时期三十年文艺理论的变迁

赵洪涛

一

"文化大革命"结束之后，思想解放的浪潮席卷全国，文艺理论在这股思想解放的浪潮中扮演了十分重要的角色。1978 年 12 月，《辽宁日报》首先开辟的"关于文艺真实性的讨论"专栏，揭开了新时期"真实性"问题大讨论的序幕。此后，全国各文艺刊物纷纷发表讨论文章，一场全国范围的"真实性"问题的讨论热潮在 20 世纪 70 年代末 80 年代形成了一股不可遏制的势态。1979 年 10 月 30 日到 11 月 16 日，在北京召开了第四次全国文代会，邓小平在会上指出："在这个崇高的事业中，文艺发展的天地十分广阔。不论是对于满足人民精神生活多方面的需要，对于培养社会主义新人，对于提高整个社会的思想、文化、道德水平、文艺工作都负有其他部门所不能代替的重要责任。"① 文艺的地位得到重新确定。

新时期文学发展势态如雨后春笋，"伤痕文学""反思文学""改革文学""寻根文学"吸引着成千上万的读者，产生了巨大的社会影响。这些题材迥异的文学作品以表现社会矛盾和历史巨变为主，其内在维度上具有相似性，即带有鲜明的意识形态特征。"文化大革命"造成了人民心理上的巨大伤痛，人们在这一历史浩劫面前具有了共同的利益诉求，文艺成为了人们表达这种利益诉求与控诉不公正待遇的有效工具，像刘心武的《班主任》，卢新华的《伤痕》，王亚平的《神圣的使命》，王蒙的《最宝

---

① 引自黄宗伟《当代中国文艺思潮论》，广东旅游出版社 1998 年版，第 90 页。

贵的》，陆文夫的《献身》。话剧有宗福先的《于无声处》，白桦的《曙光》等作品之所以能在当时轰动一时，是因为这些文艺作品表达了人们共同关注的话题和对历史趋势的一种热切关注。文艺创作与文艺理论互相呼应，在反思历史与探索人性方面形成了浑然一体的亲密关系，可以这么说，文艺创作的繁荣，在很大程度上得益于当时文艺理论的指引与启示。而文艺理论也因为文艺创作所提供的坚实土壤而在社会上享有很高的地位。

邓小平在 1977 年 5 月 24 日同中央两位同志谈话时指出，"两个凡是"不符合马克思主义。① 在此之前，由于受"两个凡是"的禁锢，文艺界发展受到很大的掣肘。直到两个凡是批判的思想的提出，才引发了后来文艺界争鸣的高潮，可以看出，当时的文艺批评很大程度上是止于政治控诉而不是文艺批判。文艺理论在当时具有重要地位的主要原因在于，它不仅仅是文艺创作的指导者，而是它与经济、政治等各个方面的思潮一起构成了推动国家迈向现代化前景的新启蒙话语的一个部分，它与当时的政治路线方针所体现出来的时代精神相契合。

这种启蒙话语当时最为重要的目标是厘清"文化大革命"种种思想谬误，以为整个国家发展扫清思想上的障碍。20 世纪 70 年代末期到 80 年代的文艺理论争鸣主要围绕着这么几个问题：文艺理论的身份；文艺与现实的关系；文艺典型论；文艺主体论；等等。这些问题的探讨本身都不仅拘囿于学术的圈子，而是带有解放思想的痕迹，它们对"文化大革命"时期的文艺从属政治的反拨。比如文学的人道主义问题，早在 20 世纪 50 年代，巴人、王淑明、钱谷融等人都曾著文讨论文学的人性、人情、人道主义问题，因此招致一系列残酷讨伐。后来的极"左"思潮和教条主义，将人道主义扣上"反马克思主义""资产阶级"等罪名。谈人道的人，遭到了不人道的对待。"文化大革命"之后文艺理论家对这个昔日讳莫如深的话题各抒己见，何西来所说："人的尊严、人的价值、人的权利，人性、人情、人道主义，在遭到长期的压制、摧残和践踏以后，在差不多已经从理论家的视野中和艺术家创作中消失以后，又重新被提起，被发现，不仅逐渐活跃在艺术家的笔底，而且成为理论界探讨的重要课题。"② 这

① http：//etc. bjut. edu. cn/web/jp/08sb/xia/zgjxdsgy/passage/latter/09. htm.
② 何西来：《新时期文学思潮论》，江苏文艺出版社 1985 年版，第 52 页。

个时期文艺争鸣应者甚多，也不只是在学术圈子里，它在当时的社会上也引起了很大的反响。究其原因，是因为这些文艺界所讨论的话题带有时代普适性，它们不只是学术界亟须解决的问题，也是人们"文革"中遭受苦难的一种理论诉求。

发表在《上海文学》1979 年第 4 期上的一篇文章《为文艺正名——驳"文艺是阶级斗争的工具"说》中有这么一段话，可以说明当时的文艺理论身上所肩负着的社会和历史使命，"为什么我们在生活中经历的斗争是那么丰富、深刻、让人吃不下饭、睡不着觉，而在不少小说中展现的斗争却那么简单、容易，缺乏震撼灵魂的力量?"① 这涉及一个文艺怎么表现现实的理论问题，在过去，文艺是没有独立的身份的，它被要求依附政治，变成表达政治思想的工具，因此，文艺无法按照自己的规律去表现现实。关于文艺身份的大讨论，涉及对"四人帮"历史问题的清算、健康发展社会主义文艺的诉求。这篇文艺界的批评檄文引起了热烈的反响，继文章发表之后在各界引发热烈讨论，时间长达八个月之久。讨论的焦点在于如何使文艺从"阶级斗争工具论"中摆脱出来，这种论争波靡辐辏到许多社会问题，文艺理论的讨论变成了探讨社会问题与人们情感表达的一种方式，比如文章末尾以充满激情的笔调谈道:"今天，我们已经进入了新的历史时期。急风暴雨式的群众性的阶级斗争已经基本结束，今后的任务是团结全国各族人民，向四个现代化挺进，新的现实已经向文艺提出了新的要求。"② 这样的表达既是对文艺创作吹响的号角，又是对文艺理论在时代潮流中的作用与地位的一种自我肯定。在这样自我期待与肯定的话语背后，是人们对文艺理论身份的认同，是一个时代梦魇之后百废待兴社会中人们对建设国家的理想与理性表达。

朱光潜先生在 1978 年到 1979 年初在《文学评论》上发表了《研究美学史的观点与方法》（1978 年第 4 期），《上层建筑与意识形态之间关系的质疑》（《华中师院学报》1979 年第 1 期），《西方美学史·序》中提出一个观念:文艺是意识形态不是上层建筑。这个值得商榷的观念可能基于这样的思考，即过去文艺由于与政治之间界限的含糊处处受到制约，朱

---

① 引自李庚等主编《中国新文艺大系——1976—1982 理论一集》（上），中国文联出版社1988 年版，第 476 页。

② 同上书，第 482 页。

光潜先生抛出这种观念的目的大概在于为文艺正本清源。文章发表之后，引起了很大反响，持反对意见者居多。朱光潜后来解释说，他并不是想说文艺不属于上层建筑，他想强调文艺与经济基础之间的关系。① 这种研究思路的转变意味着，学者对文艺依附政治的尴尬身份的急于摆脱，从另外一个层面来说，它与当时人们希望文艺表现处于急变中的社会生活是内在一致的。于此在某种意义上形成对应的是刘再复于 1985 年在《读书》第 2—3 期上发表的文章《文学研究思维空间的拓展》，作者提出了具有重要意义的学术观点：研究重心从文学的外部规律转到内部规律。针对过去文艺依附政治的弊端进行矫正，"向内转" 的具有几个方面的意思，其中包含着对文艺创作中对主体精神的张扬，对过去文艺压抑人性的反拨。文艺争鸣无论在学术内还是学术之外都具有明确的靶子，因而能在当时社会引起热烈的回应。

　　20 世纪 70 年代末期到 80 年代的一系列文艺争鸣是言之有物的，它是对社会问题与文艺创作的及时回应，在众说纷纭中，文艺理论的价值也就凸显了出来。文艺创作的政治附属性转向了文艺自身，同时，文艺创作直面生活和现实的特点使文艺没有在转向自身的过程中变成自我指涉的文字游戏，变成纯粹的娱乐的产物，这是那个年代文艺创作的价值之所在。一直扮演着导师身份的文艺理论也因为在理论维度有所指而不至于凌空蹈虚，它在很大程度上承担着思想启蒙与肃清旧思想的责任，因而在情感与理论维度上与人们有了内在呼应，这是从 70 年代末期到 80 年代文艺理论欣欣向荣的根基。徐友渔认为，整个 80 年代的学术都指向一点，就是 "解放思想"，总的指向是为改革开放造势，作舆论、心理准备。②

二

　　文艺理论的热潮随着时代步履的前进而渐渐变得冷却。20 世纪 90 年

---

　　① 参见谢武军《从 "阶级的文学" 到 "人的文学"》，《当代文艺思潮研究》，中共中央党校文史教研部语文教研室编 1994 年版。

　　② 徐友渔：《学术范式的转变》，赵汀阳、贺照田等主编：《学术思想评论》（第一辑），辽宁大学出版社 1997 年版。

代初期，人们不再对文艺理论持有过去的热情。十多年改革使人们的生活逐渐变得富裕，经济起步之后精神生活的忽视与懈怠渐渐显露水面。中国启蒙知识分子们所倡扬的理想主义、英雄主义的价值观迅速衰微，为消费时代的实用原则、物质主义所取代，"过日子"的消费主义哲学大行其道。知识分子明显有了一种时不我与的感触，"文化危机""知识贬值"的危机感萦绕在知识分子心头。面对此情景，一位知识分子发出深深的感喟："偌大的神州，已放不下一张平静的书桌，神圣的校园，失去了往昔的清高，安宁的书斋，也难以再抚慰学者们一颗寂寞的心。"① 这种对时代变革无所适从的心态可以说是那时知识分子的较为普遍的心理，我们在回顾这段文化史的时候常常可以找到类似的感慨。在一个鼓吹"金钱至上"的时代，启蒙知识分子所倡导的超越性精神与宏大话语显得那么落寞，它在熙熙攘攘的现实生活中找不到对应。

　　然而尚没从启蒙话语热潮中回过神来的知识分子没有放弃重建与批判的努力。1993 年 6 月，王晓明等几位中青年学者在《上海文学》上提出了人文精神的话题。这次谈话围绕着这样一个主题，商业化时代究竟还需不需要文学和艺术？人们是否只顾满足物质上的需求？与会者以王朔与张艺谋的电影作为例子，揭示出了当下文化中价值与信仰的缺失以及文艺本该具有的启蒙功能的荡然无存。游戏的虚无与价值的崩溃充斥着文艺界。华东师大哲学博士崔宜明质疑道："一个有五千年历史的民族真的可以不要诸如信仰、信念、世界意义、人生价值这些精神追求就能生存下去，乃至富强起来吗？"他以担当的语气壮怀激烈道："我们必须正视危机，努力承担起危机，不管它多么沉重。"② 从这些"不合时宜"的对话中我们不难看出知识分子在时代大潮前重建启蒙话语的努力，他们积极对社会进程中所出现的问题做出回应，并努力介入社会文化进程中去，这是 80 年代知识分子责任与意识的延续。

　　20 世纪 90 年代的社会已缺乏 80 年代那样举国上下关注的重大问题，所谓的"人文精神的失落"的话题虽然看似具有社会性，其实不过是学术界的问题罢了，因为在学术圈子之外的普罗大众显然没有对此

---

① 许纪霖：《商品经济与知识分子的生存危机》，《读书》1988 年第 9 期，第 5 页。

② 王晓明、张宏等：《旷野上的废墟——文学和人文精神的危机》，王晓明编《人文精神寻思录》，文汇出版 1996 年版，第 15—16 页。

有多少切身感受，他们不知疲倦地在商海或者消费的大潮中怡然自得，何曾会有什么"人文精神失落"的感慨呢？虽然学者仍然热衷于在宏大的历史和社会背景中来谈专业的问题，目的在于希望它能像往昔一样获得社会的认同，但真正回应的除了文艺圈的同人之外，社会上关注这一话题的人或许不会很多。学者这种思维方式尚没有走出 80 年代以社会精英身份自居的模式。

对此，存在着另一种声音，周国平在《圈外人的臆想》中不乏讽刺地说，80 年代之后学者的失落感实质是对昔日在社会中扮演中坚力量身份的眷恋，求的是"虚名罢了"。① 刘康（美国宾夕法尼亚州立大学比较文学副教授）也持这样的看法，"是关心自我，甚至关心自我的程度超过了对社会的关心。老是要想我从启蒙者变成什么都不是，我该怎么办，……这种关心对于社会的发展，对中国和世界所面临的真正的社会问题……是不是也是一种'遮蔽'，即对自己的关心遮蔽了现实复杂矛盾和冲突的关心"。② 这样的分歧在某种意义上意味着"人文精神失落"只是一种"问题意识"，而未必是属于大家有共识的问题，也就是说，它只局限在学术思维中，对于非学术圈子的人来说，它未必存在。正因为它是属于思维和视角上的问题，即便是在学术界也存在着不同的声音。而在 80 年代，诸如"思想解放""现代性"等话题是一个实实在在的问题，是与社会发展息息相关的问题，不管是学者还是大众都对它进行思考与讨论，它的争议不仅仅是从学术的角度。80 年代人们谈人文精神主要是对"文化大革命"反人性、反道德的专制体制的抨击，这样的讨论对于每一个从"文革"过来的中国人都具有适应性，90 年代讨论人文精神主要是针对商品经济大潮中出现的拜金主义、"拜物教""人"的异化等问题，它是知识分子对自身处境及出于学术视角的一种社会表达，并不代表着社会普适性的问题存在，毋宁说它是一种学术范畴中的"问题意识"。

20 世纪 90 年代知识分子的身份也由社会"立法者"转向了"阐释者"（鲍曼语），从公共空间退居到书斋。追求学术规范变成了学术界的

---

① 《当代文艺思潮研究》，第 22 页。

② 刘康、王一川、张法：《中国 90 年代文化批评试谈》，《文艺争鸣》1996 年第 2 期，第 44 页。

话题。80 年代是一个思想非常活跃的时代,知识分子针对社会问题进行思考,这种批判性的反思体现出知识分子对社会问题的责任感。在思潮林立的背后也体现出学术积累的不足,比如当时中学与西学,传统与现代之间之争,就忽视了对海外学术资源的借鉴,因此在热闹的"文化热"的背后也体现出内容的贫乏,那时的西学研究也常常流于表面,缺乏系统性与深入性。在历经了 80 年代积极介入社会问题论争的热潮之后,学术的自觉性逐渐得到知识分子的重视。重视学术规范体现出知识分子复杂的心态,一方面,一些知识分子意识到 80 年代学术研究的弊端,力图扭转这种不足。另一方面,借学术来掩饰内心的落寞甚至标榜自我也是大有人在。然而,学术已无法产生 80 年代那样的轰动效应,即便是一些内容厚重的学术论著也没用引起太大的反响。

　　80 年代文艺理论及批评的如火如荼,是因为它在凸显思想的时候没有强化学术规范,加上有一些全民性的问题需要厘清,因此没有造成学术与接受之间的隔膜,随着 90 年代学术规范的建立与强化,文艺理论的学院式表达就造就了接受上的阻碍,文艺理论的身份也由一呼百应变得门庭冷落起来。90 年代的文艺理论在注重门户的同时,也失去了对社会问题关注的热度,张旭东在北大的一次访谈中提及他 80 年代翻译的两本书《发达资本主义时代的抒情诗人》与其导师杰姆逊撰写的《后现代主义与文化理论》,张旭东指出,当下的人们越来越倾向于从学院训练的角度读书,这两本书谈的是资本主义或市场,80 年代中国还没有建立起市场机制,但是人们却在它身上找到情感与思路上的契合,到了 90 年代中国建立起市场经济机制了,人们反而只把它作为消费符号和身份象征。[①] 文艺理论变成了一种话语生产,它只是按照学术的模式来运作,其关注的问题与其说是实在的问题倒不如说只是一种学术思维,是一种"问题意识"。2000 年以来在学术界掀起波澜的"日常生活审美化"的大讨论,也没有在社会上引起多少反响,尽管这是一个直接指向现实生活的话题。从中我们可以看出文艺理论界学者从现实问题中寻找自己存在价值的努力。但现实生活中的人们未必会感觉到有这样的问题存在,"他们的文化已经完全被消费主义吞没。他们根本不知

---

① 张旭东:《批评的踪迹》,生活·读书·新知三联书店 2003 年版,第 2 页。

道自己到底是什么人。他们现在只是一群简单的追逐享乐的消费主义动物"①。可见，学者为此争得面红耳赤的"问题"只是一厢情愿的认为罢了。从"问题"到"问题意识"的转变，既意味着学术的渐渐成熟，也意味着学术拘囿于自家园地，失去了对社会问题的实在关注。

[作者简介]：赵洪涛，文学博士，湖南科技学院人文学院副教授。

---

① 张旭东：《批评的踪迹》，生活·读书·新知三联书店2003年版，第217页。

论海德格尔诗化语言观的独特性

——以西方现代诗化语言观传统为视域

任华东

我们曾在《西方现代诗化语言观的生成》① 一文中探讨了该语言观传统的生成过程及基本特征，事实上尽管这个传统中的各家学说存在很多相通之处，但套用维特根斯坦的说法，这些相通之处或者说共同倾向也只是具有一种"家族相似性"而已，在"相似中"又有精微差异。我们尝试探讨一下海德格尔的语言思想在这个传统中的独特性，以期在"比较"中能更深入地理解其语言学说及其在西方现代诗化语言观传统中的历史地位，我们可以从以下四个方面展开探讨。

首先，"新词物对应论"。

语词的意义是"现成的"还是"生成的"，如果换一种说法便是，语词符号的"所指（意义指称物）"是与"能指（语词符号本身即音响或书写形象）"一起到场的，还是先于"能指"预先存在的，"能指与所指"的关系即"词与物"的关系。按照我们此前的论述，诗化语言观是一种主张"词与物"同时到场的"意义生成论"语言观，但如果继续深究这个问题我们发现，各家学说的侧重点又有所不同，海德格尔语言学说蕴含了一种"新词物对应论"思想，这种学说既不同于"词物对应论"的传统观点，也不同于后来德里达的"词物分裂论"，具有某种承上启下的意味。

---

① 汪浩、任华东：《西方现代诗化语言观的生成》，《江西社会科学》2014 年第 12 期，第 105—109 页。

　　海德格尔一方面有克罗齐将语言的诗化特性从原始语言所具有的特点扩大到一般语言的根本特性的倾向，同时又没有像他那样将语言与诗，语言学与美学完全等同起来，几乎要取消语言的符号性存在。尽管海德格尔没有从"符号学"层面探讨语言存在的自主性问题，并且还表现出明显的漠视语言的符号性存在的倾向，但他却时常从存在论的哲学、美学角度表现出对"语言自主性"存在的模糊认识，这种认识反过来又使他的诗化语言学说带有一定程度的"符号自主论"色彩。"漠视符号"与"推崇符号"两种倾向有时奇异的交织在他的诗化语言学说中。比如他说"诗人获得什么呢？不是获得某种单纯的知识，诗人进入词与物的关系之中，但这种关系并不是一方物一方词语之间的关系。词语本身就是关系。词语这种关系总是在自身中扣留着物，从而物才是（Ist）一物"①，"任何存在者的存在居住于词语之中"②。"词语本身就是关系"暗示了海氏对语言符号的自主性存在的非自觉性认识，具有某些语言自主游戏的味道。物（所指意义）的生成离不开词（能指本身），并且就是在词中生成。词并非对现成意义的被动指称，而是对某种诗性意蕴的创造性生成。词与物之间并非天然的对应关系。

　　另一方面，海氏对语言符号的自主性存在的非自觉性认识，并没有使他走向后来德里达悬置"词与物"的关系，取而代之以"词与词"关系的做法。例如，他虽然也强调语词所具有的多义性特征，但他并没有将这种多义性看作纯粹的语言技巧，而是始终在"语言对于存在的显现"层面上理解语词的多义性特征。比如，他认为特拉克尔诗的多义性来自"一种更高意义上"的多义性即"存在本身"，而非像其他诗人的诗那样"起于诗意探索的不确定性"，前者"始终具有无限的优越性"③。也就是说，语言多义的诗化特性并非仅仅是一个语言修辞问题，而是生命个体立足于自己的"本真存在"在生存在世的领会与言谈中对"诗化生存境域"的显现和守护。这些观点显然有别于德里达的"意义播撒"说。"意义播撒"虽然也主张语言意义的生成性、多义性，但这种多义在德里达看来主要来自"词与词"之间由"差异"带来的"延宕"，因而并不与语言

---

① ［德］海德格尔：《海德格尔选集》，孙周兴选编，上海三联书店1996年版，第1072页。
② 同上书，第1068页。
③ ［德］海德格尔：《在通向语言的途中》，孙周兴译，商务印书馆2004版，第76—77页。

符号之外的世界发生关系。在拆解"词与物"的天然对应关系上，德里达比海德格尔走得更远，以至于他要将"词与物"的关系悬置起来，在"词物分裂论"中走向"词与词"之间作为痕迹的能指飘浮游戏。也许正是这个原因，德里达认为海德格尔将语言视作存在的显现依然未脱尽形而上学气息。他说，"海德格尔的思想不是否定，而是重新要求将逻各斯和存在的真理作为第一所指（primum signatum）……存在的逻各斯，'思想听从存在的召唤'，乃是符号的第一根源和最终根源，也是区分 signans（能指）和 signatum（所指）的第一源泉和最终源泉。为使能指与所指的区分在某个方面具有绝对意义和不可还原性，就必须有一种先验所指"①，但在德里达看来所指意"根本不存在于语言与言语之外，它如果不与某个词、不与某个语言系统（concesso non dato）联系在一起，至少会与一般语词的可能性联系在一起，与其不可还原的单纯的可能性联系在一起"②。意义的生成存在于"前所未有的确定的能指痕迹"中。

综上所述，在对语言诗化本性的认识上，海德格尔一方面不赞成词与物之间的完全对应，强调物（所指）是在词（能指）与词的组合连缀中生成的，表现出了一定的语言自主性意识；另一方面他又反对将语言与物完全拆解开来，在单纯的"词与词"的关系中走向"词物分裂论"。他认为物（意义）终归来自生存在世的人对"四重世界"的倾听与命名。我们将海德格尔的这样一种诗化语言观称作"新词物对应论"的诗化语言观。对此种语言观，我们当然一方面可以如德里达所认为的那样，这种立场"清楚地表明了海德格尔在对待在场形而上学和逻各斯中心主义方面的模糊立场，它置身其中而又违反它"③。但我们也可以从另外一个角度认为，在 20 世纪由索绪尔所开创的结构主义语言学的影响之下，诗化语言传统表现出了一个逐步走向"语言自觉"并在德里达的解构主义诗化语言观中达致某种极端的趋势。在这个趋势中，海德格尔"新词物对应论"的诗化语言观恰好处在承上启下的过渡中。他上承"词与物的对应性"，但并非指称现成事物的逻辑的对应而是一种生成的诗化对应，下启

---

① ［法］雅克·德里达：《论文字学》，汪堂家译，上海译文出版社 1999 年版，第 26 页。
② 同上书，第 27 页。
③ 同上书，第 29 页。

语言所具有的"相对独立性"①，却又在更加强调语言对世界的承载功能中未完全割裂词与物的对应关系。正是这样一种地位，研究海德格尔的诗化语言思想对于把握 20 世纪西方诗化语言传统发展的脉络便具有了独特的意义。

其次，"反主体论"诗化语言倾向。

无论是克罗齐的"语言即直觉"说，维特根斯坦"语言即使用"的"语言游戏说"，还是作为海德格尔思想渊源之一的德国古典浪漫派对诗歌语言的探讨，都表现出一种鲜明的"诗化主体论"特征。事实上，当 20 世纪的哲学美学家们以诗化反对传统逻辑语言观时，也不自觉地走向了主体论的另一极，即"诗化主体论"。在我们看来，从思维方式上看，逻辑语言观与诗化语言观都是一种主体论语言思想。这一点也鲜明地体现在德里达的语言学说中。于是我们看到，哈贝马斯批评德里达试图取消文学与哲学的界限、用修辞代替逻辑，实际上又重新走向了传统的形而上学老路。以此观海德格尔的诗化语言思想，不能不说也具有这一形而上学倾向，尤其是其后期语言学说更加明显。然而，也正是在这一点上，海德格尔的诗化语言观又表现出某种反主体论诗化的倾向。比如，语言作为"四重世界相互映射"的显现场所，它所显现的不只是人的在场，还包括"天、地、神"三方的共同出场。也就是说，意义虽然是人在生存在世的领会中被赋予的，但这个赋予者并非仅仅是人，其他三方都是赋予者，人只是一个作为倾听者和守护者的赋予者。海德格尔明确反对将语言视作对主体的表达这种流俗之见。他甚至略带玄虚地说，是"语言说"而非"人"说。这就不难理解海德格尔为什么如此评价特拉克尔的《冬夜》这首诗，他说"这首诗是格奥尔格·特拉克尔写的。但在这里，谁是作者并不重要，其他任何一首伟大的诗篇都是这样。甚至可以说，一首诗的伟大正在于：它能够掩盖诗人这个人和诗人的名字"②。我们看到，无论是前期的"言谈（Rede）"，还是后期的"道说（Sage）"，海德格尔都格外强调"事物自身"在语言中的显现（这种思想常常让人想起康德的客观唯心主义学说，"事物自身"与"物自体"之间存在某种隐秘的联系）。

---

① 当然，从总体上而言，海氏对语言的符号性存在并未给予足够的重视，甚至表现出一定的漠视倾向，这表现了海氏语言思想矛盾性的一面。

② ［德］海德格尔：《在通向语言的途中》，孙周兴译，商务印书馆 2004 年版，第 8 页。

正是这一点将海德格尔与德国古典浪漫美学的语言观区别开来。尽管在德国浪漫派语言思想中也存在一种超语言学的东西，语言也曾一度被认为是自然界万事万物的自发生长，但他们更强调诗人作为语言和世界意义的生成者，因而同样带有明显的诗化主体色彩。刘小枫这样评论诺瓦利斯的诗化语言学说，"在他看来，语言的产生是起于自我需要实现自身，从而使自己摆脱各种事物的制约，因而，语言是人解放自身的一种原初力量。诗的语言既然是自我的表达，那么，它也就是自我对自我的启示"①。在德国古典浪漫派美学那里，"诗的语言是由诗人的创造性的主体、诗意的主体性决定的，而不是由客观世界决定的，相反，它倒要决定客观世界的价值。诗人应该把自己诗意的主体性投射到客观环境中去"②。海德格尔一方面继承了这种将诗化作为语言本性的传统，并与克罗齐等20世纪美学家及其思想相呼应，另一方面却又反对语言是对诗性主体的表达。也就是说，在海德格尔看来，语言的诗化本性并非纯然来自诗性主体的表达，而是来自"四重世界（诗化生存境域）"的显现，这一点正是海德格尔诗化语言观的独特之处。

　　如果说在克罗齐等人那里对语言诗化本性的探讨依然局限于传统语言学的层面上，而这种语言首先是作为人的语言并因此带有明显的主体论色彩的话，那么海德格尔对语言诗化本性的理解则具有更宏阔的视野。正如我们在前面探讨过的那样，语言在海德格尔那里不单单指狭义的语词符号系统，更是一种形而上语言，它无声无形，却又承载着包括人在内的"四重世界"的相互映射，是人类所使用的有声语言的根源。这种对语言的形而上理解，一方面使其学说常常显得神秘莫测，甚至有些故弄玄虚，但另一方面也使他拓展了传统的诗化语言思想内涵，表现出一定的反主体论诗化倾向，在20世纪的诗化语言传统中形成了一道独特的风景。

　　再次，明显的"批判性"意味。

　　由于海德格尔始终将诗化语言与人由"非本真存在"向"本真存在"的超越结合起来谈，所以他的诗化语言观带有明显的"批判性"意味。在这一点上，海氏的语言学说与德里达的语言思想表现出了一定程度的相似性，但也有明显差别，即除了哲学和语言学上的批判动机之外，海氏尚

_____

① 刘小枫：《诗化哲学》，山东文艺出版社1986年版，第66页。
② 同上书，第67页。

有文化和现实的动机，这使他的诗化语言观明显区别于 20 世纪西方其他诗化语言思想。这种批判性主要表现在两个方面，一个是"文化批判"意味，这主要集中在前期的《存在与时间》中。伴随着"言谈"对"闲谈"的超越，是"本己"对"常人"的超越。实际上，"常人"在海德格尔那里并非单纯否定的对象，它扮演着传承文化的重要角色。一个人要想学会思考和言说首先要做常人，进入文化的语境中。但是，常人仅仅是文化的接受者，并非文化的创造者。他们仅仅是在鹦鹉学舌中重复着别人说过的话，而只有那些能入于本己性存在的人才能言他人之所未言，道他人之所未道。我们可以隐隐感受到，在《存在与时间》中，海德格尔表现出了一种不易觉察但的确存在的精英意识和批判意味。而当海德格尔在20 世纪 30 年代中后期逐渐走向"存在"并最终提出"语言乃存在之家"时，这种"批判"进一步导向对"创造"的倡导。因为，所谓"存在"便是一个从"在场"向"不在场"，从"有"向"无"不断突进的创造过程。语言的诗化本性即在于它是一种"生成的"而"非现成"的语言。

另一个批判是"现实批判"意味，主要表现在后期语言思想中。海德格尔后期对诗化语言与诗意栖居的赞美是与对现代技术世界的批判相关联的，表现在语言上便是作为"Sage"的语言对作为"Sprache"语言的超越。海德格尔的矛头指向在现代技术世界中由于人的主体性的过渡膨胀而导致的对自然的绝对控制和无度消耗。他希冀借助人的诗意栖居与诗性语言重建人与自然之间和谐相处的源初生存关系。当然，尽管这种批判主要针对西方现代技术世界，不过对于一心朝着现代化迈进的当下中国来说似乎也同样适用。一个不容回避的现象是，随着中国经济的发展，自然环境却正在遭受日益严重的破坏。中国人与自然之间的关系越来越远离我们的祖先所津津乐道的"天人合一"的哲学信条与生存状态。尽管重建人与自然和谐相处的源初生存关系绝非仅仅是个美学、哲学问题，同时还是经济学、社会学、生态学甚至政治学的问题，因为人与自然融洽关系的建立归根结底要回到活生生的现实生存中，但是海德格尔所提出的对诗性精神的回归与对"道说（Sage）"诗化语言的倾听毕竟引人深思。他不但契合中国古人所倡导的"物我合一"的哲学智慧与诗性心灵，而且认为在现代技术世界中要重新回到自然并非要简单地返回到前现代技术世界中去，而是对现在的世界第一要有清醒的认识，第二尽可能地以一种诗性生存态度生存于世。

很明显，海德格尔在语言身上添加上了许多本不属于它的东西。与其说语言的诗化本性来自语言自身，不如说来自人的生存在世以及对诗意世界的守护；与其说海德格尔在探讨一种诗化语言观，不如说他要借诗化语言学说达到一种批判和重新建构的目的。隐藏在诗化语言观背后的是海德格尔的批判与创造意识，而这一点正是其他诗化语言观所没有的。

最后，浓郁的"乌托邦色彩"。

海德格尔诗化语言观的乌托邦色彩不仅表现在他对诗意世界和诗化语言的过分赞美与依托上，而且表现在当他要用"诗化"代替"逻辑"作为语言的本性时，其实又重新走进了形而上学中。他从"逻辑"的形而上学的后门走出去，却又从"诗化"形而上学的前门中走进来，这不能不说是一个悖论。如果说在逻辑语言观中，"在场""澄明""有"是最高的概念，那么在诗化语言观这里，则是"不在场""遮蔽""无"登上了最高宝座。我们看到，尽管海德格尔一直强调"澄明与遮蔽"的二重运作，两者是硬币的两面不可分离，但他却又时常将遮蔽置于优先地位。在我们看来，无论是将逻辑还是诗化作为语言的本性，按照形而上学的基本原则，"语言符号自身"作为"现象"总是附属于逻辑或诗化"本质"，语言符号自身被遮蔽了。于是我们发现，语词符号层面在海德格尔那里仅是一个"表层而已"！他虽然没有简单否定语言的符号性存在，并对其相对独立性表现出一定程度上的模糊认识，但从总体上而言则带有明显的漠视符号的倾向，尤其是后期学说。比如在海德格尔那里，诗歌语言相比较日常语言、科学语言具有明显的优越地位，它是"道说"的主要在世形态。但这种优越与其说来自对诗歌"语言符号自身"的审美性认识，不如说来自对"四重世界"的"呈现"。海德格尔对诗歌这种文学体裁的关注，主要不是因为对诗歌语言所具有的美感的兴趣，而是对其所承担的存在显现任务的赞美。所谓"诗化语言"与其说是语言学的，不如说是哲学、美学意义上的。这一点将其与后期维特根斯坦，尤其是与德里达区别开来。维特根斯坦对"作为游戏"的语言诗化特征的认识来自人的"使用"。"语言即使用"，而所谓使用则是对语词符号本身具有独立性地位的承认。在这种使用中，能指与所指之间那种自由的、任意的、开放的游戏关系得以充分表现。而德里达用修辞代替逻辑，将文学语言的隐喻性扩大到一切文本中的尝试源自于他对作为语言符号系统基本原则的"差别性"的认识。"差别"一方面使"能指"与"所指"相互区别，并具有一定的"所指"自足性，另一方面在语词的链条中，由于受相邻能指的影响，"所指"又总会冲破这种自足性，表现出无限的生成性，成为飘浮的"所指"，从而能指也成为一个"无法穿透的硬壳"，德里达因此将其称为一种"文字游戏"。与二者不同，海德格尔的诗化语言思想由于对符号本身的相对漠视，常常显得玄虚、缥缈，让人难以捉摸。如果说将语言作为传达逻辑的手段，在语言与世界之间建立一种完全对应的关系是一种无视语言自身存在的乌托邦语言观，那么海德格尔将语言阐释为"道说（Sage）""根本意义上的诗"，试图以诗化代替逻辑作为语言的本性，其本质也是一种无视语言自身存在的乌托邦。王一川认为，"美学关注语言，追问语言，这本身并不奇怪，因为审美对象总与语言有关，美学本身就是一种意识形态话语。但是，当美学不仅关注并追问语言，而且进而史无前例的使语言取代理性成为关注的中心、甚至成为解决审美与美学的根本问题的理想途径时，一种陌生、奇妙并带有乌托邦色彩的美学新景观便向我们展现了"①。事实上，任何一种矫枉过正的偏激，都势必带有天生的乌托邦色彩，并因此常常使自己处于一种难以避免的悖论处境中。这正如古希腊传说中克拉特岛上的那位智者，据说他讲的每一句话都是真理，但当他说出"岛上的人都在撒谎"时，他便毫无察觉地将自己推向了说谎者的队伍！

通过上面的简要比较与探讨我们发现，尽管同处西方现代诗化语言观传统这个大家族中，具备一些相似性特征，但在他们之间也存在着很精微的区别。"新词物对应论""反主体论倾向""明显的批判性意味""浓郁的乌托邦色彩"是海德格尔诗化语言观的独特气质，在由尼采、克罗齐、维特根斯坦、德里达等人的语言学说构成的西方现代诗化语言观传统中具有一种承上启下的地位。

当我们跋涉在海德格尔的诗化语言世界中，并尝试站在对岸重新审视它时，我们既为他表述的晦涩而苦恼，又被他卓越的认知所折服；既能处处感受到他思辨的空泛玄虚，又能时时体会到他对现代技术世界中人类生存状态的切实焦虑！不能不说，海氏的诗化语言学说尤其是其后期学说常常给人以故弄玄虚的感觉，但倘若细细咀嚼其中的滋味我们也会发现，这种故弄玄虚其实是煞费苦心的。因为一提到语言，我们常常习惯性地、几

---

① 王一川：《语言乌托邦》，云南人民出版社 1994 年版，第 9 页。

乎条件反射般地想到人类支配的世界！在这个世界里，语言常常被遮蔽在其工具性中，人类也常常忘掉其本真而沉沦向闲言碎语的世界，沉沦向人类作为世界主宰者的狂妄和幻想中，除了人类聒聒噪噪、说个不停之外，万物齐暗！海德格尔说，"让我们设想一下处于广阔无垠的黑暗宇宙空间的地球吧，它犹如一颗微小的沙粒，与另一颗最近的沙粒相隔不下一公里。在这颗微小的沙粒上，苟活着一群浑噩卑微的、自问聪明而发明了认识一瞬的动物。在千百万年的时间长河中，人类生命的延续才有几何？不过是瞬间须臾而已。在存在者整体中，我们没有丝毫的理由说恰是人们称之为人以及我们自身碰巧成为的那种在者占据着优越地位"①。

那我们该怎么做？让我们借用常被海德格尔所乐道的荷尔德林的诗句结束本文的行程吧：

"充满劳绩，然而人诗意地栖居在这片大地上！"

[作者简介]：任华东，文学博士，景德镇陶瓷学院（湘湖）美学研究所副教授、硕士生导师。

---

① ［德］海德格尔：《形而上学导论》，熊伟、王庆节译，商务印书馆1996年版，第6页。

回顾和反思:"美学观点和史学观点"与中国当代文学理论话语体系的建构

万　娜

20 世纪 80 年代中后期,不少研究者提出对"美学观点和史学观点"这一组范畴的理解和运用不可仅仅囿于文艺批评标准范围的观点。在与当时提出的多种文学批评标准的对照中,在与现实主义文学观之间关系的辨析中,以及在对"最高的标准"的含义的审度中,"美学观点和史学观点"被逐步推上了文学理论建构框架的平台。

一　"新美学—历史批评"观的提出

20 世纪 80 年代中期的中国文学理论界已经打破理论资源一元化的局面,具有标志性意义的现象是集中于 1985 年的"文学方法热"和 1986 年的"文学观念热"。在西方现代文学批评理论密集输入的条件下,文学观念也在朝着多样化的方向发展,与这种理论思维异常活跃的局面相对应,文学批评层面也经历着视角、方法和关注对象等方面的转变。以"美学观点和史学观点"为基本理论根据和来源的"新美学—历史批评"观就是在这种情况下提出的。

根据提出者的介绍,"新美学—历史批评"观的设想是"文学批评界在困惑之中产生了一种较为普遍的看法、预感或意愿;即在多元选择并存的前提之下走向一种新的层次,亦即建立一种新的、综合的、互补的批评的范式"①。这里所说的"困惑"主要来源于 20 世纪 80 年代中期在文学批评上出现的双重"内在化"倾向,即"内部规律"和"主观内部"受到理论界热议的情况。双重"内在化"的对立面是文学批评与社会、历史、文化以及具体的文学实践的相对"隔绝",这与历来马克思主义文学批评重社会历史重文学的社会功能的传统相悖,而这种情况在中国当代文学批评史上也是仅仅在这几年才出现的特别景象。综合这些因素来考虑,在"新美学—历史批评"观的提出者所说的"新的、综合的、互补的批评的范式"的设想中,可能既有各种新方法新理论本身的局限性所造成的动因,也有马克思主义文学批评甚至是社会历史批评的传统潜藏在文学批评观念中的诱因。因此,在对"新美学—历史批评"观的认识中,除了看到"美学观点和史学观点"的理论生命力之外,也不应当忽视这一组范畴受到中国当代文学批评史的进程影响的事实。

在"新美学—历史批评"观中,"美学观点和史学观点"的结构关系被从四个层次上分别加以对待:

在最基本的文学层次即文学作品本文及文学批评对本文的诠释层次上,"历史的观点"被"美学的观点"所包容,"历史的审美化"即历史的内容和意味被包容在文学的特殊的审美形式(语言的艺术形式)中。

其次,对作品本文和作家的成就和价值判定层次……在这一层次上,"历史的观点"与"美学的观点"就不是一种相互包容的关系,即不是谁包容谁的问题。而是历史(审美的历史)为审美(历史的本文形式)提供了一种价值判断的参考系,从而使这一价值判断得以成立。这是美学的观点与历史的观点获得一种基础和过程,"空间"和"时间"的同构关系。

第三层次,是对某一类型的文学现象的研究……这是一种"双向界定"关系或"可逆的互诠"关系。即既可以通过审美的视角去把握文学现象中的"历史的"背景、又可以通过历史的视角去把握"审美的"的价值形式。

---

① 陈墨:《从"新方法热"到"新美学—历史批评"观》,《文艺理论研究》1988 年第 6 期。

最后，在对文学的整体的把握和本质的认识这一层次的研究中，显然"审美的"或"美学的观点"必然、也必须服从"历史的"或"历史的观点"……在最抽象的意义上（哲学上）的文学批评，其审美的探索归根结蒂只能是一种"历史的探索"，"美学的观点"在这一层次上归根结蒂只能是"历史的观点"的一个有机的组成部分。就是说，在这一层次上，"历史"包容了"审美"。①

首先从这四个层次的划分形式上，可以隐约见到罗曼·英伽登的文学作品四层次说的印记，这也是"新美学—历史批评"观的提出者力求"综合"多种文学批评理论的努力之一。此前也有对"美学观点和史学观点"结构关系的进行探讨，但少有这样做细致的层次划分并结合不同层次总结出"美学观点"和"史学观点"的不同关系的情况。从笼统地说"美学观点和史学观点"是辩证统一不可分割的关系，到细致地区分这一组范畴在文学批评不同层面的结合方式，这种变化正是理论界在逐步的讨论过程中将思考引向深入的表现。

从第一个层次即文本层来看，这是文学批评中最常见的一种批评形态，主要是对作品的分析。而这里提出的作品分析与传统的作品赏析不太相同的是，除了在表述方式上"作品"被称作"本文"或"文本"，还有受到"新批评"流派文学批评观念影响的"美学观点"的内涵。在最初提出"新美学—历史批评"观的论述中，"美学观点"被定义为"对文学这一语言的艺术形式从审美的角度、运用审美的方法来进行把握和分析"②，虽然这里对于何谓"审美的角度"和"审美的方法"没有确切的界说，但从"文学这一语言的艺术形式"以及"这种审美化探索首先是对文学的语言形式的探索即通常所谓的对文学的'内部世界'或'内部规律'的探索"③ 这些表述来看，文学批评在这一层面主要进行的是对作品语言形式的分析，其中论者所说的"'历史的观点'被'美学的观点'所包容"的关系在这种分析中能见出多大分量，揣摩起来可能会有较大

---

① 陈墨：《从"新方法热"到"新美学—历史批评"观》，《文艺理论研究》1988 年第 6 期。

② 同上。

③ 同上。

难度。而在稍迟一些的同主题论述中,"本文"的涵盖面被极大地拓展,包括文学作品的语言形式在内,"本文"还延伸到作家、文学现象、文学思潮,"乃至整个文学都可以作为一种抽象意义上的'本文'('本文'的最高层次含义)"①。这样理解的"本文"又不仅止于"新批评"一脉,而是呈现出阐释学的浓厚色彩。因此,如果以"大文本"的思路去理解"新美学—历史批评"观的第一个层次,则不仅"'历史的观点'被'美学的观点'所包容"毋庸置疑,或许其余三个层次也可以被囊括在内。但很显然这样一来细致划分出来的四个层次就面临重新模糊相对界限的可能。因此,从"新美学—历史批评"观的前后论证情况来看,这中间还存在可供借鉴的理论资源相对丰富与原创性理论思路相对稚嫩的问题。不过,第一个层次鲜明地提出以文学作品的语言形式为起点看待"美学观点和史学观点"的意见,相对于此前的理论界或多或少将"美学观点"捆绑在现实主义文学观上的做法,以及对文学作品语言形式的美学地位不够重视的做法,这种意见还是具有一定的理论意义的。

第二个层次其实想解决的是传统文学批评中对作家和作品的价值评判的问题。从这一层次对"美学观点和史学观点"关系的解释方式来看,"历史(审美的历史)为审美(历史的本文形式)提供了一种价值判断的参考系",历史和审美之间尽管构成一种"同构关系",但落脚点却是在审美一端。这也就是说,这一层次对作家作品进行价值评判的内容主要是审美价值,主要是在由审美要素构建的历史维度上对文学作品做出定位。而这里所说的审美价值,仍然指向第一层次中所说的语言形式,因为这种价值评判是在"与历史上的其他的文学本文进行比较之后才能看到"的"在其形式结构及其象征符号意义两方面提供了哪些新的、深刻的东西"②。而传统文学批评中对作家和作品的价值评判尽管也包含语言、结构、文体、风格等形式层面的内容,但在"言志""载道"的文学观的影响下,其重心还是较多地放在对作家和作品的个人修养和社会影响力等方面。因此,第二个层次对作家和作品所进行的价值评判与传统文学批评的类似评判并不完全相同,这种对"形式结构及其象征符号意义"的强调是"新美学—历史批评"观在"审美化探索"方面有所用力的表现。

---

① 陈墨:《"新美学—历史批评"论纲》,《福建论坛》(经济社会版)1989 年第 5 期。

② 着重号为引者所加。

第三个层次是将"美学观点和史学观点"的结构放到"大文本"与"大历史"之间"双向界定"的关系中去理解，类比传统文学批评则属于"对某一类型的文学现象的研究"，相当于对某一类型文学现象的批评史研究。在这一层次里，"美学观点和史学观点"是"可逆的互诠"关系，即批评史必须同时放在审美的和历史的角度中才能得到较为全面的建构，应该说这种概括是合乎文学研究的规律的。但在解释"美学观点和史学观点"的关系时，论者还用了另一组范畴的关系进行类比，"人本"与"文本"的关系，与"人本"相对应的是"大历史""历史的观点"，而与"文本"相对应的则是"大文本""美学的观点"。这里需要进一步思考的是"人本"和"文本"可否与"历史的观点"和"美学的观点"构成类比关系，以及从这两组范畴被视为类比关系的思路中所透露出的文学理论变革时期的某些讯息。应该来说，"人本"这一范畴与新时期以来文学理论界对"文学是人学"以及与之相关的思想的看重有直接关联，但这里并没有说明"人本"范畴的确切含义是一般意义上的人本主义还是被赋予特殊意义的人本主义。不过在后续论述中所提到的"历史⇌人文形象⇌本文"这一图式中，"把文学作为一种'人文现象'或作为一种'人学'来研究，即研究文学与人性、文学与人情等的关系"，甚至还可以"把文学作为一种'生命现象'来研究，即把文学作为一种生命力的冲动、表现及生命的一种实现方式等来研究"[1]，这些论述正是对"人本"范畴具体内涵的说明。这样看来，"人本"或"人学"并不仅止于新时期之初理论界对"文学是人学"思想的理解，而是向其中注入了一些生命直觉主义和精神分析等流派的理论观点，成为一种宽泛意义上的"人本"。在这个"人本"范畴之中，既包括人情人性，也包括人类的生命心理活动，而在当时理论界正在讨论的以"审美情感"为核心的文学观中，这一部分内容却是划归到"审美"名下的，同时在"新美学—历史批评"观中，归于"文本"名下的内容也多偏向审美维度，而非"人本"或"历史"维度。因此，在这里"人本"与"文本"之间似乎存在一些交叉重叠的部分，对于拿来与之类比的"大历史"和"大文本"而言，这种交叉重叠更多地会产生概念模糊的印象，而不是"美学观点和史学观点"辩证统一的观感。

---

① 陈墨：《"新美学—历史批评"论纲》，《福建论坛》（经济社会版）1989 年第 5 期。

第四个层次明确提出在文学批评理论层面上唯物史观的基础性地位,"美学观点"服从于"史学观点"。文学观念直接决定文学批评理论的建构方向和方式,因此也可以反过来说文学批评理论的建构方向和方式体现了文学观念,这也是"新美学—历史批评"观将这第四个层次称作"对文学的整体的把握和本质的认识"的理由所在。"史学观点"的确为"美学观点"提供最终的解释权,不论是"美学观点"本身的历史,还是"美学观点"身处其中的历史,都走不出历史的视野;同时,这里的"历史"并不仅仅是时间轴上的事件排列,而是马克思主义的唯物史观,因此更在社会结构的意义上赋予"美学观点"参与历史进程的必然性。这是"美学观点和史学观点"在最终意义上的辩证统一关系,对于"新美学—历史批评"观中的前三个层次来说,第四个层次是指导原则,是这种批评观区别于其他批评范式并被视为"一个不可超越的视野"和"一个无可替代的批评范式"① 的根本原因所在。

二　"美学观点和史学观点"作为
一个比较宏观的理论框架

随着理论界对"美学观点和史学观点"探讨的逐步深入,以及与之同步进行着的对各种文学批评理论的优势和劣势的分析辨别,将其定位在文学批评标准上的做法已经不能满足研究者对这一组范畴所具有的深刻内涵的阐释愿望。"美学观点和史学观点"被认为有必要放在文学理论框架的位置上去理解,并在其基础上"有可能建构一个科学的比较完整的关于文艺本质的理论体系或系统"②。

20 世纪 80 年代中后期的文学理论界,已经是一派百舸争流的景象,中西方多种文学批评理论的各执一词很大程度上造成文学观念的片面化和极端化发展,而且文学批评在这种环境中尽管实现了改变此前批评标准单一化格局的目标,却也面临着价值体系混乱的危机。当时已有文学批评工作者看到"现代方法科学的发达,使我们有可能多层次地打开文学的内部结构,使恩格斯'历史观点与美学观点统一'的批评原则,获得系统

---

① 陈骏涛:《新美学—历史批评综说》,《文艺争鸣》1989 年第 6 期。
② 陆贵山:《对恩格斯的"美学的历史的观点"的再理解》,《文艺争鸣》1988 年第 2 期。

的理论再现"①。而文学理论工作者则站在建构理论体系的立场上以"美学观点和史学观点"为纲展开设想。

在这一设想中，"美学观点和史学观点"被视为"对文艺本质问题的完整表述，是对历史上侧重研究文艺的审美本质和侧重探讨文艺的社会本质的两大学术思潮的辩证综合"②。这也就是说，"美学观点和史学观点"被认为不仅从结构上可以解决文学本质两大构成要素之间的关系问题，而且可以解释文学理论史上不同的文学本质观的缘起和实质，这一组范畴是文学本质观在共时维度与历时维度上的"辩证综合"。因此，从这一理论框架立论之初，其实就已经勾画了一幅宏伟的理论体系蓝图，其中既有成体系的文学理论布局，也有相互关联的文学理论史的叙述，这时的"美学观点和史学观点"相对于最初以文学批评标准的身份重返中国当代文学理论视野的起点而言，经历了与马克思主义文学观相互适应度的思考，对"最高的标准"的思辨，以及对"新美学—历史批评"观的构想，理论界对其内涵的理解已经发生了从具体到抽象的飞跃，赋予其新的理论深广度。

"美学观点和史学观点"被研究者认为应该由从文学批评标准一跃而成为文学观念的理由在于文学批评模式与文学观念模式之间"深刻的内在的对应关系"，这种对应关系具体表现为"一定的批评模式往往体现着、折射着一定的观念模式"。在文学观念和文学批评模式之间，的确存在着某种程度的关联，但这种关联不一定是一一对应的，原因在于文学观念是一种较为抽象的理论概括，而文学批评模式则是较为具体的理论体系建构，这之间存在着一个从思想观念到实践操作的转换过程。不同的文学观念有不同范围的适用性，而不同的文学批评模式也有不同程度的独特性，因而两者之间"深刻的内在的对应关系"实际上是处在复杂且多层次的理论语境之中。正如"新批评"流派立足于文本进行语义分析的文学批评模式已经被很多非形式主义文论一脉的文学批评理论不同程度地借鉴和吸收并成为文学批评的基本方法之一的情况一样，这并不影响后者继续鲜明地表达与"新批评"流派的文学观念相异的意见。对于"美学观点和史学观点"而言，将其同时视为文学观念模式和批评模式，意味着

---

① 季红真：《文明与愚昧的冲突》，浙江文艺出版社 1986 年版，第 293 页。
② 陆贵山：《对恩格斯的"美学的历史的观点"的再理解》，《文艺争鸣》1988 年第 2 期。

这两者之间构成的是一种一一对应关系,这表明作为文学批评模式的"美学观点和史学观点"并没有具体到直接参与批评实践的程度,实际上在中国当代文学批评理论中将其继续分解为"典型化""真实性""情节的生动与丰富""较大的思想深度和意识到的历史内容"等批评标准的做法,也从侧面证实了这一点。与其在批评标准层面争论"美学观点和史学观点"的内涵而没有定论,不如在文学观念层面思考这一组范畴的理论意义,进而以更灵活开放的视野看待可以纳入其中的文学批评方法。

"美学观点和史学观点"在文学观念层面上被理解为审美本质和社会本质的辩证统一。审美本质与文学的主体、心理和形式等有关,社会本质与文学的社会起源、在社会结构中的位置、社会内容和内涵、社会功能和历史使命等有关。从这种划分来看,审美本质和社会本质并不是两个严格的概念,分属于二者的文学研究角度之间的逻辑关系并不是特别明显,尤其审美本质所辖的三个角度之间跨度较大,涉及面较广,即便在美学思想中它们也是争议颇多的领域。另外,社会本质与"史学观点"之间能否等同也是一个问题。从社会本质所包含的几个层次来看,文学的社会属性无疑受到充分重视,但也曾有研究者在阐释"史学观点"的时候专门提到"历史是人和自然的辩证统一","在文艺批评中运用历史观点,就不能忽视人类历史的自然方面……这种历史批评与庸俗社会学的纯社会批评迥然不同"[①],应该说这种将自然与社会结合在一起理解"史学观点"的意见还是值得考虑的,尤其在文学的社会性有可能覆盖文学中的自然属性的情况下,"史学观点"更需要得到尽可能全面的理解。

在审美本质和社会本质辩证统一的视野中,多种文学批评理论获得了同处一个坐标系内接受理论史评价的可能。文艺审美学是对主要以"美学观点"研究文学的各种理论观点的统称,其中包括文艺主体学、文艺心理学和文艺形式学等,这些流派学说同时也被看作是对"美学观点"不同侧面的表述,而这些侧面在马克思主义文学理论的研究者看来是马克思主义文学理论的题中应有之义。因此,非马克思主义文学理论的理论观点与马克思主义文学理论在审美本质这一要素的联系下,有了相互比较的充分理由。文艺主体学是 20 世纪 80 年代中后期在中国当代文学理论界引起较大反响的一种学术思想,其强调人的能动性并追求审美自由的鲜明论

---

① 李中一:《谈谈文艺批评的"历史观点"》,《求是学刊》1985 年第 4 期。

调呼应了新时期"文学是人学"的思想解放诉求，同时也标识出中国当代文学理论在文学本质认识上的社会中心主义部分地向人本主义一脉靠近的事实。但由于文艺主体学在论证过程中有将主体朝精神主体一端片面发展的倾向，它实际上转变为个体主观自我表现的过程，所向往的是对具体烦琐的客观现实的超越关系，并最终"导致作家的内在自由"①。这种超越或者自由显然与以"从同客体的条件和规律的联系中合理地有效地强调主体的作用和效能"为"最大的优点和特点"②的马克思主义文学理论有较大出入。与文艺主体学相比，马克思主义文学理论中也有主体性的研究角度，但这种主体性研究始终"辩证地、历史地对待个体主体性与类主体性、群体主体性的关系，全面深刻地揭示和遵循这三者在历史进程中各个阶段的复杂特征，使个体主体性成为历史进步的推动因素"③。研究者在这里提出将文艺主体学包括"文艺的个性学"和"文艺的风格学"两大部分，正是看到了马克思主义文学主体性角度中固有的对"精神个体性"与遵循客体的客观规律同等重视的理论立场。

文艺心理学角度被划归到"美学观点"一脉则更多地可能是受到文艺主体学或者"文学是人学"的思想延伸的影响。审美本质在"文本"和"人本"两个维度上表现出"向内转"的取向，其中"人本"取向上的"内在化"使文艺心理成为对审美本质做进一步具体化和学科化处理的必然选择。因此，文艺心理学角度的文学理论建构是一个具有开放视野的文学理论体系所应当包含的内容。但在西方现代文艺心理学中，这个角度上的理论建构尽管在主体心理的自发性的一面用力甚著，即对主体心理现象和心理结构有浓厚的研究兴趣，而对这种现象和结构生成的原因却也往往止于主体（包括个体和集体）层面，少有向社会历史中寻找更深层动因的自觉性。而在"美学观点"看来，主体的文艺心理绝不是单纯的个体或集体行为，还应包括"历史、时代的现实生活的客观内容、意义和价值在主体情绪、意向、心态、灵府中的投影和折光"④，乃至社会历史进程的动力结构在主体心理结构生成上的影响

---

① 刘再复：《论文学的主体性》，《文学评论》1985 年第 6 期。
② 陆贵山：《对恩格斯的"美学的历史的观点"的再理解》，《文艺争鸣》1988 年第 2 期。
③ 董学文：《论文学主体性的三个层次》，《东岳论丛》1991 年第 4 期。
④ 陆贵山：《对恩格斯的"美学的历史的观点"的再理解》，《文艺争鸣》1988 年第 2 期。

等因素都应考虑在内。

文艺形式学是文学研究中的传统分支,历来各种文学理论的建构都不曾完全忽视文学的形式角度,但在"美学观点"观照下的文艺形式学是在吸收了20世纪80年代中期以后输入中国当代文学理论界的西方形式主义文论之后,对"形式"之于文学的地位有了本体性理解的情况下,被纳入马克思主义文学理论体系中的。因而这里所说的文艺形式不只是认识论文学观所要求的以传达出具有思想性、倾向性、阶级性的内容为目的的艺术性,更是本身在一定层面上具有独立美学意义的文学本体。之所以说文学形式学只在一定层面上具有独立美学意义,是因为单就文学形式来看,借助专门理论术语用细读法去剖析语义、结构、语境等单元或单元组合所具有的美学效果,的确不失为一种解释文学美感来源的方法;这种方法如果不在哲学层面演变为反历史主义,不在文学理论史上演变为唯形式论,那么作为一种精细的文学形式分析工具,其适用面还是比较广的;但如果形式主义文论走向反历史主义和唯形式论的极端,那么当它与马克思主义文学理论相遇时,后者无处不在的唯物史观视野将使其刻意设想的文本是一个独立自主的、非历史的、处于空间的客体的立场显现为虚妄。

因此,以"美学观点和史学观点"为纲统摄诸种文学批评理论,其中有可以吸收借鉴并整合到马克思主义文学理论体系中的内容,这种处理方式使后者保持开放性和理论活力。但必须注意到的是,吸收借鉴不是简单地拼凑叠加,而是有原则地选择和放弃。新的文学理论框架不是一个平面,而是立体的、多层次的结构体。从文学批评标准到文学理论建构框架,文学理论界对"美学观点和史学观点"的内涵结构和理论意义等方面的了解有一个逐步深入的过程,这一过程是在借鉴、比较、辨别、思考、创新的思路中由理论界共同参与的,而这一过程并没有终止在提出文学理论框架的阶段。

三 理论史反思语境中的"美学观点和史学观点"

当新时期文学理论即将跨越二十年边界、同时也即将跨越千年之界的时候,文学理论界中的一部分人开始沉潜下来做理论史的回顾和反思工作。这项工作既是中国当代文学理论发展到一定阶段所提出的自我整理的要求，也恰好与世界范围内文学理论界普遍高涨的"反思的激情"[1] 同步，"今天，最有价值的，倒不是革命性的学说，而宁可是在理论史方面有学识很在行的工作——进行总结，应对那些具有观念性的关联与根基加以梳理，将大师们的未尽之言说透，将大师们未曾点破的东西说穿"[2]。中国当代文学理论史（尤其是自 20 世纪 80 年代以来的文学理论史）需要进行的正是这种总结、梳理、说透、说穿的工作，这项工作较为集中地从 20 世纪 90 年代末启动，从 20 年到 30 年，一直持续到今天还远未结束。这十来年对文学理论史的反思和回顾历程，构成了"美学观点和史学观点"在其中相互交织的理论史反思语境。

　　文学理论史的回顾与反思工作，首先需要对这段历史进行梳理，最为直观有效的方法是对理论史做阶段性划分，概括每一阶段的主要任务，使理论史呈现出阶段与阶段之间更替的清晰脉络。由于这种整理工作不可避免地是从一定角度和思路出发对史实进行的筛选和总结，因此角度和思路的选择往往决定着对理论史原貌的还原程度、对理论史发展方向的把握程度以及对理论史整体水平的认识程度等。在这一梳理工作中，各种各样的"转型论"是窥得理论界对理论史反思水平的锁钥。

　　据已有的研究成果显示，对近三十年文学理论史加以梳理的各类"转型说"，就大类来分有三类，分别为"由外向内（内转）—由内向外（外突）—内外结合"模式、"以文学理论存在的环境因素（主要是政治因素）为视角的'转型'"模式、"以文学理论某些自身发展特征为视角的'转型'"模式等；如果细分，则多达十余种，比如"政治化—去政治化—再政治化"模式、"政治化—审美化—学科化"模式、"政治性—学术性"模式、"原有形态—当代形态"模式、"革命文论—审美文论—解构文论"模式、"外部研究—内部研究—文化批评"模式、"现代—后现代性转向"模式等。[3] 这些"转型说"，是理论界为反思理论史勾勒的多

---

[1]　周启超：《未名译库·当代国外文论教材精品系列·总序》，北京大学出版社 2006 年版，第 2—7 页。

[2]　［俄］谢尔盖·森金：《理论札记》，原载于《新文学评论》（俄文版）2002 年第 1 期，转引处同上，第 3 页。

[3]　董学文、金永兵等：《中国当代文学理论（1978—2008）》，北京大学出版社 2008 年版，第 119—127 页。

种路线图,它们构成"美学观点和史学观点"作为理论史宏观视野的基本语境。

在大多数"转型说"中,研究者都注意到"审美"范畴或审美论在近三十年文学理论史上所具有的标志性意义,因而将其作为对某一阶段的理论核心的概括放进理论史路线图中,这是"审美"作为一种文学特征在理论史上的现身。同时,"审美"或"美学"也可以作为一种理论视野、一种实际的史构方式在文学理论史中现身,这就是在近些年理论史回顾与反思过程中被经常提到的"审美现代性"或"美学现代性"。"审美现代性"是现代性自身品格在思想文化领域的体现,这种品格被有的论者归结为世俗的"救赎"、拒绝平庸、对歧义的宽容和审美反思性等四个层面,而且对于前三个层面的特性,"可以归结到它的反思性上来加以理解"①。这种概括在一定程度上代表了理论界对"审美现代性"思想中最具启发意义部分的归纳。将"审美现代性"作为反思文学理论史的视野,可以对于以"审美"为核心建构起来的各种文学观念,以及在这些文学观念的统率之下文学理论各层面的关系做一个收束;另外,"审美现代性"从文学理论自律的角度对其现代化进程展开叙事,以凸显其对这段历史的内在规定性。在"审美现代性"视野中,近三十年的中国文学理论史有可能会被更多地强调其在学科自律性意识方面不断提升的过程,因为这的确是一段在广泛吸收理论资源又不断论证这些理论资源能否适用于中国当代文学研究的历史。同时,近三十年的中国文学理论史还有可能被视为一段在理论范式上不断自我反思自我翻新的历史,因为无论是从"政治化—去政治化—再政治化"模式,还是从"政治化—审美化—学科化"模式等这些"转型论"来看,文学理论"转型"的动力似乎往往来自理论内部的某一股力量,即理论思辨沿着某一线索展开否定之否定的过程。不可否认,文学理论的确拥有自身相对独立的发展历程,但从这些被提出的"转型"模式来看,也不排除存在"单一地从某一个方面、某一个部分去规定文学的本质,去概括新时期文学理论发展的规律"的"片面的真理"的情况②,即脱

----

① 周宪:《审美现代性的四个层面》,《文学评论》2002 年第 5 期。

② 马龙潜:《论新时期文学理论发展进程回顾和反思的思想理论基础》,《甘肃社会科学》2007 年第 4 期。

离相互关联的理论史整体而只注意到"审美现代性"单线推进的理论史进程。

面对在"审美现代性"视野中叙述文学理论史的片面性，有研究者也提出以唯物史观作为理论史反思的原则，重申马克思主义文学理论在中国当代文学理论建构中的主导地位。自20世纪初马克思主义进入中国革命者和学者的视野，唯物史观就一直受到重视并被努力运用于指导实践，但大多时候在社会层面它被简单地理解为经济决定论或阶级斗争论。而对于文学理论这种属于"更高地悬浮在空中的思想领域"的意识形态的形式而言，唯物史观的内涵有时候就被更加缩减为历史主义的视野，而且是将文学看作对社会历史进程的反映，或将文学编织进由经济基础决定上层建筑所构成的社会整体中去。这种对唯物史观的理解归根结底没有太大问题，但关键也在于这只是从"归根结底"的意义上对文学的定位。就文学理论层面来看，这种被缩减的唯物史观带有较强的功利主义色彩，它暗示文学最好表现出参与社会历史进程的时效性，从而相应地简化了文学与社会历史进程之间、与经济基础之间很多细微的环节。被这样理解的唯物史观在很长的一段时间内成为中国当代文学理论的史学基础，很大程度上影响了文学理论对文学的多层面定位，也影响了文学理论审视自身进程的眼光。但在近三十年的中国文学理论史上，这种被缩减的唯物史观已经从对政治论语境的批判中得到揭示，它对文学理论发展的限制性也在人性角度、艺术心理学角度、形式主义角度、文化角度等理论观点的补充下得到一定程度的修正，并且重读马克思主义经典原著的学术自觉也有助于更深入地理解唯物史观的含义，将唯物史观运用于理论史的回顾和反思是没有太大障碍的。可是除了唯物史观之外，文学理论界中还有其他一些历史主义的视野也在不同程度上影响着对理论史的认识，这其中影响较大较深的是以现代性和后现代性为代表的历史观。在当今的理论界看来，现代性是一个复杂的范畴，但在后现代性思潮出现以前，这个范畴的内涵对于中国理论界的大多数人而言却是比较明确的，它代表了一种不断向前推进的线性历史观，在生产力水平上的参照物是西方发达国家，在文学理论层面则是对各种西方现代思潮的迅速引进与模仿。正是在后现代性思潮对"历史"的消解中，不仅现代性历史观受到质疑，诞生于现代性语境中的唯物史观也站到与这两种历史观进行比较的队列中。尽管这几种历史观之间的关系复杂，但可以确定的是无论是现代性还是后现代性，本身已构成文学理论史进程中的一部分，它们在历史观上所具有的启发意义将为唯物史观对文学理论史的回顾与反思提供更为深刻的思路。

［作者简介］：万娜，华中师范大学文学院教师。

二元对峙与共生融合[*]

——数字时代的艺术与技术关系

何建良

"数字化生存"时代的到来使得技术以一种超乎想象的"魔力"从政治、经济、文化以及艺术等层面深度改变着人们的生活。技术不仅带来了生活的高效与便捷，而且引发了艺术的激变与震荡，它凭借自身优势所树立的霸权深刻地影响着艺术。一方面，艺术从未离我们这样"近"：依靠技术的虚拟和复制，艺术以超常的衍生速度进入了大众的审美视野；另一方面，艺术又从未离我们这样"远"：凭借技术的独创和革新，艺术以出奇的陌生样态越出了人们的理解视域。技术的渗透与蔓延使艺术的图景光怪陆离，它从未像今天这样"像艺术"，也从未像今天这样"不像艺术"，乃至人们几乎不知道"什么是艺术"了。与此同时，艺术依靠历史演化所集聚的势能反过来深刻导引与规制着技术的发展。这不由得引发人们的拷问：数字时代的艺术与技术究竟有着怎样的关系？为什么会呈现这样的关系？该如何面对这种境况？

一

从艺术史的视角看，技术与艺术呈一种"合—分—合"式的演进关系。今天截然不同的"艺术"和"技术"概念，在古代的中西方本是一个同源共生的概念。只是到了近代，"艺术"才从"技艺"的概念中独立

* [基金项目]:本文为江西省高校人文项目(项目编号:ZGW1207)的阶段性成果之一。

出来，"艺术家"与"技师"才分道扬镳。到了科技飞速发展的20世纪，技术无孔不入地介入艺术，艺术与技术又呈一种合流的态势。不过，随着各种高新技术对艺术领域的深度渗透，二者在合流态势中又呈现出一种复杂的纠缠互动关系。正如托马斯·门罗所言："随着新的技术和传播媒介的发展，随着老式技艺在变化着的世界中发挥着和过去不同的功能，在艺术和非艺术的技艺之间以及它们各自的产品之间已不存在明显的界限，相反，它们在许多地方是重叠的，而且是不断变化的。"① 从艺术或技术所占地位的不同来看，当前的艺术与技术呈如下三种共存又交错的关系。

一种是技术"褫夺"艺术的关系。一方面，技术借用隐性的技术理性"褫夺"了艺术。数字时代居垄断地位的技术理性，使得人在感性活动中创造的客体反过来成为一种宰制人自身的异己力量，作为对现实应有批判功能的艺术则被整合进了技术社会的既定价值体系，成为一种意义被淹没的消费符号。可以说，"高科技对艺术作为消费品生产、保存、传播的便捷性，使艺术愈益趋向大众化与消费化，艺术在生产与消费的意义上改变了过去的经典性、传世性和永久性魅力而成为泡沫、快餐和一次性文化消费品，最后是文化垃圾、感官刺激、娱乐的商业性代替了'诗意的思'、'沉醉'和'迷狂'。"② 人们追求技术化手段所制造的瞬间刺激和快感满足，使得艺术不断"非意识形态化"与"去责任担当性"，艺术的内涵、使命、灵气、活力因此被掏空或遮蔽。另一方面，技术通过显性的在场方式"褫夺"了艺术。从艺术的视角看，技术介入颠覆了传统的艺术媒介和材料，改变了传统艺术的存在方式。因为媒材的颠覆和规制的打碎，传统的艺术观念、艺术结构以及艺术传播随之改变，艺术成了可按市场需求被随意涂鸦和编排的"商品"，这触发了艺术"表达"的危机。此外，不少人为了追赶并超越别人的技术，也为了获得更大的市场利润，不管技术本身成不成熟，也不管自己会不会操控，几乎用顶礼膜拜的方式盲目追求新技术。这使得艺术不仅存活在技术的阴影下，而且常因技术的过分溢出而迷失自身。随着艺术"创作"不断被技术"操作"所替代，无

---

① ［美］托马斯·门罗：《走向科学的美学》，石天曙、滕守尧译，中国文艺联合出版公司1984年版，第352页。

② 毛崇杰：《科技腾飞与艺术终结——关于高新科技与艺术的几个问题》，《文艺研究》2002年第1期。

节制的"炫技"遮蔽甚至取代了艺术，这带给观众的不是真正的艺术精神，而是艺术的贫乏与饥饿。

二是艺术"统驭"技术的关系。从艺术视角看，尽管数字时代技术广泛渗透艺术领域引发的商业化、娱乐化、大众化冲击了传统艺术的基石，但仍有少数艺术家坚守着传统艺术的殿堂和理念。因为"无数个无意义的、微不足道的、被置入当代社会机器中去的个人，仍然要去证明自己是一种精神的存在，他们的那种并不包含宏大理想的、看上去支离破碎的人生情感，仍然需要在艺术中得到肯定的表达。"于是少数有经验且有担当的艺术家往往把技术掌控在艺术的王国里，让技术成为表达艺术之思的有机形式。他们坚信技术只是也只能服务于艺术，永远无法替代艺术的创造。从技术视角看，一方面，数字时代的技术发明更需要艺术为其提供动力和灵感；另一方面，技术设计与产品也更需要艺术的指导与提升。科技突飞猛进所引发的产能过剩，使商品的使用价值日益失去意义。此时，"消费"本身成了一种表征财富、声望、地位、时尚的替代性满足。于是，怎样刺激消费欲望便成了技术产品的核心诉求。而把技术产品和艺术相结合的做法恰恰可以满足当代人显示自身声誉和时尚品位的利益需要。因此，设计者为了产品的市场占有率，都设法把主体审美意识转化为技术客体，挖空心思从结构形式与颜色外观等方面激发顾客的购买欲。尽管有人把这种艺术化的技术产品斥为一种烙着商品印痕的"审美幻象"，但如果换一种公允的眼光看，技术产品的艺术渗透又何尝不是一种"艺术性"的蔓延？艺术虽潜隐在技术的背后，但却主导了技术产品的设计、生产与销售，并潜移默化地培养着人们的审美素养。

三是艺术"融合"技术的关系。从艺术的视角看，在高新科技层出不穷的数字时代，技术性因素对艺术创作的贡献越来越大，其参与艺术创作的程度也越来越深，不借助高科技手段的艺术形式已很难表达艺术内容，艺术越来越趋向与技术"融合"。尤其在电影艺术、电视艺术、网络艺术、新媒体艺术等制作中，无论是美轮美奂的声音和图像，还是各种灵活自如的装置，数字技术是这些得以完成的重要媒介。不仅如此，那些高度依赖技术的艺术，作品本身就是由技术构成的，其精神内涵凭借创作者高超的技艺得以体现，技术已不仅仅是实现艺术目的的手段，而是融入艺术形式之中，直接参与了艺术内涵的表达，技术技巧与艺术主旨已水乳交融于作品之中。从技术的角度看，数字时代的技术无不渗透着艺术的因子，对于某些蕴含深邃艺术思想又制作精美的科技产品来说，其本身就是一件诱人的艺术品。那些存在于技术制作中的艺术实际上已经内化为技术的有机营养，已反置入技术。此时弥漫在技术中的艺术自身已拥有了技术的某些特征，它以独有的表达方式完成了对自身与技术的双重超越：既不屈从于任何实用目的，也不听命于任何审美意念，既实用又审美，二者是你中有我，我中有你，处于一种交融、化合、共生的状态。一定意义上可以说，技术不仅可以不与当代艺术对峙，反而还可能协助当代艺术实现由于技巧缺乏而原本无法实现的艺术理想，同时伴生具有新质内容的表现形式。通过艺术家和科学家的不断深入探索，当今数字时代涌现的网络艺术、三维动画、虚拟现实、互动游戏等新的艺术形态，几乎都体现了艺术与技术的融合趋势，这既影响了艺术的"出场"方式和功能范式，也影响了技术的变革速度与发展方向。

二

需要指出的是，上述对于艺术与技术关系的说明只是一种便于理解的逻辑梳理与现象描述。这种用精简化的规定性描述为艺术与技术关系套上普适性范式的做法，可能使现象的丰富多样性有走向被思想与代码整合而变得机械齐一的危险。事实上，数字时代的艺术与技术关系盘根错节、复杂交缠，既二元对峙又共生融合。我们要进一步追问的是：艺术与技术之间为什么呈这种"对峙与融合"的关系？客观地说，艺术与技术关系纠缠的根源有着社会、政治、经济、文化等多重复杂因素，这里仅从艺术与技术本身的相同与相异之处找寻其"向心"与"离心"的驱动因子。

就内在本质来说，艺术与技术作为凝结着物质和精神的特殊产品，与实践密切关联，实践是艺术和技术同源共生的客观基础。技术本质上是人的感性存在方式，是在对象化活动中人的本质力量的呈现，是凝结了人类主体力量的一种对象化产物，"是一本打开了的关于人的本质力量的书"。[①] 人们在实践中创造和运用技术形式、目的、内容、方法来改善生活、完善人生。这样，人类的创造本能在自身本质力量对象化的过程中获得了极大的延展。同样，艺术作为人的感性存在方式，也是人类在对象性

---

① 《马克思恩格斯全集》第 42 卷，人民出版社 1979 年版，第 127 页。

活动中确证自己的本质力量的表现。正如马克思所言："我的对象只能是我的一种本质力量的确证,任何一个对象对我的意义都以我的感觉所及的程度为限。"只不过艺术掌握世界的实践方式要通过政治、哲学、教育、社会心理等多种中介因素的耦合才能发生作用。艺术与技术作为感性存在方式,与社会生活本身的实践性有着本然意义上的契合,当代艺术与技术的结盟是内在于艺术自身的感性活动在技术时代的表现方式。不过,技术生存与艺术生存在表现方式上又有着明显的区别:前者表现为用理性处理与世界的关系,后者表现为用情感处理与世界的关系,这种差异又造成了艺术与技术的相互抵牾和相互排斥。

就价值目标来看,艺术与技术作为改造自然、社会、人生的重要手段,都以追求真理为旨归。对真理的追求是艺术存在的历史使命,只不过这种真理通过非物化思维的方式达到不同要素之间的调和或整合,最后指向人类感性存在的自由,其真理性内容始终以自身为中介持续撒播一种超越于事实层面的存在之思。艺术的真理之思需凭借形式技巧的转化才能表现出来,否则就是缺乏艺术性的思想传声筒。因此,艺术需要技术技巧的加盟。艺术对于技术的需求潜藏在其追求真理的途中,每一个真正的艺术家都想"说""不可说"。事实上,当读者无法清楚地意识艺术家所传达的真理性内容时,他所能领悟的一切都是经由艺术家的技巧所唤起的生命体验,有时或许因此领悟到了一些连艺术家本人也并未意识到的难以言传的内涵。这种技术的形式美使得它与艺术具有极大的亲和性,艺术家不断利用新的技术,不断更新创作技巧,都是为了找寻更好地传达艺术内容的载体。从艺术的角度看,技术对真理的追求集中体现在形式美之中。不过,在追求真理的大道上,技术与艺术分别导向了工具理性与价值理性,正是这种分道扬镳使得技术遮蔽了当代世界的真实面貌。为了贴近人类存在命运的真相,只有寻求艺术的帮助才能使有限的生命穿越重重迷雾与蔽障,这或许是艺术与技术背离却又共生的深层原因。

就功能特征来说,首先,技术的功利性与艺术的非功利性使得艺术与技术充满遮蔽与去蔽的矛盾。技术首要的原则是为满足人类日益增长的生活需求提供源源不断的物质产品,始终以财富的增长和生产的发展为旨归,带有浓厚的功利性目的。技术以不断生成的物质力量满足了人们不断攀升的物质欲求。而艺术的根本宗旨是创造丰富的充满人文关怀的精神产品以满足人们的精神需求,它以非功利性的形上追求为目的。然而,在逐利潮流的裹挟下，人可以为了财富与利润奉献自己的一切，包括肉体和灵魂，在技术的捕获下，人成了工于算计的"功利人"，技术释放出来的赤裸裸的充满诱惑的物欲很容易让人迷失精神的家园。此时，"不存在规范甚至真理，一切最终都是毫无意义的。"技术的逐利目的遮蔽了艺术对于理想的追求。可当艺术被逼入象牙塔之后，艺术对人类自身有限性超越的本性冲动，又会令艺术对技术作出反击。艺术一方面通过大众艺术把人们在技术化生存中感受到的异化状况反衬出来，以唤起人对自身生存异化的感性自觉；另一方面通过自我不断变异的"反艺术"形式保持着对生活的否定，这种否定正体现了艺术的本质精神和力量源泉。从这种视角看，与技术的结盟恰恰是当代艺术突破技术化生存而导向真理之思的契机。

其次，技术的确定性与艺术的不确定性使得艺术与技术充满对峙与融合的矛盾。技术的特征就是追求可计算和可预测的精确性。由于同质性和因果性，无论物质世界，还是精神领域，无论公共场所，还是私人空间，技术以统一性、标准化、可检验性、可重复性的方式控制着一切。然而，艺术却以对人类自身的原初生命的建构为旨归。人的原初生命如何生成以及向何生成，对人类自身而言是不确定的，在存在的向度上具有无限的可能性。这意味着艺术充满不确定性：一方面，艺术以个性和自由表现为目的，具有自身的自由性和不确定性；另一方面，艺术在人类的原初生命建构活动中包含着无限意味，是不可测度和阐释的生命感悟，它标举着人的无限可能性和现实多样性，彰显着艺术自身的独一无二性与非标准性。相对于技术世界的精确划一，艺术世界是模糊的、不确定的。可在数字时代，技术按照技术理性的要求，对原本独一无二的艺术作品进行无限的复制与仿造，通过抹去艺术作品的"韵味"而把艺术变成确定、标准、整一的东西。不过，艺术又总是借助技术不断以费解的方式和陌生的面孔打破意义的确定性：一方面，艺术作出的每一种反抗都是具有明确指向性的符合逻辑的理性行为；另一方面，这种反抗又处处以结果的含混不定性呈现出一种非理性。

三

重构艺术的生存方式永远是理论家的历史使命。无论是错综复杂的表象描述，还是有机辩证的根源分析，都喻示着这样一个事实：一方面，技术化已然成了当代艺术实践的表意形式，因技术的全面介入，传统美学遭遇了无法解释当代艺术实践的尴尬，这引发了"艺术终结"或"美学失语"的危机；另一方面，尽管艺术在技术的侵袭下遭遇了裂变，但艺术并未消亡，而是通过化身为"艺术性"潜隐于技术后获得了更强的生命力，这又为艺术的发展提供了某种契机。换言之，与技术结盟既是当代艺术发展的危机，也是当代艺术发展的契机。因此，如何在正视技术化造成当代艺术裂变的同时，努力从艺术与技术的共生和融合中找寻当代艺术的"超越之路"就是需要进一步阐释的问题。

在技术变革日新月异的当下，技术与艺术的结盟并不以人的主观好恶而改变。因此，只有对技术与艺术进行双重的批判性反思，才能为建构新的艺术形态提供思想的动力。从技术的角度反思，技术是一柄双刃剑。一方面，现代技术的发展依靠资本获得内爆能量，而资本的自我增值需要技术提供生长点。因此，无论是物质还是精神财富的创造都难逃资本增值逻辑的操控。艺术受资本的操控，在技术的伪装下化身为"文化工业"，这种"文化工业"又具有双重意味：既可能因其意识形态的欺骗性而麻痹大众，也可能因其流行文化的亲民性而普及艺术。即便是意识形态具有伪装性，仍然可能因艺术无意识地暴露其媚俗和强制而引起人们对当下机械、贫乏、无意义的日常世界的反思和批判，这种批判乃是对时代异化状况最真切的大众批判，具有一定的真理性。即便是艺术具有大众普及功能，也可能因情趣低下而摧毁大众的审美建构。另一方面，技术的发展除了资本增值，还有为人类提供更好生存体验的冲动，其在改变生活的同时也改变了传统的艺术观念、艺术形式及艺术结构等，这种"艺术裂变"也具有双重内涵：既可能是宣告传统艺术终结的判词，也可能是预示未来艺术将临的宣言。因此，如果仅仅停留于技术化对当代艺术的积极与消极作用的考察，则可能引发简单的肯定或否定的无休争吵，无助于当代艺术新形态的建构。对技术的批判应该源于对人类未来的深切关注以及对人类命运的深刻同情，只有这样才能为人类扬弃异化的时代状况，走向自由解放之路提供契机，才能使技术批判通向真正的"艺术之思"。从艺术的角度反思，艺术具有自律与他律的双重制约。一方面，真正的艺术具有深刻的自我意识与自我约束，不屈从于外在的压力而自由地表达自己对社会和现实的自律性反思，唯有如此才是艺术的完整表达。因此，面对技术异化，一些现代或后现代艺术用一种极端的背离与反叛方式表示了自身的坚守与持存。另一方面，艺术又受一定社会与历史的规范与制约，它会随社会的变迁与历史的演化而裂变，不可能持续不变地保持同一种形态样式，艺术会随着技术的介入与冲击向不同的方向演化，乃至面目全非。那些固守传统艺术抗拒艺术变化的行为无异于"堂吉诃德"。因此，新的艺术形态应该是坚守艺术内在特质的同时又与时俱进地随社会历史的变化而变化。只有既考虑社会历史的变迁，又坚持艺术自身的使命，才能为新的艺术形态提供未来的发展向度。

数字化时代落实到中国语境的艺术创作，我们有必要进一步明确如下观点：首先，技术不等于艺术。艺术应该"有技术"但不"唯技术"，绝不能因为技术对艺术创作的重要作用就走向艺术生产对技术的依赖症。技术的工具理性特质注定其永远缺乏艺术的灵性，如果不把艺术价值中的人文关怀灌注进去，那么技术就是"非人"的"物化"呈现，结果必将会导致人的"异化"以及艺术的"蜕化"。对此，意大利美学家克罗齐曾提出过批评："把艺术同技术混为一谈，以技术取代艺术，这种做法是一些无能的艺术家所相当向往的手法，因为他们希望从实际的事物中找到他们在自己本身当中求之不得的援助和力量。"① 欧阳有权先生对数字技术时代的网络审美批评也可谓一语中的："数字化技术的工具优势作为艺术的催化者，通过将非自然、非人性的成分引入时间、意识、理性、历史的世界之中，并运用超文本或超媒体符号思维的外在干预，形成自然呈现的中断和价值理性的阻隔，这种情形不仅会导致网络工具人为而任意地对人的愿望的生产，而且形成艺术对人性和人文的偏离和背弃。"就当代中国艺术实践来看，一个无法否认的事实是，艺术创作大量存在技术至上，甚至以技术代艺术的现象。最明显的例子莫过于电影界对于美国大片的技术崇拜，这从中国深具票房号召的张艺谋、陈凯歌、冯小刚等导演的技术模仿可见一斑。其次，技术虽然不等于艺术，但可以"化"为艺术。不过要真正把技术融入艺术活动之中需要艺术家具备"点铁成金"的本领。一方面，艺术家需对技术进行积累，只有熟练掌握了技术才可能为技术"化"为艺术创造前提条件；另一方面，艺术家要有超越的精神境界和终极关怀，只有这样才能不被数字化技术霸权遮蔽，才能驾驭技术并把其化

---

① ［意］贝内代托·克罗齐：《美学或艺术理论和语言哲学》，黄文捷译，中国社会科学出版社 1992 年版，第 17 页。

为精妙的艺术韵味，才能做到"艺中有技"又"技融于艺"。客观地说，目前中国具有"点铁成金"的艺术家并不多，因此，应该在数字时代的艺术实践中鼓励并且允许艺术家大胆模仿或尝试创新"艺术中的技术运用"，相信通过一定的艺术与技术实践积累，会出现高新技术与艺术内涵的无间融合。最后，艺术应该"抛弃"技术。这里的"抛弃"并不是真的不要技术，而是说当技术与艺术深度融合后，人们欣赏到的是完整而独立的艺术品，看不出技术、材质、工具和技法的运用痕迹，"审美形式应当被视为与内容缠结在一起的东西"。这是一种"由技入道"的最高境界。从中国当代艺术实践看，技术的革新、喧嚣的市场与浮躁的心态使得能够"抛弃"技术的艺术家及艺术品比较鲜见，"得鱼忘筌"应该是我国艺术在数字化时代的努力方向。

　　总之，数字时代的技术发展已不以人们的意志为转移，无论是物质生活还是精神生活，人类已离不开技术的进步和利用。随着技术的不断发展，艺术也在不断创新，二者呈二元对峙又共生融合的趋势。这对传统艺术的价值构成、存在模式、传播方式及接受样式造成了巨大的冲击，但也正是当代艺术实践中的技术性介入使得艺术呈现出一种全新的发展样貌。因此，我们既不要过度强调技术对艺术的积极影响，也不要过分夸大技术对艺术的危害作用；既不应当全盘否定也不应过度拔高当代艺术实践，而应当辩证地看待艺术与技术关系在当代的意义。

　　　［作者简介］：何建良，井冈山大学人文学院副教授，博士。

编 后 记

2014 年金秋十月，在举国上下热切关注党的十八届四中全会，文艺、文化界和思想理论界热议北京文艺座谈会的召开以及习近平总书记在座谈会上的讲话之际，全国马列文论研究会第 31 届年会暨"马克思主义与文化研究"学术研讨会在北京召开。会议由全国马列文论研究会与首都师范大学共同主办，首都师范大学文学院、文化研究院联合承办，来自全国各地高校、科研机构、学术期刊的专家、学者一百四十多人参加本次会议。与会学者们围绕"马克思主义与文化研究"这一主题，深入研讨了当前我国马克思主义文艺理论、文化研究的许多重要问题。

自研究会成立以来，全国马列文论研究会便凝聚了一大批致力于马克思主义文论研究的学者，一直是全国高校和科研机构中从事马克思主义文论研究的老中青三代学者共同拥有的学术家园，取得了一大批具有中国马克思主义文论鲜明特质的学术成果，有效推动了马克思主义经典作家文论研究、马克思主义文论中国化和当代形态化研究、当代中国文学理论批评研究的学术进程。作为本次学术研讨会最终成果，《"马克思主义与文化研究"学术研讨会论文集》展示了全国马列文论研究会广大会员的最新研究成果。同时，为了更全面、更深入地推动马克思主义文论研究，经过多方面征求意见和建议，从现在开始，每年的全国马列文论研究会学术年会论文集，将以"全国马列文论研究会学术年刊"的形式，由中国社会科学出版社出版，并且希冀通过这一举措，更好地带动研究会学术活动的开展，提升学术年会的内在学术质量。

当代中国的马克思主义文论研究，正处在一个新的历史起点之上。立足中国、面向现实、守正创新、有为而作，是全国马列文论研究会学术年刊的一个基本追求，密切关注当代中国思想文化建设的现实需要，直面文艺创作与理论批评面临的新任务、新问题，着力推动和深化马克思主义文论研究的学科建设，促进马克思主义文论中国形态化、当代形态化的进程，探索建构马克思主义文论研究、教学的新方法和新体系，努力开辟当代中国马克思主义文论研究的新境界，既是本文集的主题，也是今后研究会同仁的学术努力方向。

本次学术会议论文集所收录论文，经过编委会遴选，并经由作者反复修改，在此向全国马列文论研究会会员与论文作者的大力支持表示由衷感谢。

首都师范大学文学院、文化研究院为本次年会论文集的出版提供了经费支持，中国社会科学出版社张湉女士进行了耐心、细致的编辑工作，在此对他们的付出表示衷心的感谢！党圣元、邱运华、孙士聪具体承担了论文集的选篇审定和核查工作，而在联系作者和统稿方面，孙士聪付出辛劳尤多。

全国马列文论研究会学术年刊编委会

2015 年 8 月